U0940438

中国家庭农场发展报告

2016年

农业部农村经济体制与经营管理司
中国社会科学院农村发展研究所　编著

中国社会科学出版社

图书在版编目（CIP）数据

中国家庭农场发展报告.2016年/农业部农村经济体制与经营管理司，中国社会科学院农村发展研究所编著.—北京：中国社会科学出版社，2016.11

ISBN 978-7-5161-9274-0

Ⅰ.①中… Ⅱ.①农…②中… Ⅲ.①家庭农场—农业经济发展—研究报告—中国—2016 Ⅳ.①F324.1

中国版本图书馆CIP数据核字（2016）第264227号

出 版 人 赵剑英
责任编辑 喻 苗 张 潜
责任校对 朱妍洁
责任印制 王 超

出 版 中国社会科学出版社
社 址 北京鼓楼西大街甲158号
邮 编 100720
网 址 http://www.csspw.cn
发 行 部 010-84083685
门 市 部 010-84029450
经 销 新华书店及其他书店

印 刷 北京君升印刷有限公司
装 订 廊坊市广阳区广增装订厂
版 次 2016年11月第1版
印 次 2016年11月第1次印刷

开 本 710×1000 1/16
印 张 24.75
字 数 403千字
定 价 88.00元

要以家庭农场和农民合作社为抓手发展适度规模经营。

——2016 年 3 月，习近平总书记参加“两会”湖南代表团审议时的讲话

中国是一个人口大国，国情复杂，在推进农业现代化的进程中，我们将坚持家庭经营在农业中的基础性地位，推进多种形式的农业经营方式创新。在严格保护农民土地权益、尊重农民意愿的基础上，鼓励有条件的农户流转土地经营权。鼓励农民联合与合作。这几年，中国家庭农场已增加到 87 万家，平均规模达到 13 公顷（200 亩），农民专业合作社数量超过 110 万家，成为农业现代化的重要力量和发展方向。以家庭经营为基础，推进适度规模经营，发展现代农业，有利于更好地“供养中国”，也会对世界粮食安全作出贡献。

——2014 年 10 月，李克强总理在联合国粮农组织总部发表题为《依托家庭经营推进农业现代化》的演讲

本书编委会

目　　录

一　发展报告

二　地方经验

三 理论文章

四 政策文件

一　发展报告

创新发展中的家庭农场

2013年中央1号文件明确了发展家庭农场的战略举措。2014年，中办、国办《关于引导农村土地经营权有序流转发展农业适度规模经营的意见》（中办发〔2014〕61号）提出“要发挥家庭经营的基础作用，重点培育以家庭成员为主要劳动力、以农业为主要收入来源，从事专业化、集约化农业生产的家庭农场，使之成为引领适度规模经营、发展现代农业的有生力量”。三年多来，各地有关部门认真贯彻中央要求，积极作为、多措并举，促进了我国家庭农场的健康发展。为宣传好经验，明确下步工作思路，农业部组织开展了专题调研，全面了解我国家庭农场的发展情况。报告如下。

一　家庭农场创新发展局面初步形成

（一）家庭农场发展呈现出新趋势

经营管理更加规范。据2013年初步摸底调查，全国共有符合调查条件的家庭农场87.7万户（主要以各类规模经营农户的形式存在）。从2014年起，农业部指导各地以县为单位明确家庭农场具体标准并建立名录，工商部门也就家庭农场注册登记做出了相关规定，引导家庭农场规范发展、提升经营管理水平。截至2015年年底，在县级以上农业部门纳入名录管理的家庭农场超过34万户，比2013年的13.9万户增长了1倍多，平均经营规模为150亩左右；在工商部门注册的家庭农场达到42.5万户，比2013年的10.6万户增长了3倍多。**经营产业更加多元**。实践中，刚刚组建的家庭农场往往只从事种植或养殖一种产业，并主要限于农业生产环节；经过若干年的发展，许多家庭农场的经营范围逐步走向多元化，从粮经结合，到种养结合，再到种养加一体化，一、二、三产业融合发展。如全国纳入农业部门名录管理的家庭农场中，种养结合的农场占比 8.8%，比 2013 年提升了 3 个百分点。据农业部对全国 3000 户左右家庭农场生产经营情况开展的典型监测（以下简称农业部典型监测），湖北、海南两省种养结合型农场占比达到 40% 或以上。**发展模式更加多样**。各地家庭农场在发展中，加强与其他新型主体的联合与合作，呈现了多种多样的发展模式。如上海市松江区的“家庭农场 + 农业社会化服务”模式，通过 108 个农机联合互助点，带动 1200 多个家庭农场发展规模化经营，显著降低了农业生产成本。浙江省宁波市海盐县的“家庭农场 + 合作社 + 龙头企业”模式，由家庭农场组建合作社，再通过合作社与农业产业化龙头企业签订农产品收购合同，既稳定了企业原料供给又增加了家庭农场收入。安徽省郎溪县、江苏省泰州市的“农场主协会 + 家庭农场”模式，郎溪县全县家庭农场不仅能通过协会实现自我管理、自我服务，还能申请联保贷款，全县 400 多户家庭农场通过协会获得了金融贷款。泰州市近千户家庭农场组建服务联盟，专业化统防统治和联防联控覆盖率达 93%，水稻集中育供秧面积达 87%，“植保 + 农机”综合服务覆盖率达 98.2%，农资零差价供应率达 68.6%。

（二）政策扶持体系逐步建立

按照中央要求，农业、财政、国土、金融等部门相继出台了具体政策措施，发展起步较早的上海、浙江、吉林等地，也通过在社会保障、吸引人才、综合保险、抵押贷款等方面的创新，进一步优化家庭农场发展壮大的外部环境。**财政政策方面，**财政部、农业部印发《关于调整完善农业三项补贴政策的指导意见》，将农业“三项补贴”合并为农业支持保护补贴，其中用于粮食适度规模经营的补贴资金，支持对象重点向家庭农场等新型经营主体倾斜。据不完全统计，截至目前，各地扶持家庭农场发展的财政资金已经超过 13.8 亿元，吉林省从 2014 年开始单独设立家庭农场发展项目，对示范家庭农场予以补贴；江苏省 2015 年针对家庭农场的财政扶持资金规模达到 9000 万元；重庆市每年安排 3500 万元专项补助资金，对家庭农场建设农产品初加工设施进行财政补助。**金融保险政策方面，**人民银行、农业银行分别出台《关于做好家庭农场等新型农业经营主体金融服务的指导意见》和《专业大户（家庭农场）贷款管理办法（试行）》，针对家庭农场等新型农业经营主体需求特点，创新农村金融产品和服务方式，为其发展提供更好的金融环境。安徽省鼓励各市、县（市、区）由政府出资设立融资担保公司，为家庭农场提供担保服务。上海市对家庭农场发展农业生产经营的贷款进行贴息，贴息比例为同期同档次贷款基准利率的60%，保费补贴比例为保费的80%。吉林省延边州通过“农地贷”（农村土地经营权抵押贷款）试点，目前已累计发放5000多笔贷款，金额超过13亿元，未出现一笔不良贷款。浙江省衢州市开展了涵盖财产保险、收入保险、责任保险和农产品食品安全保险等内容的综合保险，市县财政补贴90%，保险总额已达420万元。**用地政策方面，**国土资源部、农业部等部门出台了《关于进一步支持设施农业健康发展的通知》，进一步完善了包括家庭农场在内的各类新型农业经营主体的设施用地政策，支持家庭农场等主体兴建农产品贮藏、农机具存放等农用生产设施。山东省对家庭农场因农业生产需要的生产设施用地及其相应的附属设施用地，在符合土地利用规划、城市建设规划和农业相关规划的前提下，由当地政府予以优先安排。江苏省宿迁市搭建家庭农场集群，整合集中家庭农场用地指标，统一规划建设集晾晒、仓储、机库、培育、电子商务等功能于一体的家庭农场集群综合服务中心，目前已建成23个集群、19个综合服务中心，为全市5000多户家庭农场提供服务。**吸引人才方面，**浙江省对家庭农场聘用的涉农专业大学生，财政最高给予每人每年3万元补助，部分市县对大学生创办家庭农场，给予最高50万元的全额贴息贷款。**社会保障方面，**上海市松江区打通了家庭农场劳动力参加职业保险的渠道，本市户籍人员在家庭农场就业期间，可通过集体参保方式，参加本市城镇职工基本养老、医疗保险。

（三）管理服务制度逐步健全

各地各部门在培育家庭农场中，坚持以鼓励发展为主，在发展中逐步实现规范，通过开展名录管理、明确规模标准、评定示范农场等方式，提升针对家庭农场的管理服务水平。**建立家庭农场名录制度**。2014年，农业部《关于促进家庭农场发展的指导意见》明确“县以上农业部门可从当地实际出发，明确家庭农场认定标准，建立和发布家庭农场名录”。目前全国已有26个省（区、市）下发了扶持家庭农场发展的指导意见，明确了家庭农场的认定标准，对经营者资格、劳动力结构、收入构成、经营规模、管理水平等提出相应要求。山西省研发了家庭农场信息管理系统，实现了省、市、县三级在线家庭农场信息录入、审核、认定、查询和统计分析；福建省分级建立和发布家庭农场示范场名录，并实行动态管理。**建立**

典型家庭农场监测制度。2014年起，农业部会同中国社科院从全国31个省（区、市）的91个县（市、区）中，选择了3000户左右家庭农场，就其生产经营情况进行了长期跟踪监测。广东省定期开展家庭农场生产经营动态监测统计，并建立农技人员联系家庭农场制度，指导家庭农场建立生产记录档案和销售台账，强化产品质量安全追溯管理。**建立生产信息直报制度**。按照"互联网＋农业"的发展思路，农业部积极寻求与互联网企业合作，以家庭农场为突破口，实现将金融支持、政策扶持、市场进入和生产调控等服务进行整合，启动家庭农场直连直报系统开发，实现扶持政策精准对接。**建立示范家庭农场制度**。农业部鼓励各地通过示范引导，促进家庭农场提高经营管理水平。目前全国共有18个省（区、市）开展了示范家庭农场创建活动，认定了县级以上示范家庭农场近4万户。河北省计划每年培育认定省级示范家庭农场200户，带动市、县级培育示范家庭农场5000户；湖南省计划从2016年起，每年创建省级示范家庭农场1000户，全省创建省级家庭农场示范县10个。**建立人才培育制度**。农业部将家庭农场经营者作为农村实用人才培训的重点，近三年累计举办近200期专题培训班，培训16000人次。积极实施"现代青年农场主培养计划"，开展培训指导、创业孵化、政策扶持和跟踪服务，累计培育2万名现代青年农场主。各地依托农村实用人才带头人培训等多种培训资源，分类分批培训各类家庭农场经营者，促进家庭农场交流学习，共同提升经营管理水平。

二　家庭农场在农业农村发展中的作用开始显现

实践表明，创新发展中的家庭农场，在推动农业经营机制创新、现代农业建设中发挥着越来越重要的作用。

（一）家庭农场的发展，为完善农村基本经营体制探索了有效路径

我国宪法规定，农村集体经济组织实行家庭承包经营为基础、统分结合的双层经营体制。家庭承包制的全面推开，使家庭经营的传统农户成为我国农村基本经营体制的基础单元。作为传统农户的升级版，在市场经济环境中成长的，以专业化、规模化为特征的家庭农场正逐步发展成为新的基础单元，推动了农村基本经营体制的创新和完善。这种"承包小农与经营大农"并存的模式，既有利于分工分业，也有利于提高农业劳动生产率

和土地产出率。如上海市松江区发展家庭农场以来，全区86个村的十几万亩土地逐渐由几万户分散经营的传统农户集中到1000多户本村农户兴办的家庭农场，形成了“集体拥有土地、成员平均承包、农场规模经营”的新模式，为我国未来农村基本经营体制的完善提供了有益的实践经验。

（二）家庭农场的壮大，有利于构建现代农业经营体系

中央明确提出，要构建以农户家庭经营为基础、联合与合作为纽带、社会化服务为支撑的立体式复合型现代农业经营体系。构建这一体系，需要培育规模化、专业化经营的家庭农场，使之成为现代农业经营体系中具有旺盛生命力的基本细胞。从实践看，一些地区家庭农场快速发展，在现代农业经营体系中已经起到了这种作用。如浙江省海盐县的蔬菜产业，以十几户家庭农场带动几百户分散农户种植蔬菜，并联合成立蔬菜合作社，为企业提供90%以上的蔬菜加工原料，形成了集生产、加工、销售于一体的现代蔬菜产业体系。上海市的水稻产业，目前由20家农业龙头企业、751家农民合作社、3555户家庭农场一起种植水稻45.9万亩，在整个市域内勾画出一个立体式复合型现代农业经营体系的雏形。

（三）家庭农场的发展，有利于推动农业供给侧结构性改革

推进农业供给侧结构性改革，核心是通过转变发展方式、调整优化结构，使农业生产和农产品供给更加符合消费需求，更加有利于资源优势的发挥，不断提升农业质量效益和竞争力。与传统小农户相比，家庭农场可以使分散的土地、资金和劳动力等生产要素在较大范围内有效结合，有利于实行生产资料供应、技术服务、农产品销售的规模化经营，有利于推进农业标准化和品牌化建设，有利于对农业投入品追溯管理，保障农产品的质量安全。如上海市种植业家庭农场“三品一标”的认证比例达到100%，浙江省衢州市有338户家庭农场配备自检设备，396户家庭农场建立二维码追溯体系，创建农产品放心农场398户，农产品质量抽检合格率达到99.8%。

（四）家庭农场的发展，有利于实现农业的可持续发展

农业关乎国家食物安全、资源安全和生态安全，大力推动农业可持续发展，是中国特色农业现代化道路的内在要求。与雇工经营的公司制农业企业相比，以家庭经营为特征、来源于本地农户的家庭农场更关注农业生产的可持续发展、农村生态的稳定和改善。据农业部典型监测，有80%的家庭农场主来自本村，他们世代生活在农村，对土地、生态有着深厚的感

情。他们更乐于采用环保、生态、有机的生产技术，避免破坏地力、污染环境。而且，在家庭农场发展的过程中，会比较容易地实现代际传承和新老交替，这对于破解中国未来农业经营的稳定性和可持续性难题具有积极意义。如上海松江家庭农场的成功发展，吸引了许多年轻人返乡务农，子承父业的家庭农场已有 32 户。

此外，家庭农场通过流转土地发展规模经营，一方面增加了承包农户的财产性收入，一方面又提升了农业生产的规模效益，对促进农民增收发挥着双重作用。

三　家庭农场发展仍面临诸多困难和问题

从调研情况看，大多数家庭农场刚刚起步，实力仍显不足，再加上相应的扶持政策和管理服务制度不够健全，其健康持续发展仍面临诸多困难。

（一）形成适度规模难

适度的规模经营，是家庭农场的重要特征。但经过几年发展，形成适度的土地经营规模难度加大。一方面，受宏观环境影响，近几年土地流转价格快速上涨，制约了家庭农场经营规模的扩大。据农业部典型监测，2015 年家庭农场流转土地平均租金为 509 元/亩，在河北、河南等粮食主产区，租金有的已高达 800—1000 元/亩，粮食型家庭农场的亩均收益已经比 2014 年下降近 8%。另一方面，土地细碎化严重影响家庭农场经营规模的提升。据农业部典型监测，1971 户种植业家庭农场平均流转 33.38 块耕地，在天津、浙江、安徽等省（市），甚至超过 100 块，如此分散的土地，大大增加了农机作业的成本。

（二）改善农业设施难

家庭农场主要致力于农业生产环节，因此，农业生产基础设施薄弱仍然是制约家庭农场发展的“老大难”问题，导致现代农机装备使用难、抗灾减灾能力弱。具体表现为农田肥力差、机耕道狭窄、田间水利设施老化，缺少集中育秧、粮食晾晒、烘干仓储等基础设施设备等。有家庭农场经营者反映，旱改水每公顷改造成本为 2 万元，100 吨的烘干塔建设成本为 50 万—60 万元，远远超出了农户家庭的承受能力。此外，解决仓储、晒场、农机场库棚等附属设施用地问题虽已有中央文件规定，但落实起来难度大，许多家庭农场的农机具只能露天存放。如上海松江区鼓励发展机农一体家庭农场，但受用地指标限制，设立农机4S店开展农机维修保养始终难以获批。

（三）家庭农场经营人才短缺

家庭农场作为微观农业经营单位，以实现效益为目标，对经营能力水平的要求明显高于一般农户。经营人才特别是具有较高文化水平、掌握先进经营理念、了解互联网知识的大中专毕业生更加稀缺。但由于缺乏城乡衔接的社会保障政策，再加上劳动强度大、生活条件差、居住偏远等原因，许多家庭农场经营者的子女不愿意接手经营，规模较大的农场更难雇请到急需的专业人才。如湖北省武汉市一位从事黑山羊养殖的家庭农场主反映，由于缺乏专业技术人员，建场初期山羊大量死亡，外债最多时达到60多万元，几近破产。

（四）获得社会化服务难

“家庭农场+社会化服务”是现代农业发展的有效路径。家庭农场主普遍反映，由于我国基层农技服务力量相对较弱和农业社会化服务组织发育迟缓，家庭农场在专业化、规模化生产中迫切需要的农机、植保、购销等服务供给不足，成为制约其发展壮大的重要因素。据农业部典型监测，有39.24%的农场主反映难以获得生产所需的市场信息等专业服务。上海奉贤区反映，目前的三级农业科技推广网络已基本覆盖到村，但村到组依然是短线，组到户成为盲区，先进农业科技和使用技术往往难以落实到户。

（五）融资保险渠道短缺

发展家庭农场就是自主创业，需要大量的资金投入。据农业部典型监测，近70%的家庭农场反映农业贷款条件苛刻、获得贷款难度大。河北省9162户家庭农场中仅有767户获得了贷款支持，只占全省总数的8.37%。湖北省经营水产养殖的叠彩家庭农场因无法获得贷款，只能向饲料供应商赊账，月息高达15%，每年仅利息开支就达十几万元，占到净收入的近三分之一。此外，与小农户相比，家庭农场规模较大，经营风险较高，对于农业保险的需求较为迫切。但当前农业保险依然险种少、赔付低，只保物化成本，不考虑人工成本，更谈不上满足不同农场对保预期收益、保价格收入等多样化的需求。吉林延边州松哲家庭农场主李松哲反映，近几年虽然延边州逐步提高了农业政策性保险保额，但目前水稻保额每亩不到300

元，没有将人工成本、租地成本考虑在内，对家庭农场吸引力不大。

四 推动家庭农场健康发展需多措并举

2016年“两会”期间，习近平总书记提出，要以家庭农场和农民合作社为抓手，发展农业适度规模经营。对于处在新型经营体系基础地位的家庭农场，应参照农民合作社等其他主体，尽快建立健全针对性的扶持政策体系。

（一）尽快健全家庭农场工作指导体系

随着家庭农场数量增加和管理服务工作需求的增长，一些地方缺乏专门服务机构和人员的弊端日益明显。建议参照发达国家的经验，在各级农业部门建立健全家庭农场工作指导体系，明确责任，落实分工，确保事有人管、责有人负。鼓励有条件的地方建立家庭农场发展协调会商制度，加强沟通，整合资源，形成政策合力。

（二）建立家庭农场动态管理机制

没有区别就没有政策。推动家庭农场健康发展，要尽快建立全国性的动态名录，为各项扶持政策提供目标导向。要指导各地尽快出台家庭农场认定标准和管理办法，确保所有涉农县（市、区）全覆盖。要尽快形成全国家庭农场信息数据库，为财政、金融、保险等部门提供基础数据支撑。要积极开展示范家庭农场创建活动，以先进典型引领家庭农场发展壮大。

（三）健全针对性扶持政策

参照日本培育“核心竞争力农户”、我国台湾地区扶持“大佃农”等做法，尽快健全家庭农场扶持资金。中央财政尽快设立家庭农场发展专项扶持措施，重点扶持示范家庭农场稳定流转土地、整合土地资源、改善基础设施、提高经营能力。落实新型经营主体农业设施用地政策，确保家庭农场有地方建设必需的仓储、农机场库棚等基础设施。落实中央关于农业补贴增量主要支持新型经营主体的政策，通过建立各级农业担保公司，解决家庭农场融资难题。鼓励保险机构针对家庭农场特点，创设包括租地成本在内的作物保险、涵盖农场收入等内容的综合保险等品种。

（四）引导优质土地有序流向家庭农场

完善土地流转价格形成机制，引导和鼓励家庭农场通过实物计租货币结算、租金动态调整、土地入股保底分红等利益分配方式，稳定土地流转关系，形成适度规模。鼓励有条件的地方将土地确权登记、互换并地与农田基础设施建设相结合，整合各类项目资金，建设连片成方、旱涝保收的优质农田，优先流转给示范家庭农场。支持家庭农场承担土地整理、土壤改良、小农水建设等农田基建项目，引导其“种地养地”，提高土地生态可持续利用水平。

（五）完善家庭农场人才培育机制

加大对家庭农场经营者的培训力度，制订家庭农场经营者中长期培训计划，将家庭农场经营者作为职业农民培训和农村实用人才的培训重点。制定和完善相关政策措施，鼓励吸引大中专院校毕业生、返乡农民工、农机大户、市场经纪人等兴办家庭农场。建立家庭农场经营者职业教育制度，鼓励农业院校开设相关专业，培养既懂经营管理，又懂技术的家庭农场经营人才。参照大学生村官政策，通过创新社会保障政策、政府补助等方式，鼓励大中专特别是农业职业院校毕业生到家庭农场就业创业。

（六）开展家庭农场法律工作研究

落实《深化农村改革综合性实施方案》要求，尽快组织开展促进家庭农场发展相关立法调研。通过完善相关法律法规，明确家庭农场的概念内涵、成员范围、认定管理、注册登记等，使之区别于以雇工为主的公司制农场，避免家庭农场概念的泛化。同时，适时将促进和扶持家庭农场发展的政策措施上升为法律规定，为家庭农场健康发展提供法律保障。

农业部农村经济体制与经营管理司

2016年11月7日

2015 年全国家庭农场典型监测情况

2014 年起，农业部启动了全国家庭农场发展情况典型监测工作，在全国 31 个省（区、市）的 91 个县（市、区）选择了 3000 户左右的家庭农场，开展跟踪监测。2015 年，有 3073 户家庭农场被纳入监测范围（其中，2674 户家庭农场为上年持续监测对象，399 户为新增对象），共获得有效样本 2903 户。从监测情况看，2015 年的家庭农场发展呈现以下特征：

一　家庭农场主年龄与知识结构逐步改善

（一）年龄结构趋于年轻

家庭农场主平均年龄为 45.77 岁，比 2014 年平均年龄下降了 0.23 岁。年龄在 50 岁以上的占 29.46%，比 2010 年全国农业从业人员相应占比（34.53%）低 5.07 个百分点。其中，有 40 户家庭农场实现了父子传承，家庭农场主呈现年轻化发展趋势。

（二）受教育程度逐步提高

拥有高中、中专、职高以上学历的农场主占 48.3%，比 2014 年提升了 3.3 个百分点；拥有大专以上学历的农场主占 11.23%，比 2014 年提升了 1.22 个百分点。

二　家庭农场发展渐趋稳定

（一）经营规模扩展速度减缓

家庭农场平均经营土地面积 373.69 亩（劳均 56.6 亩），比 2014 年增加了 39.53 亩，平均新增面积占比 10.58%，比 2014 年的 19.20% 下降了

8.62 个百分点。

（二）土地流转租期稳步延长

流转地块最长租期的平均年限为 12.8 年，比 2014 年延长了 0.2 年；流转租期 5 年以上的土地面积占比达到 73.46%，比 2014 年提升了 7.27 个百分点。

（三）土地流转价格略有下降

土地流转的平均租金为 491.12 元/亩，比 2014 年的 501.01 元/亩略有下降，降低了 1.97%。

三 家庭农场管理水平有所提高

（一）物质装备水平全面提升

家庭农场平均拥有农机具 5.72 台（套），比 2014 年增加了 1.03 台（套），有 2242 户家庭农场拥有仓库，2177 户拥有农机库棚，2023 户拥有晒场，占比分别比 2014 年提升了 4.1、6.16 和 19.47 个百分点。

（二）内部管理水平有所提升

有 2110 户家庭农场有比较完整的收支记录，占 72.68%，比 2014 年提升了 1.7 个百分点。有 1841 户家庭农场在工商部门注册登记，占样本总数的 63.42%，比 2014 年提升了 1.46 个百分点。其中，有 96.25% 的家庭农场注册为个体工商户和个人独资企业。

四 家庭农场经营收入和补贴情况变化明显

（一）粮食类家庭农场亩均收入下降

据 500 个粮食类家庭农场数据分析，2015 年亩均纯收入 693 元，比 2014 年的 745 元下降了 6.98%。

（二）获得补贴金额明显提升

每个家庭农场平均获得各类补贴 4.87 万元，比 2014 年的 2.64 万元增加了 2.23 万元。其中，粮食类家庭农场平均获得各类补贴 3.56 万元，比 2014 年的 2.76 万元增加了 0.8 万元。

五　家庭农场融资保险需求仍然较大

（一）贷款渠道进一步向中小银行集中

家庭农场的借贷渠道中农村信用社占46.03%，邮政储蓄银行占7.08%，比2014年分别提升了3.09和2.96个百分点。而从大型商业银行贷款的比例为9.35%，比上年下降了4.3个百分点。

（二）投保比例和平均理赔比率有所增加

有51.71%的家庭农场有保险费支出，比2014年的46%提升了5.71个百分点。有49.67%的家庭农场获得理赔，比2014年的19.99%提升了29.68个百分点。

（三）更多希望在基础设施和保险补贴方面获得扶持

在最为期待的扶持政策中，生产性基础设施建设、保险补贴或优惠的占比为65.55%和64.07%，分别比2014年上升了2.49和3.11个百分点。

2015年全国家庭农场典型监测情况分析

中国社会科学院农村发展研究所
家庭农场监测团队

主持人：
杜志雄　中国社会科学院农村发展研究所副所长、研究员
成　员：
郜亮亮　中国社会科学院农村发展研究所副室主任、副研究员
张宗毅　农业部南京农业机械化研究所副研究员
肖卫东　山东师范大学公共管理学院院长助理、副教授
王新志　山东社会科学院农村发展研究所副研究员
蔡颖萍　浙江湖州师范学院副教授
危　薇　中国社会科学院研究生院博士研究生
刘文霞　中国社会科学院研究生院博士研究生

一　监测工作说明

自2013年、2014年两年的中央1号文件提出发展规模化家庭农场，特别是2014年2月底农业部《关于促进家庭农场发展的指导意见》发布后，全国各地家庭农场呈现快速发展势头。

为了整体把握全国家庭农场发展的真实情况，农业部农村经济体制与经营管理司（以下简称“经管司”）委托中国社会科学院农村发展研究所开展家庭农场监测工作。农村发展研究所杜志雄副所长根据工作需要，组建了全国“家庭农场监测团队”，并于2014年年中启动了全国家庭农场发

展监测工作。目前，课题组已经完成了2014年和2015年两年的监测。本报告是基于2015年监测数据形成的报告。

本报告是两个单位通力合作的成果。

（一）问卷设计

根据农业部经管司的要求，全国家庭农场监测团队于2014年起草了家庭农场监测问卷初稿。最终问卷经过与经管司、各省农业厅负责家庭农场发展管理工作的同志反复讨论和修改，并经农业部经管司终审后确定。在2014年正式启动监测之前，还对问卷进行了多次试调查和问卷填写培训工作。

2015年的监测问卷做了如下调整：第一，根据2014年监测反馈，对相关问题的题干和选项表述、问题的排列顺序等进行了修改和完善；第二，监测的一个初始目标是根据需要，不定期考察家庭农场的某方面特征。2015年的监测问卷增加了家庭农场绿色生产、生态行为等方面的内容，以考察家庭农场在这些方面的特点。

（二）远程调查系统构建

为完成本次监测任务目标，家庭农场监测团队委托第三方开发了一个远程调查系统，并将问卷导入远程调查系统，以便于问卷填写人员在线填写。在开展调查前，家庭农场监测团队对各省农业厅参与监测调查的专业人员就如何运用远程调查系统填写问卷开展了专门培训。

（三）问卷填写

采取在远程调查系统线上填写的方式。问卷填写方式有两种：一是家庭农场主自己填写、网上提交；二是县乡农经站工作人员现场采集数据，网上填写和提交。家庭农场监测团队在线审查、反馈修改意见，农场主或县乡农经站工作人员修改提交，审查通过后为合格问卷。

（四）抽样原则

（1）本次监测农场样本采集自全国31个省（区、市）。

（2）为了便于调查组织、节约时间和成本，同时由于随机抽样面临的单个县域样本不足的困难，本次家庭农场监测样本由各省自主选择调查县及样本家庭农场开展监测，各省一般在2—3个县（市、区）内选择样本，有5个省（市）的样本来自于3个以上的县。

（3）除了上述抽样考虑外，农业部经管司对进入监测的家庭农场样本类型选择做了原则性约定。一是每个监测县（市、区）在确定被监测家庭农场时，要兼顾种植业、养殖业和种养结合型家庭农场比例，原则上种植业家庭农场占比不多于 80%，粮食类家庭农场占比不少于 50%；二是纳入监测范围的粮食类家庭农场原则上规模应为 50—500 亩，从事经济作物、养殖业的农场或种养结合型农场的规模应在当地县级以上农业部门确定的规模标准范围内；三是样本农场应是生产经营情况比较稳定、原则上从事农业经营 2 年以上的家庭农场。

（4）坚持样本动态调整原则。为了考察家庭农场整体及部分随时间发生的动态变迁，本监测课题每年将调整监测样本。第一，每年新增一定数量的样本，以保证每年的监测样本中总有一定数量的随机样本，从而可利用这些不同年份的随机样本构成的混合横截面数据（pooled cross section）来监测家庭农场的发展变化；第二，从 2014 年开始，一部分样本在每年都将被追踪监测，这些不同年份的监测样本将构成面板数据（panel data），这个数据集能在给定家庭农场的条件下，更好地分析其部分特征随时间发生的变化，特别是某些生产经营行为。

2015 年共监测了 3073 个家庭农场，其中新增样本为 399 个，2014 年和 2015 年都填写且农场主名称未发生变化的为 2634 个，2014 年和 2015 年都填写但农场主名字发生变化的有 40 个。

（五）特别说明

本次监测涉及所有省份，故不存在省级一层的抽样误差。

需要说明的是，由于（四）中所述原因，每个省内样本的抽取存在一定的抽样误差，但由于样本较大，这些误差对相关分析结果影响不大。

本报告的相关监测结果，仅是基于实际被监测的家庭农场样本所做的统计和初步分析，对相关结果不宜做延伸和扩大化解释；重在报告统计结果，并对统计结果中的重点提出摘要说明。

另外值得指出的是，由于大样本问卷填写必然存在一定程度的缺失值和异常值，在做统计分析时，已做了综合考虑并进行了处理。因此，不同统计表格中统计样本数会等于或小于有效样本，且不同表格的数未必一致。

（六）致谢

在整个监测工作中，农业部农村经济体制与经营管理司与中国社会科学院农村发展研究所家庭农场监测工作团队密切配合，反复研究方案，共同攻坚克难。各省（区、市）及监测县（市、区）农业系统负责家庭农场发展管理工作的同志和所有纳入监测的样本家庭农场，也都为这项监测工作的完成给予了大力支持和帮助。

在此，谨向完成本次监测任务的所有机构、人员、被监测的家庭农场致以诚挚谢意！

二　监测样本情况

（一）监测样本地区分布

本次监测，各省共提交了3073个家庭农场的调查问卷。通过问卷检查、逻辑检验，我们对问卷填写不规范、关键信息缺失过多、通不过问题选项设置检验的样本进行了筛除。最终进入监测统计分析的有效样本总量共2903个，有效样本率达到94.47%。各省进入最终监测的样本数量及占全部样本的比例见表1－1。

表1－1　　**监测样本地区分布情况**

省（区、市）	调查样本		有效样本	
	数量（个）	所占比重（%）	数量（个）	所占比重（%）
总计（全国）	3073	100.00	2903	100.00
北京	31	1.01	27	0.93
天津	40	1.30	40	1.38
河北	100	3.25	94	3.24
山西	116	3.77	110	3.79
内蒙古	103	3.35	84	2.89
辽宁	103	3.35	101	3.48
吉林	208	6.77	200	6.89
黑龙江	319	10.38	303	10.44
上海	100	3.25	100	3.45
江苏	90	2.93	82	2.82
浙江	78	2.54	77	2.65
安徽	100	3.25	98	3.38
福建	100	3.25	98	3.38
江西	70	2.28	65	2.24

续表

省（区、市）	调查样本		有效样本	
	数量（个）	所占比重（%）	数量（个）	所占比重（%）
山东	81	2.64	80	2.76
河南	100	3.25	98	3.38
湖北	76	2.47	65	2.24
湖南	58	1.89	57	1.96
广东	98	3.19	94	3.24
广西	72	2.34	61	2.10
海南	78	2.54	42	1.45
重庆	106	3.45	104	3.58
四川	98	3.19	96	3.31
贵州	108	3.51	101	3.48
云南	201	6.54	198	6.82
西藏	1	0.03	1	0.03
陕西	100	3.25	99	3.41
甘肃	100	3.25	96	3.31
青海	89	2.90	89	3.07
宁夏	99	3.22	94	3.24
新疆	50	1.63	49	1.69

注：表格数据取小数点后两位，下同。

如前述，省级样本分布与各省家庭农场实际分布可能并不一致。在2903 个有效样本中，土地资源禀赋较好的东北三省区共有 604 个有效样本，占有效样本总数的 20.81%，超过 1/5。

（二）监测县分布情况

各省有效样本大多数集中在 2—3 个县（市、区），这与调查抽样原则大致一致。但也有湖北（7）、山西（6）、北京（4）、河北（4）、黑龙江（4）、贵州（4）样本分布涉及的县数在 4 个及以上（见表 1－2）。

表 1－2　　**监测样本的县级分布**

省（区、市）	调查样本		有效样本	
	各省样本县个数（个）	所占比重（%）	各省样本县个数（个）	所占比重（%）
总计（全国）	95	100.00	88	100.00
北京	4	4.21	4	4.55
天津	2	2.11	2	2.27
河北	4	4.21	4	4.55
山西	6	6.32	6	6.82
内蒙古	3	3.16	3	3.41
辽宁	2	2.11	2	2.27
吉林	2	2.11	2	2.27
黑龙江	4	4.21	4	4.55
上海	2	2.11	2	2.27
江苏	3	3.16	3	3.41
浙江	2	2.11	2	2.27
安徽	3	3.16	3	3.41
福建	3	3.16	3	3.41
江西	3	3.16	3	3.41
山东	3	3.16	3	3.41
河南	2	2.11	2	2.27
湖北	9	9.47	7	7.95
湖南	2	2.11	2	2.27
广东	3	3.16	2	2.27
广西	3	3.16	2	2.27
海南	3	3.16	1	1.14
重庆	3	3.16	3	3.41
四川	3	3.16	3	3.41
贵州	4	4.21	4	4.55
云南	2	2.11	2	2.27
西藏	1	1.05	1	1.14
陕西	3	3.16	3	3.41
甘肃	3	3.16	3	3.41
青海	3	3.16	3	3.41
宁夏	3	3.16	2	2.27
新疆	2	2.11	2	2.27

（三）示范家庭农场分布情况

示范家庭农场分为省、地市和县（市、区）三个级别。表 1－3、表 1－4、表 1－5 表明，全部有效样本中属于各级示范性农场的有 1227 个，占有效样本总数的 42.27%。其中，省级示范性农场 201 个，占各级示范性农场总数的 16.38%；市级示范性农场 322 个，占比 26.24%；区县级示范性农场 704 个，占比 57.38%。其中，种植家庭农场有效样本中属于各级示范性农场 797 个，占种植家庭农场有效样本总数的 40.42%，占全部有效样本中各级示范性农场总数的 64.96%；粮食家庭农场有效样本中属于各级示范性农场 443 个，占粮食家庭农场有效样本总数的 37.29%，占全部有效样本中各级示范性农场总数的 36.10%，占种植家庭农场有效样本中各级示范性农场总数的 55.58%。

表 1－3　**有效样本中示范性农场的情况**

省（区、市）	样本数（个）	示范农场数量及其在有效样本中所占的比重		省级示范农场数量及其在示范农场中所占的比重		市级示范农场数量及其在示范农场中所占的比重		区县级示范农场数量及其在示范农场中所占的比重	
		数量（个）	所占比重（%）	数量（个）	所占比重（%）	数量（个）	所占比重（%）	数量（个）	所占比重（%）
总计（全国）	2903	1227	42.27	201	16.38	322	26.24	704	57.38
北京	27	16	59.26	0	0.00	1	6.25	15	93.75
天津	40	16	40.00	1	6.25	5	31.25	10	62.50
河北	94	51	54.26	10	19.61	15	29.41	26	50.98
山西	110	47	42.73	3	6.38	15	31.91	29	61.70
内蒙古	84	19	22.62	1	5.26	2	10.53	16	84.21
辽宁	101	32	31.68	19	59.38	6	18.75	7	21.88
吉林	200	24	12.00	1	4.17	9	37.50	14	58.33
黑龙江	303	105	34.65	1	0.95	0	0.00	104	99.05
上海	100	18	18.00	0	0.00	15	83.33	3	16.67
江苏	82	61	74.39	18	29.51	17	27.87	26	42.62
浙江	77	39	50.65	11	28.21	12	30.77	16	41.03
安徽	98	78	79.59	14	17.95	32	41.03	32	41.03
福建	98	51	52.04	8	15.69	18	35.29	25	49.02
江西	65	26	40.00	2	7.69	11	42.31	13	50.00

续表

省（区、市）	样本数（个）	示范农场数量及其在有效样本中所占的比重		省级示范农场数量及其在示范农场中所占的比重		市级示范农场数量及其在示范农场中所占的比重		区县级示范农场数量及其在示范农场中所占的比重	
		数量（个）	所占比重（%）	数量（个）	所占比重（%）	数量（个）	所占比重（%）	数量（个）	所占比重（%）
山东	80	40	50.00	6	15.00	17	42.50	17	42.50
河南	98	21	21.43	3	14.29	14	66.67	4	19.05
湖北	65	50	76.92	25	50.00	13	26.00	12	24.00
湖南	57	13	22.81	0	0.00	1	7.69	12	92.31
广东	94	48	51.06	7	14.58	5	10.42	36	75.00
广西	61	34	55.74	2	5.88	12	35.29	20	58.82
海南	42	3	7.14	0	0.00	1	33.33	2	66.67
重庆	104	50	48.08	1	2.00	10	20.00	39	78.00
四川	96	34	35.42	6	17.65	3	8.82	25	73.53
贵州	101	68	67.33	3	4.41	6	8.82	59	86.76
云南	198	17	8.59	0	0.00	8	47.06	9	52.94
西藏	1	0	0.00	0	0.00	0	0.00	0	0.00
陕西	99	98	98.99	36	36.73	12	12.24	50	51.02
甘肃	96	61	63.54	0	0.00	19	31.15	42	68.85
青海	89	46	51.69	0	0.00	39	84.78	7	15.22
宁夏	94	61	64.89	23	37.70	4	6.56	34	55.74
新疆	49	0	0.00	0	0.00	0	0.00	0	0.00

表1-4　**种植业类家庭农场有效样本中示范性农场的情况**

省（区、市）	样本数（个）	示范农场数量及其在有效样本中所占的比重		省级示范农场数量及其在示范农场中所占的比重		市级示范农场数量及其在示范农场中所占的比重		区县级示范农场数量及其在示范农场中所占的比重	
		数量（个）	所占比重（%）	数量（个）	所占比重（%）	数量（个）	所占比重（%）	数量（个）	所占比重（%）
总计（全国）	1972	797	40.42	135	16.94	219	27.48	443	55.58
北京	20	12	60.00	0	0.00	1	8.33	11	91.67
天津	26	11	42.31	1	9.09	3	27.27	7	63.64
河北	73	43	58.90	7	16.28	13	30.23	23	53.49

续表

省（区、市）	样本数（个）	示范农场数量及其在有效样本中所占的比重		省级示范农场数量及其在示范农场中所占的比重		市级示范农场数量及其在示范农场中所占的比重		区县级示范农场数量及其在示范农场中所占的比重	
		数量（个）	所占比重（%）	数量（个）	所占比重（%）	数量（个）	所占比重（%）	数量（个）	所占比重（%）
山西	71	37	52.11	2	5.41	13	35.14	22	59.46
内蒙古	51	13	25.49	1	7.69	1	7.69	11	84.62
辽宁	92	28	30.43	15	53.57	6	21.43	7	25.00
吉林	199	23	11.56	1	4.35	9	39.13	13	56.52
黑龙江	257	93	36.19	1	1.08	0	0.00	92	98.92
上海	87	17	19.54	0	0.00	15	88.24	2	11.76
江苏	56	39	69.64	13	33.33	12	30.77	14	35.90
浙江	53	27	50.94	9	33.33	8	29.63	10	37.04
安徽	76	60	78.95	14	23.33	25	41.67	21	35.00
福建	64	37	57.81	6	16.22	10	27.03	21	56.76
江西	33	11	33.33	1	9.09	4	36.36	6	54.55
山东	61	29	47.54	3	10.34	12	41.38	14	48.28
河南	82	18	21.95	3	16.67	12	66.67	3	16.67
湖北	25	17	68.00	7	41.18	6	35.29	4	23.53
湖南	42	6	14.29	0	0.00	0	0.00	6	100.00
广东	44	30	68.18	5	16.67	1	3.33	24	80.00
广西	25	10	40.00	2	20.00	5	50.00	3	30.00
海南	17	3	17.65	0	0.00	1	33.33	2	66.67
重庆	52	25	48.08	1	4.00	9	36.00	15	60.00
四川	48	10	20.83	2	20.00	1	10.00	7	70.00
贵州	59	42	71.19	3	7.14	4	9.52	35	83.33
云南	111	11	9.91	0	0.00	6	54.55	5	45.45
西藏	0	0	0.00	0	0.00	0	0.00	0	0.00
陕西	53	52	98.11	25	48.08	3	5.77	24	46.15
甘肃	44	24	54.55	0	0.00	11	45.83	13	54.17
青海	49	30	61.22	0	0.00	25	83.33	5	16.67
宁夏	65	39	60.00	13	33.33	3	7.69	23	58.97
新疆	37	0	0.00	0	0.00	0	0.00	0	0.00

表1-5　　粮食类家庭农场有效样本中示范性农场情况

省（区、市）	样本数（个）	示范农场数量及其在有效样本中所占的比重		省级示范农场数量及其在示范农场中所占的比重		市级示范农场数量及其在示范农场中所占的比重		区县级示范农场数量及其在示范农场中所占的比重	
		数量（个）	所占比重（%）	数量（个）	所占比重（%）	数量（个）	所占比重（%）	数量（个）	所占比重（%）
总计（全国）	1188	443	37.29	79	6.65	120	10.1	244	20.54
北京	7	7	100.00	0	0.00	1	14.29	6	85.71
天津	13	4	30.77	0	0.00	2	15.38	2	15.38
河北	61	36	59.02	5	8.20	10	16.39	21	34.43
山西	41	25	60.98	1	2.44	8	19.51	16	39.02
内蒙古	32	6	18.75	0	0.00	1	3.13	5	15.63
辽宁	85	27	31.76	14	16.47	6	7.06	7	8.24
吉林	197	23	11.68	1	0.51	9	4.57	13	6.60
黑龙江	207	75	36.23	0	0.00	0	0.00	75	36.23
上海	82	16	19.51	0	0.00	14	17.07	2	2.44
江苏	49	37	75.51	12	24.49	11	22.45	14	28.57
浙江	32	13	40.63	2	6.25	4	12.50	7	21.88
安徽	52	41	78.85	9	17.31	18	34.62	14	26.92
福建	12	5	41.67	0	0.00	1	8.33	4	33.33
江西	19	7	36.84	1	5.26	3	15.79	3	15.79
山东	44	23	52.27	3	6.82	8	18.18	12	27.27
河南	67	15	22.39	1	1.49	11	16.42	3	4.48
湖北	15	10	66.67	2	13.33	5	33.33	3	20.00
湖南	30	3	10.00	0	0.00	0	0.00	3	10.00
广东	4	3	75.00	2	50.00	0	0.00	1	25.00
广西	19	7	36.84	2	10.53	3	15.79	2	10.53
海南	1	0	0.00	0	0.00	0	0.00	0	0.00
重庆	15	2	13.33	0	0.00	1	6.67	1	6.67
四川	12	6	50.00	0	0.00	1	8.33	5	41.67
贵州	—	—	—	—	—	—	—	—	—
云南	4	0	0.00	0	0.00	0	0.00	0	0.00
西藏	—	—	—	—	—	—	—	—	—
陕西	19	19	100.00	18	94.74	0	0.00	1	5.26
甘肃	6	6	100.00	0	0.00	0	0.00	6	100.00
青海	1	1	100.00	0	0.00	1	100.00	0	0.00
宁夏	50	26	52.00	6	12.00	2	4.00	18	36.00
新疆	12	0	0.00	0	0.00	0	0.00	0	0.00

三　监测样本农场基本情况

（一）经营类型

整体上看，家庭农场以种植家庭农场为主（见图 1－1）。在 2903 个统计样本家庭农场中，种植家庭农场 1972 个，占样本总数的 67.93%，其中粮食家庭农场 1188 个，占全部样本的 40.92%，占种植家庭农场的 60.24%（见表 1－6）；养殖家庭农场 406 个，占样本总数的 13.99%；种养结合类家庭农场 516 个，占样本总数的 17.77%；其他类家庭农场 9 个，占样本总数的 0.31%。

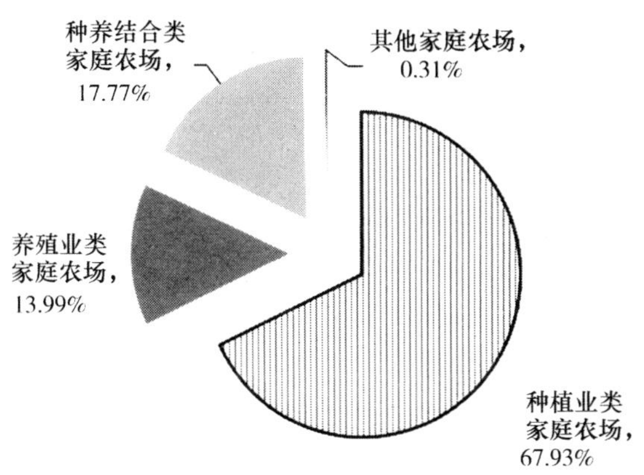

图 1－1　家庭农场经营类型

分省（区、市）看（见表 1－6），绝大多数省份的家庭农场都以种植家庭农场为主。其中，5 个省（区、市）种植家庭农场所占比重在 80% 以上，分别是吉林（99.50%）、辽宁（91.09%）、上海（89.69%）、黑龙江（85.10%）和河南（83.67%）。有 5 个省（区、市）养殖家庭农场所占比重在 29% 以上，分别是广西（42.62%）、贵州（34.65%）、云南（29.29%）、青海（29.21%）、山西（29.09%）。有 8 个省（区、市）种养结合家庭农场所占比重在 30% 以上，分别是天津（33.33%）、内蒙古（38.55%）、江西（31.25%）、湖北（44.62%）、广东（39.36%）、海南（47.62%）、四川（33.33%）、甘肃（45.83%）。西藏（1 个样本）的家庭农场属于种养结合类家庭农场。

表 1－6 **按经营范围划分家庭农场经营类型**

省（区、市）	样本数（个）	种植业类		其中：粮食类		养殖业类		种养结合类	
		数量（个）	所占比重（%）	数量（个）	所占比重（%）	数量（个）	所占比重（%）	数量（个）	所占比重（%）
总计（全国）	2894	1972	68.14	1188	60.24	406	14.03	516	17.83
北京	27	20	74.07	7	35.00	3	11.11	4	14.81
天津	39	26	66.67	13	50.00	0	0.00	13	33.33
河北	93	73	78.49	61	83.56	11	11.83	9	9.68
山西	110	71	64.55	43	60.56	32	29.09	7	6.36
内蒙古	83	51	61.45	33	64.71	0	0.00	32	38.55
辽宁	101	92	91.09	85	92.39	1	0.99	8	7.92
吉林	200	199	99.50	197	98.99	0	0.00	1	0.50
黑龙江	302	257	85.10	210	81.71	37	12.25	8	2.65
上海	97	87	89.69	82	94.25	0	0.00	10	10.31
江苏	82	56	68.29	49	87.50	14	17.07	12	14.63
浙江	77	53	68.83	32	60.38	7	9.09	17	22.08
安徽	98	76	77.55	52	68.42	13	13.27	9	9.18
福建	97	64	65.98	15	23.44	10	10.31	23	23.71
江西	64	33	51.56	19	57.58	11	17.19	20	31.25
山东	80	61	76.25	48	78.69	4	5.00	15	18.75
河南	98	82	83.67	68	82.93	0	0.00	16	16.33
湖北	65	25	38.46	15	60.00	11	16.92	29	44.62
湖南	57	42	73.68	30	71.43	6	10.53	9	15.79
广东	94	44	46.81	9	20.45	13	13.83	37	39.36
广西	61	25	40.98	20	80.00	26	42.62	10	16.39
海南	42	17	40.48	1	5.88	5	11.90	20	47.62
重庆	104	52	50.00	16	30.77	24	23.08	28	26.92
四川	96	48	50.00	25	52.08	16	16.67	32	33.33
贵州	101	59	58.42	0	0.00	35	34.65	7	6.93
云南	198	111	56.06	5	4.50	58	29.29	29	14.65
西藏	1	0	0.00	0	0.00	0	0.00	1	100.00
陕西	99	53	53.54	24	45.28	17	17.17	29	29.29
甘肃	96	44	45.83	11	25.00	8	8.33	44	45.83
青海	89	49	55.06	20	40.82	26	29.21	14	15.73

续表

省（区、市）	样本数（个）	种植业类		其中：粮食类		养殖业类		种养结合类	
		数量（个）	所占比重（%）	数量（个）	所占比重（%）	数量（个）	所占比重（%）	数量（个）	所占比重（%）
宁夏	94	65	69.15	50	76.92	16	17.02	13	13.83
新疆	49	37	75.51	12	32.43	2	4.08	10	20.41

注：①粮食类家庭农场是指种植玉米、小麦、水稻的家庭农场；②粮食类家庭农场所占比重是指其在种植业类家庭农场中所占的比重。

（二）从事农业规模经营年数

在 2903 个家庭农场统计样本中，家庭农场从事规模经营的平均年限为 6.28 年，频次最高的是 3 年（有 677 个家庭农场从事规模经营的年限为 3 年），从事规模经营的最大年限为 30 年（见表 1－7、图 1－2）。其中，种植业类家庭农场从事规模经营的平均年限为 6.12 年（见表 1－8），粮食类家庭农场从事规模经营的平均年限为 6 年（见表 1－9）。

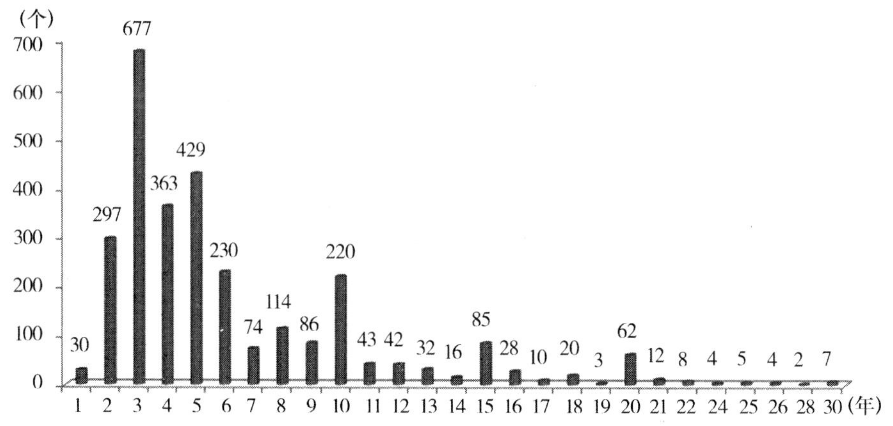

图 1－2　全部有效样本家庭农场经营规模年限分布

分省（区、市）来看（见表 1－7），14 个省（区、市）家庭农场从事规模经营的平均年限超过全国平均水平，这 14 个省区分别为北京、天津、黑龙江、上海、江苏、浙江、安徽、福建、湖北、广东、海南、云南、甘肃、新疆。其中，北京的家庭农场从事规模经营的平均年限最长，达 12. 22 年；其次分别是新疆和浙江，家庭农场从事规模经营的平均年限分别为 10. 29 年和 9. 10 年。

表 1 – 7　　**家庭农场从事农业规模经营平均年数**

省（区、市）	有效样本数（个）	从事规模经营平均年数（年）	最大值（年）	最小值（年）	中位数（年）
总计（全国）	2903	6. 28	30	1	5
北京	27	12. 22	30	2	13
天津	40	8. 23	30	1	3
河北	94	5. 22	26	2	4
山西	110	5. 66	20	2	4
内蒙古	84	5. 52	25	1	4
辽宁	101	4. 21	26	1	3
吉林	200	5. 71	24	1	5
黑龙江	303	7. 01	25	1	5
上海	100	7. 69	11	2	9
江苏	82	8. 10	22	1	5
浙江	77	9. 10	30	2	7
安徽	98	6. 51	30	1	5
福建	98	6. 97	22	1	5
江西	65	6. 12	21	2	5
山东	80	3. 68	18	1	3
河南	98	3. 66	11	1	3
湖北	65	7. 15	26	2	6
湖南	57	5. 11	20	1	4
广东	94	7. 23	28	2	4. 5
广西	61	5. 54	21	2	4
海南	42	7. 79	20	2	6
重庆	104	4. 80	30	1	4
四川	96	4. 83	18	1	4
贵州	101	5. 92	20	1	5
云南	198	8. 74	30	2	8
西藏	1	4. 00	4	4	4
陕西	99	4. 63	12	2	4
甘肃	96	6. 72	20	2	5
青海	89	2. 91	9	1	3
宁夏	94	5. 60	20	2	5
新疆	49	10. 29	24	2	10

表 1－8　　种植业类家庭农场从事农业规模经营平均年数

省（区、市）	有效样本数（个）	从事规模经营平均年数（年）	最大值（年）	最小值（年）	中位数（年）
总计（全国）	1972	6.12	30	1	5
北京	20	10.15	22	2	10
天津	26	8.12	30	1	3
河北	73	5.03	26	2	4
山西	71	5.39	14	2	4
内蒙古	51	5.14	20	1	5
辽宁	92	4.28	26	1	3
吉林	199	5.68	24	1	5
黑龙江	257	7.16	25	1	5
上海	87	7.49	11	2	9
江苏	56	8.07	22	2	6
浙江	53	8.83	20	2	7
安徽	76	6.37	24	1	5
福建	64	7.13	22	1	5.5
江西	33	5.86	21	2	5
山东	61	3.82	18	1	3
河南	82	3.65	11	1	3
湖北	25	7.16	26	3	5
湖南	42	4.33	20	1	3
广东	44	7.52	25	2	6
广西	25	4.80	15	2	4
海南	17	7.59	20	3	6
重庆	52	4.42	15	2	3.5
四川	48	4.90	18	3	4
贵州	59	5.95	15	1	5
云南	111	7.94	30	2	7
西藏	0	0.00	0	0	0
陕西	53	4.66	12	2	4
甘肃	44	6.50	18	2	5
青海	49	2.71	7	1	3
宁夏	65	5.20	20	2	4
新疆	37	10.78	24	2	10

表 1－9　　粮食类家庭农场从事农业规模经营平均年数

省（区、市）	有效样本数（个）	从事规模经营平均年数（年）	最大值（年）	最小值（年）	中位数（年）
总计（全国）	1188	6.00	30	1	5
北京	7	3.57	13	2	2
天津	13	9.38	30	1	6
河北	61	5.38	26	2	4
山西	43	5.39	14	2	4
内蒙古	33	5.56	20	2	5
辽宁	85	4.39	26	1	3
吉林	197	5.68	24	1	5
黑龙江	210	7.17	25	1	5
上海	82	7.48	11	2	9
江苏	49	8.35	22	2	7
浙江	32	9.66	20	2	8
安徽	52	5.85	24	1	5
福建	15	9.75	21	2	10
江西	19	6.18	21	2	4
山东	48	3.86	18	1	3
河南	68	3.70	11	1	3
湖北	15	4.87	12	3	4
湖南	30	3.97	17	1	2.5
广东	9	7.00	10	4	7
广西	20	4.42	10	2	4
海南	1	3.00	3	3	3
重庆	16	4.27	9	2	3
四川	25	4.50	12	3	3.5
贵州	0	—	—	—	—
云南	5	9.00	12	6	9
西藏	0	—	—	—	—
陕西	24	3.74	6	3	4
甘肃	11	10.67	13	8	10.5
青海	20	2.00	2	2	2
宁夏	50	4.72	20	2	4
新疆	12	12.75	22	3	14

（三）内部管理

区别于小规模农户，家庭农场内部经营管理水平显著提升。调查表明，72.68%的家庭农场内部有比较完整的收支记录（见表 1－10）。其中，5 个省份 90%以上的家庭农场内部都有比较完整的收支记录，分别是江苏（97.56%）、四川（96.88%）、湖南（94.74%）、安徽（93.88%）和浙江（90.91%）。

70%左右的种植业类、粮食类家庭农场内部有比较完整的收支记录，但仍有 30%左右的种植业类家庭农场没有完整建账（见表 1－11、表 1－12）。

表 1－10　**家庭农场收支记录情况**

省（区、市）	有效样本数（个）	有比较完整的收支记录		没有比较完整的收支记录	
		数量（个）	所占比重（%）	数量（个）	所占比重（%）
总计（全国）	2903	2110	72.68	793	27.32
北京	27	21	77.78	6	22.22
天津	40	34	85.00	6	15.00
河北	94	83	88.30	11	11.70
山西	110	67	60.91	43	39.09
内蒙古	84	27	32.14	57	67.86
辽宁	101	85	84.16	16	15.84
吉林	200	116	58.00	84	42.00
黑龙江	303	190	62.71	113	37.29
上海	100	78	78.00	22	22.00
江苏	82	80	97.56	2	2.44
浙江	77	70	90.91	7	9.09
安徽	98	92	93.88	6	6.12
福建	98	73	74.49	25	25.51
江西	65	55	84.62	10	15.38
山东	80	70	87.50	10	12.50
河南	98	69	70.41	29	29.59
湖北	65	46	70.77	19	29.23
湖南	57	54	94.74	3	5.26

续表

省（区、市）	有效样本数（个）	有比较完整的收支记录		没有比较完整的收支记录	
		数量（个）	所占比重（%）	数量（个）	所占比重（%）
广东	94	54	57.45	40	42.55
广西	61	47	77.05	14	22.95
海南	42	26	61.90	16	38.10
重庆	104	67	64.42	37	35.58
四川	96	93	96.88	3	3.13
贵州	101	76	75.25	25	24.75
云南	198	121	61.11	77	38.89
西藏	1	1	100.00	0	0.00
陕西	99	75	75.76	24	24.24
甘肃	96	59	61.46	37	38.54
青海	89	78	87.64	11	12.36
宁夏	94	75	79.79	19	20.21
新疆	49	28	57.14	21	42.86

表1-11　**种植业类家庭农场收支记录情况**

省（区、市）	有效样本数（个）	有比较完整的收支记录		没有比较完整的收支记录	
		数量（个）	所占比重（%）	数量（个）	所占比重（%）
总计（全国）	1972	1393	70.64	579	29.36
北京	20	17	85.00	3	15.00
天津	26	23	88.46	3	11.54
河北	73	67	91.78	6	8.22
山西	71	38	53.52	33	46.48
内蒙古	51	18	35.29	33	64.71
辽宁	92	77	83.70	15	16.30
吉林	199	115	57.79	84	42.21
黑龙江	257	163	63.42	94	36.58
上海	87	65	74.71	22	25.29
江苏	56	56	100.00	0	0.00
浙江	53	49	92.45	4	7.55
安徽	76	71	93.42	5	6.58

续表

省（区、市）	有效样本数（个）	有比较完整的收支记录		没有比较完整的收支记录	
		数量（个）	所占比重（%）	数量（个）	所占比重（%）
福建	64	50	78.13	14	21.88
江西	33	27	81.82	6	18.18
山东	61	52	85.25	9	14.75
河南	82	56	68.29	26	31.71
湖北	25	13	52.00	12	48.00
湖南	42	40	95.24	2	4.76
广东	44	29	65.91	15	34.09
广西	25	15	60.00	10	40.00
海南	17	10	58.82	7	41.18
重庆	52	38	73.08	14	26.92
四川	48	47	97.92	1	2.08
贵州	59	42	71.19	17	28.81
云南	111	54	48.65	57	51.35
西藏	0	—	—	—	—
陕西	53	37	69.81	16	30.19
甘肃	44	15	34.09	29	65.91
青海	49	40	81.63	9	18.37
宁夏	65	48	73.85	17	26.15
新疆	37	21	56.76	16	43.24

表 1－12 **粮食类家庭农场收支记录情况**

省（区、市）	有效样本数（个）	有比较完整的收支记录		没有比较完整的收支记录	
		数量（个）	所占比重（%）	数量（个）	所占比重（%）
总计（全国）	1188	837	70.45	351	29.55
北京	7	7	100.00	0	0.00
天津	13	11	84.62	2	15.38
河北	61	55	90.16	6	9.84
山西	41	24	58.54	17	41.46
内蒙古	32	6	18.75	26	81.25
辽宁	85	70	82.35	15	17.65

续表

省（区、市）	有效样本数（个）	有比较完整的收支记录		没有比较完整的收支记录	
		数量（个）	所占比重（%）	数量（个）	所占比重（%）
吉林	197	113	57.36	84	42.64
黑龙江	207	129	62.32	78	37.68
上海	82	60	73.17	22	26.83
江苏	49	49	100.00	0	0.00
浙江	32	28	87.50	4	12.50
安徽	52	51	98.08	1	1.92
福建	12	8	66.67	4	33.33
江西	19	17	89.47	2	10.53
山东	44	35	79.55	9	20.45
河南	67	42	62.69	25	37.31
湖北	15	7	46.67	8	53.33
湖南	30	28	93.33	2	6.67
广东	4	4	100.00	0	0.00
广西	19	9	47.37	10	52.63
海南	1	1	100.00	0	0.00
重庆	15	10	66.67	5	33.33
四川	12	11	91.67	1	8.33
贵州	—	—	—	—	—
云南	4	2	50.00	2	50.00
西藏	—	—	—	—	—
陕西	19	14	73.68	5	26.32
甘肃	6	4	66.67	2	33.33
青海	1	1	100.00	0	0.00
宁夏	50	35	70.00	15	30.00
新疆	12	6	50.00	6	50.00

（四）登记与注册

表1-13显示，63.42%的样本农场在工商部门注册登记，浙江、山东、西藏（1个样本）、宁夏的样本农场全部在工商部门注册登记，天津、河北、辽宁等19省（区、市）的样本农场80%以上在工商部门注册登记，

而山西、内蒙古、黑龙江、新疆等省（区、市）的样本农场在工商部门注册登记的比例较低。总体上看，家庭农场对在工商部门注册的认可度仍然较高，这可能与家庭农场市场化程度较高，工商注册获得市场经济主体地位有利于农场参与市场经营相关。

表1-13 **家庭农场工商部门注册登记情况**

省（区、市）	有效样本数（个）	已在工商部门注册登记	
		（个）	（%）
总计（全国）	2903	1841	63.42
北京	27	10	37.04
天津	40	34	85.00
河北	94	93	98.94
山西	110	2	1.82
内蒙古	84	31	36.90
辽宁	101	86	85.15
吉林	200	112	56.00
黑龙江	303	73	24.09
上海	100	0	0.00
江苏	82	66	80.49
浙江	77	77	100.00
安徽	98	88	89.80
福建	98	88	89.80
江西	65	61	93.85
山东	80	80	100.00
河南	98	91	92.86
湖北	65	63	96.92
湖南	57	48	84.21
广东	94	89	94.68
广西	61	60	98.36
海南	42	4	9.52
重庆	104	86	82.69
四川	96	93	96.88
贵州	101	27	26.73

续表

省（区、市）	有效样本数（个）	已在工商部门注册登记	
		（个）	（%）
云南	198	61	30.81
西藏	1	1	100.00
陕西	99	77	77.78
甘肃	96	54	56.25
青海	89	88	98.88
宁夏	94	94	100.00
新疆	49	4	8.16

从家庭农场在工商部门注册的类型看，主要有个体工商户、个人独资企业、合伙企业、公司等（见图1－3），其中又以个体工商户和个人独资企业为主，两者合计占96.25%。另外有38个样本（占统计样本1.90%）登记注册类型是“其他”。

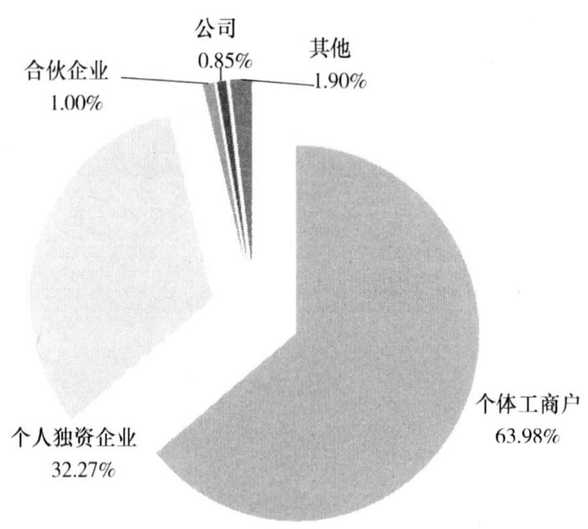

图1－3 家庭农场工商部门登记注册类型

各省的注册类型具体情况见表1－14，各省略有差异。

表 1 - 14　**家庭农场登记注册类型**

省（区、市）	个体工商户（%）	个人独资企业（%）	合伙企业（%）	公司（%）	其他（%）
总计（全国）	63.98	32.27	1.00	0.85	1.90
北京	81.82	9.09	0.00	0.00	9.09
天津	48.57	42.86	8.57	0.00	0.00
河北	82.61	16.30	1.09	0.00	0.00
山西	50.00	50.00	0.00	0.00	0.00
内蒙古	74.29	20.00	0.00	0.00	5.71
辽宁	81.72	13.98	0.00	1.08	3.23
吉林	23.00	76.00	1.00	0.00	0.00
黑龙江	51.58	29.47	2.11	3.16	13.68
江苏	59.42	39.13	0.00	1.45	0.00
浙江	13.16	85.53	1.32	0.00	0.00
安徽	84.21	13.68	2.11	0.00	0.00
福建	97.94	1.03	1.03	0.00	0.00
江西	65.52	32.76	0.00	1.72	0.00
山东	96.25	2.50	0.00	1.25	0.00
河南	78.35	21.65	0.00	0.00	0.00
湖北	43.75	51.56	3.13	0.00	1.56
湖南	28.57	69.64	0.00	1.79	0.00
广东	86.81	12.09	1.10	0.00	0.00
广西	91.80	8.20	0.00	0.00	0.00
海南	70.00	25.00	0.00	5.00	0.00
重庆	34.83	60.67	2.25	2.25	0.00
四川	91.40	8.60	0.00	0.00	0.00
贵州	50.00	43.94	1.52	3.03	1.52
云南	88.76	4.49	2.25	4.49	0.00
西藏	0.00	100.00	0.00	0.00	0.00
陕西	100.00	0.00	0.00	0.00	0.00
甘肃	60.94	39.06	0.00	0.00	0.00
青海	37.08	53.93	0.00	0.00	8.99
宁夏	11.36	87.50	1.14	0.00	0.00
新疆	83.08	7.69	0.00	0.00	9.23

（五）“三品一标”认证与自有商标

从表 1－15 可以看出，家庭农场在无公害农产品、绿色食品、有机农产品和农产品地理标志等“三品一标”的认证比例较低，纳入统计的样本农场中仅有 13.57% 的家庭农场有“三品一标”认证。但也有个别省份家庭农场“三品一标”的认证比例较高，上海（种植业类和粮食类）家庭农场“三品一标”的认证比例达 100%，浙江家庭农场“三品一标”的认证比例达 46.75%。

仅有 14.35% 的种植业类家庭农场有“三品一标”认证，其中，浙江种植业类家庭农场“三品一标”的认证比例达 50.94%，安徽种植业家庭农场“三品一标”的认证比例达 31.58%（见表 1－16）。仅有 15.15% 的粮食类家庭农场有“三品一标”认证，其中，浙江粮食类家庭农场“三品一标”的认证比例达 46.88%，四川粮食类家庭农场“三品一标”的认证比例达 41.67%（见表 1－17）。

表 1－15　　**家庭农场“三品一标”认证情况**

省（区、市）	样本数（个）	有“三品一标”认证		没有“三品一标”认证	
		数量（个）	所占比重（%）	数量（个）	所占比重（%）
总计（全国）	2903	394	13.57	2509	86.43
北京	27	7	25.93	20	74.07
天津	40	5	12.50	35	87.50
河北	94	9	9.57	85	90.43
山西	110	1	0.91	109	99.09
内蒙古	84	9	10.71	75	89.29
辽宁	101	5	4.95	96	95.05
吉林	200	8	4.00	192	96.00
黑龙江	303	18	5.94	285	94.06
上海	100	100	100.00	0	0.00
江苏	82	7	8.54	75	91.46
浙江	77	36	46.75	41	53.25
安徽	98	27	27.55	71	72.45
福建	98	6	6.12	92	93.88

续表

省（区、市）	样本数（个）	有“三品一标”认证		没有“三品一标”认证	
		数量（个）	所占比重（%）	数量（个）	所占比重（%）
江西	65	8	12.31	57	87.69
山东	80	19	23.75	61	76.25
河南	98	11	11.22	87	88.78
湖北	65	12	18.46	53	81.54
湖南	57	10	17.54	47	82.46
广东	94	12	12.77	82	87.23
广西	61	8	13.11	53	86.89
海南	42	8	19.05	34	80.95
重庆	104	17	16.35	87	83.65
四川	96	16	16.67	80	83.33
贵州	101	18	17.82	83	82.18
云南	198	3	1.52	195	98.48
西藏	1	0	0.00	1	100.00
陕西	99	4	4.04	95	95.96
甘肃	96	4	4.17	92	95.83
青海	89	1	1.12	88	98.88
宁夏	94	5	5.32	89	94.68
新疆	49	0	0.00	49	100.00

表 1－16　**种植业类家庭农场“三品一标”认证情况**

省（区、市）	样本数（个）	有“三品一标”认证		没有“三品一标”认证	
		数量（个）	所占比重（%）	数量（个）	所占比重（%）
总计（全国）	1972	283	14.35	1689	85.65
北京	20	5	25.00	15	75.00
天津	26	4	15.38	22	84.62
河北	73	4	5.48	69	94.52
山西	71	0	0.00	71	100.00
内蒙古	51	5	9.80	46	90.20
辽宁	92	4	4.35	88	95.65

续表

省（区、市）	样本数（个）	有“三品一标”认证		没有“三品一标”认证	
		数量（个）	所占比重（%）	数量（个）	所占比重（%）
吉林	199	8	4.02	191	95.98
黑龙江	257	17	6.61	240	93.39
上海	87	87	100.00	0	0.00
江苏	56	5	8.93	51	91.07
浙江	53	27	50.94	26	49.06
安徽	76	24	31.58	52	68.42
福建	64	3	4.69	61	95.31
江西	33	3	9.09	30	90.91
山东	61	14	22.95	47	77.05
河南	82	9	10.98	73	89.02
湖北	25	4	16.00	21	84.00
湖南	42	6	14.29	36	85.71
广东	44	7	15.91	37	84.09
广西	25	2	8.00	23	92.00
海南	17	4	23.53	13	76.47
重庆	52	10	19.23	42	80.77
四川	48	7	14.58	41	85.42
贵州	59	13	22.03	46	77.97
云南	111	2	1.80	109	98.20
西藏	0	0	0.00	0	0.00
陕西	53	4	7.55	49	92.45
甘肃	44	2	4.55	42	95.45
青海	49	0	0.00	49	100.00
宁夏	65	3	4.62	62	95.38
新疆	37	0	0.00	37	100.00

表 1 - 17　　**粮食类家庭农场“三品一标”认证情况**

省（区、市）	样本数（个）	有“三品一标”认证		没有“三品一标”认证	
		数量（个）	所占比重（%）	数量（个）	所占比重（%）
总计（全国）	1188	180	15.15	1008	84.85
北京	7	0	0.00	7	100.00
天津	13	2	15.38	11	84.62
河北	61	3	4.92	58	95.08
山西	41	0	0.00	41	100.00
内蒙古	32	3	9.38	29	90.63
辽宁	85	4	4.71	81	95.29
吉林	197	8	4.06	189	95.94
黑龙江	207	11	5.31	196	94.69
上海	82	82	100.00	0	0.00
江苏	49	5	10.20	44	89.80
浙江	32	15	46.88	17	53.13
安徽	52	16	30.77	36	69.23
福建	12		0.00	12	100.00
江西	19	2	10.53	17	89.47
山东	44	7	15.91	37	84.09
河南	67	4	5.97	63	94.03
湖北	15	3	20.00	12	80.00
湖南	30	4	13.33	26	86.67
广东	4	0	0.00	4	100.00
广西	19	2	10.53	17	89.47
海南	1	1	100.00	0	0.00
重庆	15	1	6.67	14	93.33
四川	12	5	41.67	7	58.33
贵州	—	—	—	—	—
云南	4	0	0.00	4	100.00
西藏	—	—	—	—	—
陕西	19	2	10.53	17	89.47
甘肃	6	0	0.00	6	100.00
青海	1	0	0.00	1	100.00
宁夏	50	0	0.00	50	100.00
新疆	12	0	0.00	12	100.00

通过表1－18可以发现，家庭农场拥有商标比例更低，纳入统计的样本农场中仅有12.19%的家庭农场有注册商标，绝大多数的家庭农场还未成立自有品牌。比较而言，浙江（50.65%）、安徽（31.63%）、山东（30%）、北京（29.63%）等省（市）拥有注册商标的家庭农场比例较高。仅有12.02%的种植业类家庭农场、10.10%的粮食类家庭农场有注册商标（见表1－18、表1－19、表1－20）。

表1－18 **家庭农场拥有注册商标情况**

省（区、市）	样本数（个）	有注册商标		没有注册商标	
		数量（个）	所占比重（%）	数量（个）	所占比重（%）
总计（全国）	2903	354	12.19	2549	87.81
北京	27	8	29.63	19	70.37
天津	40	9	22.50	31	77.50
河北	94	5	5.32	89	94.68
山西	110	2	1.82	108	98.18
内蒙古	84	6	7.14	78	92.86
辽宁	101	5	4.95	96	95.05
吉林	200	20	10.00	180	90.00
黑龙江	303	21	6.93	282	93.07
上海	100	3	3.00	97	97.00
江苏	82	17	20.73	65	79.27
浙江	77	39	50.65	38	49.35
安徽	98	31	31.63	67	68.37
福建	98	19	19.39	79	80.61
江西	65	7	10.77	58	89.23
山东	80	24	30.00	56	70.00
河南	98	14	14.29	84	85.71
湖北	65	12	18.46	53	81.54
湖南	57	14	24.56	43	75.44
广东	94	12	12.77	82	87.23
广西	61	3	4.92	58	95.08
海南	42	4	9.52	38	90.48

续表

省（区、市）	样本数（个）	有注册商标		没有注册商标	
		数量（个）	所占比重（%）	数量（个）	所占比重（%）
重庆	104	25	24.04	79	75.96
四川	96	14	14.58	82	85.42
贵州	101	8	7.92	93	92.08
云南	198	4	2.02	194	97.98
西藏	1	1	100.00	0	0.00
陕西	99	11	11.11	88	88.89
甘肃	96	3	3.13	93	96.88
青海	89	3	3.37	86	96.63
宁夏	94	7	7.45	87	92.55
新疆	49	3	6.12	46	93.88

表1－19　**种植业类家庭农场拥有注册商标情况**

省（区、市）	样本数（个）	有注册商标		没有注册商标	
		数量（个）	所占比重（%）	数量（个）	所占比重（%）
总计（全国）	1972	237	12.02	1735	87.98
北京	20	5	25.00	15	75.00
天津	26	6	23.08	20	76.92
河北	73	3	4.11	70	95.89
山西	71	0	0.00	71	100.00
内蒙古	51	4	7.84	47	92.16
辽宁	92	5	5.43	87	94.57
吉林	199	20	10.05	179	89.95
黑龙江	257	16	6.23	241	93.77
上海	87	3	3.45	84	96.55
江苏	56	8	14.29	48	85.71
浙江	53	26	49.06	27	50.94
安徽	76	28	36.84	48	63.16
福建	64	12	18.75	52	81.25
江西	33	3	9.09	30	90.91

续表

省（区、市）	样本数（个）	有注册商标		没有注册商标	
		数量（个）	所占比重（%）	数量（个）	所占比重（%）
山东	61	19	31.15	42	68.85
河南	82	12	14.63	70	85.37
湖北	25	6	24.00	19	76.00
湖南	42	9	21.43	33	78.57
广东	44	4	9.09	40	90.91
广西	25	0	0.00	25	100.00
海南	17	3	17.65	14	82.35
重庆	52	12	23.08	40	76.92
四川	48	4	8.33	44	91.67
贵州	59	6	10.17	53	89.83
云南	111	2	1.80	109	98.20
西藏	0	0	0.00	0	0.00
陕西	53	11	20.75	42	79.25
甘肃	44	2	4.55	42	95.45
青海	49	2	4.08	47	95.92
宁夏	65	5	7.69	60	92.31
新疆	37	1	2.70	36	97.30

表 1－20　　**粮食类家庭农场拥有注册商标情况**

省（区、市）	样本数（个）	有注册商标		没有注册商标	
		数量（个）	所占比重（%）	数量（个）	所占比重（%）
总计（全国）	1188	120	10.10	1068	89.90
北京	7	0	0.00	7	100.00
天津	13	1	7.69	12	92.31
河北	61	3	4.92	58	95.08
山西	41	0	0.00	41	100.00
内蒙古	32	2	6.25	30	93.75
辽宁	85	5	5.88	80	94.12
吉林	197	20	10.15	177	89.85

续表

省（区、市）	样本数（个）	有注册商标		没有注册商标	
		数量（个）	所占比重（%）	数量（个）	所占比重（%）
黑龙江	207	10	4.83	197	95.17
上海	82	2	2.44	80	97.56
江苏	49	7	14.29	42	85.71
浙江	32	12	37.50	20	62.50
安徽	52	14	26.92	38	73.08
福建	12	2	16.67	10	83.33
江西	19	2	10.53	17	89.47
山东	44	12	27.27	32	72.73
河南	67	7	10.45	60	89.55
湖北	15	2	13.33	13	86.67
湖南	30	4	13.33	26	86.67
广东	4	1	25.00	3	75.00
广西	19	0	0.00	19	100.00
海南	1	1	100.00	0	0.00
重庆	15	3	20.00	12	80.00
四川	12	2	16.67	10	83.33
贵州	—	—	—	—	—
云南	4	0	0.00	4	100.00
西藏	—	—	—	—	—
陕西	19	5	26.32	14	73.68
甘肃	6	0	0.00	6	100.00
青海	1	0	0.00	1	100.00
宁夏	50	3	6.00	47	94.00
新疆	12	0	0.00	12	100.00

四　家庭农场主情况

（一）农场主性别

2903 个有效样本家庭农场中，88.80% 的家庭农场主为男性，只有 11.20% 的家庭农场主为女性（见表 1 - 21）。其中，7 个省（区、市）

95%以上的家庭农场主性别为男性，分别为西藏（100%）、上海（98.00%）、吉林（97.00%）、新疆（95.92%）、黑龙江（95.71%）、内蒙古（95.24%）和海南（95.24%）。

表1－21　　　　家庭农场主性别情况

省（区、市）	样本数（个）	男性		女性	
		数量（个）	所占比重（%）	数量（个）	所占比重（%）
总计（全国）	2903	2578	88.80	325	11.20
北京	27	23	85.19	4	14.81
天津	40	35	87.50	5	12.50
河北	94	82	87.23	12	12.77
山西	110	101	91.82	9	8.18
内蒙古	84	80	95.24	4	4.76
辽宁	101	92	91.09	9	8.91
吉林	200	194	97.00	6	3.00
黑龙江	303	290	95.71	13	4.29
上海	100	98	98.00	2	2.00
江苏	82	73	89.02	9	10.98
浙江	77	71	92.21	6	7.79
安徽	98	89	90.82	9	9.18
福建	98	84	85.71	14	14.29
江西	65	60	92.31	5	7.69
山东	80	68	85.00	12	15.00
河南	98	83	84.69	15	15.31
湖北	65	60	92.31	5	7.69
湖南	57	52	91.23	5	8.77
广东	94	75	79.79	19	20.21
广西	61	53	86.89	8	13.11
海南	42	40	95.24	2	4.76
重庆	104	83	79.81	21	20.19
四川	96	79	82.29	17	17.71
贵州	101	75	74.26	26	25.74
云南	198	171	86.36	27	13.64

续表

省（区、市）	样本数（个）	男性		女性	
		数量（个）	所占比重（%）	数量（个）	所占比重（%）
西藏	1	1	100.00	0	0.00
陕西	99	85	85.86	14	14.14
甘肃	96	90	93.75	6	6.25
青海	89	72	80.90	17	19.10
宁夏	94	72	76.60	22	23.40
新疆	49	47	95.92	2	4.08

（二）农场主平均年龄

2903 个有效样本家庭农场中，农场主的平均年龄为 45.77 岁，农场主年龄在 40 岁（含）以下的家庭农场占 25.90%；农场主年龄为 41—50 的家庭农场占 44.64%；农场主年龄在 51 岁以上的家庭农场占 29.46%（见图 1－4），该比例远低于 2010 年全国人口普查数据全国农业人口的 34.53%，由此可以看出家庭农场主的平均年龄相对于全国农业从业人员平均水平要低。

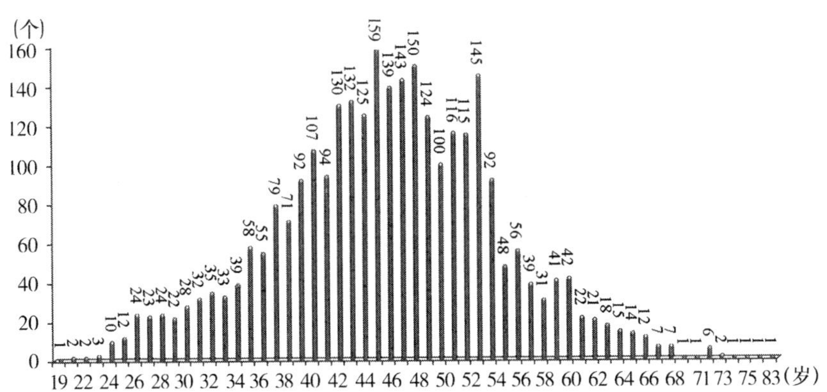

图 1－4　家庭农场主年龄分布

分省（区、市）看（见表 1－22），北京家庭农场主的平均年龄最大，达 50.26 岁；其次是山西（48.78 岁）、新疆（48.14 岁）、安徽（47.88 岁）、内蒙古（47.64 岁）、海南（47.33 岁）、甘肃（47.09 岁）。

表 1－22　**家庭农场主平均年龄**

省（区、市）	样本数（个）	农场主平均年龄（岁）	种植业类家庭农场主平均年龄（岁）	粮食类家庭农场主平均年龄（岁）
总计（全国）	2903	45.77	45.92	46.44
北京	27	50.26	48.70	46.71
天津	40	46.63	47.19	50.31
河北	94	45.39	44.85	44.59
山西	110	48.78	49.96	49.86
内蒙古	84	47.64	47.61	48.76
辽宁	101	46.89	46.51	46.76
吉林	200	46.76	46.74	46.77
黑龙江	303	45.18	44.75	44.57
上海	100	46.98	46.72	47.20
江苏	82	46.94	47.57	48.33
浙江	77	45.16	45.75	47.06
安徽	98	47.88	48.21	48.50
福建	98	45.04	45.81	49.20
江西	65	45.34	45.39	44.79
山东	80	46.36	46.79	46.46
河南	98	44.45	44.56	44.75
湖北	65	46.94	46.88	49.07
湖南	57	43.68	44.31	45.33
广东	94	45.65	44.70	47.11
广西	61	46.84	47.32	47.15
海南	42	47.33	47.24	39.00
重庆	104	46.51	46.21	47.75
四川	96	44.70	43.81	43.12
贵州	101	43.06	44.34	—
云南	198	43.63	43.60	44.40
西藏	1	40.00	—	—
陕西	99	43.75	45.55	43.83
甘肃	96	47.09	46.93	52.09
青海	89	44.09	43.98	44.80
宁夏	94	43.86	44.54	45.60
新疆	49	48.14	48.41	53.67

将农场主、常年雇用劳动力、家庭自有劳动力的年龄结构进行比较（见图 1－5），可以发现：

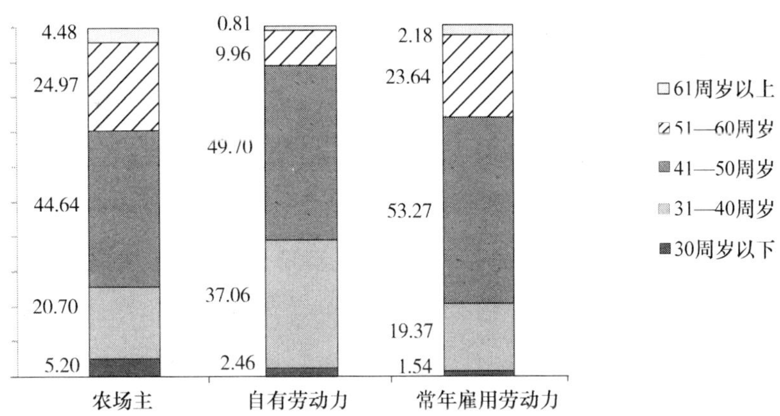

图 1－5　农场主、常年雇用劳动力、家庭自有劳动力年龄比较（%）

（1）常年雇用劳动力与家庭农场主的年龄结构在 31—40 周岁、51—60 周岁这两个年龄段上基本类似，31—40 周岁人数占比分别为 19.37% 和 20.70%，51—60 周岁人数占比分别为 23.64% 和 24.97%；但在 41—50 周岁这个年龄段上差别较大，前者人数占比 53.27%，后者人数占比 44.64%。

（2）同时，家庭自有劳动力平均年龄为 43.35 岁，整体年龄结构较家庭农场主和雇用劳动力要年轻。家庭自有劳动力 40 岁以下人数的占比为 39.52%，41—50 周岁人数占比为 49.70%，51 周岁以上占比只有 10.77%。

（三）农场主学历结构

在 2903 个有效样本家庭农场中，1324 个家庭农场的农场主的受教育程度为初中，占样本总数的 45.61%；受教育程度为高中、中专、职高的有 1076 个，合计为 37.07%；大专及以上学历的有 326 个，合计为 11.23%（见图 1－6）。全部家庭农场、种植业类、粮食类家庭农场农场主各层次受教育程度的分布情况大体一致。

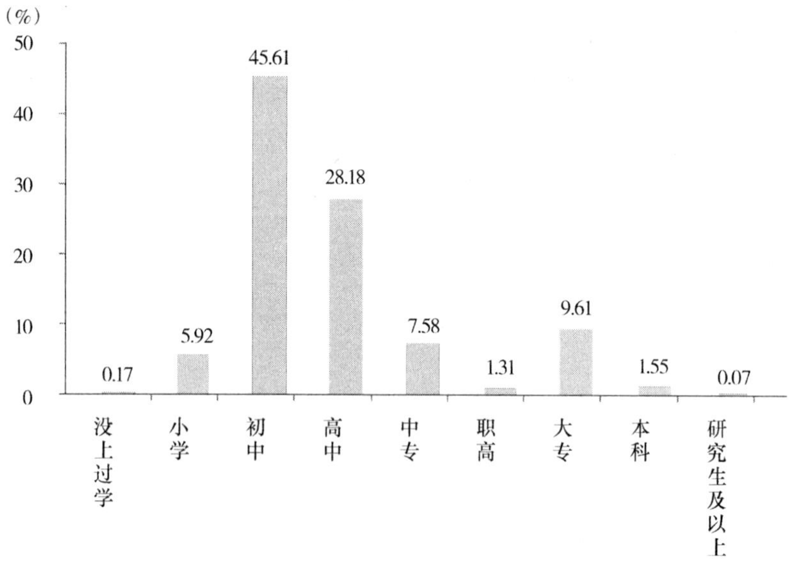

图 1－6　家庭农场主学历分布

显然，这与 2010 年人口普查结果中全国农业从业人员有 43.45% 的受教育程度为小学及以下相比，农场主文化程度较高，是懂技术、会经营的新型农业经营者。

各省的具体情况见表 1－23，可以看出，总的来说，经济发达地区农场主的受教育程度相对较高。

表 1－23　　**家庭农场主学历结构**

省（区、市）	有效样本（个）	没上过学		小学		初中		高中		中专	
		样本数（个）	占比（%）	样本数（个）	占比（%）	样本数（个）	占比（%）	样本数（个）	占比（%）	样本数（个）	占比（%）
总计（全国）	2903	5	0.17	172	5.92	1324	45.61	818	28.18	220	7.58
北京	27	0	0.00	0	0.00	10	37.04	8	29.63	2	7.41
天津	40	0	0.00	3	7.50	8	20.00	15	37.50	2	5.00
河北	94	0	0.00	2	2.13	42	44.68	29	30.85	15	15.96
山西	110	0	0.00	3	2.73	69	62.73	29	26.36	3	2.73
内蒙古	84	2	2.38	11	13.10	37	44.05	24	28.57	3	3.57
辽宁	101	0	0.00	3	2.97	52	51.49	21	20.79	6	5.94

续表

省（区、市）	有效样本（个）	没上过学		小学		初中		高中		中专	
		样本数（个）	占比（%）	样本数（个）	占比（%）	样本数（个）	占比（%）	样本数（个）	占比（%）	样本数（个）	占比（%）
吉林	200	0	0.00	19	9.50	122	61.00	40	20.00	7	3.50
黑龙江	303	0	0.00	4	1.32	143	47.19	96	31.68	31	10.23
上海	100	0	0.00	14	14.00	52	52.00	14	14.00	4	4.00
江苏	82	0	0.00	4	4.88	25	30.49	32	39.02	5	6.10
浙江	77	0	0.00	1	1.30	36	46.75	16	20.78	4	5.19
安徽	98	0	0.00	6	6.12	48	48.98	31	31.63	4	4.08
福建	98	1	1.02	6	6.12	46	46.94	16	16.33	12	12.24
江西	65	0	0.00	2	3.08	24	36.92	19	29.23	7	10.77
山东	80	0	0.00	2	2.50	25	31.25	32	40.00	10	12.50
河南	98	0	0.00	3	3.06	28	28.57	42	42.86	10	10.20
湖北	65	0	0.00	1	1.54	11	16.92	35	53.85	9	13.85
湖南	57	0	0.00	1	1.75	22	38.60	23	40.35	4	7.02
广东	94	1	1.06	9	9.57	33	35.11	27	28.72	7	7.45
广西	61	0	0.00	3	4.92	19	31.15	22	36.07	3	4.92
海南	42	0	0.00	2	4.76	10	23.81	13	30.95	4	9.52
重庆	104	1	0.96	8	7.69	61	58.65	19	18.27	8	7.69
四川	96	0	0.00	3	3.13	48	50.00	30	31.25	8	8.33
贵州	101	0	0.00	5	4.95	55	54.46	25	24.75	7	6.93
云南	198	0	0.00	22	11.11	99	50.00	42	21.21	13	6.57
西藏	1	0	0.00	0	0.00	1	100.00	0	0.00	0	0.00
陕西	99	0	0.00	6	6.06	33	33.33	40	40.40	13	13.13
甘肃	96	0	0.00	8	8.33	45	46.88	25	26.04	5	5.21
青海	89	0	0.00	13	14.61	40	44.94	24	26.97	4	4.49
宁夏	94	0	0.00	4	4.26	54	57.45	23	24.47	2	2.13
新疆	49	0	0.00	4	8.16	26	53.06	6	12.24	8	16.33

表1－24　　**家庭农场主各类学历结构（续上表）**

省（区、市）	有效样本（个）	职高		大专		本科		研究生及以上	
		样本数（个）	占比（%）	样本数（个）	占比（%）	样本数（个）	占比（%）	样本数（个）	占比（%）
总计（全国）	2903	38	1.31	279	9.61	45	1.55	2	0.07
北京	27	0	0.00	6	22.22	1	3.70	0	0.00
天津	40	0	0.00	10	25.00	2	5.00	0	0.00
河北	94	0	0.00	4	4.26	2	2.13	0	0.00
山西	110	2	1.82	4	3.64	0	0.00	0	0.00
内蒙古	84	1	1.19	6	7.14	0	0.00	0	0.00
辽宁	101	0	0.00	18	17.82	0	0.00	1	0.99
吉林	200	0	0.00	9	4.50	3	1.50	0	0.00
黑龙江	303	1	0.33	27	8.91	1	0.33	0	0.00
上海	100	1	1.00	13	13.00	2	2.00	0	0.00
江苏	82	0	0.00	10	12.20	6	7.32	0	0.00
浙江	77	2	2.60	13	16.88	5	6.49	0	0.00
安徽	98	1	1.02	8	8.16	0	0.00	0	0.00
福建	98	1	1.02	15	15.31	1	1.02	0	0.00
江西	65	2	3.08	11	16.92	0	0.00	0	0.00
山东	80	1	1.25	6	7.50	4	5.00	0	0.00
河南	98	3	3.06	11	11.22	1	1.02	0	0.00
湖北	65	1	1.54	7	10.77	1	1.54	0	0.00
湖南	57	1	1.75	5	8.77	1	1.75	0	0.00
广东	94	4	4.26	11	11.70	2	2.13	0	0.00
广西	61	2	3.28	12	19.67	0	0.00	0	0.00
海南	42	4	9.52	8	19.05	1	2.38	0	0.00
重庆	104	1	0.96	5	4.81	1	0.96	0	0.00
四川	96	1	1.04	5	5.21	1	1.04	0	0.00
贵州	101	1	0.99	8	7.92	0	0.00	0	0.00
云南	198	7	3.54	11	5.56	4	2.02	0	0.00
西藏	1	0	0.00	0	0.00	0	0.00	0	0.00
陕西	99	0	0.00	5	5.05	1	1.01	1	1.01
甘肃	96	0	0.00	12	12.50	1	1.04	0	0.00
青海	89	1	1.12	6	6.74	1	1.12	0	0.00
宁夏	94	0	0.00	9	9.57	2	2.13	0	0.00
新疆	49	0	0.00	4	8.16	1	2.04	0	0.00

（四）农场主户籍情况

在 2903 个有效样本家庭农场中，家庭农场主主要来自本乡、本村，其中来自本村的占 83.64%，来自本乡的占到近 92%（见图 1－7），可见家庭农场主主要从本地户籍的农民中产生。

在 1972 个有效种植业类家庭农场中，家庭农场主也主要来自于本乡、本村，其中来自本村的占 85.04%，来自本乡的占比达 92.44%。在 1188 个有效粮食类家庭农场中，来自本乡的家庭农场主占比达 94.44%。

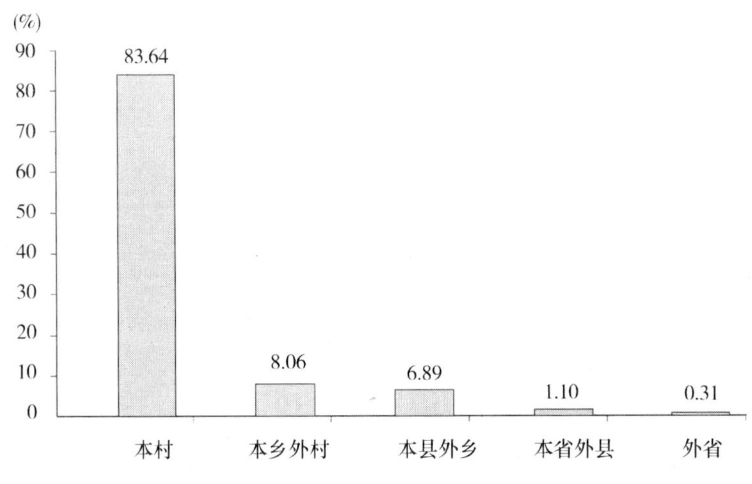

图 1－7　家庭农场主户籍分布

各省农场主具体的户籍分布情况见表 1－25，可以看出除了天津、江苏、浙江、山东四个省（市）的农场主本乡户籍比例为 60%—85% 外，其他地区均高于 85%，有 17 个省高于 90%，户籍来源于本乡的整体比例较高。山西的农场主全部来自本乡。

表 1－25　**各省农场主户籍分布**

省（区、市）	样本数（个）	本村占比（%）	本乡外村（%）	本县外乡（%）	本省外县（%）	外省（%）	合计（%）
总计（全国）	2903	83.64	8.06	6.89	1.10	0.31	100.00
北京	27	92.59	3.70	3.70	0.00	0.00	100.00
天津	40	77.50	5.00	15.00	2.50	0.00	100.00

续表

省（区、市）	样本数（个）	本村占比（%）	本乡外村（%）	本县外乡（%）	本省外县（%）	外省（%）	合计（%）
河北	94	91.49	4.26	4.26	0.00	0.00	100.00
山西	110	98.18	1.82	0.00	0.00	0.00	100.00
内蒙古	84	98.81	0.00	1.19	0.00	0.00	100.00
辽宁	101	95.05	3.96	0.00	0.00	0.99	100.00
吉林	200	95.50	2.50	1.50	0.50	0.00	100.00
黑龙江	303	92.74	4.62	2.31	0.33	0.00	100.00
上海	100	96.00	4.00	0.00	0.00	0.00	100.00
江苏	82	73.17	6.10	17.07	2.44	1.22	100.00
浙江	77	40.26	20.78	27.27	7.79	3.90	100.00
安徽	98	70.41	15.31	10.20	4.08	0.00	100.00
福建	98	72.45	15.31	11.22	1.02	0.00	100.00
江西	65	87.69	3.08	3.08	0.00	6.15	100.00
山东	80	72.50	10.00	16.25	1.25	0.00	100.00
河南	98	86.73	3.06	10.20	0.00	0.00	100.00
湖北	65	78.46	10.77	10.77	0.00	0.00	100.00
湖南	57	64.91	21.05	14.04	0.00	0.00	100.00
广东	94	75.53	18.09	4.26	2.13	0.00	100.00
广西	61	70.49	14.75	13.11	1.64	0.00	100.00
海南	42	78.57	9.52	9.52	2.38	0.00	100.00
重庆	104	85.58	8.65	5.77	0.00	0.00	100.00
四川	96	82.29	8.33	9.38	0.00	0.00	100.00
贵州	101	87.13	1.98	5.94	4.95	0.00	100.00
云南	198	67.17	19.19	12.12	1.52	0.00	100.00
西藏	1	100.00	0.00	0.00	0.00	0.00	100.00
陕西	99	96.97	1.01	2.02	0.00	0.00	100.00
甘肃	96	86.46	9.38	4.17	0.00	0.00	100.00
青海	89	85.39	8.99	4.49	1.12	0.00	100.00
宁夏	94	80.85	7.45	9.57	2.13	0.00	100.00
新疆	49	89.80	6.12	4.08	0.00	0.00	100.00

（五）农场主接受培训情况

在 2903 个有效样本家庭农场中，2398 个家庭农场主接受过培训，占有效样本总数的 82.60%，仍有 17.40% 的家庭农场主未接受过培训（见表 1－26）。分省（区、市）来看，家庭农场主接受过培训的比例在 90% 以上的省（区、市）有 16 个，其中，上海、山东、西藏（1 个样本）的家庭农场主全部接受过培训；比例最低的内蒙古只有 33.33% 的家庭农场主接受过培训；海南、广东接受过培训的家庭农场主占比较低，分别为 47.62%、51.06%。

另外，种植类家庭农场中有 81.74% 的农场主接受过培训，粮食类家庭农场中 80.64% 的农场主接受过培训。

表 1－26　**家庭农场主接受培训情况**

省（区、市）	样本数（个）	接受过培训		未接受过培训	
		数量（个）	所占比重（%）	数量（个）	所占比重（%）
总计（全国）	2903	2398	82.60	505	17.40
北京	27	26	96.30	1	3.70
天津	40	32	80.00	8	20.00
河北	94	80	85.11	14	14.89
山西	110	88	80.00	22	20.00
内蒙古	84	28	33.33	56	66.67
辽宁	101	87	86.14	14	13.86
吉林	200	150	75.00	50	25.00
黑龙江	303	162	53.47	141	46.53
上海	100	100	100.00	0	0.00
江苏	82	75	91.46	7	8.54
浙江	77	76	98.70	1	1.30
安徽	98	95	96.94	3	3.06
福建	98	91	92.86	7	7.14
江西	65	57	87.69	8	12.31
山东	80	80	100.00	0	0.00
河南	98	80	81.63	18	18.37
湖北	65	61	93.85	4	6.15

续表

省（区、市）	样本数（个）	接受过培训		未接受过培训	
		数量（个）	所占比重（%）	数量（个）	所占比重（%）
湖南	57	56	98.25	1	1.75
广东	94	48	51.06	46	48.94
广西	61	51	83.61	10	16.39
海南	42	20	47.62	22	52.38
重庆	104	101	97.12	3	2.88
四川	96	94	97.92	2	2.08
贵州	101	87	86.14	14	13.86
云南	198	170	85.86	28	14.14
西藏	1	1	100.00	0	0.00
陕西	99	97	97.98	2	2.02
甘肃	96	95	98.96	1	1.04
青海	89	81	91.01	8	8.99
宁夏	94	84	89.36	10	10.64
新疆	49	45	91.84	4	8.16

在2903个有效样本家庭农场中，家庭农场主接受的培训主要有土肥培育技术培训、疫病防治技术培训、育种或栽培技术培训、经营管理知识培训等内容（见表1-27）。在2903个有效样本家庭农场中，1685个家庭农场当年接受过土肥培育技术培训，占有效样本总数的58.04%；1416个家庭农场接受过疫病防治技术培训，占有效样本总数的48.78%；1295个家庭农场接受过育种或栽培技术培训，占有效样本总数的44.61%；1191个家庭农场接受过经营管理知识培训，占有效样本总数的41.03%。

不同经营类型家庭农场的农场主接受培训的内容有所不同（见表1-27）。种植业类家庭农场主接受的培训主要有土肥培育技术培训（农场主占比为66.68%）、疫病防治技术培训（农场主占比为58.47%）、经营管理知识培训（农场主占比为40.62%）、育种或栽培技术培训（农场主占比为40.52%）。粮食类家庭农场主接受的培训主要有土肥培育技术培训（农场主占比为62.35%）、疫病防治技术培训（农场主占比为55.06%）、育种或栽培技术培训（农场主占比为42.64%）、农机驾驶操作技术培训

（农场主占比为 40. 54%）。

养殖业类家庭农场主接受的培训主要有养殖技术培训（农场主占比为 77. 34%）、育种或栽培技术培训（农场主占比为 51. 72%）、经营管理知识培训（农场主占比为 40. 39%）。

种养结合类家庭农场主接受的培训主要有养殖技术培训（农场主占比为 61. 63%）、土肥培育技术培训（农场主占比为 61. 24%）、育种或栽培技术培训（农场主占比为 54. 46%）、疫病防治技术培训（农场主占比为 46. 51%）、经营管理知识培训（农场主占比为 42. 64%）。

表 1 - 27　　**不同经营类型家庭农场主接受各类技术培训情况**

	全部家庭农场		种植业类家庭农场		粮食类家庭农场		养殖业家庭农场		种养结合类家庭农场	
	数量（个）	所占比重（%）	数量（个）	所占比重（%）	数量（个）	所占比重（%）	数量（个）	所占比重（%）	数量（个）	所占比重（%）
土肥培育技术	1685	58. 04	1315	66. 68	949	62. 35	49	12. 07	316	61. 24
疫病防治技术	1416	48. 78	1153	58. 47	838	55. 06	19	4. 68	240	46. 51
育种或栽培技术	1295	44. 61	799	40. 52	649	42. 64	210	51. 72	281	54. 46
经营管理知识	1191	41. 03	801	40. 62	578	37. 98	164	40. 39	220	42. 64
农机驾驶操作技术	905	31. 17	722	36. 61	617	40. 54	22	5. 42	157	30. 43
养殖技术	801	27. 59	168	8. 52	317	20. 83	314	77. 34	318	61. 63
地膜覆盖技术	706	24. 32	557	28. 25	355	23. 32	10	2. 46	137	26. 55
三品一标、农产品质量安全知识培训	621	21. 39	442	22. 41	311	20. 43	51	12. 56	124	24. 03
农产品加工技术	343	11. 82	266	13. 49	188	12. 35	15	3. 69	59	11. 43
其他	9	0. 31	5	0. 25	3	0. 20	3	0. 74	0	0. 00

（六）家庭农场自有劳动力和雇用劳动力

在 2903 个有效样本家庭农场中，每个家庭农场平均拥有 3. 68 个自有劳动力，单个家庭农场拥有自有劳动力的最大值为 8 个；在 2903 个有效样本家庭农场中，每个家庭农场常年平均雇用 2. 92 个劳动力，单个家庭农场雇用劳动力的最大值为 50 个；在 2872 个样本中，每个家庭农场一年中单次临时最多雇用劳动力人数平均为 20. 28 个。

表 1－28 **家庭农场自有劳动力人数和常年雇用劳动力人数**

省（区、市）	自有劳动力人数			常年雇用劳动力人数			单次临时最多雇用劳动力人数		
	样本数（个）	最大值（个）	平均值（个）	样本数（个）	最大值（个）	平均值（个）	样本数（个）	最大值（个）	平均值（个）
总计（全国）	2903	8	3.68	2903	50	2.92	2872	260	20.28
北京	27	7	3.70	27	18	3.33	27	200	16.78
天津	40	8	3.50	40	20	3.75	39	100	19.92
河北	94	8	4.39	94	30	2.89	94	120	14.19
山西	110	7	3.08	110	41	1.58	108	200	10.02
内蒙古	84	7	3.48	84	40	2.01	83	200	15.76
辽宁	101	8	3.28	101	20	2.21	100	80	12.36
吉林	200	8	4.31	200	50	3.75	198	80	17.76
黑龙江	303	8	3.81	303	30	2.55	294	120	20.68
上海	100	8	2.85	100	0	0.00	100	60	7.84
江苏	82	8	2.93	82	7	1.55	80	60	11.74
浙江	77	8	3.66	77	30	5.81	77	100	25.00
安徽	98	7	3.48	98	30	4.49	98	150	30.28
福建	98	8	3.65	98	20	2.52	98	100	19.89
江西	65	7	3.98	65	40	4.43	65	100	24.17
山东	80	7	3.35	80	50	5.98	80	86	19.61
河南	98	8	4.36	98	15	2.27	98	130	27.41
湖北	65	8	4.14	65	30	4.78	65	200	36.89
湖南	57	8	3.56	57	40	4.93	57	200	34.96
广东	94	8	4.54	94	40	4.71	94	136	14.38
广西	61	8	3.74	61	20	3.52	61	120	13.66
海南	42	8	5.21	42	20	4.05	41	236	21.56
重庆	104	8	4.02	104	30	2.04	102	150	16.46
四川	96	8	3.76	96	7	1.58	92	145	16.59
贵州	101	6	3.33	101	35	2.30	101	220	15.83
云南	198	8	3.46	198	50	2.91	195	150	24.98
西藏	1	6	10.00	1	15	15.00	1	200	200.00
陕西	99	8	3.42	99	6	1.02	98	130	13.27
甘肃	96	8	3.59	96	45	3.15	95	260	32.82
青海	89	8	3.31	89	20	2.48	89	170	26.37
宁夏	94	6	3.45	94	46	3.49	93	200	27.48
新疆	49	7	2.69	49	5	1.29	49	140	28.96

五　家庭农场土地经营情况

（一）家庭农场土地经营规模

1. 整体情况

从 2903 个有效样本看（见表 1－29），平均经营土地面积为 373.69 亩，农场经营规模较多集中于 100—1000 亩，在这个区间内的农场占全部有效样本的 63.58%，农场经营面积占全部样本农场经营总面积的 49.52%。

表 1－29　**全部家庭农场经营面积分布**

分组	样本数		平均经营面积（亩）	分组总面积（31 省）		分组总面积（不含东三省和内蒙古）	
	（个）	占比（%）		（亩）	占比（%）	（亩）	占比（%）
<10	174	5.99	3.26	567.21	0.05	559.21	0.09
[10，50)	271	9.34	26.83	7271.36	0.67	6939.36	1.09
[50，100)	355	12.23	67.46	23948.68	2.21	21773.68	3.42
[100，150)	490	16.88	116.50	57082.82	5.26	45866.92	7.21
[150，200)	248	8.54	166.08	41187.78	3.80	35730.36	5.62
[200，500)	788	27.14	291.92	230030.10	21.20	157856.90	24.81
[500，1000)	320	11.02	652.83	208904.70	19.26	134813.70	21.19
[1000，2000)	184	6.34	1306.52	240398.80	22.16	118713.30	18.66
[2000，3000)	34	1.17	2252.94	76600.00	7.06	42225.00	6.64
≥3000	39	1.34	5097.87	198817.00	18.33	71740.00	11.28
总计	2903	100.00	373.69	1084808.00	100.00	636218.30	100.00

对于种植业家庭农场（见表 1－30），平均经营土地面积为 428.94 亩，家庭农场更多集中于 100—1000 亩，该区间家庭农场数量占 71.91%，累计经营总面积占比为 49.30%。

表1-30　**种植业家庭农场经营面积分布**

分组	样本数		平均经营面积（亩）	总面积（31省）		总面积（不含东三省和内蒙古）	
	（个）	占比（%）		（亩）	占比（%）	（亩）	占比（%）
<10	6	0.30	5.00	30	0.00	30	0.01
[10，50)	122	6.19	29.81	3636.34	0.43	3569.34	0.81
[50，100)	225	11.41	68.63	15441.99	1.83	13948.99	3.18
[100，150)	365	18.51	116.44	42500.18	5.02	32449.28	7.40
[150，200)	193	9.79	166.69	32171.28	3.80	26868.86	6.13
[200，500)	604	30.63	290.61	175529.70	20.75	105950.90	24.18
[500，1000)	256	12.98	652.07	166929.60	19.73	97965.56	22.35
[1000，2000)	151	7.66	1309.19	197687.80	23.37	83577.25	19.07
[2000，3000)	21	1.06	2243.91	47122.00	5.57	20747.00	4.73
≥3000	29	1.47	5683.69	164827.00	19.49	53150.00	12.13
总计	1972	100.00	428.94	845875.80	100.00	438257.00	100.00

对于粮食家庭农场，平均经营面积为471.17亩，100亩以下的家庭农场数量仅占5.47%，累计面积仅占0.85%；而100—1000亩的粮食家庭农场数量占83.33%，累计面积占54.56%。

表1-31　**粮食家庭农场经营面积分布**

分组	样本数		平均经营面积（亩）	总面积（31省）		总面积（不含东三省和内蒙古）	
	（个）	占比（%）		（亩）	占比（%）	（亩）	占比（%）
[10，50)	4	0.34	25.00	100.00	0.02	100	0.04
[50，100)	61	5.13	75.80	4624.03	0.83	3181.03	1.23
[100，150)	227	19.11	117.82	26744.21	4.78	17123.31	6.60
[150，200)	125	10.52	168.17	21021.08	3.76	15843.16	6.10
[200，500)	444	37.37	295.69	131286.50	23.45	64336.81	24.79
[500，1000)	194	16.33	651.14	126320.30	22.57	68206.34	26.28
[1000，2000)	104	8.75	1317.56	137026.30	24.48	61491.25	23.69
[2000，3000)	19	1.60	2222.21	42222.00	7.54	18247.00	7.03
≥3000	10	0.84	7040.70	70407.00	12.58	11050.00	4.26
总计	1188	100.00	471.17	559751.40	100.00	259578.90	100.00

2. 种植业类家庭农场土地经营规模的分省情况

从 31 个省（区、市）来看（见表 1－32），9 个省区种植业类家庭农场的平均土地经营面积超过全国平均水平，这 9 个省（区、市）分别为天津、内蒙古、吉林、黑龙江、浙江、安徽、湖北、甘肃、宁夏。其中，黑龙江每个家庭农场的平均土地经营面积最大，达 841.68 亩；其次是宁夏和内蒙古，每个家庭农场的平均土地经营面积分别为 777.69 亩、770.18 亩。

表 1－32 **种植业类家庭农场经营的土地面积情况**

省（区、市）	有效样本数（个）		平均经营规模（亩）		最大经营规模（亩）	
	种植业类家庭农场	其中，粮食家庭农场	种植业类家庭农场	其中，粮食家庭农场	种植业类家庭农场	其中，粮食家庭农场
总计（全国）	1968	1187	396.53	445.28	6000	6000
北京	20	7	160.63	160.53	1500	208.90
天津	26	13	557.68	640.54	3200	2460
河北	73	61	273.16	277.20	806	800
山西	71	41	199.27	167.89	3500	734.50
内蒙古	51	32	770.18	424.88	5200	2000
辽宁	92	85	298.16	299.49	1000	1000
吉林	199	197	440.07	421.61	3480	1800
黑龙江	255	206	841.68	712.89	6000	6000
上海	87	82	149.04	149.54	595	595
江苏	56	49	291.42	321.10	980	980
浙江	53	32	516.15	679.89	2300	2300
安徽	76	52	674.43	752.38	5600	2400
福建	64	12	193.81	199.71	1020	643.30
江西	33	19	311.79	349.58	1500	900
山东	61	44	294.76	354.79	1500	1500
河南	82	67	329.38	342.97	2200	2200
湖北	25	15	443.48	497.20	2200	2200
湖南	42	30	244.90	238.07	1580	1580
广东	44	4	141.83	327.08	910.3	910.30
广西	25	19	235.58	252.08	1358	1358
海南	17	1	86.76	290.00	290	290
重庆	52	15	166.74	192.85	800	575
四川	48	12	175.83	299.08	1240	1023

续表

省（区、市）	有效样本数（个）		平均经营规模（亩）		最大经营规模（亩）	
	种植业类家庭农场	其中，粮食家庭农场	种植业类家庭农场	其中，粮食家庭农场	种植业类家庭农场	其中，粮食家庭农场
贵州	59	—	177.13	—	1000	—
云南	111	4	102.70	83.50	605	150
西藏	—	—	—	—	—	—
陕西	53	19	227.14	314.05	1004	600
甘肃	43	6	328.74	545.00	3000	1600
青海	49	1	396.86	171.00	2500	171
宁夏	64	50	777.69	899.78	4020	4020
新疆	37	12	395.07	627.83	3800	3800

对于粮食家庭农场（见表1－32），8个省区每个粮食类家庭农场的平均土地经营面积超过全国平均水平，这8个省区分别为天津、黑龙江、浙江、安徽、湖北、甘肃、宁夏和新疆。其中，宁夏每个粮食类家庭农场的平均土地经营面积最大，达899.78亩；其次是黑龙江和安徽，每个粮食类家庭农场的平均土地经营面积分别为712.89亩、752.38亩。

（二）家庭农场土地细碎化与整理

从图1－8可以看出，种植业类家庭农场地块平均面积随着经营规模的增加而增加，10亩以下家庭农场平均每块耕地面积只有4.17亩。

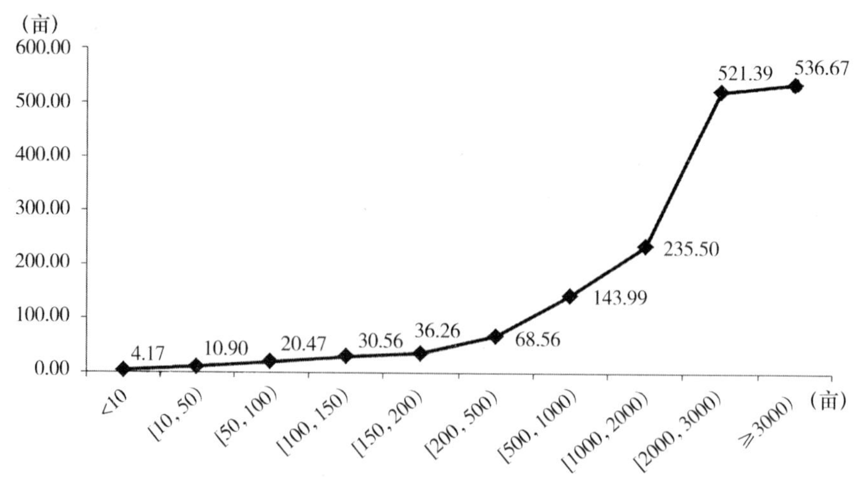

图1－8　不同规模家庭农场分组地块平均面积

整体来看，1971 个种植业类家庭农场平均每户拥有 33.38 块耕地，19.38% 的家庭农场的地块数为 2 块及以下，49.21% 的家庭农场的地块数为 6 块及以下。从地块面积看，地块最小面积为 0.3 亩，地块面积中位数为 26.67 亩，最大一块土地面积的平均值为 132.41 亩。

表 1－33 **种植业类家庭农场地块特征**

省（区、市）	样本数（个）	平均地块数量（块）	地块中位数（块）	地块面积中位数（亩）	最大一块土地面积（平均数）
总计（全国）	1971	33.38	7	26.67	132.41
北京	20	1.85	1	49.82	143.82
天津	26	4.23	2	190.00	390.27
河北	73	5.04	4	77.50	126.58
山西	71	19.87	10	8.40	64.82
内蒙古	51	16.67	10	43.33	234.96
辽宁	92	16.22	6	33.27	89.81
吉林	199	35.06	20	11.00	69.15
黑龙江	256	13.77	6	80.63	350.32
上海	87	26.70	24	5.67	23.61
江苏	56	24.63	10	27.83	61.31
浙江	53	13.60	4	130.00	223.05
安徽	76	64.78	12	17.38	155.38
福建	64	8.03	2	64.83	126.51
江西	33	123.12	89	2.22	40.26
山东	61	10.72	3	64.67	131.57
河南	82	6.20	4.5	47.50	137.20
湖北	25	11.96	5	53.33	144.28
湖南	42	40.50	27	5.84	59.38
广东	44	26.95	3	26.67	59.66
广西	25	140.04	80	1.23	13.66
海南	17	3.12	3	26.67	47.45
重庆	52	70.12	27.5	3.32	34.21
四川	48	147.44	102	0.59	6.21
贵州	59	74.37	35	1.94	16.44

续表

省（区、市）	样本数（个）	平均地块数量（块）	地块中位数（块）	地块面积中位数（亩）	最大一块土地面积（平均数）
云南	111	9.00	2	46.00	68.68
西藏	—	—	—	—	—
陕西	53	6.43	4	44.00	113.26
甘肃	44	97.43	8.5	6.67	200.63
青海	49	62.08	25	7.81	50.66
宁夏	65	80.49	15	36.87	115.63
新疆	37	4.78	4	66.67	184.57

1187 个粮食类家庭农场平均每户拥有 32.54 块耕地，12.05% 的家庭农场的地块数为 2 块及以下，49.45% 的家庭农场的地块数为 9 块及以下。每块土地面积中位数为 27.50 亩，均值为 133.38 亩，具体见表 1－34。

表 1－34　　**粮食类家庭农场地块特征**

省（区、市）	样本数（个）	平均地块数量（块）	地块中位数（块）	地块面积中位数（亩）	最大一块土地面积（平均数）
总计（全国）	1187	32.54	10	27.50	133.38
北京	7	1.86	1	124.00	134.26
天津	13	5.92	3	200.00	395.31
河北	61	5.16	4	72.73	120.39
山西	41	25.78	18	7.73	55.73
内蒙古	32	19.19	14	15.00	148.63
辽宁	85	17.13	6	33.20	90.00
吉林	197	35.04	20	10.42	62.16
黑龙江	206	8.25	5	73.21	306.82
上海	82	28.12	24.5	5.00	20.44
江苏	49	27.82	12	30.00	61.34
浙江	32	19.50	5	132.17	221.88
安徽	52	86.29	58.5	15.89	150.52
福建	12	19.25	3	48.20	77.25
江西	19	186.37	168	1.88	25.84
山东	44	8.18	3.5	72.33	152.87
河南	67	5.55	5	50.30	138.38

续表

省（区、市）	样本数（个）	平均地块数量（块）	地块中位数（块）	地块面积中位数（亩）	最大一块土地面积（平均数）
湖北	15	14.20	6	50.14	163.40
湖南	30	52.20	33	4.93	20.69
广东	4	9.00	2.5	45.83	61.13
广西	19	153.16	82	1.01	11.11
海南	1	2.00	2	145.00	70.00
重庆	15	129.27	117	1.70	7.59
四川	12	119.42	57.5	3.69	10.36
贵州	4	—	—	—	—
云南	19	8.25	5.5	20.39	57.50
西藏	6	—	—	—	—
陕西	1	3.84	3	91.67	194.47
甘肃	50	123.00	141.5	4.10	272.83
青海	12	31.00	31	5.52	8.00
宁夏	7	83.26	11	44.79	99.41
新疆	13	5.42	3	96.67	274.08

在 1940 个流转入土地的种植业家庭农场样本中，有 621 个样本对流转进来的土地进行了整理，占全部样本的 32.01%，各省对流转进来的土地进行整理的样本占各省全部样本的比例见图 1－9。

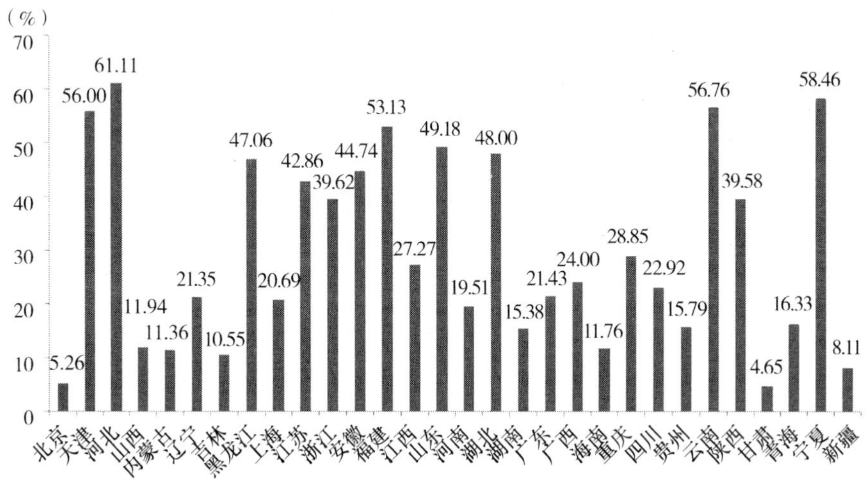

图 1－9　各省对流转进来的土地进行整理的家庭农场比重

（三）家庭农场土地来源结构

从表1－35可以看出，1829个种植业类样本家庭农场的土地来源结构中，88.04%的土地是转入地，其中，84.68%的转入地来源于农户；11.96%的土地是家庭自家地，其中，44.99%的自家地是家庭承包地。从表1－36可以看出，1917个种植业类样本家庭农场中406个有新增转入土地，其中，平均每个家庭农场2015年新增转入土地159.55亩，新增转入土地面积的中位数为57.50亩。

表1－35　　　　**不同省份种植业类家庭农场土地来源结构**

省（区、市）	样本数（个）	平均土地经营面积（亩）	转入地						自家地					
			转入地总面积		其中，从农户处转入土地		其中，从集体处转入土地		自家地总面积		其中，家庭承包地		其中，家庭开荒地	
			总面积（亩）	在平均土地经营面积中的比重（%）	转入地面积（亩）	在平均土地经营面积中的比重（%）	转入地面积（亩）	在平均土地经营面积中的比重（%）	总面积（亩）	在平均土地经营面积中的比重（%）	承包地面积（亩）	在平均土地经营面积中的比重（%）	开荒地面积（亩）	在平均土地经营面积中的比重（%）
	（1）	（2）	（3）	（4）	（5）	（6）	（7）	（8）	（9）	（10）	（11）	（12）	（13）	（14）
总计（全国）	1829	427.97	376.80	88.04	319.09	74.56	57.71	13.48	51.17	11.96	23.02	5.38	28.15	6.58
北京	20	160.63	91.90	57.21	8.40	5.23	83.50	51.98	68.73	42.79	68.73	42.79	0.00	0.00
天津	24	563.11	523.83	93.03	357.67	63.52	166.17	29.51	39.28	6.97	39.28	6.97	0.00	0.00
河北	69	273.34	254.79	93.21	234.01	85.61	20.78	7.60	18.55	6.79	17.79	6.51	0.75	0.28
山西	64	201.14	166.62	82.84	90.35	44.92	76.27	37.92	34.52	17.16	31.31	15.56	3.21	1.60
内蒙古	38	714.00	551.79	77.28	254.00	35.57	297.79	41.71	162.21	22.72	53.00	7.42	109.21	15.30
辽宁	70	319.77	301.55	94.30	289.92	90.66	11.64	3.64	18.22	5.70	15.69	4.91	2.53	0.79
吉林	191	448.73	377.85	84.20	349.60	77.91	28.25	6.30	70.88	15.80	44.74	9.97	26.14	5.83
黑龙江	242	973.86	858.30	88.13	741.53	76.14	116.77	11.99	115.56	11.87	48.35	4.97	67.21	6.90
上海	85	148.59	146.56	98.64	145.35	97.82	1.21	0.82	2.03	1.36	2.03	1.36	0.00	0.00
江苏	50	292.73	287.04	98.06	245.90	84.00	41.14	14.05	5.69	1.94	5.24	1.79	0.44	0.15
浙江	52	497.23	493.18	99.18	451.48	90.80	41.69	8.38	4.05	0.82	1.55	0.31	2.50	0.50
安徽	72	691.81	681.23	98.47	631.48	91.28	49.75	7.19	10.58	1.53	8.46	1.22	2.12	0.31

续表

省（区、市）	样本数（个）	平均土地经营面积（亩）	转入地						自家地					
			转入地总面积		其中，从农户处转入土地		其中，从集体处转入土地		自家地总面积		其中，家庭承包地		其中，家庭开荒地	
			总面积（亩）	在平均土地经营面积中的比重（%）	转入地面积（亩）	在平均土地经营面积中的比重（%）	转入地面积（亩）	在平均土地经营面积中的比重（%）	总面积（亩）	在平均土地经营面积中的比重（%）	承包地面积（亩）	在平均土地经营面积中的比重（%）	开荒地面积（亩）	在平均土地经营面积中的比重（%）
	（1）	（2）	（3）	（4）	（5）	（6）	（7）	（8）	（9）	（10）	（11）	（12）	（13）	（14）
福建	63	195.90	179.81	91.79	105.66	53.93	74.16	37.85	16.09	8.21	11.10	5.67	4.99	2.55
江西	33	311.79	304.21	97.57	197.05	63.20	107.16	34.37	7.58	2.43	6.11	1.96	1.47	0.47
山东	59	298.58	284.58	95.31	184.05	61.64	100.53	33.67	14.00	4.69	11.95	4.00	2.05	0.69
河南	77	299.99	288.55	96.19	282.25	94.09	6.30	2.10	11.44	3.81	11.22	3.74	0.22	0.07
湖北	23	461.17	388.52	84.25	147.57	32.00	240.96	52.25	72.65	15.75	10.35	2.24	62.30	13.51
湖南	34	254.59	238.84	93.81	192.02	75.42	46.82	18.39	15.75	6.19	12.62	4.96	3.13	1.23
广东	43	141.68	96.94	68.42	37.36	26.37	59.58	42.05	44.74	31.58	42.93	30.30	1.81	1.28
广西	25	235.58	205.80	87.36	179.28	76.10	26.52	11.26	29.78	12.64	29.18	12.39	0.60	0.25
海南	17	86.76	23.94	27.59	4.76	5.49	19.18	22.10	62.82	72.41	47.12	54.31	15.71	18.10
重庆	46	147.38	140.69	95.46	140.19	95.12	0.50	0.34	6.70	4.54	5.48	3.72	1.22	0.83
四川	44	187.95	175.84	93.56	135.43	72.06	40.41	21.50	12.10	6.44	4.28	2.28	7.83	4.16
贵州	59	177.13	165.38	93.37	153.09	86.43	12.29	6.94	11.75	6.63	9.59	5.42	2.15	1.22
云南	108	99.86	81.20	81.32	32.98	33.03	48.22	48.29	18.66	18.68	3.76	3.76	14.90	14.92
西藏	—	—	—	—	—	—	—	—	—	—	—	—	—	—
陕西	46	213.61	183.81	86.05	160.68	75.22	23.13	10.83	29.80	13.95	17.62	8.25	12.18	5.70
甘肃	38	824.29	728.26	88.35	705.37	85.57	22.89	2.78	96.03	11.65	24.05	2.92	71.97	8.73
青海	45	415.49	399.35	96.12	395.18	95.11	4.18	1.01	16.14	3.88	9.09	2.19	7.05	1.70
宁夏	62	893.91	667.09	74.63	638.24	71.40	28.85	3.23	226.82	25.37	22.89	2.56	203.93	22.81
新疆	30	427.92	256.73	60.00	159.23	37.21	97.50	22.78	171.18	40.00	19.82	4.63	151.37	35.37

注：表中的面积及占比有如下规律：（3）+（9）=（5）+（7）+（11）+（13）=（2）；（4）+（10）=（6）+（8）+（12）+（14）=100；（4）=（6）+（8）；（10）=（12）+（14）。

表 1－36　　种植业类家庭农场转入地中 2015 年新增面积

省（区、市）	全部样本数（个）	有新增转入地样本数（个）	其中新增转入地面积	
			平均值（亩）	中位数（亩）
总计（全国）	1917	406	159.55	57.50
北京	20	0	0.00	0.00
天津	24	5	67.00	40.00
河北	72	9	103.00	40.00
山西	70	7	90.71	52.00
内蒙古	45	11	442.46	260.00
辽宁	78	32	84.48	63.00
吉林	197	30	93.23	62.50
黑龙江	253	40	364.13	100.00
上海	87	6	22.65	15.20
江苏	53	17	86.24	56.00
浙江	53	17	119.83	110.00
安徽	76	28	169.16	65.00
福建	64	8	76.25	75.00
江西	33	5	95.00	80.00
山东	61	18	84.77	45.00
河南	81	22	118.32	53.50
湖北	24	5	78.80	90.00
湖南	39	27	61.04	50.00
广东	43	9	52.00	50.00
广西	25	10	168.30	80.00
海南	15	1	3.00	3.00
重庆	52	15	81.84	35.40
四川	48	3	43.33	27.00
贵州	59	21	30.62	10.00
云南	107	17	37.62	30.00
陕西	52	11	154.41	90.00
甘肃	39	5	125.40	100.00
青海	48	15	223.51	120.00
宁夏	65	6	318.17	316.50
新疆	34	6	185.83	100.00

（四）家庭农场转入地来源特征

1. 家庭农场转入土地来源户的情况

从全部种植业类家庭农场样本来看，有 1627 个种植业类家庭农场从农户手中转入了土地，这些转入土地平均来自 465 个农户。其中（见表 1－37），所转入土地来自于 1—10 户农户的家庭农场数为 465 个，占样本总数的 28.58%；来自于 10—20 户农户的家庭农场数为 275 个，占样本总数的 16.90%；来自 20 户以上的家庭农场数为 887 个，累计占样本总数的 54.52%。这表明，土地转出的小农户土地规模非常小，样本家庭农场从农户处转入的土地面积平均为 319.09 亩，平均每个农户流出土地 6.86 亩。

表 1－37　**全国家庭农场转入土地来自的农户数**

转入土地来自的农户数（户）	有效样本数（个）	所占比重（%）	累计百分比（%）
[1, 10)	465	28.58	28.58
[10, 20)	275	16.90	45.48
[20, 30)	208	12.78	58.27
[30, 40)	152	9.34	67.61
[40, 50)	114	7.01	74.62
[50, 60)	69	4.24	78.86
[60, 70)	52	3.2	82.05
[70, 80)	39	2.4	84.45
[80, 90)	31	1.91	86.36
[90, 100)	24	1.48	87.83
[100, 200)	123	7.56	95.39
[200, 300)	42	2.58	97.97
[300, 400)	14	0.86	98.83
[400, 500)	12	0.74	99.57
≥500	7	0.43	100.00
总计	1627	100.00	—

分省（区、市）的转入土地来自农户数情况见表1－38，有13个省种植业类家庭农场的转入土地来自的农户数的平均户数超过全国的平均户数，这13个省（区、市）分别为天津、河北、江苏、浙江、安徽、福建、江西、山东、湖北、广西、甘肃、青海、宁夏。其中，浙江的家庭农场转入土地来自的农户数的平均户数最大，为143.14户；其次分别为安徽（129.66户）和天津（111.27户）。

表1－38　**各省家庭农场转入土地来自的农户数**

省（区、市）	有效样本数（个）	转入土地来自的农户数的最小值（户）	转入土地来自的农户数的最大值（户）	转入土地来自的农户数的平均数（户）
总计（全国）	1627	1	1100	46.50
北京	3	15	96	44.00
天津	15	7	458	111.27
河北	65	5	200	61.26
山西	55	1	182	12.62
内蒙古	34	1	120	9.29
辽宁	89	1	200	33.21
吉林	194	1	280	17.37
黑龙江	219	1	700	22.29
上海	85	2	120	37.28
江苏	50	5	400	77.14
浙江	50	12	780	143.14
安徽	74	2	1100	129.66
福建	42	1	210	54.95
江西	22	3	200	68.32
山东	43	1	350	72.37
河南	81	3	352	44.56
湖北	15	1	486	64.87
湖南	34	4	163	35.03
广东	20	1	418	43.05
广西	21	1	223	59.24
海南	6	1	30	8.83
重庆	51	4	196	44.73
四川	44	2	310	39.00
贵州	57	1	123	25.56

续表

省（区、市）	有效样本数（个）	转入土地来自的农户数的最小值（户）	转入土地来自的农户数的最大值（户）	转入土地来自的农户数的平均数（户）
云南	49	1	423	34.10
西藏	—	—	—	—
陕西	42	1	269	40.76
甘肃	37	1	684	64.24
青海	49	4	430	70.84
宁夏	57	4	400	72.68
新疆	24	1	47	8.25

2. 家庭农场转入土地来源村的情况

在 1808 个种植业有效样本家庭农场中，97% 的家庭农场所转入土地涉及 1—3 个行政村数（见表 1－39）。其中，1378 个家庭农场从 1 个行政村的农户手中转入土地，占样本总数的 76.22%；376 个家庭农场从 2—3 个行政村的农户手中转入土地，占样本总数的 20.79%。1 个家庭农场所转入土地涉及的行政村数达 14 个，该家农场位于广东省。从 31 个省区来看，绝大部分省区种植业类家庭农场所转入的土地只涉及 1 个行政村（见表 1－40）。

表 1－39　**样本家庭农场转入土地来自的行政村数**

转入土地来自的行政村数（个）	有效样本数（个）	所占比重（%）	累计所占比重（%）
1	1378	76.22	76.22
2	266	14.71	90.93
3	110	6.08	97.01
4	32	1.77	98.78
5	12	0.66	99.45
6	5	0.28	99.72
7	2	0.11	99.83
8	1	0.06	99.89
9	1	0.06	99.94
14	1	0.06	100.00
合计	1808	100.00	—

表 1-40　　各省家庭农场转入土地来源行政村分布

省（区、市）	样本数（个）	1 个村（个）	2 个村（个）	3 个村（个）	4 个村（个）	5 个村（个）	6 个村（个）	7 个村（个）	8 个村（个）	9 个村（个）	14 个村（个）
总计（全国）	1808	1378	266	110	32	12	5	2	1	1	1
北京	5	4	1	0	0	0	0	0	0	0	0
天津	24	20	4	0	0	0	0	0	0	0	0
河北	68	55	11	1	1	0	0	0	0	0	0
山西	59	52	4	2	0	1	0	0	0	0	0
内蒙古	35	31	1	3	0	0	0	0	0	0	0
辽宁	91	61	23	4	1	1	1	0	0	0	0
吉林	197	143	38	14	0	2	0	0	0	0	0
黑龙江	250	175	53	19	3	0	0	0	0	0	0
上海	87	86	1	0	0	0	0	0	0	0	0
江苏	55	47	7	1	0	0	0	0	0	0	0
浙江	53	27	13	5	6	1	0	1	0	0	0
安徽	73	49	13	8	2	1	0	0	0	0	0
福建	58	46	9	2	1	0	0	0	0	0	0
江西	33	25	5	1	2	0	0	0	0	0	0
山东	60	47	4	7	1	1	0	0	0	0	0
河南	82	70	5	7	0	0	0	0	0	0	0
湖北	21	15	4	1	0	0	0	1	0	0	0
湖南	41	9	11	13	3	3	1	0	0	1	0
广东	28	20	6	1	0	0	0	0	0	0	1
广西	21	12	4	3	2	0	0	0	0	0	0
海南	6	5	0	0	1	0	0	0	0	0	0
重庆	50	46	4	0	0	0	0	0	0	0	0
四川	47	40	6	1	0	0	0	0	0	0	0
贵州	55	51	3	1	0	0	0	0	0	0	0
云南	84	72	8	3	1	0	0	0	0	0	0
西藏	—	—	—	—	—	—	—	—	—	—	—
陕西	47	33	9	3	2	0	0	0	0	0	0
甘肃	38	35	1	0	1	0	0	0	1	0	0
青海	49	27	6	9	4	1	2	0	0	0	0
宁夏	60	46	10	1	1	1	1	0	0	0	0
新疆	31	29	2	0	0	0	0	0	0	0	0

（五）家庭农场转入土地租期特征

1829 个种植业类有效样本家庭农场中，平均转入土地面积 376.80 亩，租期小于 5 年的平均面积为 100.00 亩，占比为 26.54%；租期 5—10 年的平均面积为 130.56 亩，占比为 34.65%；租期 10—30 年的平均面积为 113.15 亩，占比 30.03%；租期大于 30 年的平均面积为 33.12 亩，占比 8.78%（见表 1－41）。64.68% 的转入土地的租期在 5—30 年，这表明，目前大多数家庭农场转入土地的租期较长。

表 1－41　　家庭农场转入土地租期特征

省（区、市）	样本数（个）	转入土地面积（亩）	租期小于 5 年面积占比（%）	租期 5—10 年面积占比（%）	租期 10—30 年面积占比（%）	租期大于等于 30 年面积占比（%）
总计（全国）	1829	376.80	26.54	34.65	30.03	8.78
北京	20	91.90	8.13	14.38	26.88	50.63
天津	24	523.83	19.36	24.23	48.72	7.69
河北	69	254.79	8.98	59.58	29.41	2.03
山西	64	166.62	32.55	41.42	16.10	9.93
内蒙古	38	551.79	74.24	16.37	8.24	1.15
辽宁	70	301.55	35.79	49.51	11.77	2.93
吉林	191	377.85	18.44	45.60	35.82	0.14
黑龙江	242	858.30	57.99	21.56	18.90	1.55
上海	85	146.56	56.47	43.53	0.00	0.00
江苏	50	287.04	7.73	72.43	19.84	0.00
浙江	52	493.18	8.18	15.06	70.47	6.29
安徽	72	681.23	15.74	54.06	29.66	0.54
福建	63	179.81	9.91	23.49	42.12	24.48
江西	33	304.21	25.81	20.72	24.65	28.82
山东	59	284.58	9.01	29.73	50.05	11.21
河南	77	288.55	22.09	49.56	28.35	0.00
湖北	23	388.52	10.80	19.80	58.85	10.55
湖南	34	238.84	13.25	58.24	17.72	10.79
广东	43	96.94	15.93	20.91	20.15	43.02
广西	25	205.80	36.93	38.15	22.22	2.69

续表

省（区、市）	样本数（个）	转入土地面积（亩）	租期小于5年面积占比（%）	租期5—10年面积占比（%）	租期10—30年面积占比（%）	租期大于等于30年面积占比（%）
海南	17	23.94	16.30	10.84	27.00	45.86
重庆	46	140.69	8.53	19.84	62.02	9.62
四川	44	175.84	33.50	24.63	32.08	9.80
贵州	59	165.38	20.95	14.96	48.41	15.68
云南	108	81.20	1.21	4.05	49.35	45.38
西藏	—	—	—	—	—	—
陕西	46	183.81	11.81	53.97	32.98	1.24
甘肃	38	728.26	8.78	24.38	59.34	7.50
青海	45	399.35	43.97	47.77	8.26	0.00
宁夏	62	667.09	35.16	51.09	13.19	0.56
新疆	30	256.73	40.66	18.09	32.10	9.15

表1－42展示了家庭农场转入土地中租期最长地块的基本情况。1829个种植业类有效样本家庭农场中，土地租赁最长期限的最大值为70年，最长租期的平均年限为12.82年，最长租期的最小值为1年。分省（区、市）来看，15个省（区、市）土地租赁最长租期的平均年限超过全国平均水平，这15个省（区、市）分别为北京、天津、浙江、福建、江西、山东、湖北、湖南、广东、海南、重庆、贵州、云南、甘肃、新疆。其中，云南土地租赁最长租期的平均年限值最大，达29.90年；其次为海南和北京，土地租赁最长租期的平均年限分别为26年和25年。

表1－42　**家庭农场转入土地最长租期基本情况**

省（区、市）	样本数（个）	最长租期的平均值（年）	最长租期的最小值（年）	最长租期的最大值（年）
总计（全国）	1829	12.82	1.00	70.00
北京	20	25.00	5.00	30.00
天津	24	15.46	1.00	53.00
河北	69	10.92	2.00	30.00
山西	64	9.91	3.00	70.00
内蒙古	38	5.59	1.00	15.00

续表

省（区、市）	样本数（个）	最长租期的平均值（年）	最长租期的最小值（年）	最长租期的最大值（年）
辽宁	70	11.45	1.00	50.00
吉林	191	9.17	1.00	30.00
黑龙江	242	9.12	1.00	40.00
上海	85	4.96	1.00	10.00
江苏	50	8.44	5.00	20.00
浙江	52	15.92	1.00	50.00
安徽	72	9.41	3.00	35.00
福建	63	19.61	1.00	50.00
江西	33	22.61	3.00	50.00
山东	59	14.18	5.00	30.00
河南	77	8.11	5.00	15.00
湖北	23	13.78	5.00	40.00
湖南	34	16.95	5.00	50.00
广东	43	22.12	5.00	43.00
广西	25	10.48	3.00	30.00
海南	17	26.00	12.00	30.00
重庆	46	16.54	1.00	70.00
四川	44	11.70	3.00	40.00
贵州	59	20.33	3.00	50.00
云南	108	29.90	6.00	70.00
西藏	—	—	—	—
陕西	46	11.47	1.00	50.00
甘肃	38	16.60	1.00	70.00
青海	45	6.58	1.00	20.00
宁夏	62	7.95	3.00	30.00
新疆	30	13.50	1.00	30.00

表1-43展示了种植业类家庭农场转入土地最长租期分省分布情况，可以看出，最长租期分布在10年以内的占65.34%，分布在10—20年的占20.07%，两者合计占85.41%。分布在30年以后的仅占3.38%。

表 1 – 43　　家庭农场转入土地最长租期分省分布情况

省（区、市）	样本数（个）	(0，10]年占比（%）	(10，20]年占比（%）	(20，30]年占比（%）	(30，40]年占比（%）	(40，50]年占比（%）	(50，60]年占比（%）	(60，70]年占比（%）
总计（全国）	1829	65.34	20.07	11.21	0.82	1.53	0.16	0.87
北京	20	14.29	14.29	71.43	0.00	0.00	0.00	0.00
天津	24	42.31	46.15	7.69	0.00	0.00	3.85	0.00
河北	69	69.70	24.24	6.06	0.00	0.00	0.00	0.00
山西	64	83.93	8.93	5.36	0.00	0.00	0.00	1.79
内蒙古	38	85.19	14.81	0.00	0.00	0.00	0.00	0.00
辽宁	70	68.54	15.73	14.61	0.00	1.12	0.00	0.00
吉林	191	89.34	10.15	0.51	0.00	0.00	0.00	0.00
黑龙江	242	77.97	17.18	3.96	0.88	0.00	0.00	0.00
上海	85	100.00	0.00	0.00	0.00	0.00	0.00	0.00
江苏	50	85.71	14.29	0.00	0.00	0.00	0.00	0.00
浙江	52	37.74	49.06	5.66	0.00	7.55	0.00	0.00
安徽	72	83.56	10.96	4.11	1.37	0.00	0.00	0.00
福建	63	37.10	24.19	29.03	4.84	4.84	0.00	0.00
江西	33	39.39	18.18	18.18	3.03	21.21	0.00	0.00
山东	59	54.10	29.51	16.39	0.00	0.00	0.00	0.00
河南	77	93.90	6.10	0.00	0.00	0.00	0.00	0.00
湖北	23	60.87	26.09	8.70	4.35	0.00	0.00	0.00
湖南	34	60.00	2.50	32.50	2.50	2.50	0.00	0.00
广东	43	29.41	11.76	55.88	0.00	2.94	0.00	0.00
广西	25	65.22	30.43	4.35	0.00	0.00	0.00	0.00
海南	17	0.00	28.57	71.43	0.00	0.00	0.00	0.00
重庆	46	25.00	55.77	15.38	1.92	0.00	0.00	1.92
四川	44	61.70	23.40	12.77	2.13	0.00	0.00	0.00
贵州	59	33.33	26.32	35.09	0.00	5.26	0.00	0.00
云南	108	11.82	30.91	34.55	3.64	6.36	1.82	10.91
西藏	—	—	—	—	—	—	—	—
陕西	46	59.57	36.17	2.13	0.00	2.13	0.00	0.00
甘肃	38	30.00	62.50	2.50	0.00	0.00	0.00	5.00
青海	45	93.75	6.25	0.00	0.00	0.00	0.00	0.00
宁夏	62	86.67	10.00	3.33	0.00	0.00	0.00	0.00
新疆	30	52.94	26.47	20.59	0.00	0.00	0.00	0.00

（六）家庭农场流转土地租金

1. 全国及各省家庭农场土地租金情况

从表 1－44 可以看出，2015 年，2526 个有效样本家庭农场转入土地的平均租金为 491.12 元/亩，山东省家庭农场转入土地的平均租金最高，达 871.88 元/亩，其次分别为河南和河北，平均租金分别为 833.16 元/亩和 822.53 元/亩。海南和四川家庭农场流入土地最高租金的最大值最高，为 2000 元/亩；其次，河北最高租金的最大值为 1800 元/亩，云南最高租金的最大值为 1500 元/亩。

从增速上看，2015 年土地平均租金比 2014 年降低了 1.96%。除西藏外，江西的降幅最大，达 35.06%，其次为新疆，降幅达 30.67%；贵州的降幅为 21.29%；河北和湖北的降幅均在 10% 以上，分别为 10.90%、11.00%。山西、吉林、海南的增幅均大于 10%，分别为 10.38%、10.89%、24.31%，除此之外，辽宁、浙江、山东、广西、云南五省的增幅均大于 5%，依次为 5.59%、7.19%、9.40%、8.31%、9.10%。

表 1－44 家庭农场流转土地租金情况

省（区、市）	2014 年		2015 年		2015 年比 2014 年增速（%）	2015 年最高租金最大值（元/亩）
	样本数（个）	平均租金（元/亩）	样本数（个）	平均租金（元/亩）		
总计（全国）	2040	501.01	2526	491.12	－1.96	2000
北京	12	715.63	8	751.25	4.98	1100
天津	26	686.94	39	678.08	－1.29	1100
河北	60	923.13	87	822.53	－10.90	1800
山西	66	251.33	76	277.41	10.38	800
内蒙古	57	237.85	51	246.06	3.45	600
辽宁	80	490.37	98	517.76	5.59	850
吉林	142	347.89	199	385.76	10.89	750
黑龙江	232	425.72	259	419.87	－1.38	1400
上海	97	814.54	98	816.41	0.23	1200
江苏	69	732.50	78	753.32	2.84	1370
浙江	78	726.99	77	779.27	7.19	1400
安徽	88	602.78	89	602.81	0.00	1140

续表

省（区、市）	2014 年		2015 年		2015 年比 2014 年增速（%）	2015 年最高租金最大值（元/亩）
	样本数（个）	平均租金（元/亩）	样本数（个）	平均租金（元/亩）		
福建	67	349.35	95	364.96	4.47	1200
江西	56	346.28	62	224.87	-35.06	700
山东	52	796.98	76	871.88	9.40	1430
河南	94	818.79	98	833.16	1.76	1200
湖北	37	438.43	63	390.21	-11.00	1200
湖南	69	286.94	57	299.42	4.35	700
广东	43	304.19	89	304.90	0.23	1200
广西	45	379.39	55	410.91	8.31	1200
海南	12	313.00	13	389.08	24.31	2000
重庆	93	408.81	99	426.30	4.28	1200
四川	64	369.56	84	340.95	-7.74	2000
贵州	50	435.38	88	342.69	-21.29	1200
云南	109	488.59	137	533.04	9.10	1500
西藏	2	600.00	1	300.00	-50.00	300
陕西	63	378.91	78	354.17	-6.53	1000
甘肃	42	458.41	82	427.38	-6.77	1000
青海	46	358.71	67	342.67	-4.47	1200
宁夏	67	622.25	77	601.24	-3.38	1100
新疆	22	471.30	46	326.76	-30.67	800

2. 全国及各省家庭农场土地租金分布

从全部样本家庭农场土地租金的具体分布看（图 1-10），主要分布在 300 元以上，土地平均租金为 300—400 元的家庭农场占 14.82%，400—500 元的占 13.53%，500—1000 元的占 37.62%，1000 元以上的占 9.82%，300 元以上合计占 75.79%，500 元以上合计占 47.44%。

各省的土地租金具体分布情况见表 1-45，可以看出各省差异较大，例如，31 个省（区、市）有一定比例的家庭农场的土地租金为 0—40 元，其中，陕西省有 8.86% 的家庭农场的土地租金为 0—40 元；内蒙古有 62.75% 的家庭农场的土地租金为 200—300 元；吉林省有 45.23% 的家庭

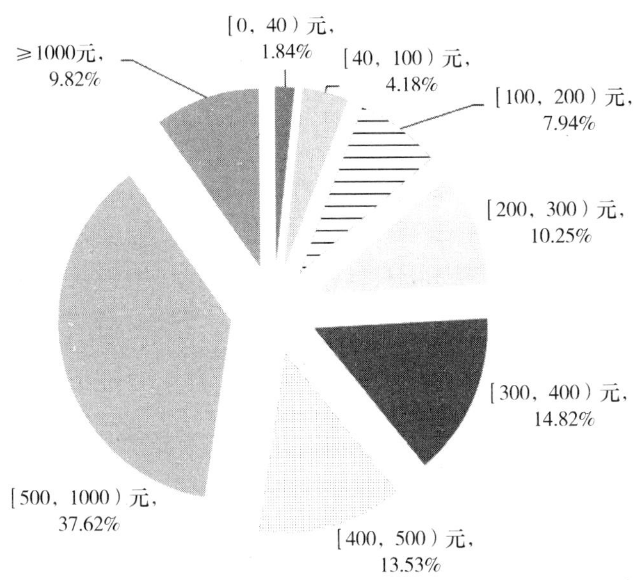

图 1 - 10　2015 年样本不同租金分段的家庭农场比例

农场的土地租金为 300—400 元；湖南省有 33.33% 的家庭农场的土地租金为 400—500 元；上海市有 94.9% 的家庭农场的土地租金为 500—1000 元；北京市 75% 的家庭农场的土地租金在 1000 元以上，河北省近一半（48.28%）的家庭农场的土地租金在 1000 元以上。

表 1 - 45　**2015 年全国及各省转入土地不同租金分段的家庭农场比例（%）**

省(区、市)	[0,40)元	[40,100)元	[100,200)元	[200,300)元	[300,400)元	[400,500)元	[500,1000)元	≥1000元
总计（全国）	1.84	4.18	7.94	10.25	14.82	13.53	37.62	9.82
北京	0.00	0.00	0.00	0.00	0.00	15.00	10.00	75.00
天津	0.00	0.00	0.00	2.56	2.56	17.95	69.23	7.69
河北	0.00	0.00	4.60	1.15	3.45	1.15	41.38	48.28
山西	1.32	3.95	27.63	15.79	27.63	10.53	13.16	0.00
内蒙古	0.00	1.96	9.80	62.75	23.53	1.96	0.00	0.00
辽宁	0.00	0.00	1.02	2.04	11.22	20.41	65.31	0.00
吉林	0.00	0.00	1.51	4.52	45.23	25.13	23.62	0.00
黑龙江	0.00	0.00	3.08	14.23	19.62	31.92	30.00	1.15

续表

省(区、市)	[0,40)元	[40,100)元	[100,200)元	[200,300)元	[300,400)元	[400,500)元	[500,1000)元	≥1000元
上海	0.00	0.00	0.00	0.00	0.00	0.00	94.90	5.10
江苏	1.25	1.25	0.00	1.25	0.00	3.75	70.00	22.50
浙江	0.00	0.00	5.19	2.60	2.60	11.69	50.65	27.27
安徽	0.00	1.12	5.62	7.87	4.49	14.61	50.56	15.73
福建	6.32	5.26	21.05	11.58	12.63	13.68	24.21	5.26
江西	6.35	20.63	17.46	17.46	14.29	11.11	11.11	1.59
山东	0.00	0.00	0.00	2.50	0.00	2.50	55.00	40.00
河南	0.00	0.00	0.00	0.00	0.00	0.00	73.47	26.53
湖北	7.94	3.17	14.29	4.76	20.63	9.52	38.10	1.59
湖南	3.51	8.77	7.02	19.30	19.30	33.33	8.77	0.00
广东	3.30	6.59	29.67	13.19	10.99	9.89	21.98	4.40
广西	1.82	5.45	7.27	18.18	18.18	16.36	29.09	3.64
海南	6.67	0.00	6.67	26.67	13.33	6.67	13.33	26.67
重庆	2.02	4.04	6.06	15.15	17.17	17.17	36.36	2.02
四川	2.35	4.71	9.41	21.18	20.00	20.00	18.82	3.53
贵州	3.41	3.41	20.45	27.27	15.91	5.68	20.45	3.41
云南	4.23	8.45	9.15	7.04	8.45	11.97	25.35	25.35
西藏	0.00	0.00	0.00	0.00	100.00	0.00	0.00	0.00
陕西	8.86	17.72	10.13	13.92	15.19	2.53	26.58	5.06
甘肃	1.22	6.10	7.32	4.88	19.51	8.54	51.22	1.22
青海	0.00	26.87	13.43	10.45	10.45	4.48	28.36	5.97
宁夏	1.30	1.30	5.19	5.19	9.09	3.90	71.43	2.60
新疆	2.17	13.04	8.70	2.17	30.43	23.91	19.57	0.00

3. 全国及各省不同类型家庭农场土地租金均值比较

从表1－46可以看出，全国粮食类家庭农场的租金略高于种植业家庭农场，高35.26元，但整体来说差异不大。

表 1－46　**全国及各省不同类型家庭农场转入土地租金均值比较（2015 年）**

省（区、市）	全部家庭农场		种植业类家庭农场		粮食类家庭农场	
	样本数（个）	平均租金（元）	样本数（个）	平均租金（元）	样本数（个）	平均租金（元）
总计（全国）	2526	491.12	1852	511.25	1148	546.51
北京	8	751.25	5	682.00	2	725.00
天津	39	678.08	26	609.04	13	586.54
河北	87	822.53	71	831.41	59	807.29
山西	76	277.41	61	282.34	38	265.21
内蒙古	51	246.06	33	235.12	19	224.68
辽宁	98	517.76	90	521.23	83	530.25
吉林	199	385.76	198	385.18	196	387.99
黑龙江	259	419.87	248	422.36	202	437.12
上海	98	816.41	85	822.74	80	819.04
江苏	78	753.32	55	769.71	49	757.84
浙江	77	779.27	53	756.91	32	759.88
安徽	89	602.81	74	625.20	52	649.33
福建	95	364.96	62	397.59	12	335.42
江西	62	224.87	33	224.33	19	337.37
山东	76	871.88	59	872.93	44	843.25
河南	98	833.16	82	837.68	67	837.91
湖北	63	390.21	25	326.80	15	330.20
湖南	57	299.42	42	296.24	30	310.67
广东	89	304.9	41	278.32	4	300.00
广西	55	410.91	24	383.33	18	379.44
海南	13	389.08	7	450.00	1	1000.00
重庆	99	426.3	52	460.79	15	387.33
四川	84	340.95	46	372.28	11	333.64
贵州	88	342.69	57	379.48	—	—
云南	137	533.04	91	552.53	4	437.50
西藏	1	300	—	—	—	—
陕西	78	354.17	49	443.78	18	748.89
甘肃	82	427.38	39	505.13	4	475.00
青海	67	342.67	48	331.44	1	150.00
宁夏	77	601.24	61	634.34	48	605.10
新疆	46	326.76	35	324.03	12	371.67

六　家庭农场固定投入情况

（一）农机投入情况

从表 1－47 可以看出：

（1）在 2545 个有效样本农场中，每个家庭农场平均拥有农机具 5.72 台/套，其中拥有烘干机 0.16 台，平均拥有农机具价值 22.72 万元，单台农机平均价值 4.18 万元。

（2）从 31 个省区来看，平均每个家庭农场拥有农机数量上，内蒙古、吉林、江苏、浙江、安徽、福建、山东、河南、湖北、湖南、云南、西藏、甘肃、宁夏 14 个省（区、市）家庭农场平均拥有的农机具数量超过全国平均水平；农机价值上，天津、内蒙古、辽宁、吉林、黑龙江、江苏、浙江、安徽、山东、河南、湖北、湖南、西藏、甘肃、宁夏、新疆 16 个省（区、市）超过平均水平；拥有农机单台平均价值上，天津、内蒙古、辽宁、吉林、黑龙江、上海、江苏、浙江、安徽、山东、河南、湖北、湖南、西藏、宁夏、新疆 16 个省（区、市）超过全国平均水平。

表 1－47　　　　家庭农场拥有农机具的情况

省（区、市）	有效样本数（个）	拥有农机具的数量（台或套）	烘干机数量（台）	拥有农机具价值（万元）	单台农机平均价值（万元）
总计（全国）	2545	5.72	0.16	22.72	4.18
北京	23	3.96	0.26	7.83	2.07
天津	32	5.44	0.00	28.23	5.49
河北	87	4.87	0.06	15.99	3.85
山西	100	5.14	0.01	12.04	2.34
内蒙古	65	10.28	0.00	28.74	4.84
辽宁	87	4.75	0.05	27.92	6.26
吉林	155	7.11	0.13	35.89	5.50
黑龙江	257	4.61	0.04	37.93	8.54
上海	98	1.52	0.02	12.32	8.50
江苏	70	8.29	0.57	31.84	5.42
浙江	70	8.91	0.60	45.49	4.95
安徽	88	8.78	0.57	37.82	5.00

续表

省（区、市）	有效样本数（个）	拥有农机具的数量（台或套）	烘干机数量（台）	拥有农机具价值（万元）	单台农机平均价值（万元）
福建	91	7.59	0.20	10.01	1.50
江西	58	3.41	0.17	11.18	3.91
山东	76	8.08	0.22	44.77	4.96
河南	92	6.46	0.08	32.90	4.67
湖北	62	7.39	0.16	34.20	4.43
湖南	56	6.66	0.59	72.39	10.13
广东	76	4.74	0.11	6.81	1.22
广西	54	3.76	0.04	7.22	1.83
海南	38	5.45	0.79	2.12	1.07
重庆	100	5.61	0.20	6.52	1.01
四川	86	2.84	0.12	4.28	1.48
贵州	94	2.73	0.30	2.24	1.01
云南	175	7.66	0.08	6.42	1.03
西藏	1	10.00	0.00	70.00	7.00
陕西	82	3.28	0.13	7.64	2.60
甘肃	87	6.02	0.01	26.93	3.29
青海	69	4.51	0.00	11.15	2.57
宁夏	73	6.90	0.10	27.74	4.19
新疆	43	3.05	0.02	28.85	7.40

进一步分析不同经营规模与拥有农机情况，可得到表 1－48，可以发现：

（1）随着经营规模的扩大，自有农机的家庭农场比例快速提高。10 亩以下的家庭农场自有农机比例只有 37.72%，而 10 至 50 亩的家庭农场自有农机比例提升到 75.19%，超过 3000 亩以后更是高达 100% 的家庭农场自有农业机械。

（2）随着经营规模的扩大，家庭农场拥有的农机数量也有所增加，但增加的速度低于经营规模增加速度，如 10 亩以下的自有农机家庭农场平均拥有农机 3.46 台，而 500—1000 亩的自有农机家庭农场拥有农机为 9.61 台，面积扩大了 100 倍左右，而自有农机数量扩大不到 3 倍，表明至少农机装备的使用上存在规模经济。平均拥有农机价值也表明，经营规模较大的家庭农场拥有价值更高的大型农机具。

表 1－48　　不同规模家庭农场的农机具装备

规模（亩）	样本数量（个）		拥有农机台数（台）		拥有农机价值（万元）		单台农机平均价值（万元）
	全部	自有农机家庭农场占比（%）	全部	自有农机家庭农场	全部	自有农机家庭农场	
(0，10]	167	37.72	1.31	3.46	2.33	6.17	1.79
(10，50]	258	75.19	3.71	4.94	4.80	6.38	1.64
(50，100]	326	84.97	4.10	4.82	5.52	6.50	1.51
(100，150]	433	83.37	4.21	5.04	9.18	11.01	2.77
(150，200]	231	88.74	5.53	6.23	17.62	19.86	4.14
(200，500]	705	92.77	6.10	6.58	23.52	25.35	4.63
(500，1000]	277	94.22	9.05	9.61	43.82	46.50	6.20
(1000，2000]	150	96.67	10.45	10.81	78.19	80.88	9.02
(2000，3000]	32	96.88	10.50	10.84	79.02	81.57	8.18
>3000	35	100.00	11.23	11.56	106.58	109.72	10.84
合计	2614	85.12	5.63	6.61	22.26	26.15	4.17

（二）场、库、棚等建筑物投入情况

从表 1－49 可以看出，在 2903 个样本家庭农场中，有 2242 个（占 77.23%）家庭农场自有仓库，平均自有仓库面积为 380.26m^2，其中，自有专用冷库的家庭农场占总样本的 7.10%；有 2177 个（74.99%）家庭农场自有农机库棚，平均自有农机库棚面积为 188.00 m^2；有 2023 个（69.69%）家庭农场自有晒场，平均自有晒场面积为 939.70 m^2。

表 1－49　　家庭农场自有仓库、农机库棚、自有晒场情况

省（区、市）	样本数量（个）	自有仓库			自有农机库棚		自有晒场	
		样本占比（%）	面积[a]（m^2）	自有专用冷库样本占比（%）	样本占比（%）	面积[b]（m^2）	样本（%）	面积[c]（m^2）
总计（全国）	2903	77.23	380.26	7.10	74.99	188.00	69.69	939.70
北京	27	48.15	762.31	22.22	29.63	306.25	25.93	3785.71
天津	40	80.00	412.88	7.50	85.00	187.118	77.50	1203.61
河北	94	72.34	333.53	5.32	73.40	161.942	72.34	842.06
山西	110	77.27	271.12	9.09	79.09	138.322	67.27	506.38

续表

省（区、市）	样本数量（个）	自有仓库			自有农机库棚		自有晒场	
		样本占比（%）	面积[a]（m^2）	自有专用冷库样本占比（%）	样本占比（%）	面积[b]（m^2）	样本（%）	面积[c]（m^2）
内蒙古	84	85.71	254.79	3.57	78.57	183.03	88.10	1007.34
辽宁	101	72.28	341.86	2.97	85.15	195.198	67.33	892.06
吉林	200	88.50	290.01	3.00	80.00	235.163	68.00	1637.43
黑龙江	303	79.21	533.53	3.96	69.97	384.217	66.34	1832.81
上海	100	20.00	167.75	3.00	23.00	140.261	36.00	219.81
江苏	82	78.05	307.81	1.22	75.61	182.194	70.73	489.26
浙江	77	74.03	449.12	9.09	67.53	155.865	49.35	623.42
安徽	98	77.55	389.66	8.16	87.76	215.256	65.31	1077.95
福建	98	77.55	281.97	4.08	85.71	119.833	68.37	329.54
江西	65	76.92	480.22	7.69	67.69	291.227	70.77	1434.52
山东	80	77.50	409.31	11.25	80.00	215.063	70.00	2370.27
河南	98	89.80	507.18	14.29	85.71	262.619	84.69	901.48
湖北	65	90.77	476.22	13.85	86.15	136.857	81.54	1460.19
湖南	57	96.49	560.51	5.26	96.49	118.213	92.98	286.74
广东	94	50.00	351.70	5.32	63.83	117.233	41.49	393.59
广西	61	88.52	220.93	3.28	80.33	121.388	77.05	374.04
海南	42	50.00	347.33	11.90	54.76	106.696	50.00	308.48
重庆	104	84.62	168.14	11.54	89.42	65.6129	73.08	304.05
四川	96	92.71	191.53	1.04	91.67	78.4318	94.79	297.92
贵州	101	75.25	172.21	2.97	67.33	61.5294	79.21	347.98
云南	198	83.84	199.74	3.54	74.24	78.3333	66.67	412.55
西藏	1	100.00	980.00	0.00	100.00	1500	100.00	2000.00
陕西	99	90.91	340.86	5.05	75.76	125.88	93.94	675.99
甘肃	96	85.42	1066.97	33.33	93.75	288.767	88.54	1193.86
青海	89	59.55	320.11	12.36	57.30	150.071	57.30	901.37
宁夏	94	78.72	650.32	12.77	76.60	300.764	71.28	1416.51
新疆	49	69.39	302.47	0.00	57.14	167.5	55.10	735.37

注：a——自有仓库的家庭农场的仓库面积平均数；b——自有农机库棚的家庭农场的农机库棚面积平均数；c——自有晒场的家庭农场的晒场面积平均数。

有13个省（区、市）家庭农场自有仓库的平均面积超过全国平均水平，分别为北京、天津、黑龙江、浙江、安徽、江西、山东、河南、湖北、湖南、西藏、甘肃、宁夏。其中，甘肃每个家庭农场自有仓库的平均面积最大，达1066.97平方米；其次是西藏和北京。

自有专用冷库占比超过10%的有北京、山东、河南、湖北、海南、重庆、甘肃、青海、宁夏9个省（区、市），其中北京和甘肃最高，超过20%。

自有农机库棚面积超过全国平均水平的有北京、辽宁、吉林、黑龙江、安徽、江西、山东、河南、西藏（只有1个样本）、甘肃、宁夏11个省（区、市）。

自有晒场超过全国平均水平的有北京、天津、内蒙古、吉林、黑龙江、安徽、江西、山东、湖北、西藏、甘肃、宁夏等12个省（区、市）。其中北京最高，达到3785.71平方米，山东其次，达2370.27平方米。

（三）家庭农场土地整理投入情况

在2775个有流转土地的样本家庭农场中，有30.85%的农场主对流转进来的土地进行了整理，整理后土地面积平均增加5.03%。流转土地后，进行土地整理的样本比例超过50%的有天津、河北、福建、湖北、西藏（只有1个样本）5个省（区、市），30%—50%的有黑龙江、江苏、浙江、安徽、江西、山东、重庆、四川、云南、陕西、宁夏11个省（区、市）。

表1-50　　家庭农场土地整理累计投入情况

省（区、市）	全部样本	样本占比（%）	整理后土地增加面积比例（%）
总计（全国）	2775	30.85	5.03
北京	26	15.38	0.00
天津	39	58.97	3.66
河北	93	60.22	4.67
山西	92	9.78	12.81
内蒙古	69	14.49	4.29
辽宁	97	22.68	5.22
吉林	200	10.50	5.31
黑龙江	288	44.10	3.41

续表

省（区、市）	全部样本	样本占比（%）	整理后土地增加面积比例（%）
上海	100	18.00	7.18
江苏	81	41.98	7.48
浙江	76	35.53	2.63
安徽	97	42.27	4.52
福建	98	59.18	2.79
江西	62	30.65	6.11
山东	80	48.75	7.22
河南	98	16.33	3.91
湖北	64	59.38	6.32
湖南	54	24.07	9.80
广东	91	20.88	14.00
广西	60	25.00	8.79
海南	39	10.26	13.33
重庆	101	30.69	2.55
四川	93	35.48	7.44
贵州	97	15.46	8.21
云南	187	37.97	3.96
西藏	1	100.00	10.00
陕西	84	30.95	3.75
甘肃	90	8.89	8.96
青海	77	10.39	7.00
宁夏	93	48.39	2.35
新疆	48	10.42	6.00

七　家庭农场收入情况

（一）家庭农场亩均净收入和劳均净收入情况

从表 1 - 51 可知，2015 年种植粮食作物的家庭农场的亩均纯收入只有 693 元，比 2014 年的 745 元下降了 6.91%，这可能是由于 2015 年年底的粮价大幅下跌引起的。此外，虽然种植粮食作物的家庭农场亩均收入只有整个种植业家庭农场的亩均收入 1280 元的 54.14%，但劳均纯收入仍然高达74012元，比种植业家庭农场劳均纯收入仅低0.69%（511元）。可见，粮食类家庭农场的土地产出率虽然较低，但由于农业机械的大规模使用而使得劳动生产率高；种植非粮作物的种植业家庭农场属于由于机械化水平较低，劳动密集，导致劳动生产率较低，但由于劳动投入量大以及非粮作物的价格较高，导致其劳均纯收入与粮食类家庭农场持平甚至略高。

表1-51　**分类型家庭农场的亩均净收入和劳均纯收入**（2015年）

指标	单位	全部家庭农场	种植业家庭农场	粮食类家庭农场
统计样本数	个	2903	1972	1188
平均经营面积	亩	373.69	428.94	471.17
自有劳动力	个	3.68	3.65	3.64
平均农场总收入	万元	100.42	85.19	80.50
平均总成本	万元	75.35	61.65	57.46
平均纯收入	万元	25.07	23.53	23.03
亩均纯收入	元	4461	1280	693
劳均纯收入	元	79549	74523	74012

2015年，2903个样本家庭农场自有劳动力的年均纯收入为79549元，高于2015年外出农民工人均年收入3.69万元；同时也高于2015年城镇单位就业人员年平均工资水平，更远高于2015年城镇私营单位就业人员年均工资。

（二）按不同土地规模分组的亩均净收入和劳均净收入情况

全部2903个家庭农场样本，平均总收入100.42万元、平均总成本75.35万元、平均纯收入25.07万元。图1-11展示了其中种植业家庭农场的平均总收入、平均总成本、平均净收入随着经营规模变化而变动的情况，可以看出，随着经营规模的扩大，三个指标均呈上升趋势，但应该看到三者上升速度不同。

全部样本的亩均纯收入也即平均土地产出率为4461元/亩，劳均纯收入也即平均劳动生产率为7.95万元/人。图1-12展示了劳动产出率和土地产出率随着经营规模变化的变动情况，可以看出：随着经营规模的扩大，土地产出率下降、劳动产出率上升。如10—50亩分组的土地产出率为5976元/亩，而2000—3000亩分组的土地产出率下降为319元/亩；同时，劳动生产率却从57185元/人上升至186863元/人。需要注意的是，

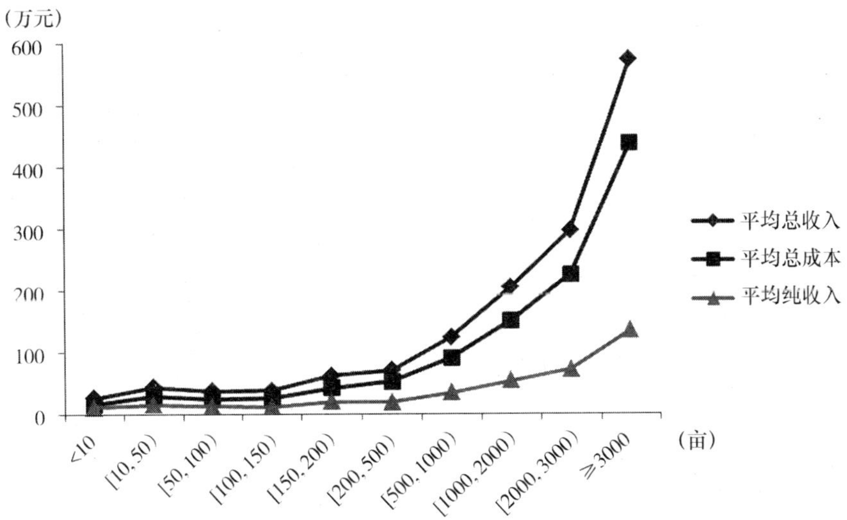

图 1－11　不同规模种植业农场总收入、总成本、纯收入

10 亩以下分组的土地产出率远远高于其他分组，达到 17033 元/亩，主要原因是低于 10 亩的 5 个种植业家庭农场主要经营大棚蔬菜、食用菌等经济作物，导致单位面积产出农产品价值较高。

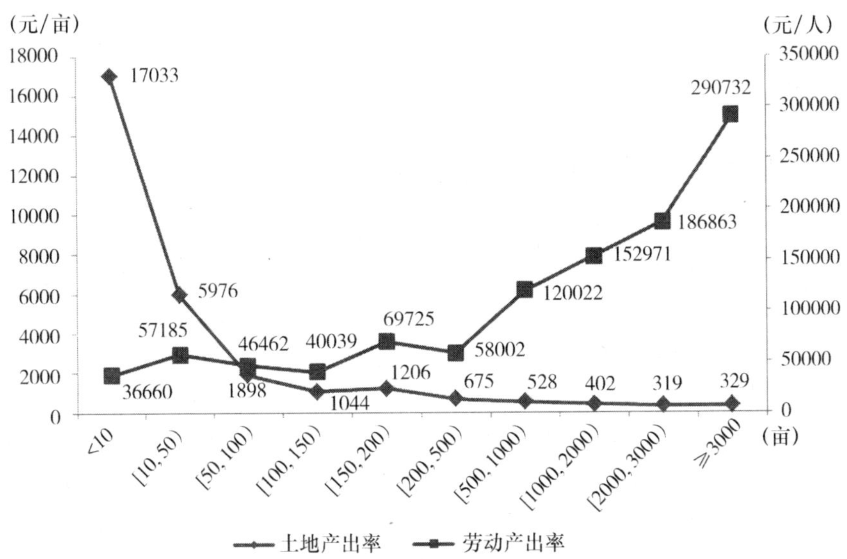

图 1－12　不同规模种植业农场劳动产出率与土地产出率

不同种植业和粮食类型家庭农场的总收入、总成本、净收入均随着经营规模的增加而增加。从表 1－52 可以看到，粮食农场的纯收入、土地产出率、劳动生产率等指标均在 3000 亩及以上分段出现下降趋势，这表明农场规模并非越大越好，大到一定程度后规模效益将会下降。

表 1－52　**不同规模种植业农场成本收益情况**

经营规模（亩）	总收入（万元）		总成本（万元）		纯收入（万元）		土地产出率（元/亩）		劳动生产率（元/人）	
	种植业农场	粮食农场	种植业农场	粮食农场	种植业农场	粮食农场	种植业农场	粮食农场	种植业农场	粮食农场
<10	12	—	5	—	7	—	17033	—	36660	—
[10，50)	44	12	28	5	15	7	5976	2945	57185	26854
[50，100)	37	22	24	12	13	10	1898	1321	46462	31614
[100，150)	39	26	26	16	12	11	1044	898	40039	37470
[150，200)	62	39	42	27	20	12	1206	703	69725	41893
[200，500)	71	58	52	39	19	19	675	654	58002	61366
[500，1000)	124	123	90	92	34	31	528	479	120022	109039
[1000，2000)	204	213	151	153	53	61	402	469	152971	177998
[2000，3000)	297	313	225	237	72	76	319	340	186863	199296
≥3000	573	555	438	493	135	62	329	116	290732	145013
全国平均	85	80	62	57	24	23	1256	693	74487	74012

八　家庭农场扶持政策情况

（一）家庭农场贷款情况

从图 1－13 中可以看出家庭农场贷款难度，全部样本中明确表明自己“无贷款需求”或对贷款难度“不清楚”的家庭农场平均只有 17.47%，而认为“只要想贷款就可以获得贷款”的占 13.68%，认为“可以获得贷款，但是有些难度”的占 38.77%，认为“很难获得贷款，条件太苛刻”的占 23.50%，表明自己“申请过贷款，但没有成功”的有 6.48%。全部样本中有超过 50% 的家庭农场能够获得贷款，仍有近 30% 的家庭农场很难获得贷款，表明家庭农场的融资难问题仍不容忽视。

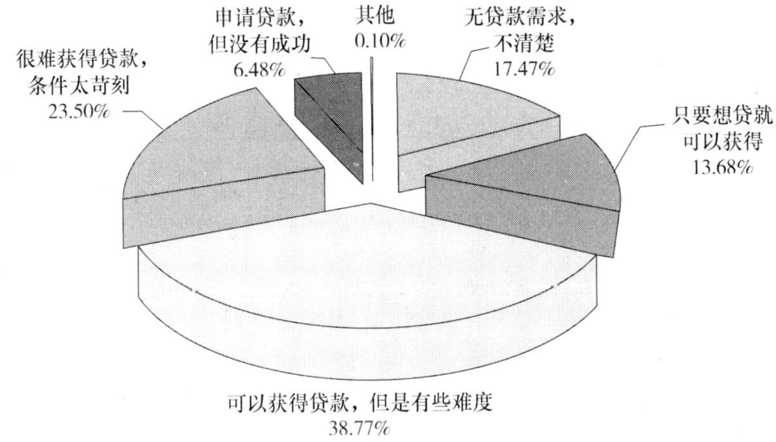

图 1－13　家庭农场获取贷款难度

从表 1－53 中可以看出：所有省份的家庭农场均有一定比例的生产经营借款，全国平均有 46.26% 的家庭农场有生产经营借款，其中粮食类家庭农场生产经营借款比例为 37.63%。

表 1－53　**有贷款或外债家庭农场比例**

省（区、市）	全部家庭农场		粮食类家庭农场	
	样本数（个）	占比（%）	样本数（个）	占比（%）
总计（全国）	2903	46.26	1188	37.63
北京	27	18.52	7	0.00
天津	40	32.50	13	7.69
河北	94	31.91	61	26.23
山西	110	33.64	41	24.39
内蒙古	84	34.52	32	31.25
辽宁	101	39.60	85	40.00
吉林	200	35.50	197	36.04
黑龙江	303	32.67	207	29.95
上海	100	6.00	82	4.88
江苏	82	35.37	49	42.86
浙江	77	80.52	32	78.13
安徽	98	53.06	52	40.38
福建	98	50.00	12	25.00

续表

省（区、市）	全部家庭农场		粮食类家庭农场	
	样本数（个）	占比（%）	样本数（个）	占比（%）
江西	65	43.08	19	36.84
山东	80	53.75	44	54.55
河南	98	45.92	67	41.79
湖北	65	64.62	15	66.67
湖南	57	47.37	30	40.00
广东	94	31.91	4	100.00
广西	61	37.70	19	47.37
海南	42	23.81	1	100.00
重庆	104	48.08	15	13.33
四川	96	44.79	12	58.33
贵州	101	51.49	—	—
云南	198	70.71	4	75.00
西藏	1	100.00	—	—
陕西	99	60.61	19	78.95
甘肃	96	69.79	6	83.33
青海	89	73.03	1	100.00
宁夏	94	74.47	50	74.00
新疆	49	51.02	12	33.33

从表1－54中可以看出，按各渠道借款金额占比排序，家庭农场生产经营借款渠道依次为农村信用社、亲朋好友、民间借贷、邮政储蓄银行、农工中建交等大型商业银行、其他渠道、农民资金互助合作社、本地企业。其中农村信用合作社和亲朋好友是最重要的两个渠道，这两个渠道借款资金总和占比高达66.36%。

表1－54 **有生产经营借款的家庭农场的最大一笔借款的渠道结构** （%）

省（区、市）	农工中建交等大型商业银行	邮政储蓄银行	农村信用合作社	融资租赁公司	农民资金互助合作社	民间借贷	本地企业	亲朋好友	其他渠道
总计（全国）	7.08	9.35	46.03	0.42	0.57	13.39	0.21	20.33	2.62
北京	42.86	0.00	14.29	0.00	0.00	0.00	0.00	14.29	28.57
天津	7.14	14.29	14.29	0.00	0.00	14.29	0.00	50.00	0.00

续表

省（区、市）	农工中建交等大型商业银行	邮政储蓄银行	农村信用合作社	融资租赁公司	农民资金互助合作社	民间借贷	本地企业	亲朋好友	其他渠道
河北	2.63	5.26	15.79	2.63	5.26	10.53	0.00	52.63	5.26
山西	0.00	2.63	28.95	0.00	0.00	36.84	0.00	28.95	2.63
内蒙古	22.58	0.00	35.48	0.00	0.00	29.03	0.00	12.90	0.00
辽宁	0.00	10.20	24.49	0.00	2.04	38.78	0.00	22.45	2.04
吉林	5.06	45.57	32.91	0.00	0.00	6.33	0.00	10.13	0.00
黑龙江	7.55	0.94	62.26	0.00	0.00	17.92	0.00	6.60	4.72
上海	0.00	0.00	100.00	0.00	0.00	0.00	0.00	0.00	0.00
江苏	12.50	0.00	62.50	0.00	0.00	12.50	0.00	12.50	0.00
浙江	4.84	4.84	90.32	0.00	0.00	0.00	0.00	0.00	0.00
安徽	8.93	30.36	25.00	0.00	0.00	19.64	0.00	14.29	1.79
福建	6.38	12.77	53.19	0.00	0.00	10.64	2.13	14.89	0.00
江西	11.11	3.70	18.52	0.00	0.00	0.00	0.00	66.67	0.00
山东	9.09	4.55	29.55	0.00	0.00	25.00	0.00	27.27	4.55
河南	2.33	4.65	13.95	2.33	0.00	27.91	0.00	48.84	0.00
湖北	17.39	2.17	21.74	0.00	0.00	15.22	0.00	32.61	10.87
湖南	6.90	13.79	48.28	0.00	0.00	20.69	0.00	10.34	0.00
广东	3.23	16.13	22.58	3.23	0.00	9.68	0.00	45.16	0.00
广西	3.85	7.69	15.38	3.85	0.00	23.08	3.85	42.31	0.00
海南	0.00	37.50	37.50	0.00	0.00	12.50	0.00	12.50	0.00
重庆	7.84	7.84	27.45	0.00	1.96	7.84	0.00	45.10	1.96
四川	2.27	4.55	25.00	0.00	0.00	13.64	2.27	50.00	2.27
贵州	5.45	0.00	74.55	0.00	1.82	10.91	0.00	7.27	0.00
云南	4.23	9.15	70.42	0.00	0.70	2.82	0.00	7.75	4.93
西藏	0.00	0.00	100.00	0.00	0.00	0.00	0.00	0.00	0.00
陕西	7.35	11.76	32.35	2.94	2.94	13.24	0.00	17.65	11.76
甘肃	14.49	4.35	68.12	0.00	0.00	7.25	0.00	5.80	0.00
青海	1.52	0.00	45.45	0.00	0.00	15.15	0.00	36.36	1.52
宁夏	11.27	12.68	61.97	0.00	0.00	9.86	0.00	4.23	0.00
新疆	11.54	0.00	84.62	0.00	0.00	0.00	0.00	3.85	0.00

从图1－14中可以看出，有生产经营借款的种植类家庭农场平均生产经营借贷规模为48.38万元，同时随着经营规模的扩大，借贷规模也同时增加。

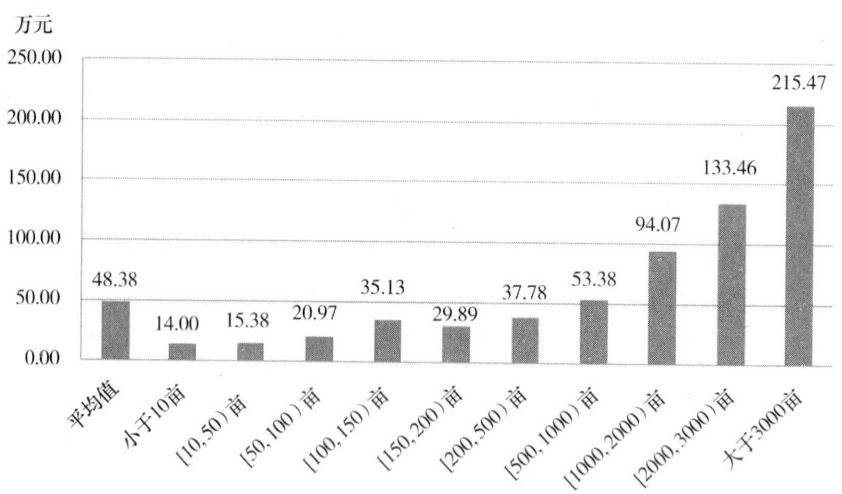

图1－14　不同经营规模贷款额度

从表1－55可以看出，家庭农场借款主要用于农业生产基础设施建设、购买种子化肥等生产资料、购买机械设备、人员工资、土地流转费及购买幼崽种苗等用途。其中，农业生产基础设施建设、购买种子化肥等生产资料和购买机械设备是最主要的用途。

表1－55　**全部家庭农场借款用途占比**　（%）

省（区、市）	农业生产基础设施建设	购买机械设备	购买种子化肥等生产资料	购买幼崽种苗	土地流转费	人员工资	其他
总计（全国）	63.37	47.58	61.28	26.06	40.43	45.50	2.01
北京	100.00	60.00	80.00	60.00	0.00	80.00	40.00
天津	76.92	30.77	53.85	7.69	38.46	23.08	7.69
河北	60.00	56.67	46.67	16.67	66.67	30.00	3.33
山西	59.46	54.05	40.54	27.03	21.62	18.92	0.00
内蒙古	65.52	68.97	93.10	10.34	44.83	48.28	3.45
辽宁	55.00	85.00	77.50	7.50	82.50	37.50	0.00

续表

省（区、市）	农业生产基础设施建设	购买机械设备	购买种子化肥等生产资料	购买幼崽种苗	土地流转费	人员工资	其他
吉林	63.38	87.32	87.32	15.49	61.97	64.79	0.00
黑龙江	51.52	47.47	81.82	14.14	53.54	39.39	4.04
上海	16.67	83.33	66.67	0.00	33.33	33.33	0.00
江苏	72.41	51.72	51.72	20.69	27.59	10.34	0.00
浙江	74.19	62.90	53.23	20.97	56.45	41.94	1.61
安徽	59.62	63.46	67.31	25.00	44.23	44.23	0.00
福建	59.18	24.49	65.31	16.33	26.53	51.02	4.08
江西	67.86	46.43	42.86	28.57	21.43	25.00	0.00
山东	83.72	74.42	76.74	25.58	48.84	34.88	0.00
河南	55.56	55.56	66.67	11.11	68.89	44.44	0.00
湖北	64.29	40.48	69.05	16.67	42.86	64.29	4.76
湖南	74.07	66.67	55.56	22.22	29.63	59.26	0.00
广东	76.67	36.67	70.00	10.00	10.00	33.33	3.33
广西	73.91	60.87	56.52	43.48	34.78	69.57	0.00
海南	60.00	20.00	40.00	10.00	30.00	40.00	0.00
重庆	64.00	42.00	38.00	36.00	38.00	56.00	6.00
四川	90.70	51.16	30.23	25.58	34.88	30.23	2.33
贵州	69.23	15.38	42.31	30.77	28.85	61.54	1.92
云南	75.00	32.86	55.00	43.57	19.29	43.57	1.43
西藏	100.00	100.00	100.00	0.00	100.00	0.00	0.00
陕西	51.67	35.00	71.67	21.67	38.33	43.33	6.67
甘肃	41.79	26.87	68.66	56.72	40.30	67.16	0.00
青海	44.62	33.85	35.38	41.54	35.38	72.31	1.54
宁夏	67.14	42.86	60.00	31.43	45.71	24.29	0.00
新疆	40.00	28.00	80.00	12.00	24.00	44.00	0.00

从表 1－56 可以看出，由于缺乏有效的担保物，亲朋或熟人担保、信用贷款、房产抵押是最重要的贷款担保方式，土地承包经营权抵押担保方式虽然占比达到 26.66%，但主要集中在北京、内蒙古、辽宁、吉林、黑龙江、广东等区域，可能是因为这些区域的土地承包经营权抵押试点工作开展区域与本次调研样本选择区域重叠导致这些区域偏高，而其他区域通过该方式担保的比例均较低。

表1－56　**全部家庭农场借款担保方式占比**　（%）

省（区、市）	土地承包经营权抵押	房产抵押	农机等农资抵押	农产品抵押	存单或储蓄卡抵押	农户联保	亲朋或熟人担保	担保公司担保	信用贷款	其他
总计（全国）	26.66	29.08	7.27	3.85	2.00	18.39	45.33	3.99	31.79	2.92
北京	42.86	28.57	0.00	0.00	14.29	14.29	0.00	28.57	28.57	14.29
天津	15.38	30.77	7.69	0.00	0.00	0.00	46.15	0.00	15.38	15.38
河北	12.82	20.51	23.08	17.95	20.51	15.38	58.97	0.00	20.51	0.00
山西	5.26	18.42	0.00	0.00	2.63	15.79	73.68	0.00	26.32	5.26
内蒙古	58.06	35.48	12.90	9.68	0.00	41.94	45.16	9.68	22.58	0.00
辽宁	42.22	22.22	17.78	0.00	4.44	20.00	46.67	0.00	22.22	2.22
吉林	89.61	19.48	5.19	0.00	1.30	7.79	12.99	0.00	2.60	0.00
黑龙江	71.82	49.09	19.09	8.18	4.55	36.36	22.73	4.55	18.18	3.64
上海	14.29	14.29	14.29	0.00	0.00	0.00	14.29	28.57	14.29	14.29
江苏	22.58	22.58	3.23	0.00	0.00	16.13	51.61	9.68	16.13	3.23
浙江	31.25	23.44	3.13	0.00	0.00	0.00	48.44	14.06	35.94	4.69
安徽	13.21	32.08	9.43	3.77	0.00	13.21	52.83	7.55	35.85	1.89
福建	4.26	17.02	0.00	4.26	0.00	10.64	74.47	0.00	23.40	4.26
江西	21.43	21.43	7.14	3.57	0.00	7.14	60.71	7.14	21.43	3.57
山东	21.28	19.15	8.51	4.26	0.00	27.66	55.32	2.13	14.89	4.26
河南	14.29	9.52	21.43	19.05	0.00	30.95	66.67	4.76	28.57	0.00
湖北	32.61	43.48	0.00	4.35	2.17	6.52	47.83	4.35	28.26	6.52
湖南	20.69	44.83	6.90	10.34	0.00	13.79	31.03	3.45	58.62	0.00
广东	36.36	42.42	9.09	3.03	0.00	3.03	45.45	3.03	12.12	0.00
广西	12.00	12.00	8.00	12.00	4.00	16.00	48.00	0.00	36.00	0.00
海南	11.11	22.22	0.00	0.00	0.00	44.44	33.33	0.00	33.33	0.00
重庆	13.64	36.36	9.09	2.27	2.27	4.55	59.09	15.91	11.36	4.55
四川	4.76	14.29	2.38	0.00	0.00	2.38	54.76	4.76	45.24	4.76
贵州	3.70	51.85	1.85	0.00	1.85	0.00	29.63	0.00	70.37	0.00
云南	33.10	29.66	0.69	0.69	0.00	13.10	14.48	0.69	69.66	0.00
西藏	0.00	100.00	0.00	0.00	0.00	0.00	0.00	0.00	0.00	0.00
陕西	6.35	14.29	0.00	1.59	1.59	9.52	68.25	0.00	39.68	15.87
甘肃	1.45	18.84	2.90	1.45	0.00	52.17	34.78	10.14	40.58	1.45
青海	7.58	46.97	6.06	3.03	1.52	6.06	77.27	0.00	7.58	3.03
宁夏	12.50	34.72	11.11	6.94	5.56	52.78	69.44	2.78	34.72	0.00
新疆	15.38	23.08	11.54	0.00	0.00	38.46	46.15	0.00	34.62	0.00

（二）家庭农场保险情况

从表 1 －57 可以看出，全国家庭农场中有保费支出样本占比为 51.71%，平均保费支出 0.71 万元。其中，2015 年获得保险理赔金额的家庭农场占全部家庭农场的比例为 49.67%，平均理赔金额为 0.58 万元。

从表 1 －58 可以看出，支出保费主要用于购买农作物险（46.40% 的有保费支出的农场购买了该险），其次为农机责任险（为农机交强险），最后为养殖业险（如能繁母猪、奶牛保险等）。

表 1 －57　**保险支出与保险理赔情况**

省（区、市）	样本数（个）	有保费支出样本比例（%）	有保费支出样本平均支出额度（万元）	有保险理赔金额样本比例（%）	有保险理赔金额样本平均理赔金额（万元）
总计（全国）	2903	51.71	0.71	49.67	0.58
北京	27	88.89	1.96	88.89	1.01
天津	40	42.50	1.17	42.50	0.41
河北	94	61.70	0.64	61.70	0.43
山西	110	24.55	0.19	23.64	0.24
内蒙古	84	47.62	0.32	44.05	0.87
辽宁	101	73.27	0.42	71.29	0.59
吉林	200	75.50	0.44	74.00	0.57
黑龙江	303	79.87	0.59	77.89	0.53
上海	100	47.00	0.53	46.00	0.36
江苏	82	65.85	1.25	59.76	1.03
浙江	77	59.74	0.95	59.74	0.97
安徽	98	67.35	1.02	66.33	1.24
福建	98	36.73	0.45	36.73	0.43
江西	65	52.31	0.81	50.77	0.84
山东	80	67.50	0.53	63.75	0.28
河南	98	25.51	0.63	25.51	0.28
湖北	65	33.85	0.91	32.31	0.50
湖南	57	80.70	2.22	77.19	0.47
广东	94	18.09	0.89	17.02	0.15
广西	61	39.34	0.81	39.34	0.40

续表

省（区、市）	样本数（个）	有保费支出样本比例（%）	有保费支出样本平均支出额度（万元）	有保险理赔金额样本比例（%）	有保险理赔金额样本平均理赔金额（万元）
海南	42	7.14	2.40	4.76	0.00
重庆	104	43.27	0.33	42.31	0.78
四川	96	70.83	0.29	65.63	0.42
贵州	101	38.61	0.53	38.61	0.63
云南	198	19.70	0.61	18.18	0.04
西藏	1	—	—	—	—
陕西	99	45.45	0.89	41.41	0.10
甘肃	96	45.83	0.91	35.42	0.51
青海	89	28.09	0.57	25.84	0.41
宁夏	94	69.15	1.00	67.02	0.80
新疆	49	48.98	0.70	46.94	1.13

表 1－58　**保险种类构成**　（%）

省（区、市）	财产险	农作物险	农机责任险	养殖业险	其他
总计（全国）	14.81	46.40	10.47	9.34	8.41
北京	14.81	70.37	33.33	14.81	3.70
天津	12.50	40.00	7.50	0.00	7.50
河北	18.09	67.02	8.51	7.45	8.51
山西	0.91	37.27	2.73	10.00	0.91
内蒙古	1.19	58.33	10.71	1.19	0.00
辽宁	12.87	79.21	13.86	0.99	4.95
吉林	5.50	79.50	23.00	0.50	0.00
黑龙江	23.10	78.88	5.61	4.95	0.99
上海	12.00	85.00	26.00	9.00	6.00
江苏	4.88	64.63	20.73	17.07	1.22
浙江	50.65	48.05	24.68	3.90	38.96
安徽	12.24	58.16	13.27	9.18	11.22
福建	56.12	23.47	17.35	1.02	56.12
江西	9.23	40.00	4.62	15.38	3.08

续表

省（区、市）	财产险	农作物险	农机责任险	养殖业险	其他
山东	17.50	58.75	10.00	5.00	7.50
河南	15.31	20.41	9.18	2.04	13.27
湖北	33.85	27.69	7.69	6.15	16.92
湖南	8.77	61.40	38.60	17.54	0.00
广东	3.19	10.64	4.26	7.45	2.13
广西	8.20	27.87	14.75	13.11	6.56
海南	7.14	7.14	4.76	4.76	0.00
重庆	30.77	26.92	3.85	14.42	26.92
四川	13.54	52.08	1.04	25.00	6.25
贵州	27.72	17.82	2.97	23.76	25.74
云南	10.10	3.03	2.02	18.18	8.59
西藏	—	—	—	—	—
陕西	5.05	27.27	8.08	16.16	3.03
甘肃	5.21	32.29	2.08	12.50	0.00
青海	2.25	19.10	7.87	5.62	2.25
宁夏	6.38	53.19	7.45	14.89	0.00
新疆	4.08	46.94	10.20	4.08	0.00

（三）2015 年家庭农场获得各类补贴情况

2903 个有效样本中，有 736 个农场获得补贴，占 25.35%。每个家庭农场获得各类补贴的平均值为 4.87 万元，单个家庭农场获得各类补贴的最大值为 86.32 万元（见表 1－59）。分省（区、市）看，14 个省（区、市）家庭农场获得各类补贴的平均值高于全国平均水平，这 14 个省（区、市）分别为天津、河北、辽宁、上海、江苏、浙江、福建、河南、湖北、广东、重庆、西藏、甘肃、新疆。其中，河南家庭农场获得各类补贴的平均值最大，达 18 万元，其次是天津和河北，分别达 14.95 万元和 14.17 万元；新疆、西藏家庭农场获得各类补贴的平均值都在 10 万元以上，分别为 12.06 万元和 10 万元。

表 1-59　　**2015 年家庭农场获得各类补贴额情况**

省（区、市）	样本数（个）	平均值（万元）	最大值（万元）
总计（全国）	736	4.87	86.32
北京	3	1.40	2.00
天津	15	14.95	80.00
河北	16	14.17	86.32
山西	40	1.63	30.00
内蒙古	12	3.69	28.00
辽宁	27	5.46	30.00
吉林	52	2.41	50.00
黑龙江	105	2.92	50.00
上海	17	6.60	15.50
江苏	29	5.81	23.00
浙江	22	8.57	28.00
安徽	28	4.34	21.00
福建	28	5.68	80.00
江西	18	2.44	10.00
山东	21	2.45	18.00
河南	3	18.00	50.00
湖北	12	5.29	15.00
湖南	3	2.00	3.00
广东	16	5.79	27.00
广西	15	4.29	25.00
海南	2	0.53	1.00
重庆	33	5.10	15.00
四川	29	4.80	11.00
贵州	16	2.75	10.00
云南	29	4.01	34.40
西藏	1	10.00	10.00
陕西	33	1.23	25.00
甘肃	13	7.95	50.00
青海	48	4.05	14.00
宁夏	11	2.70	5.00
新疆	39	12.06	76.60

2015 年 286 个粮食类家庭农场（见表 1 - 60）获得各类补贴的平均值为 3. 56 万元，低于全部统计样本家庭农场获得各类补贴的平均值。单个粮食类家庭农场获得各类补贴的最大值达到 76. 60 万元。分省（区、市）看，13 个省（区、市）粮食类家庭农场获得各类补贴的平均值高于全国平均水平，这 13 个省（区、市）分别为天津、河北、上海、江苏、浙江、辽宁、安徽、江西、湖北、广东、重庆、青海、新疆。其中，浙江粮食类家庭农场获得各类补贴的平均值最大，达 15. 80 万元；其次是新疆，达 8. 82 万元；重庆、河北和天津粮食类家庭农场获得各类补贴的平均值都在 6 万元以上，分别为 6. 97 万元、7. 25 万元和 8. 02 万元。

表 1 - 60　**2015 年粮食类家庭农场获得各类补贴额情况**

省（区、市）	粮食类家庭农场样本数（个）	平均值（万元）	最大值（万元）
总计（全国）	286	3. 56	76. 60
北京	1	0. 70	0. 70
天津	5	8. 02	21. 00
河北	10	7. 25	15. 00
山西	17	1. 23	9. 00
内蒙古	4	1. 79	5. 00
辽宁	23	5. 07	30. 00
吉林	51	2. 30	50. 00
黑龙江	73	1. 96	19. 00
上海	8	4. 58	6. 50
江苏	12	4. 85	23. 00
浙江	5	15. 80	25. 00
安徽	17	4. 71	18. 00
福建	3	0. 78	2. 00
江西	4	3. 57	9. 90
山东	11	3. 15	18. 00
河南	1	2. 00	2. 00
湖北	6	4. 88	13. 00
湖南	1	1. 00	1. 00
广东	3	5. 02	10. 00
广西	2	0. 70	1. 20
海南	—	—	—

续表

省（区、市）	粮食类家庭农场样本数（个）	平均值（万元）	最大值（万元）
重庆	3	6.97	13.20
四川	3	1.14	2.00
贵州	—	—	—
云南	—	—	—
西藏	—	—	—
陕西	5	1.14	3.50
甘肃	2	0.75	1.00
青海	1	5.00	5.00
宁夏	3	0.83	1.25
新疆	12	8.82	76.60

九　家庭农场经营面临的制约因素和期待

（一）家庭农场经营面临的最主要制约因素

从整体看（见表1-61），家庭农场经营面临的最主要制约因素是生产基础设施（道路、水利、仓储等）落后，其次顺序为贷款难、缺乏劳动力和难以获得市场信息。在2903个有效样本家庭农场中，1596个家庭农场经营所面临的制约因素是生产基础设施落后，占样本总数的54.98%；分别有1432个、1163个和1139个家庭农场经营所面临的制约因素是贷款难、缺乏劳动力和难以获得市场信息，分别占样本总数的49.33%、40.06%和39.24%。

表1-61　　家庭农场经营面临的主要制约因素

省（区、市）	样本数（个）	基础设施落后		贷款难		缺乏劳动力		难以获得市场信息	
		样本数（个）	占比（%）	样本数（个）	占比（%）	样本数（个）	占比（%）	样本数（个）	占比（%）
总计（全国）	2903	1596	54.98	1432	49.33	1163	40.06	1139	39.24
北京	27	15	55.56	7	25.93	9	33.33	13	48.15
天津	40	24	60.00	24	60.00	9	22.50	15	37.50
河北	94	67	71.28	65	69.15	26	27.66	42	44.68

续表

省（区、市）	样本数（个）	基础设施落后		贷款难		缺乏劳动力		难以获得市场信息	
		样本数（个）	占比（%）	样本数（个）	占比（%）	样本数（个）	占比（%）	样本数（个）	占比（%）
山西	110	54	49.09	54	49.09	53	48.18	53	48.18
内蒙古	84	31	36.90	41	48.81	34	40.48	51	60.71
辽宁	101	59	58.42	45	44.55	26	25.74	37	36.63
吉林	200	89	44.50	69	34.50	111	55.50	99	49.50
黑龙江	303	114	37.62	149	49.17	65	21.45	106	34.98
上海	100	59	59.00	8	8.00	88	88.00	29	29.00
江苏	82	40	48.78	21	25.61	38	46.34	31	37.80
浙江	77	28	36.36	24	31.17	52	67.53	12	15.58
安徽	98	65	66.33	41	41.84	55	56.12	24	24.49
福建	98	68	69.39	36	36.73	47	47.96	25	25.51
江西	65	36	55.38	39	60.00	22	33.85	22	33.85
山东	80	46	57.50	43	53.75	27	33.75	33	41.25
河南	98	67	68.37	82	83.67	27	27.55	64	65.31
湖北	65	51	78.46	47	72.31	29	44.62	19	29.23
湖南	57	45	78.95	39	68.42	13	22.81	6	10.53
广东	94	34	36.17	45	47.87	60	63.83	34	36.17
广西	61	47	77.05	24	39.34	18	29.51	17	27.87
海南	42	10	23.81	19	45.24	12	28.57	20	47.62
重庆	104	66	63.46	50	48.08	64	61.54	29	27.88
四川	96	87	90.63	45	46.88	25	26.04	26	27.08
贵州	101	78	77.23	51	50.50	18	17.82	37	36.63
云南	198	123	62.12	107	54.04	88	44.44	72	36.36
西藏	1	0	0.00	1	100.00	0	0.00	0	0.00
陕西	99	44	44.44	63	63.64	41	41.41	50	50.51
甘肃	96	37	38.54	54	56.25	39	40.63	78	81.25
青海	89	46	51.69	59	66.29	18	20.22	38	42.70
宁夏	94	47	50.00	60	63.83	44	46.81	44	46.81
新疆	49	19	38.78	20	40.82	5	10.20	13	26.53

分省（区、市）来看，北京、天津、河北、山西、辽宁、江苏、安徽、福建、山东、湖南、湖北、广西、重庆、四川、贵州、云南16个省（区、市）的家庭农场经营所面临的最主要制约因素是生产基础设施（道路、水利、仓储等）落后；天津、山西、黑龙江、江西、河南、西藏、陕西、青海、宁夏、新疆等10个省（区、市）的家庭农场经营所面临的最主要制约因素是贷款难；吉林、上海、浙江和广东等4个省（区、市）的家庭农场经营所面临的最主要因素是缺乏劳动力；内蒙古、海南、甘肃等3个省（区、市）家庭农场经营所面临的最主要制约因素是难以获得市场信息。

（二）家庭农场对政府支持的期待

从整体看（见表1－62），家庭农场对政府支持的最大期待是贷款贴息，其次顺序分别是生产性基础设施建设和维护等服务、保险补贴或优惠、土地流转扶持与优惠。在2903个有效样本家庭农场中，1957个家庭农场对政府支持的期待是贷款贴息，占样本总数的67.41%；分别有1903个、1860个和1730个家庭农场对政府支持的期待是基础设施建设和维护等服务、保险补贴或优惠和土地流转扶持与优惠，分别占样本总数的65.55%、64.07%和59.59%。

表1－62　**家庭农场对政府支持的期待**

省（区、市）	样本数（个）	贷款贴息		基础设施建设和维护等服务		保险补贴或优惠		土地流转扶持与优惠	
		样本数（个）	占比（%）	样本数（个）	占比（%）	样本数（个）	占比（%）	样本数（个）	占比（%）
总计（全国）	2903	1957	67.41	1903	65.55	1860	64.07	1730	59.59
北京	27	17	62.96	26	96.30	20	74.07	14	51.85
天津	40	27	67.50	24	60.00	27	67.50	29	72.50
河北	94	61	64.89	75	79.79	81	86.17	70	74.47
山西	110	65	59.09	71	64.55	72	65.45	65	59.09
内蒙古	84	65	77.38	39	46.43	60	71.43	33	39.29
辽宁	101	62	61.39	65	64.36	70	69.31	77	76.24
吉林	200	110	55.00	98	49.00	119	59.50	120	60.00
黑龙江	303	208	68.65	152	50.17	184	60.73	162	53.47
上海	100	18	18.00	89	89.00	41	41.00	45	45.00
江苏	82	39	47.56	51	62.20	55	67.07	49	59.76
浙江	77	45	58.44	44	57.14	38	49.35	52	67.53
安徽	98	63	64.29	74	75.51	67	68.37	69	70.41

续表

省（区、市）	样本数（个）	贷款贴息		基础设施建设和维护等服务		保险补贴或优惠		土地流转扶持与优惠	
		样本数（个）	占比（%）	样本数（个）	占比（%）	样本数（个）	占比（%）	样本数（个）	占比（%）
福建	98	59	60. 20	82	83. 67	64	65. 31	57	58. 16
江西	65	50	76. 92	38	58. 46	37	56. 92	29	44. 62
山东	80	51	63. 75	52	65. 00	58	72. 50	60	75. 00
河南	98	78	79. 59	85	86. 73	74	75. 51	87	88. 78
湖北	65	54	83. 08	49	75. 38	36	55. 38	47	72. 31
湖南	57	50	87. 72	43	75. 44	45	78. 95	41	71. 93
广东	94	77	81. 91	67	71. 28	74	78. 72	71	75. 53
广西	61	30	49. 18	52	85. 25	34	55. 74	33	54. 10
海南	42	19	45. 24	10	23. 81	16	38. 10	13	30. 95
重庆	104	76	73. 08	81	77. 88	71	68. 27	74	71. 15
四川	96	64	66. 67	93	96. 88	59	61. 46	38	39. 58
贵州	101	78	77. 23	81	80. 20	62	61. 39	72	71. 29
云南	198	151	76. 26	143	72. 22	115	58. 08	74	37. 37
陕西	99	83	83. 84	38	38. 38	65	65. 66	46	46. 46
甘肃	96	88	91. 67	40	41. 67	69	71. 88	55	57. 29
青海	89	59	66. 29	57	64. 04	54	60. 67	45	50. 56
宁夏	94	76	80. 85	61	64. 89	65	69. 15	67	71. 28
新疆	49	34	69. 39	23	46. 94	28	57. 14	36	73. 47

分省（区、市）看，12 个省（区、市）家庭农场对政府支持的最大期待是贷款贴息，这 12 个省（区、市）分别为内蒙古、黑龙江、江西、湖北、湖南、广东、海南、云南、陕西、甘肃、青海和宁夏；8 个省（区、市）家庭农场对政府支持的最大期待是基础设施建设和维护等服务，这 8 个省（区、市）分别为北京、上海、安徽、福建、广西、重庆、四川、贵州；7 个省（区、市）家庭农场对政府支持的最大期待是土地流转扶持与优惠，这 7 个省（区、市）分别为天津、辽宁、吉林、浙江、山东、河南和新疆；3 个省（区、市）家庭农场对政府支持的最大期待是保险补贴或优惠，这 3 个省分别为河北、山西和江苏。

二 地方经验

北京市家庭农场发展情况

北京市认真贯彻落实中央1号文件，按照《农业部关于促进家庭农场发展的指导意见》要求，积极推进规模化生产经营，积极开展家庭农场培育工作，重点培植了黄厂铺村家庭农场试点，并指导郊区探索家庭农场发展模式，进一步提升了家庭农场的规模化、组织化和生产能力，进而推动适度规模经营发展。

一 加强顶层设计，提供政策支撑

为引导家庭农场规范有序发展，北京市制定了一系列政策意见。**一是**制定下发了《关于引导规范家庭农场健康发展的通知》，进一步明确北京市家庭农场的基本特征、鼓励开展试点的基本原则。**二是**贯彻《中国人民银行关于做好家庭农场等新型农业经营主体金融服务的指导意见》，会同中国人民银行营业管理部、北京银监局共同出台《关于扎实做好新型农业经营主体金融服务 大力推动北京农业现代化发展的意见》，并组织有关金融机构开展家庭农场、合作社等新型经营主体金融需求的调研。

二 培植市级试点，示范效果显著

为全面落实北京市“新三起来”（土地流转起来、农民组织起来，资产经营起来），加快培育新型经营主体，北京市持续推进通州区漷县镇黄厂铺村家庭农场试点。试点探索建立土地流转价格形成机制、家庭农场准入和退出机制、老年农民退养机制三项机制，由村集体经济组织作为中介方，将耕地流转集中，划定成方连片的若干地块，通过民主程序择优选择家庭农场经营者。试点区域1359.64亩，村集体将试点区域划分为8个地块，其中面积最大地块209亩、最小124亩，从本村招募8户农户经营家庭农场。试点中实现了四个提高：**一是土地利用率得到提高**。村集体组织8户农场主进行统一规划、集约经营，通过整理土地、夷平田埂，种植面积增加10%；通过选优品种、规模种植，亩均增产10%以上。**二是劳动生产率得到提高**。通过规模化生产、机械化作业、社会化服务，每户农场2—3人即可完成生产任务。这8户农场主一业为主、专业生产，生产效率大幅提高。另外185户承包户彻底脱离兼业化的农业生产，向二、三产业转移。**三是资源利用率得到提高**。加大农业投入，自购移动式喷灌设备，实施水肥一体化灌溉，每亩用水量约为160立方米，比采用管灌方式节水40%。采取测土施肥技术，肥料施用量减少了10%—20%。**四是农民收入得到提高**。主要体现在"一增一节"上，增产增收：2015年夏粮亩产1000斤，亩均增产100斤，增收113元/亩；玉米亩均增450株，增收110元；机械化收割夏玉米，每株多收0.3斤，亩增重1350斤，增收189元。

家庭农场试点的"四项提升"吸引更多郊区开展相关工作。通州、房山、大兴等区在市农委指导下积极探索家庭农场发展模式，组织做好监测数据采集等工作。其中，房山区成立了家庭农场建设工作领导小组，统筹协调推进家庭农场建设工作。起草的《房山区家庭农场试点建设工作实施意见（试行）》，确定了农户自愿、试点先行、稳步推进、规范发展、先易后难、自下而上、政策集成、典型示范的发展思路，制定了试点先行、示范带动、规范发展的工作目标，明晰了"四有"（有规模、有标牌、有场所、有配套）、"四化"（生产组织化、管理科学化、营销市场化、技术标准化）、"四统一"（统一设立家庭农场标识标牌、统一填写生产销售记录、统一技术指导和社会化服务、统一考核验收）的建设内容及标准，为家庭农场的健康、持久发展提供了依据。

2015年年初，北京市农委对2014年开展家庭农场试点工作扎实、成效明显的通州区、房山区分别给予200万元、100万元工作创新奖励。

三　深入挖掘现状，夯实发展基石

和其他地区相比，北京市发展家庭农场过程中遇到的问题既有共性又有其特异性。共性问题体现在：**一是**试点经营者为传统粮食生产农户，主要依靠经验开展生产经营，规模经营管理经验欠缺，市场经营意识不强。

二是社会化服务体系不完善，导致经营者在播种、机收、病虫害防治、融资等方面急需扶持。特别是晾晒场地问题，过去农户小规模种植，分散晾晒；规模经营后，家庭农场缺乏统一集中晾晒场，影响了粮食品质；旋耕机、收割机、抽水机、播种机等生产资料欠缺专门库房统一存放。特异性问题主要是指北京市土地流转费较高，规模化经营成本居高不下，家庭农场自主发展的内生动力不足。2014 年通州区黄厂铺村周边土地流转费已高达 2100 元左右。

未来，北京市将认识不足，立足优势，充分发挥机制体制改革对家庭农场的引领作用，夯实机制、体制、科技等发展基石。

四　立足发展特色，积极谋划发展

2016 年，北京市将深入贯彻落实中办、国办下发的《关于引导农村土地经营权有序流转发展农业适度规模经营的意见》（中办发〔2014〕61 号），市委、市政府《关于调结构转方式发展高效节水农业的意见》（京发〔2014〕16 号）精神，继续探索家庭农场发展模式。

重点在“两田一园”（粮田、菜田、果园）划定的基础上，以粮食种植为主，适当兼顾蔬菜和鲜果种植，积极探索不同形式的适度规模经营模式。目前已制定推进适度规模经营的方案，各区根据试点方案组织申报，市级部门根据各区的申报情况，遴选具有代表性的经营模式和经营主体，原则上每个区至少开展一种模式试点，同时在全市选择 1 个区和 2—3 个镇作为试点单位。试点主体确定后，各承担试点任务的主体，在所在区农委的指导下，制定详细的试点方案，并报市农委备案。

试点主要从以下四种模式推进。

土地集中型规模经营试点。通过土地流转、入股和地块互换、归并等方式，提高单一经营主体土地经营规模和连片水平。具体形式：专业大户经营模式、家庭农场（果园）经营模式、合作社经营模式、企业（公司）经营模式。

组织引领型规模经营试点。在一定区域范围内，根据当地生产传统和市场需求，有组织地推动农产品生产基地和园区建设，推进农业主导产业专业化区域布局，提高农业生产的区域规模化水平。具体形式：特色专业镇（村）经营模式、生产基地（园区）经营模式。

产业联结型规模经营试点。在一定区域范围内，龙头企业、合作社、基地、农户等建立健全产业分工、协作和利益联结机制，延长农业产业链，提高农户家庭经营的外部规模化水平。具体形式："龙头企业 + 合作社（基地） + 农户""联合社 + 合作社（基地） + 农户"。

服务带动型规模经营试点。农民合作社、大户、家庭农场以及社会化组织接受农户委托，提供全程或部分农业生产经营服务，形成新的统分结合的规模经营。具体形式：托管式经营模式、订单式经营模式、管家式经营模式。

2016 年北京将继续关注支持通州区漷县镇黄厂铺村家庭农场试点，探索适度规模经营的发展模式，为全市家庭农场发展积累经验。

天津市家庭农场发展情况

2015年，天津市按照中央关于加快发展家庭农场的要求，结合本市实际，以促进农业适度规模经营为切入点，以农业增效、农民增收为根本目的，采取多项举措稳步推进家庭农场发展。

一　发展现状

截至2015年年底，全市累计成立家庭农场2512家，其中，市级示范家庭农场51家、有注册商标的家庭农场38家、通过农产品质量认证的家庭农场16家。家庭农场经营耕地总面积42.4万亩，平均每个家庭农场经营耕地168.8亩；从业人员8266人，场均劳动力3.3个。2015年全市家庭农场销售农产品总值13.4亿元，平均每个家庭农场销售额53.3万元。

二　工作措施

（一）加大财政扶持力度

印发了《天津市2015年农村承包土地规范化规模化流转试点资金补助项目申报指南》和《关于申报2015年支持粮食生产经营主体补助资金项目的通知》，对符合条件的家庭农场给予补贴，重点支持农场在基础设施、生产管理等方面的提升和改造。

（二）引导土地有序流转

着力构建区县、乡镇农村土地流转服务平台，搭建全市统一的农村土地流转信息网，同时与天津农村产权交易所的交易平台进行无缝对接、实现了土地流转信息的实时共享。截至2015年年底，天津市已建成各级土地流转服务平台131家，形成了市、区县、乡镇三级一体的土地流转服务体系。平台充分发挥了在流转信息发布、价格咨询、合同签订等方面的服务功能，在引导农村土地向家庭农场流转中起到了积极的推动作用。

（三）探索破解家庭农场融资难的有效渠道

充分发挥天津农业投资担保公司的作用，为家庭农场抵押贷款进行担保。引导融资租赁公司与家庭农场对接，探索通过融资租赁形式购置农机，进一步减轻家庭农场资金压力。按照中央有关政策规定，积极推进宝坻区和武清区农村承包土地经营权抵押贷款试点，指导两区起草完成了试点方案，组织技术公司着手开发农村承包土地经营权确权抵押信息系统。

三　取得成效

（一）促进了农业适度规模经营的发展

天津市户均家庭承包地面积 4 亩左右，且地块细碎化严重，靠一家一户根本无法发展适度规模经营。通过培养家庭农场、引导农户向家庭农场流转土地，全市已有 42.4 万亩承包地流向了家庭农场，带动全市 9% 的承包地实现了规模经营，促进了农业的集约化、专业化、规模化、产业化发展，提高了农业经营效益。

（二）促进了劳动力转移和农民增收

家庭农场已成为吸纳农户承包地的重要载体，大量农民将土地流转给农场，从第一产业中解放出来，转入二、三产业就业，既可以得到土地流转租金，还取得打工收入，对农民增收起到了有力的推动作用。

（三）探索发展了多种经营形式的家庭农场

为促进家庭农场的多样化发展，从不同角度满足消费对农产品个性化的需求，天津积极支持家庭农场创新经营形式，在培育好种植型、养殖型家庭农场的基础上，又探索发展了谷物种植与水产、畜禽养殖相结合，饲料、肥料基本自给的生态型家庭农场以及集农业生产、观光旅游、农事体验一体的综合性家庭农场等多种经营形式的农场。

四　存在问题

（一）农业生产配套设施用地问题难以解决

家庭农场在生产经营过程中需要占用一定面积的农用地来建设机库、

仓库、晾晒场等附属设施。国土部规定对占用基本农田建设配套设施的，要按照占一补一的原则实施占补平衡。但是，在目前耕地非常紧张的情况下，家庭农场没有能力寻找另一块质量相当的耕地补偿已占用的基本农田。目前，国土部关于农业用地的相关政策在天津市一直无法有效落实。

（二）针对家庭农场的社会化服务依然薄弱

由于经营规模大、集约化程度高，而劳动力又以家庭成员为主，所以家庭农场对社会化服务的依赖程度要远高于普通农户，且家庭农场经营方式灵活、经营内容丰富，对社会化服务的需求也更加多样。但总体来看，天津市社会化服务组织数量较少，提供差异化、个性化服务的能力有限，服务内容主要集中在机械化作业、农技推广、农资供应等方面，而家庭农场迫切需求的经营管理、信息提供、市场前景分析、粮食收储烘干等方面的服务依然缺乏。

五 下一步工作措施

下一步天津市将加大改革创新力度，落实好各项政策措施，为家庭农场的发展提供更多更有力的支持。

（一）加强土地流转的引导和服务工作

一是继续扎实推进农村土地承包经营权登记工作，为农民“确实权、颁铁证”，让农民放心地把土地流转给家庭农场。**二是**改造和完善农村土地流转服务平台功能，将各级平台提升为全市交易市场的区县分市场和乡镇工作站，为家庭农场流转土地提供更加优质和全面的服务。

（二）提高社会化服务水平

进一步提高农技推广机构、动植物疫病防治和农产品质量安全监督机构等公益性服务组织的服务能力和覆盖面。引导服务型合作社在满足自身社员需求的前提下向家庭农场提供服务。支持农机合作社、农业产业化龙头企业等经营性服务组织扩展服务领域，丰富服务内容，为家庭农场提供更多的生产技术、经营管理、市场信息、农资购买、产品收储加工等方面的服务，满足家庭农场对社会化服务的多样化需求。

（三）加强理论研究

进一步推进农业适度规模经营课题研究。在综合考虑天津市农业资源禀赋、劳动力转移、收入水平等因素的情况下，研究不同类型家庭农场的适度经营规模，为将来支持农场发展、制定有关政策提供理论支持。

六　有关建议

目前，限制天津市家庭农场发展的一个重要因素是农业配套设施用地问题。希望农业部按照 2016 年中央 1 号文件提出的“允许将集中连片整治后新增加的部分耕地，按规定用于完善农田配套设施”的要求，联合有关部门尽快出台切实可行的政策措施，并加强对各省市国土部门落实中央政策的督查力度。

河北省家庭农场发展情况

2015 年以来，河北省把兼具家庭经营和规模经营双重优势的家庭农场作为新型农业经营主体的重点着重培育，坚持发展数量与提升质量并重，组织开展省、市、县示范家庭农场创建活动，带动了全省家庭农场健康发展。截至 2015 年 12 月底，河北省在工商部门登记注册的家庭农场达到 1.45 万个，较 2014 年增长 68.7%。

一 主要措施

按照《农业部关于促进家庭农场发展的指导意见》要求，河北省通过完善政策扶持、加强服务平台建设、开展示范创建活动、规范土地流转行为等措施，积极培育壮大家庭农场，促进了全省农业适度规模经营和现代农业发展。

（一）出台扶持政策促进发展

中共河北省委办公厅、河北省人民政府办公厅印发了《关于引导农村土地经营权有序流转发展农业适度规模经营的实施意见》（冀办发〔2015〕31 号），对引导农村土地经营权有序流转、加大对新型农业经营主体的扶持力度、建立健全新型农业社会化服务体系等方面提出了明确要求。省农业厅会同省财政厅、省国土资源厅、省工商行政管理局、省金融办等部门联合制定了《关于促进家庭农场发展的意见》，经省政府同意，印发至各市、县政府和省直有关部门，进一步加强指导服务，加大涉农资金项目、用地用电政策倾斜力度，强化金融财税政策支持，优化扶持家庭农场发展的大环境。

（二）设立省级专项资金扶持发展

从 2015 年起，在省级新型农业经营主体专项扶持资金中设立专项资金对家庭农场进行扶持。对已完成工商注册登记、流转合同完备、经营规模适度的粮食种植类省级示范家庭农场优先扶持。2015 年省级财政扶持资金 500 万元，共扶持了 50 个家庭农场。对享受项目支持的家庭农场，强化项目实施监督，制订项目实施计划书，明确建设项目内容和目标等，确保项目资金用到实处、用得规范、用出效果，以实现预定目标。随着家庭农场发展加快和财政收入增加，扶持资金将进一步扩大。

（三）创建示范家庭农场引导发展

省农业厅印发了《关于开展省级示范家庭农场创建活动的通知》（冀农管发〔2015〕12 号），2015 年共培育创建了 200 家省级示范家庭农场，统一制发了金属牌匾。各地共评选认定 639 家市级示范家庭农场和若干县级示范家庭农场。各级坚持高标准、严要求，认真组织抓示范、育典型，重点培育示范家庭农场，总结、完善、推广典型经验，做到指导到位、扶持到位、监测到位，全面掌握情况，以点带面，示范带动当地家庭农场发展水平逐步提高。

（四）规范土地流转确保发展

流转管理和服务迈向规范化、信息化，为有效引导农村土地向家庭农场流转，促进家庭农场规模发展奠定了坚实基础。全省基本形成了上下贯通的县、乡、村三级农村土地流转服务体系。省农业厅制定了《农村土地经营权流转证》（样本）、《农村土地经营权流转合同》（式样）、《农村土地经营权流转委托书》（式样），进一步规范流转文本。省级示范家庭农场按照省级规范流转文本进一步完善了土地流转合同，并全部录入省级流转管理与服务网络平台，实现流转面积、年限、流转价格、流转金的交付时间和方式等内容的动态监管。全省流转耕地中约 10% 流入家庭农场。

在工作中，我们还做到了三个注重：**一是注重合力推进**。农业厅内部整合适合家庭农场承担的项目资金，重点投向符合条件的家庭农场，助力其发展。积极争取省财政厅支持，家庭农场专项扶持资金规模 2016 年扩大到 1500 万元。与中国人民银行石家庄中心支行、省农行、省邮政储蓄银行等建立联系，重点解决家庭农场贷款难问题。与省工商局建立联系，定期通告家庭农场注册登记情况。**二是注重示范带动**。在首批示范家庭农场评选之前，我们选择了 50 家粮食为主、规模适度、经营良好的家庭农场予以重点扶持，他们中的一些已经成为当地适度规模经营的典范。2015 年首次启动示范家庭农场评选，通过逐级申报、专家评审、社会公示，评选出一批有代表性的包容各类的家庭农场，示范带动水平逐步提高。**三是注重融合发展**。指导家庭农场成立河北省家庭农场联合会，对内进行技术指导、商标注册、市场营销、社会服务等，对外抱团闯市场，形成拳头型标杆，引领发展。同时，加强与省委农工部、省产业化办的联系，指导家庭农场与合作社、农业龙头企业等的联合与合作，发展生产，延长产业链。

二　主要成效

全省家庭农场成效初显。

（一）促进了农业适度规模经营

全省在工商部门注册的家庭农场共经营耕地600多万亩，平均经营面积400—500亩，多数家庭农场经营土地成方连片，规模经营水平较高。

（二）提高了劳动生产率

以粮食作物为主的家庭农场普遍实行机械化作业，或从耕种到收获农机具基本齐全，或小型机械自给自足、大型农机靠租用，减少人工投入，有效降低了生产成本，提高劳动生产率。

（三）培育了职业农民

家庭农场经营者素质不断提高，成为当地的致富能人，带动和影响力较大。如赵县李素敏种植农场、平乡县弘神家庭农场，河北省首家注册的家庭农场沙河市惠民家庭农场，他们的经营者都长期从事农业生产，有丰富的种养技术，靠不断引进新品种、新技术，实现滚动式发展。

（四）促进了农民增收

家庭农场在生产、管理、流通、销售等各个环节较一般农户生产均降低了投入品成本，减少了人工，劳动生产率明显提高，农产品质量明显提升，逐步拥有了市场话语权，实现了规模效益。

三　存在问题

河北省家庭农场刚刚起步，数量和面积在各类经营主体中的占比还比较低，总体发展水平还不高。

（一）认识不到位影响发展

部分地方市县两级党委、政府和有关部门尚未认识到家庭农场在现代农业发展中的重要性，没有给予足够的重视，工作开展受到一定影响。有的地方没有出台相关文件或措施，有的地方没有建立本地家庭农场档案或是档案管理不规范。在家庭农场注册管理上存在部门间脱节，增加了农业部门建立家庭农场名录的工作量。

（二）土地资源要素制约发展

随着惠农政策的不断深入、社会化服务的不断延伸以及农民对土地的期望值越来越高，农民不想流转、不愿流转、不敢流转，造成家庭农场土地流入困难，难以达到适度规模要求或进一步发展受到限制。土地流转价格逐年上涨，给家庭农场经营带来很大的成本压力，特别是从事粮食种植生产的家庭农场亩均效益很低，而从事经济作物种植、设施园艺、特种种植养殖等其他高效农业承担的市场风险、自然灾害风险、技术风险又很大，影响家庭农场发展积极性。

（三）缺乏适合家庭农场的扶持项目

已有涉农项目资金，大多对规模有底线要求，少则上千亩，多则大几千亩，没有真正适合家庭农场适度经营规模的小而精的扶持项目。加之各级各部门涉农项目和支农资金向家庭农场倾斜力度不够，大多仍然处于条块扶持、各自为政的阶段，造成家庭农场大资金大项目够不到，小资金小项目摸不着的局面，影响了家庭农场的持续健康发展。

（四）金融保险政策不好落实

家庭农场是小型农业经营主体，原始资金积累不够，缺乏贷款抵押，融资困难，投入能力不足。金融、保险等部门虽然在努力创新相关扶持产品和品种，但与实际需求仍存在不小的差距。

（五）农场主经营素质还需进一步提高

大部分农场主多年从事农业生产，实践经验丰富，但毕竟受教育、理念等因素影响，难以有效承担现代农业发展重任，需进一步提高其经营管理素质。

四　下一步工作

2016 年，河北省将深入贯彻落实《农业部关于促进家庭农场发展的指导意见》《关于促进家庭农场发展的意见》（冀农管发〔2015〕25 号），着力提升家庭农场规范化水平和综合竞争力。

（一）深入开展示范家庭农场创建活动

自下而上，层层把关，认真做好示范家庭农场创建工作。建立健全各级示范家庭农场名录，整合涉农项目资金扶持家庭农场发展。2016 年省级示范家庭农场达到 400 家。

（二）打造百强家庭农场

重点培育 100 家省级示范家庭农场，省级财政专项扶持资金重点投放，涉农项目资金重点倾斜，达到经营规模化、生产标准化、销售品牌化、综合效益最大化，增强示范带动能力。与中国人民银行石家庄中心支行共同推进金融服务家庭农场工作。

（三）推动家庭农场与市场对接

举办京冀家庭农场云平台对接会，利用京冀农村经管信息化交流对接契机，组织家庭农场与市场对接，通过农产品展示、电子商务、金融服务等多种形式，重点解决家庭农场市场信息获取不及时、产品展示不全面、销售渠道不畅通、发展资金不足等问题。

（四）引导家庭农场和其他新型农业经营主体融合发展

鼓励和引导家庭农场与家庭农场、家庭农场与农民合作社、家庭农场与产业化龙头企业联合与合作，发展生产，延伸产业链条。充分发挥河北省家庭农场联合会功能，改变家庭农场单打独斗的局面，打造联合发展团队，提升市场地位，举办对接、展示等活动，拓宽家庭农场营销渠道。

（五）强化社会化服务支撑

充分发挥合作社、龙头企业、专业服务公司、农村集体经济组织、专业化服务队伍在农业社会化服务中的重要作用，引导服务组织与家庭农场等新型主体形成稳定的利益关系。以发展农机服务和统防统治为突破口，依托农机大户、专业队伍、服务组织等新兴农业生产服务主体，扩大农业生产机耕、机播、机收覆盖面，推进绿色防控、综合治理，有效减轻生产劳动强度，提升病虫害防治组织化程度和科学化水平。

五 政策建议

（一）适时立法

建议农业部推动家庭农场立法，从法律层面加强对家庭农场的保护和扶持。

（二）适时调整农业补贴政策

增设财政对示范家庭农场的专项扶持资金，加大对农业基础设施建设的投入。调动各级各部门推动家庭农场发展的积极性，进一步整合涉农项目资金，集中支持符合条件的家庭农场发展。加快建立健全财政担保体系，推动银行、信用社等金融部门向家庭农场等提供贷款。

山西省家庭农场发展情况

从2013年以来，山西省在培育专业大户、农民合作社、龙头企业的同时，积极引导加快家庭农场的培育和发展，取得积极成效，截至目前全省共认定家庭农场9509家，其中，种植业5879家，养殖业3327家，种养结合283家。

一　工作措施及成效

一是出台了政策指导意见。山西省于2013年11月出台了《山西省农业厅关于认定家庭农场的暂行意见》（晋农经发〔2013〕8号），对家庭农场的认定标准、认定程序和管理办法进行了规定。2014年4月，在此基础上出台了《山西省农业厅关于促进家庭农场发展的指导意见》（晋农经发〔2014〕2号），这两个文件成为指导山西省家庭农场发展的政策依据。

二是建立了全省家庭农场信息化管理系统。依据《山西省农业厅关于认定家庭农场的暂行意见》，山西省在全国首家研发了“山西省家庭农场信息管理系统”，实现了山西省省、市、县三级主管部门在线进行家庭农场信息的录入、审核、认定、查询、信息名录统计、汇总、分析筛选等监管功能。实现了省、市、县三级家庭农场动态管理。目前全省已认定的9509个家庭农场信息已全部录入系统。信息系统里的家庭农场实行一场一档，一场一证的管理方式。

三是设计了家庭农场记账台账。目前家庭农场发展处于刚起步阶段，自身管理特别是财务管理方面相当薄弱，影响家庭农场主较好地把握家庭农场经营能力和经营规模。为帮助家庭农场主全面掌握家庭农场收支收益情况，提高经营管理水平，2015年年底山西省在全国首家制定下发了《山西省家庭农场记账台账》，从2016年1月1日起试行。到2017年山西省将逐渐普及记账台账，让农民养成记账习惯。2016 年 5 月山西省举办了家庭农场记账台账培训班，培训班上对家庭农场记账台账记账原则、台账指标、记账方法进行详细讲解，同时指导参训人员对一个粮食型家庭农场、一个养殖型家庭农场（养鸡）的生产经营全过程进行了模拟记账。目前山西省临汾市与吕梁市已在全市全面展开了家庭农场记账。

四是开展了示范农场创建活动。2014 年山西省制定了省级示范家庭农场认定标准，为全省家庭农场规范性发展明确了方向。在县级选取推荐、市级审核推荐、省级抽查评定、省农业厅网站公示的基础上连续两年评选出 40 个省级示范家庭农场，并授牌表彰。

五是开展家庭农场主职业培训。2014 年起山西省结合新型职业农民培训工程，把家庭农场主列为主要培训对象，每年培训 10 万职业农民，培养一支有文化、懂技术、会经营的新型职业家庭农场主队伍。

六是大力宣传家庭农场政策和典型。2014 年《农民日报》以“信息化管理，精细化服务，山西率先设立‘家庭农场信息库’”为题进行报道，此后《山西日报》《山西经济日报》每年在头版或整版宣传报道山西家庭农场发展情况。如 2015 年 9 月在《山西经济日报》第三版整版以《山西家庭农场长势喜人》对省级示范家庭农场进行专题报道，同时编发短评《扶上马还需送一程》，对省级示范家庭农场建设典型经验做了全面介绍。2016 年年初定襄县雨润种植家庭农场在全省农村工作会上作典型发言，为全省新型经营主体建设树立典范。

山西省家庭农场的培育和发展，为农村土地适度规模经营，提高全省农民生产种养积极性，应用推广新品种、新技术，提高农民收入起到了积极作用。据统计截至 2015 年年底，全省家庭农场经营耕地面积 115 万亩，种植型农场场均经营面积超过 186 亩，是全省农户户均承包耕地的 20 倍以上；家庭农场年纯收入 20 万元以上，即便是效益较低的粮食型家庭农场，年均纯收入也在 10 万元以上，按一个家庭农场 4 个成员计，人均年收入在 2.5 万元以上，与 2015 年城镇居民人均可支配收入 25828 元相当，远高于全省农村居民人均可支配收入。

二　存在问题和困难

一是对家庭农场补贴扶持政策尚未落实到位。涉农财政补贴向家庭农场倾斜，涉农项目由家庭农场、合作社、龙头企业等新型经营主体承担。截至2015年年底，全省省、市、县三级基本没有对家庭农场的扶持与补贴政策。有的市县想对家庭农场进行扶持，但由于财政体系，要求家庭农场必须到工商部门登记为个体工商户甚至合作社等法人主体才能给予扶持。建议从国家层面对国家级示范农场给予奖补，对奖补程序、范围予以明确，以利于各级部门照章执行。一些农业项目也因家庭农场不是法人主体不便于承担。

二是对家庭农场概念急需明确。国家层面仅从宏观上给了界定，具体由各地明确，但实际操作中会产生大户、农业企业均认为自己是家庭农场，甚至有的合作社理事长也认为自己合作社从本质上讲也是家庭农场的局面。家庭农场这个概念从领导到农民不如大户概念深入人心，也缺乏历史传承。国家对家庭农场在工商登记上采取自愿原则，但实际工作中却面临必须登记局面，如涉及补贴问题时，等等。希望全国统一明确是否需要工商登记。

三是家庭农场基础设施建设有待提高。山西省不少家庭农场土地属于土壤相对贫瘠、水利设施较差的耕地，沟渠治理及机井等农田水利设施历史欠账较多；更多的家庭农场土地是自行对“四荒”地进行整治转变来的，要真正改造成良田，对农场主是笔巨大的投资，建议国家对家庭农场农田建设、土地整治及农场内农田水利设施建设给予奖补。

内蒙古自治区家庭农（牧）场发展情况

应农业部《关于报送家庭农场发展情况和典型案例的通知》[农（经综）函〔2016〕54号]的要求，现将内蒙古自治区家庭农牧场发展情况汇报如下：

一　家庭农牧场总体发展情况

截至2015年年底，内蒙古自治区共有家庭农牧场7713个，从事种植业的家庭农牧场5665个，占家庭农牧场总数的73.4%，其中，从事粮食产业的家庭农牧场5451个，占从事种植业家庭农牧场的96.2%；以养殖业为主的家庭农牧场1232个，占家庭农牧场总数的15.9%，其中，养殖肉羊的家庭农牧场998个，占以养殖业为主的家庭农牧场的81.0%。家庭农牧场的家庭成员劳动力19487个，场均3个；常年雇工劳动力5849个，场均1个。

二　采取的主要措施和做法

（一）开展家庭农牧场认定工作

为积极培育和发展家庭农牧场这一新型农牧业经营主体，提高农牧业规模化、集约化、商品化生产经营水平，规范家庭农牧场管理，内蒙古自治区印发了《内蒙古自治区家庭农牧场认定工作意见》，界定了家庭农牧场的认定标准和认定程序，明确了支持家庭农牧场认定的主要措施，确定从登记条件、准入门槛、经营范围、经营方式、品牌发展等方面给予扶持。研究设计了全区统一的《内蒙古自治区家庭农牧场认定证书》式样，组织各盟市、旗县开展家庭农牧场的认定工作。截至2015年年底，已认定的家庭农牧场为851个。

(二) 制定政策鼓励家庭农牧场发展

为贯彻落实中办、国办《关于引导农村土地经营权有序流转发展农业适度规模经营的意见》(中办发〔2014〕61号)文件精神,内蒙古自治区党委办公厅、自治区人民政府办公厅印发了《关于引导农村牧区土地草原经营权有序流转发展农牧业适度规模经营的实施意见》(内党办发〔2015〕41号),明确在土地草原经营权有序流转的基础上,要加快培育家庭农牧场作为新型农牧业经营主体。要求各地要重点引导和鼓励具有生产规模、资金实力和专业特长的农村牧区专业大户,发展成为家庭农牧场;鼓励和扶持家庭农牧场发展粮食规模化生产和畜禽规模化养殖;加强对家庭农牧场的管理指导、培训教育;加大技术、资金等支持力度,各地整合涉农资金,建设连片高标准农田,使资金优先流向家庭农牧场、专业大户等。

(三) 建立家庭农牧场名录

根据《农业部办公厅关于进一步做好家庭农场认定和名录建设工作的通知》(农办经〔2016〕6号)要求,对截至2015年年底已在农业部门认定的家庭农牧场信息进行了采集,为进一步提升管理和服务水平做好基础性工作。

(四) 加强对农牧场从业人员的培训

结合国家和自治区新型职业农民培育工程项目,开展青年农场主职业培训,制定了《内蒙古自治区现代青年农场主计划实施方案》,对呼伦贝尔市、兴安盟等7个盟市15个旗县的410名青年农场主开展培训。围绕家庭农牧场的建设需要,开展公共基础课、专业基础课、专业方向课等,重点学习现代农牧业知识、农牧业安全生产知识、法律知识、农业信息化知识等。将青年农场主初步培养成为有文化、懂技术、会经营、善管理的新型职业农民,为家庭农牧场的发展提供人才保障。

(五) 开展生态家庭牧场创建工作

为推进草原畜牧业规模化发展,结合内蒙古自治区实际,制定了《生态家庭牧场建设标准》,开展生态家庭牧场创建。对生态家庭牧场的生产规模、基础设施建设、疫病防治、饲养管理等方面制定标准,鼓励和支持牧民发展规模自建型、联产型、合作型的生态家庭牧场。目前,全区不同组织形式的生态家庭牧场有3.5万个。

三　取得的主要成效

（一）促进农牧业适度规模经营

家庭农牧场保留了家庭经营的内核，符合农牧业生产特点，契合经济社会发展阶段，是农牧户家庭承包经营的升级版，是引领适度规模经营的有生力量，可以在一定程度上促进土地流转，改变目前农业兼业化的现状。2015 年，内蒙古自治区家庭农牧场经营耕地面积 279.8 万亩，场均经营耕地面积 431.7 亩。

（二）促进对农牧业的科技投入和生产性投入

家庭农牧场的生产经营具有以市场为导向的企业化特征，要在激烈的市场竞争中生存和发展，每个家庭农牧场都会加大科技投入和生产性投入，提高集约化经营水平和劳动生产率。2015 年，内蒙古自治区家庭农牧场购买农业生产投入品总值达 7.6 亿元，比 2014 年增长了 13.4%。

（三）促进农牧业生产效益的提高

家庭农牧场的发展是由传统家庭小规模分散经营向适度规模经营的转变，对于提高农牧业生产效益意义重大。2015 年，内蒙古自治区家庭农牧场年销售农产品总值 13.7 亿元，其中年销售农产品总值 10 万—50 万元的家庭农牧场 3203 个，50 万—100 万元的家庭农牧场 349 个，100 万元以上的家庭农牧场 151 个。

（四）促进对新型职业农牧民的培育

作为新型经营主体，家庭农牧场比一般农牧户更迫切需要农牧业新技术、新品种、新设施，而家庭农牧场主既要懂得生产，又要懂得经营管理和市场营销，有接受培训的迫切需求。这些需求会促使农牧业主管部门对农场主进行更多的培训，使农场主逐步成为新型职业农牧民的主力军。

四　存在的问题和困难

（一）政策扶持力度不足

目前，自治区层面还没有出台针对家庭牧场的具体扶持措施，已注册登记的家庭牧场无法享受到与农牧民专业合作社同等的税收优惠、贴息贷款等政策扶持，使其在市场竞争中处于被动地位，无法扩大市场份额，影响其快速稳定发展。

(二) 家庭农牧场经营人员的专业素质不高

家庭农牧场经营人员受其教育程度的限制，专业技能匮乏，尤其对财务管理方面知识知之甚少，大部分家庭农牧场没有一套系统清晰的财务制度，在财务上往往是随意而为。尽管大部分农牧民多年从事农牧业生产，实践经验丰富，但受学历、经营理念等因素影响，难以有效承担现代农牧业发展重任，有组织经营能力的经营者还比较缺乏，需要提高家庭农牧场管理者的经营管理水平。

五　下一步工作措施

(一) 进一步开展宣传培训工作

加大对国家发展家庭农牧场的有关政策的宣传力度，营造家庭农牧场发展的良好氛围。加大对家庭农牧场主的培训力度，组织多种形式的农牧业技术、经营管理、市场营销等方面的培训，提升农场主的生产技能、法律意识、市场观念等，以提高家庭农牧场主的经营管理水平。

(二) 继续稳步开展家庭农牧场认定工作

开展家庭农牧场认定，其实质是要使家庭农牧场逐步成为具有资格的市场主体，也是对其进行登记、管理、培育和扶持的基础。认定工作有利于促进家庭农牧场健康发展，使之成为农牧业适度规模经营的有生力量。

(三) 开展示范家庭农牧场培育工作

通过开展示范家庭农牧场创建活动，建立和发布示范家庭农牧场名录。打造产品质量优、发展规划好、经济效益高、带动能力强的示范家庭农牧场，通过树立典型，示范、引导、带动一批家庭农牧场快速规范发展。

(四) 制定完善扶持政策和制度

落实中央关于各类补贴向家庭农牧场倾斜的政策，加强与财政、税收、金融、保险等部门的沟通合作，制定完善各类扶持和优惠政策，加强家庭农牧场土地草原确权登记颁证工作，帮助家庭农牧场解决生产经营中的各类困难。

辽宁省家庭农场发展情况

按照农业部《关于报送家庭农场发展情况和典型案例的通知》[农(经综)函〔2016〕54号]要求，现将辽宁省2015年度家庭农场发展情况报告如下。

一 总体情况

(一) 家庭农场平稳发展

据统计，全省经农业部门认定的家庭农场达到4216个，其中种植业3512个，畜牧业135个，种养结合388个，其他产业181个。家庭农场经营耕地面积98.8万亩，平均每个家庭农场经营面积达234.3亩。

(二) 家庭农场经营模式

辽宁省家庭农场经营模式分为三类：**一是农场+社会化服务**。为减轻劳动强度、提高效率，大部分种植业家庭农场都通过补贴的方式购置农机具，在农忙时，不仅耕种农场土地，还向周边农户提供农机服务，获得相应补偿。总体看，家庭农场提供服务时间、规模都不大，但发挥了距离优势，不仅增加了农场收入，也给其他农户带来了便利。该模式在辽宁省大部分地区存在。**二是家庭农场一、二、三产业融合发展模式**。丹东振安区地处城市近郊，为在有限的耕地资源上发挥更大效用，振兴区汤池镇河深沟村豆豆家庭农场自成立之日起就确定了"近郊旅游观光型农业"的发展方向，依托自然、资源优势和科学经营管理，发展成为种植养殖综合性家庭农场。形成农业生态观光区1405亩，含4个水域面积为20亩的垂钓园，并具有可容纳1000人就餐的餐厅及园区停车场。农场从事农业观光旅游、水果种植与收购、苗木生产与销售、粮食生产、农耕体验等多种经营，年经济效益500万元。该模式在辽东地区比较普遍，发展较快。**三是种养结**

合的循环、绿色、可持续经营模式。饲养业在玉米黄金生产带周边具有产业优势，种养结合家庭农场应运而生。在发展中，家庭农场十分注重有机种植、秸秆利用饲料化、粪便无公害处理还田，实现了农业循环、绿色和可持续发展，经济效益、生态效益达到最大化。如灯塔隆森园养殖农场，经营土地 170 亩，养羊场地 50 亩，存栏 600 头，年效益 30 万元。

（三）工作措施及成效

一是规范土地流转行为。在农业部门登记备案中，对流转合同重点审核；鼓励家庭农场与农户签订省农委统一的流转合同文本；明确要求流转期限为 5 年以上，确保流转关系稳定、家庭农场经营稳定。据统计，家庭农场流转合同签订率达到 100%。**二是落实支持家庭农场发展的各项政策**。省政府 2014 年出台《关于推进农村土地承包经营权流转促进土地集约化经营的实施意见》（辽政发〔2014〕10 号），明确了家庭农场扶持政策。省农委积极落实，组织开展了省级示范家庭农场的评选工作，评选出 202 个，落实专项资金 1100 万元；组织开展省级示范家庭农场主培训，共 240 余人参加了培训。2015 年年底，全省省级示范家庭农场总量发展到 402 个，省、市、县财政奖励资金 2751 万元。**三是指导家庭农场发展**。辽宁省家庭农场处于起步阶段，发展中的各类问题普遍存在。省农委针对家庭农场在场地、金融、保险、土地流转、社会化服务等方面开展调研，指导市、县农经部门，帮助家庭农场开展经营核算、农产品质量安全、抵押贷款等经营活动，增强家庭农场经营能力。

二　存在的问题和困难

（一）缺乏针对家庭农场发展的宏观政策

作为引领适度规模经营、发展现代农业的有生力量，在国家层面缺乏支持家庭农场发展的政策。虽然辽宁省和部分市政府制定了相关政策，但往往缺乏国家层面的支持，地方政策一般都是暂时的、短期的，缺乏长期、稳定、连续的政策支持，不利于家庭农场坚持发展、增加投入的信心和决心。

（二）缺少法律支持

作为新型农业经营主体，家庭农场在粮食生产、耕地保护等方面的作用越来越明显，但由于法律地位不明确，特别是在工商部门将家庭农场定位为个体工商户、股份公司等时，仅仅在名称上加以区分，与市场主体地位仍不适应。通过法律的形式，一方面正确定位家庭农场，另一方面将支持政策通过法律的形式固定下来，能给家庭农场主一颗“定心丸”。

（三）缺乏资金扶持

大部分家庭农场主都是农村的“能人”，懂技术、会管理，在生产经营方面有独到见解，但因资金等瓶颈，往往难以扩大规模。虽然中央财政每年都安排支持新型农业经营主体的资金，到地方分配时，往往以农民合作社为主，仅有少量资金用于支持家庭农场发展。在社会化服务、农技推广、农业机械补贴等方面，对农民合作社扶持服务也都高于家庭农场的服务。

（四）家庭农场经营潜力不足

通过统计看，省级示范家庭农场主年龄最大的 76 岁，普遍年龄为 45—55 岁。常年雇工年龄普遍偏大。家庭农场在经营理念、经营方式、市场营销等方面主要靠经验、习惯，观念更新慢，需要一段时间接受新品种、新农艺技术，在一定程度上影响了家庭农场发展。特别是 2015 年辽宁省遭遇大旱，家庭农场主对此应对不及时，加之玉米价格下降，影响了家庭农场收入。但有的家庭农场及时调整经营方向，避免了损失，这与经营者的能力、潜力有极大关系。

三　工作措施及建议

（一）加强宣传培训

明确发展家庭农场，是各级政府引导土地经营权有序流转、发展适度规模经营的重要措施，落实县级农业部门和乡镇政府的责任，加强宣传和业务培训，引导和支持有志发展家庭农场的农户、返乡创业人员、大学毕业生等创办家庭农场。

（二）加强对家庭农场指导工作

根据家庭农场发展中的问题，结合国家和省市有关家庭农场方面的要求，研究制定相关政策，强化业务指导。委托有关软件公司，研发家庭农场信息应用平台软件，实现对全省家庭农场的动态统计分析，为决策提供建议和服务。

（三）建议

一是国家研究制定《家庭农场法》。将有关支持家庭农场的政策以法律条文的形式固定下来，明确家庭农场的市场主体地位。但需要明确家庭农场在农业部门备案需前置。**二是**建议国家有关部门在支持新型农业经营主体发展时，明确支持家庭农场发展的资金比例，便于地方安排工作，提高对家庭农场的服务水平。**三是**开展全国示范家庭农场评选工作。可以按照行业、经营规模等标准，评选全国示范家庭农场，鼓励家庭农场经营者安心经营，促进家庭农场稳定发展。

吉林省家庭农场发展情况

按照农业部《关于报送家庭农场发展情况和典型案例的通知》的要求，现将吉林省家庭农场发展有关情况报告如下。

一　家庭农场发展总体现状

2015 年年底，吉林省家庭农场总数达到 13227 个，被县级以上农业部门认定为示范家庭农场的有 1191 个。家庭农场经营土地总面积 372.5 万亩，耕地面积 360.2 万亩（家庭承包经营 122 万亩、流转经营面积 192.7 万亩），占 96.7%。草地、水面和其他面积共 12 万亩。家庭农场劳动力 6.8 万人，其中，家庭成员劳动力 5.2 万人，常年雇工劳动力 1.6 万人。家庭农场按行业分布。从事种植业的 12050 个，从事畜牧业的 594 个，种养结合的 396 个，其他 213 个。家庭农场经营耕地面积 340 万亩，从事粮食产业的 11291 个，其中：经营 50—200 亩的 6297 个，201—500 亩 3396 个，501—1000 亩 1156 个，1001 亩以上 442 个。经营规模主要以 50—500 亩为主，占从事粮食产业家庭农场的 85.84%。家庭农场 2015 年销售农产品总值 25.4 亿元，10 万元以下的 3894 个，占总数的 29.4%；10 万—100 万元以上的 8914 个，占总数的 67.4%。家庭农场购买农业生产投入品总值 11.3 亿元。家庭农场中拥有农产品商标权的 364 个，通过农产品质量认证的 86 个。家庭农场获得贷款资金总额 2.8 亿元。

二　工作措施及成效

2014 年农业部《关于促进家庭农场发展的指导意见》出台后，吉林省通过出台政策，健全机制，加大扶持，开展培训等工作，积极引导家庭农场发展适度规模经营，促进了家庭农场健康发展。

（一）出台政策，建立家庭农场管理服务制度

吉林省农委和省工商行政管理局联合印发了《吉林省家庭农场登记管理暂行办法》，对纳入家庭农场登记管理范围、家庭农场登记申请人资格、家庭农场登记条件、登记机关、登记程序、示范家庭农场备案管理等方面都进行了明确。登记注册类型主要包括：个体工商户、个人独资企业、合伙企业、有限责任公司四种，明确了家庭农场市场主体地位。延边州出台《延边朝鲜族自治州促进专业农场发展条例》，分别对专业农场的界定、设立申报、土地流转、扶持发展、进城定居、法律责任等做出明确规定。白城市制定出台了《白城市人民政府办公室印发关于发展家庭农场指导意见的通知》和《白城市家庭农场规范化管理制度（试行）》，对家庭农场发展原则、发展目标、准入条件、管理制度、组织领导等问题提出了指导意见。此外，长春市、吉林市、通化市、松原市等地也制定出台了家庭农场登记、认定、示范相关政策。据统计，吉林省各地出台促进家庭农场专门文件 11 个，出台示范家庭农场创建专门文件 7 个，出台家庭农场工商注册登记文件 7 个。

（二）健全体系，引导承包土地向家庭农场流转

吉林省各地依托农经机构，结合农村土地承包仲裁场所和集体“三资”服务中心建立了县乡两级土地流转管理服务中心，村级成立了土地流转管理服务工作站，县、乡、村三级农村土地流转服务体系已经初步形成。目前，全省成立 881 个土地流转服务中心，从事土地流转服务的专兼职工作人员 6554 人，设置土地流转服务大厅 874 个，开展了农村土地流转登记备案、信息收集发布、合同签订指导、法律政策咨询、价格指导评估、纠纷调处等服务。

（三）加大扶持，支持家庭农场全面发展

2014 年开始，吉林省从省级现代农业发展引导资金中，单独设立了家庭农场发展项目，对 40 个示范家庭农场予以补贴，补贴资金 200 万元，2015 年对家庭农场抵押贷款予以贴息，贴息 500 万元。吉林省延边州对家庭农场扶持力度较大，对经营水田、蔬菜、经济作物 30 公顷以上，旱田 50 公顷以上的家庭农场的扶持政策主要有四项。**一是贷款贴息政策**。州、县财政对家庭农场贷款各贴息 30%，2011—2015 年，州、县财政共贴息 2000 余万元。**二是享受国家惠农政策**。在工商部门注册登记的家庭农场，

可享受各项国家农业财政补贴政策（含钢骨架储粮仓补贴），不受身份和户籍的限制。**三是农机购置补贴政策**。在原一次性1台/套农机具购置补贴标准基础上，家庭农场可以一次性享受5台/套农机具购置补贴。**四是提高政策性保险保额**。在原农作物政策性保险基础上，家庭农场每公顷水田提高保额3000元，旱田提高保额2000元，对所增保费部分，州、县两级财政各补贴三分之一，2011—2015年，州、县财政对家庭农场增加保额补贴资金1900万元。

（四）开展培训，强化家庭农场人才支撑

为加快构建新型农业经营体系，着力解决“谁来种地”“如何种好地”的问题，大力培育新型职业农民，国家从2014年起实施新型职业农民培育工程，吉林省高度重视新型职业农民培育工作，在资金和政策方面给予大力支持，全省新型职业农民培育工程中央财政补助资金为5100万元，省财政补助800万元。市（州）、县（市、区）54个单位实施该项目。全省认定省级实训基地20个，认定市县培训基地172个，主要是市县农广校（农民职业教育培训中心）和农业技术推广机构等公益性单位。示范县由2014年的15个增加到29个，2015年累计培育25470人，其中生产经营型人才12765人（含青年农场主398名），专业技能型和社会服务型人才12705人，目前全部完成理论培训任务，实训任务部分正在进行中。

三　存在问题和困难

资金短缺仍然是制约家庭农场发展的主要问题。由于家庭农场刚刚起步发展，承租土地投入较大，一些家庭农场因资金短缺，无力购买大型农机，使家庭农场的发展受到限制。其次，家庭农场基础设施条件比较差。主要是缺少粮食晾晒、烘干、仓储等设施，不少家庭农场所生产的粮食损失较大。再次，由于农户土地零星细碎，部分农民还存在即使不把耕作土地当主业也不愿放弃土地而应付经营的思想，使土地流转不够畅通，在一定程度上限制了家庭农场的发展。

四　下一步工作打算

一是继续坚持改革创新，在稳定农村基本经营制度的基础上，鼓励和

支持农村土地向家庭农场、种植大户和农业企业等规模经营主体流转，不断提高土地规模经营比例。**二是**坚持“以农民为主体，为农民服务”的基本方向，对家庭农场等新型经营主体加强指导，强化服务，解决好家庭农场贷款融资难、融资贵等问题，着力构建集约化、专业化、组织化、社会化相结合的新型农业经营体系。**三是**进一步研究扶持政策，不断提升家庭农场等新型农业经营主体的经营管理水平，引导新型经营主体努力走出一条经营规模适度、生产技术先进、市场竞争力强、生态环境可持续的新型农业现代化道路。

黑龙江省家庭农场发展情况

《农业部关于促进家庭农场发展的指导意见》实施后，黑龙江省高度重视，认真组织实施，推进各项政策措施落实。2015 年黑龙江省认定的家庭农场达到1.86 万个，经营土地面积599 万亩，场均经营土地322 亩，其中种植业家庭农场1.58 万家，占家庭农场总数的85%，畜牧业家庭农场0.23 万家，占家庭农场总数的12%，种养结合家庭农场175 家，渔业家庭农场139 家。

一　主要做法

全省在推进家庭农场发展中，重点抓了以下四项工作。

（一）明确主体标准

根据《农业部关于促进家庭农场发展的指导意见》，黑龙江省对家庭农场的定义和条件提出了指导性标准。家庭农场是指以农户家庭成员为主要劳动力，从事农业规模化、集约化、商品化生产经营，并以农业收入为家庭主要收入来源的农业经营主体。分为种植业、养殖业和种养综合型三个主要类型。家庭农场必须具备六个条件：一是家庭农场经营者必须具有农村户籍或村集体经济组织成员身份；二是家庭农场应以家庭成员为主要劳动力；三是家庭农场的收入以农业收入为主；四是家庭农场经营的土地应为集体所有和国家所有依法由农民集体使用的土地；五是经营规模达到一定标准并相对稳定，种植业家庭农场，租期或承包期在5 年以上，并相对集中连片，具有规范的土地流转合同，从事粮食或经济作物生产种植面积应在200 亩以上，从事设施农业的，种植面积应在10 亩以上；六是家庭农场机械化水平和标准化程度较高，从事畜禽养殖的家庭农场和种养综合型家庭农场须取得《动物防疫条件合格证》。

（二）制定扶持政策

2014年，省委、省政府办公厅下发了《关于鼓励和扶持新型农业经营主体发展意见》（黑办发〔2014〕23号），文件中提出："创新农业补贴方式，各类农业补贴增量部分重点投向农民合作社和家庭农场（大户）。落实用地优惠政策，对新型农业经营主体兴建的水稻智能化育秧车间、规模化畜禽养殖场、晾晒场、烘干设施和农机具停放场等用地，可视为设施农业用地办理用地手续。实施项目资金倾斜，重点对符合条件的新型经营主体建设粮食仓储、购置烘干设施、改善农机装备等给予优先扶持。"各地按照省里意见要求，制定出台了相应的扶持政策。

（三）强化规范管理

哈尔滨市出台了《哈尔滨市家庭农场认定标准（试行）》，开展了家庭农场示范场创建活动，培育树立市级家庭农场示范场50个、规范场100个和标准场500个，通过家庭农场示范场的示范带动效应，规范化程度和经营效益得到明显提升。大庆市制定下发了《大庆市培育发展家庭农场实施方案》，对家庭农场的认定标准、认定程序、后期规范管理等方面都做了明确规定。绥化市出台了《关于大力扶持培育家庭农场发展实施意见》，动员农业、金融、财政、国土等部门通力协作，全力配合，重点支持示范家庭农场发展。2015年被县级以上农业部门认定为示范家庭农场的有162家。

（四）加大支持力度

各地高度重视家庭农场培育工作，从金融和保险及补贴各个方面去扶持家庭农场发展。2015年，全省获得贷款支持的家庭农场达900多家，获得贷款金额8000多万元。哈尔滨市自2014年以来，通过市级农业担保平台为家庭农场提供担保，累计发放贷款1800余万元，为家庭农场补贴利息300余万元。并开展了农业保险投保入股合作试点，承保对象为包括家庭农场在内的种植大户、农民合作社和农业企业等新型农业经营主体，建立"有灾理赔、无灾有奖、利润分红"新机制，构建农户保费入"股"参与保险经营新模式，进一步降低了家庭农场的种植风险。在农业保险方面，全市各级财政预算安排政策性保险补贴资金211.5万元，为家庭农场的94万亩土地上了保险。绥化兰西县协调农业银行、邮储银行、哈尔滨银行、农村信用社等多家金融部门通过土地经营权抵押贷款方式，为全县12个家庭农场办理贷款1000多万元，有效解决了备春耕资金不足问题。

二　主要问题

目前部分地区家庭农场的发展情况，主要存在以下几方面问题。

一是生产融资难。黑龙江省的家庭农场经营规模都在200亩以上。以旱田种植玉米计算，经营规模300亩左右，需要20万元以上的投资。由于大多数农户自身资金积累不足，需要资金借贷，但传统的小额信贷额度过小，难以满足家庭农场实际的需求。而由于家庭农场普遍缺乏有效抵押物，难以满足金融机构的贷款条件，因此融资难仍然是制约家庭农场发展的重要因素。

二是连片规模经营难。目前，由于农户长期流转土地的意愿不强，家庭农场流转土地期限普遍较短，难以获得长期稳定的土地经营权，影响了规模经营的发展。特别是农村土地细碎化问题较为严重，家庭农场很难获得规模连片的土地。

三是经营者素质偏低。目前从事农业生产的劳动力大多受教育程度不高，年龄偏大，对先进农业生产技术和品种了解较少，缺乏现代的经营管理理念。

四是社会化服务水平低。家庭农场在产前、产中、产后各环节都迫切需要社会化服务，但目前农业社会化服务体系不健全，严重制约了家庭农场的快速发展。

三　下一步工作安排和有关建议

今后一个时期，全省在推进家庭农场发展方面，要重点做好三方面工作。

一是组织开展好家庭农场认定工作。按照《黑龙江省农委家庭农场认定管理办法》的标准和程序，组织开展家庭农场认定工作，将更多符合条件的大户审定为家庭农场，不断壮大家庭农场群体规模。

二是开展家庭农场规范化建设。出台《全省示范家庭农场创建方案》，按照建设标准高、规模效应好、示范带动强的标准认定一批省级示范家庭农场。同时，建立省、市、县三级示范家庭农场体系，带动全省家庭农场规范发展。

三是加强对家庭农场的精准支持。按照全省《关于鼓励和扶持新型农业经营主体发展意见》，推动用地、农机、仓储等各类政策向符合条件的家庭农场倾斜。特别是促进农业政策性担保贷款、保险等政策向家庭农场覆盖。引导各类农业社会化服务组织，重点对家庭农场开展服务，促进家庭农场健康发展。

同时建议：**一是**出台家庭农场条例。家庭农场作为新型经营体，要尽快确立其市场经营地位，建议由国家层面出台家庭农场管理条例，依法促进家庭农场规范发展。**二是**完善相关支持政策。建议农业部门与财政等部门联合出台支持家庭农场发展的意见，使新增补贴向家庭农场倾斜等政策具有可操作性。

上海市家庭农场发展情况

随着工业化、城镇化快速发展，农村大量劳动力向二、三产业转移，农业从业人员老龄化、兼业化现象日益凸现。面对“谁来种田、怎样种田”的问题，上海市松江区从2007年开始，结合当地实际探索粮食生产家庭农场，以农户家庭为经营主体，依靠家庭劳动力，实现生产规模化、专业化和集约化，大幅提高了农业生产水平，增加了农民的经营性收入。松江区发展粮食家庭农场的经验与做法，得到了中央领导和农业部、上海市委市政府的肯定。2013年以来，家庭农场发展经验在全市范围推广，上海市家庭农场实现快速发展，家庭农场日益成为新型农业经营体系的重要组成部分。2015年，上海家庭农场发展情况得到国务院副总理汪洋的肯定批示：上海市发展家庭农场的做法规范、系统，许多经验有推广的价值。

一　基本情况

截至2015年年底，上海市发展家庭农场3829户，土地经营面积49.59万亩。其中，发展粮食家庭农场3555户，比2013年年底增加了87.8%，水稻种植面积达到45.94万亩，比2013年年底增加了101.7%，粮食家庭农场的平均经营面积为129.23亩。从类型来看，家庭农场分为7种类型，具体数量为：粮食种植型家庭农场2761户，机农结合型家庭农场427户，种养结合型家庭农场45户，经济作物型家庭农场175户，粮经结合型家庭农场322户，水产养殖型家庭农场59户，其他类型家庭农场40户。

二 主要做法

（一）加强政策扶持

上海市形成家庭农场“2 +9”政策体系，出台了两个市政府办公厅文件：《关于本市加快推进家庭农场发展的指导意见》《关于完善本市新型农业经营主体贷款担保财政支持政策意见的通知》。九个郊区县政府因地制宜，分别出台了促进家庭农场发展的政策意见。主要包括以下三个方面：**一是财政政策**。土地流转向家庭农场等新型农业经营主体倾斜，对土地流转费进行补贴；对发展家庭农场的行政村进行考核奖补；对家庭农场进行考核奖补，金额为每亩 50 元至 500 元不等；对大中专院校毕业生返乡参加家庭农场经营的，给予补贴和奖励。**二是金融政策**。为家庭农场发展农业生产经营的贷款进行担保，银保联合项下家庭农场贷款担保金额最高为 50 万元；对家庭农场发展农业生产经营的贷款进行贴息，贴息比例为同期同档次贷款基准利率的 60%，保费补贴比例可达保费的 80%。**三是社保政策**。打通家庭农场家庭劳动力参加职保的渠道，上海市户籍人员在家庭农场就业期间，可通过集体参保方式，参加上海市城镇职工基本养老、医疗保险。嘉定区、浦东新区还出台了社保缴费补贴政策。

（二）探索发展形式

倡导宜粮则粮、宜蔬则蔬、宜果则果，支持粮食种植、机农结合、种养结合、粮经结合、经济作物、水产养殖等多种形式家庭农场发展。同时，积极推进家庭农场与其他新型农业经营主体融合发展。主要有以下四种形式：**一是“农民合作联社 + 家庭农场”**。如松江成立区农民合作联社，为家庭农场提供农资配送、农民培训、农机服务、大米加工、法律咨询、信息化管理等服务。**二是“农业龙头企业 + 农民合作社 + 家庭农场”**。如松林工贸公司 + 松林农民合作社 + 种养结合家庭农场。家庭农场负责生产环节，按照农业龙头企业的生产标准提供农产品，农民合作社负责产中、产后服务环节，开展技术指导、农资配送等，农业龙头企业负责销售环节，开展品牌宣传推广和产品加工销售等。**三是“农民合作社 + 家庭农场”**。在已有农民合作社基础上发展家庭农场的“退一进二”模式，粮食种植农民合作社逐步退出粮食生产领域，退出的部分土地由家庭农场进行生产经营，农民合作社提供农机耕作、植保统防、农资统供等配套服务。

四是“镇农投公司+家庭农场”。如浦东新区曹路等镇将流转出的土地由镇农投公司统一管理，镇农投公司统一规划布点建设家庭农场农田配套基础设施，再将配套建设好的土地委托给家庭农场经营，有效解决家庭农场在实际运作中遇到的农田灌溉、耕作道路、库房、农作物看护用房等一系列难题。

（三）完善服务体系

通过创新服务方式和手段，加强统一供种、专业化统防统治、农资供应、农业科技服务、农机作业服务、粮食购销等六大体系建设，构建公益性服务与经营性服务相结合、专项服务与综合服务相协调的新型农业社会化服务体系。编制上海市粮食烘干能力建设规划，计划使上海市粮食烘干能力从目前的1.4万吨/批次提高到2020年的3万吨/批或以上，金山、奉贤、青浦和崇明四个区县的粮食烘干能力从目前的0.54万吨/批次提高到2020年的1.6万吨/批。围绕家庭农场发展需求，鼓励各区县不断完善家庭农场社会化服务体系。如闵行出台了《闵行区家庭农场社会化服务体系建设实施方案》，加强对家庭农场的服务建设。松江区通过在全区范围布局建设74个机农互助点，为家庭农场提供完备的农机服务。金山区针对家庭农场经营者的需求，专门制定家庭农场经营者的培训计划，从技术、政策、经营管理等方面对家庭农场经营者进行培训。

（四）建立管理机制

为促进家庭农场规范发展，建立了认定、考核、报备监测等一系列管理制度。**一是认定制度**。区县农业部门建立家庭农场认定制度，坚持“家庭经营、规模适度、一业为主、集约生产”家庭农场的四个特征，各区县因地制宜确定不同类型家庭农场标准，现阶段粮食生产家庭农场的土地规模以100—150亩为宜，今后随着农业生产力水平的进一步提高、农业劳动力的进一步转移，可逐步扩大土地规模。**二是考核制度**。区县农委建立粮食家庭农场的考核及退出机制，将家庭农场农业生产的茬口安排、适时收种、安全用种用药、外围沟清理、秸秆还田、生产管理、场容场貌等纳入考核范围。**三是报备监测制度**。区县农委通过网上报备，将家庭农场信息纳入上海市新型农业经营主体信息管理系统。适时开展家庭农场抽样监测，全面分析家庭农场发展情况。**四是示范评定制度**。制定上海市市级示范家庭农场评定标准，在全市范围评选106户市级示范家庭农场，把市级示范家庭农场作为政策扶持的重点对象，同时发挥示范家庭农场的引领带动作用。

三 初步成效

（一）培育了农业经营队伍

通过发展家庭农场，逐步把土地集中到种田能手、专业农民手中，同时吸引年轻人从事农业生产经营，培育了一支稳定的发展现代农业的农业生产经营队伍。据统计，全市45岁以下年轻家庭农场经营者增加至904人，比2013年增加583人。

（二）促进了农民收入增加

据2015年抽样数据，粮食种植、机农结合、种养结合、粮经结合、经济作物、水产养殖、其他类型（如，白山羊等）家庭农场户均纯收入分别达到11.23万元、13.82万元、13.25万元、16.34万元、10.18万元、19.47万元和7.15万元。

（三）改善了农村生态环境

家庭农场推广秋播二麦、绿肥和深翻轮作，推进秸秆还田，改进了肥料使用技术和效率，减少了化肥使用量，改善了农业生态环境。通过发展家庭农场，减少外来务农人口，提高农村社会治理水平。

上海市在家庭农场发展过程中存在一些问题和困难：**一是**区县发展不平衡，由于土地流转、社会化服务、农村劳动力转移等情况不同，区县之间发展差异较大；**二是**部分区域土地流转价格偏高、期限偏短，土地存在细碎化状况，农业基础设施不够完善，不利于家庭农场经营者持续稳定经营。

四 下一步工作重点

（一）加强分类指导

发展快的区县要不断创新与提升，在适度经营规模的条件下，保持家庭农场经营者收入持续稳定增长；发展较慢的区县要着力解决土地流转、基础设施建设等瓶颈问题，继续稳步推进。

（二）促进融合发展

进一步发挥基层在现代农业组织方式与制度创新的创造性和能动性。积极探索家庭农场与其他农业经营主体有机结合，如“公司+合作社+家庭农场”“合作社+家庭农场”等联合形式。拓宽业务范围，延伸产业链，实现资源共享、专业细分、优势互补。

（三）完善扶持政策

加强与有关部门沟通协调，推动落实涉农建设项目、财政补贴、抵押担保、设施用地等相关政策，帮助解决家庭农场发展中遇到的困难和问题。指导区县结合家庭农场发展实际情况，优化调整家庭农场扶持政策。

江苏省家庭农场发展情况

2015年，江苏省继续认真贯彻《农业部关于促进家庭农场发展的指导意见》部署要求，按照“积极稳妥、示范引导、强化服务、务求实效”的总体思路，围绕强化农户家庭经营的基础作用，积极创新政策举措，引导多种生产要素向家庭农场集聚，重点培育以家庭成员为主要劳动力、以农业为主要收入来源，从事专业化、集约化农业生产的农户家庭农场，有力促进了江苏现代农业建设迈上新台阶。

一 总体发展情况

江苏省家庭农场持续保持蓬勃发展的良好态势，发展的质量和数量稳步提高。主要呈现三个特点：**一是发展速度快**。2015年，全省农经农业部门认定的家庭农场总数超过2.8万家，比2014年新增6000多家，其中种粮家庭农场1.38万家，占48.4%。**二是带动作用强**。家庭农场成为引领农业适度规模经营的重要载体，全省家庭农场平均单体经营面积205亩，80%以上的家庭农场土地经营规模300亩以下。**三是服务配套好**。全省初步形成了覆盖农业生产、农产品销售、金融保险等多领域的农业社会化服务体系。农产品质量安全、动植物疫病防治等公益性为农服务延伸至村级，全省银行业金融机构农村地区网点覆盖所有乡镇。

二 主要工作措施

（一）完善认定标准，夯实发展支撑力

坚持以规范发展为导向，加强认定登记等基础服务，以市、县或区为单位完善家庭农场认定标准，全面推进家庭农场认定、建档、立卡等基础

工作。组织开展全省家庭农场辅导培训班，邀请专家分别就国内外家庭农场发展现状与前瞻、新型农业经营主体配套设施用地、家庭农场信贷支持等方面进行讲解，进一步提高基层业务工作同志服务家庭农场发展的工作能力。组织开展运营监测，开发江苏省家庭农场运营监测系统，探索构建家庭农场基础信息数据库，将所有经过农经农业部门认定的家庭农场纳入监测范围，建立家庭农场劳动力结构、收入构成、经营品种、经营规模、管理水平等信息数据库，为完善家庭农场扶持政策提供参考。目前，全省经过认定的2.8万个家庭农场新型全部被纳入监测范围。

（二）强化政策扶持，增强发展活力

坚持把完善扶持政策体系作为培育家庭农场的重要抓手。**一是**全面推行示范名录制度，新培育306家省级示范家庭农场，带动发展了一批市级、县级示范家庭农场，同时，省级家庭农场扶持项目投入9000万元，落实扶持项目超过1000个，帮助一批家庭农场改善了生产经营条件，也为其发挥示范带动作用奠定了基础。**二是**建立人才培训制度，2015年全省推进新型职业农民培训，培育新型职业农民20万人，其中家庭农场主每年1万人；引导涉农专业大学生返乡创办家庭农场，对全省高等院校涉农专业毕业生开展为期一周的新型职业农民创新创业专题培训，培训1.34万人。**三是**健全金融政策体系，加快农村金融服务网点建设，全省银行业金融机构农村地区网点达6723家，贷款服务家庭农场等新型农业经营主体3.2万个，贷款余额565.18亿元。**四是**建立土地流转引导制度，完善土地规模流转补贴制度，对单宗面积在100—300亩、土地流转期限在3年以上的家庭农场等新型农业经营主体进行补助，引导更多农村土地流向家庭农场。2015年全省农村承包土地流转率达60%，其中46%流向家庭农场和专业大户、27%流向农业合作社、9%流向工商企业。

（三）探索多种模式，挖掘发展潜力

鼓励探索家庭农场集群发展、“行业协会+家庭农场”等发展模式，促进全省家庭农场创新发展。泰州市积极探索家庭农场服务联盟模式，2015年4月，泰州市整合农经、财政、国土、供销、粮食、农委等部门服务资源，成立了全国首家地市级以服务家庭农场为主的专业社会团体——泰州市家庭农场服务联盟，吸纳家庭农场主个人会员近千名，涉农部门、金融机构、农资企业等单位会员14家，泰州市家庭农场服务联盟成立1年多来，主动服务家庭农场，取得较好成效，联盟成员专业化统防统治和

联防联控覆盖率达93%，水稻集中育供秧面积达87%，“植保+农机”综合服务覆盖率达98.2%，农资零差价供应率达68.6%。宿迁市积极探索家庭农场集群发展模式，通过规划引领促进家庭农场在一定区域内发展集聚，按照“政府引导、农场投资、市场运作”方式集中建设综合服务中心，统筹配套设施设备，以中心为纽带为集群内农场和周边农户提供全程社会化服务，初步形成了“农场集群、产业集聚、服务集中、发展集约”的可复制发展模式，有效地解决了一家一户“办不成、办不好”的“事情”。2015年，全市建成家庭农场集群及公共服务中心23个，在建20个，集群累计引进培育家庭农场530个，经营面积达20.26万亩。

三　下一步工作计划

家庭农场尚处于起步发展阶段，配套政策措施不是很完善，家庭农场发展仍面临人才不足、配套设施用地难、融资难和融资贵等问题。当前和今后一个时期，全省发展家庭农场将认真贯彻习近平总书记在江苏视察时的重要讲话精神，坚持把农户家庭农场作为新型农业经营主体培育的首要任务，扎实推进“三个一”建设，即建立一套登记监测体系、实施一批精准扶持政策、培育一批示范家庭农场，重点培育100—300亩的农户家庭农场。**一是**实施“智·能”农场主培训行动计划，培训一批家庭农场辅导师、指导员和现代家庭农场主，力争用3年左右的时间对家庭农场培训全覆盖。**二是**深化示范家庭农场名录制度建设，总结推广粮经结合、种养结合、生态循环等发展模式，推广家庭农场农事操作记录和财务收支记录“两簿”制度，推广家庭农场集群集聚发展。**三是**引导发展以家庭农场为主要成员的家庭农场合作社，支持“家庭农场+”（合作社、龙头企业、农业园区、社区、电商）等经营机制创新试点，鼓励发展区域性家庭农场服务联盟、协会。

浙江省家庭农场发展情况

一　家庭农场发展总体情况

浙江省围绕现代农业发展和构建新型农业经营体系的目标，认真执行中央有关扶持家庭农场发展的政策，有序引导承包土地向大户流转，积极培育和发展家庭农场，取得较好效果。

（一）家庭农场数量较快增加

到2015年年底，全省经工商登记注册的家庭农场有23719家，比2014年增长了32.1%；经营土地面积228.4万亩，增长了20%。平均每个家庭农场经营土地96.3亩，与2014年基本持平。粮食类家庭农场中，土地面积50—200亩的有2920家，占69.8%；200—500亩的有969家，占23.2%，经营规模比较适度。

（二）产业主要分布在种植业

种植业家庭农场16517家，占总数的69.6%；畜牧业1654家，占10%；渔业1724家，占7.3%；种养结合2334家，占9.8%。其中，粮食类家庭农场4184家，增长了30.5%；生猪产业家庭农场由于受市场变化影响而减少，数量为430家，减少了19.6%。

（三）家庭劳动力数量大于雇工数

平均每个家庭农场劳动力5个，其中家庭成员劳动力和常年雇工劳动力各占54%和46%，与2014年的50.9%和49.1%相比，家庭农场在劳动力结构上更趋于家庭化。

（四）生产经营效益较好

2015年，全省家庭农场销售农产品总值131.8亿元，平均每个农场销售农产品55.6万元，有2196家家庭农场销售农产品总值100万元以上，2177家拥有注册商标，1518家通过农产品质量认证，3345家获得贷款资金10.7亿元。

二　培育发展家庭农场主要做法

（一）引导促进土地流转

2014年，浙江省政府办公厅出台了《关于完善农村土地承包制度搞活承包经营权权能的意见》（浙政办发〔2014〕91号）。2015年，省委办公厅、省政府办公厅出台了《关于引导农村土地经营权有序流转促进农业现代化建设的若干意见》（浙委办发〔2015〕31号）。各地也出台了土地流转激励政策，建立流转服务组织，加强信息服务，推动流转土地向大户、家庭农场集中。到2015年年底，全省82个县（市、区）、1198个乡镇（街道）、19453个村成立了土地流转服务组织，分别占应建县、乡镇、村数的93.2%、93.7%和64.8%；全省土地流转面积955万亩，占承包耕地的50.5%。

（二）支持家庭农场注册登记

协调省工商局制定《浙江省家庭农场登记暂行办法》（浙工商企〔2013〕），规范家庭农场登记行为。各地按照“主体的家庭性、生产的专业性、规模的适度性、经营的高效性和经济的法人性”要求，引导专业大户、有一定规模的合作社社员农户通过工商登记注册为家庭农场，推动农村能人、纯农户、大中专毕业生等创办家庭农场。从登记情况看，78.4%的家庭农场注册为个体工商户，17.9%的注册为个人独资企业，3.3%的注册为有限责任公司，0.4%的注册为普通合伙企业。

（三）开展示范家庭农场创建

省政府办公厅出台了《关于培育发展家庭农场的意见》（浙政办发〔2013〕120号），农业厅及时制定《浙江省示范性家庭农场创建办法（试行）》，宁波、衢州等52个市、县（市、区）也出台了支持家庭农场发展的政策性文件。各地从土地规模、生产规范、经营效益等方面引导家庭农场提高生产经营水平，促使家庭农场全面推行标准化生产，完善生产档案制度，建立可追溯体系。积极开展家庭农场示范创建，目前全省被认定为县级以上示范家庭农场的有1963家，占家庭农场总数的8.3%，认定为省级示范家庭农场的有543家。

（四）优化指导服务

注重对家庭农场加入合作社的指导、扶持和服务，推行规模化、专业化、标准化生产，推广应用先进种养模式和适用技术，实行生产记录、品牌标识、财务核算等管理，提高产品质量和生产经营水平。引导家庭农场主采用资金参股、承接订单等形式将家庭农场与合作社、农业龙头企业结成协作关系。针对家庭农场贷款困难问题，制定农村土地经营权抵押贷款工作的意见及流转土地经营权登记管理办法，杭州、湖州、嘉兴、丽水等4个市及30多个县（市、区）出台了农村流转土地经营权登记发证及抵押担保办法，至2015年年底全省土地经营权抵押贷款余额达7亿元。衢州市开展家庭农场综合保险试点，为192家示范家庭农场进行保险，涉及农业设施设备、家庭财产、人身意外、贷款保证、收入等保险内容。

（五）创新完善经营机制

引导家庭农场与农民专业合作社、农业龙头企业有效对接，推广“公司＋基地＋家庭农场”“公司＋合作社＋家庭农场＋农户”等经营模式。在有条件的地方开展农牧结合、生态循环家庭农场培育试点，按200亩左右粮田配套2—3亩土地、存栏生猪500头养殖规模，通过定量规划、定向招标、定额扶持等方式组建家庭农场。衢州市衢江区、海盐县等地成立了家庭农场协会、联合会等组织，为处理农场内外部关系架起沟通的桥梁。海盐县万好蔬菜农民专业合作社流转土地5000余亩，引导成员创办家庭农场15个，吸收加盟家庭农场23个，带动非成员农户2.6万户，核心示范基地面积1500亩，种植面积3.8万亩，打造从生产到消费的全产业链生产模式。

三　家庭农场在发展现代农业中的作用

（一）推动了传统农业转型升级

家庭农场具有适度的经营规模、资本投入和较强的创新意识，对新理念、新品种、新技术的内在需求和接受能力强，加快了设施农业、机械作业、智慧农业、生态循环等先进科技的应用，提高了农业规模化、集约化、标准化、商品化生产经营水平，是现代农业发展的生力军。如衢州市衢江区陈建海家庭农场建设连栋大棚与玻璃温室，配套喷滴灌等节水灌溉设施，配置加温系统和自走式喷淋系统，建成智能型集约化蔬菜育苗中心。

（二）保障了农产品有效供给

家庭农场农业商品化程度高，能为社会提供更多更丰富的农产品。同时，大部分家庭农场实行标准化生产，具备较为健全的管理制度、农事记录和财务制度等，保障了农产品安全。如温岭市箬横喜乐家庭农场2015年早稻亩产达1000多斤，晚稻亩产900斤，稻田放养泥鳅亩产最高达2000斤，有效提高了土地产出率。

（三）提高了农民收入水平

家庭农场土地、劳力、资本等要素配置更合理，经营机制更加灵活，培育管理更加规范和精细，农产品质量更好，经营效益、人均收入高于普通农户。如衢州市虽是浙江省欠发达地区，2015年家庭农场人均年收入也达到7.89万元，比全省农民人均年收入2.11万元高出5万多元。

四　面临问题和下一步工作措施

经过多年的培育发展，浙江省家庭农场实现较快发展，在现代农业建设中发挥了生力军作用，但也存在土地流转和规模经营动力不足、从业人员素质不高、政策环境有待完善等问题，需要努力解决。对此，我们将着重从三个方面加以推进。

（一）科学引导土地流转和适度规模经营

认真贯彻中央和省委省政府有关文件精神，在坚持依法自愿有偿原则的基础上，以现代农业园区、粮食生产功能区为重点，积极推广委托流转、股份合作等方式，推动整村整组连片流转土地优先向家庭农场集中。指导各地组建农村土地流转服务组织，为家庭农场提供法律咨询、信息发布、中介协调、代理服务、纠纷调处等服务。

（二）进一步优化家庭农场发展政策

加大家庭农场财政扶持力度，引导农业扶持资金向家庭农场倾斜。重点扶持家庭农场流转土地、开展基础设施和配套设施建设，探索家庭农场作为农产品主要供给者、土地有效耕种者的普惠性补贴政策。加强与相关部门沟通，加大配套设施用地的落实力度，简化审批流程。加强人才建设，继续鼓励大学毕业生从事现代农业，加大家庭农场主的培训力度。加大信贷利率优惠力度，探索信用贷款模式，减免家庭农场贷款各项费用，简化贷款手续，提供家庭农场贷款“绿色通道”。推动有条件的地方开展流转土地经营权登记颁证，认真推进国务院确定10个县的土地经营权抵押试点工作，积极探索基础设施预期收益、大宗订单、确权后大棚和农机设备、新农村建设项目补助性收益等抵押方式。支持各类政策性农业担保公司把家庭农场纳入服务范围，及时为符合条件的家庭农场提供融资性担保服务。继续探索家庭农场综合保险业务。

（三）着力提升家庭农场生产经营能力

积极指导专业大户、有一定规模的合作社社员农户注册家庭农场，引导推动农村能人、纯农户、大中专毕业生等创办家庭农场，努力实现家庭农场数量的较快增长。指导家庭农场全面推行标准化生产与生产档案制度，积极建设无公害农产品、绿色食品、有机食品等基地，使之成为生产质量安全农产品的重要主体。健全家庭农场登记制度，深化家庭农场示范创建，建立各级示范家庭农场名录，并与相关扶持政策挂钩。

安徽省家庭农场发展情况

2015 年，安徽省围绕推进实施生态农业产业化这条主线，坚持抓好培育发展家庭农场系列政策的落实力度，保持了家庭农场快速发展的态势。

一 总体发展情况

（一）数量增长较快，发展势头良好

全省经工商注册登记的家庭农场共 35213 个，较上年增长 78%，净增 14266 个。

（二）流转经营显著，以中小规模为主

全省家庭农场经营土地面积 645. 55 万亩，其中流转耕地 512. 7 万亩，占家庭农场经营土地面积的 79. 4%，平均每个家庭农场经营土地 192. 2 亩。家庭农场劳动力数量 16. 2 万人，其中家庭成员劳动力占 62%，平均每个家庭农场拥有 4. 8 个劳动力。

（三）行业种类多样，粮食生产占据半壁江山

家庭农场主要分布在粮油、果蔬、苗木、茶叶、烟草、药材、畜禽及水产养殖等行业。从事粮食生产的家庭农场有 18302 个，占全省总数的 54. 5%。其中经营土地面积为 50—200 亩的种粮家庭农场占 55%，200—500 亩的占 31. 2%，这部分中小适度规模经营的农场占种粮家庭农场的 86. 2%。

（四）注重投入和管理，规模经营效益得以显现

家庭农场在科学种养、技术管理等方面较一般农户舍得投入，产出较高，效益较好，促进了农业由保障功能向盈利功能的初步转变。全省家庭农场购买农业生产投入品总值为 86. 3 亿元，平均每个家庭农场投入 25. 7 万元；全省家庭农场年销售农产品总值 173. 5 亿元，平均每个家庭农场达 51. 65 万元。

二　主要工作措施及成效

（一）把家庭农场纳入主体培育示范行动

2015 年安徽省委制定了“现代生态农业产业化实施方案”，组织开展绿色增效、品牌建设、科技推广、主体培育、改革创新“五大示范行动”，通过开展示范家庭农场创建，目前全省已评出省、市、县级示范家庭农场 6668 个，其中省级示范家庭农场 698 个。建立农业主管部门领导干部联系示范创建主体、基层农技人员对口联系帮扶家庭农场等常态化工作制度，推动主体培育行动落地生根。

（二）积极推进家庭农场与其他主体之间的联合与合作

2015 年，省政府办公厅出台了《关于培育现代农业产业化联合体的指导意见》，通过加快培育现代农业产业化联合体，推动“农业龙头企业 + 合作社 + 家庭农场”融合发展，全省已有各类联合体近 900 个。郎溪县通过成立家庭农场协会，创建科技示范基地，积极为家庭农场开展技术培训、协调融资、信息服务、网上营销等工作。天长市家庭农场协会与天长市大地农业专业合作社合署办公，为家庭农场提供团购农资、联销农产品、配置资源、管理和素质培训、观摩和技术交流等六项服务。

（三）着力破解家庭农场融资难题

省农委与省财政厅统筹整合中央和省两级财政扶持新型农业经营主体专项资金 8000 万元。通过竞争性立项在 15 个县（市、区）开展了设立融资风险补偿基金试点，撬动银行按照不低于 5 倍的标准放大对农民合作社、家庭农场信贷资金投入，以增强财政资金扶持效果。据统计，15 个试点县共落实配套资金 7400 万元，融资风险基金总规模达到 1.54 亿元，支持农民合作社、家庭农场 574 家，发放贷款 21812 万元。目前已对全省 16 个市实现了试点工作全覆盖。在总结 2014 年家庭农场“直管直贷”试点经验基础上，深化拓展与省农行、国元农业保险合作，推进农民合作社、家庭农场等新型农业经营主体保险贷款试点工作。全省 16 个市为 296 家农民合作社、家庭农场、种养大户以及 61 家农业企业落实了一年短期贷款 2.5 亿元。

（四）部署开展建立家庭农场基础台账工作

2015 年 7 月，省农委印发了《关于建立家庭农场基础台账的通知》，在全省统一部署开展建立家庭农场基础台账工作，先期在庐江县、埇桥区、郎溪县3个农业部家庭农场发展情况监测县进行试点，目前郎溪县初步实现了家庭农场基础台账建立全覆盖。

（五）大力推进家庭农场实施年度报告信息公示和结果运用

2015年4月初，省农委与省工商局联合印发了《关于推进农民专业合作社和家庭农场年度报告工作的通知》，安徽省家庭农场综合年报信息公示率达到94.2%，高出全国平均水平15个百分点。运用年报信息公示系统对省级示范家庭农场进行运行监测，并经市、县农业部门逐一核实，取消了2个省级示范家庭农场资格，部署各地对市、县级示范家庭农场同步实施了运行监测。分级建立了示范家庭农场动态名录库，在网上公开发布，接受社会监督。

（六）强化对家庭农场的政策和业务技术培训

2015年上半年，以“调结构、转方式，着力推进粮食生产绿色增长”为主题，举办五期培训班，培训了1340名农民合作社、家庭农场负责人。首次组织1436名省级示范社、示范家庭农场骨干作为专业观众，参加中国（合肥）农交会观摩学习受训。全年组织安徽省280余名农民合作社、家庭农场负责人参加了农业部在凤阳县小岗村以及全国各地举办的农村实用人才培训。组织近百名农民合作社、家庭农场负责人参加省农委“三农大讲堂”的培训。省农委、省教育厅和团省委印发了《关于印发安徽省2015年现代青年农场主培育工作实施方案的通知》，确定安徽农业大学、安徽科技学院、宿州职业技术学院和安徽荃银高科公司4个单位，2015年度负责在新型职业农民中遴选培育421名现代青年农场主，采取培训指导、创业孵化、认定管理、政策扶持和跟踪服务等方式进行系统培育。

（七）组织家庭农场与农民合作社抱团开拓市场

自2012年开始，省农委在合肥、上海两大农交会设立合作社和家庭农场专门展区，2015年合肥农交会全省共有201家合作社、家庭农场的67个大类1100多个产品种类参展，组织100多个合作社和家庭农场参加上海农展。按照省农委“互联网+现代农业”行动计划部署，组织59家农民合作社、家庭农场与大型电商公司对接洽谈，发展农产品电子商务。与安徽广播电视台农村广播频道联合开设《全省示范合作社、示范家庭农场展播》专题节目，每周一次60分钟，专题宣传推介示范合作社、示范家庭农场的发展经验和名优特色产品。

三　存在的主要问题和困难

（一）农业全程社会化服务严重不足

家庭农场作为小微型的农业生产主体，如果缺乏农业全程社会化服务体系的有效支撑，就难以降低生产经营成本，也无法保证专业化生产，因此，构建有效的农业全程社会化服务体系是当务之急。

（二）融资难

由于家庭农场抵押物缺乏，分散贷款成本高、利润低，金融机构对其提供贷款服务的支持意愿和力度普遍较弱，现有的一系列融资担保、风险补偿等创新举措覆盖面小，体制机制不完善，供给与需求对接不够，没有从根本上解决家庭农场由于缺乏有效抵押、担保而造成的融资难问题。据抽样调查，家庭农场能够获得贷款的不足3%。

（三）设施用地难

国家、省里虽有政策，但多数地方仍是“望梅止渴”。特别是粮食主产区的规模经营户，因设施用地缺乏造成的粮食损失和成本增加问题相当突出。既影响规模经营主体的经济效益，也造成国家粮食资源的浪费。

（四）风险保障不足

现阶段普惠制、低层次的政策性保险对家庭农场难以起到风险防范、保障持续发展的作用。一旦遭遇较大自然灾害，将全军覆没，甚至牵连众多土地流转农户。

（五）人才缺乏

家庭农场负责人普遍文化水平不高，缺乏专门的经验与技术，在市场营销、农产品储运加工、产业融合、金融法律政策、电子商务等方面知识储备严重不足，难以承担起重任。

四　下一步工作措施及建议

（一）主要举措

1. **加快培育适度规模的家庭农场**。引导种养专业大户发展规模适度的农户家庭农场，鼓励农民合作社内有条件的成员发展农户家庭农场，支持返乡农民工、大中专学生和退役军人创办家庭农场。

2. **加强指导管理服务**。加快推进全省建立家庭农场统一基础台账，为农业三项补贴政策调整精准落地打好基础；继续推进家庭农场年报信息公示制度实施；积极培育示范家庭农场，完善示范家庭农场动态名录；抓好农业部确定的 3 个县 100 个家庭农场和省级示范家庭农场的运行监测工作；推动农林牧副渔、农机、水利、供销等涉农行业专业技术人员建立家庭农场联系辅导常态化工作机制。

3. **推动家庭农场联合创新发展**。推动各地围绕优势产业、特色产品和强势品牌，积极培育现代农业产业化联合体，通过联合体、协会、合作社等形式加快推进家庭农场与其他新型农业经营主体融合发展。加强政策引导，省级示范家庭农场评定优先向产业化联合体内、带动贫困户、社会化服务类、实施专用品牌粮食生产以及种养结合型、返乡创业的家庭农场倾斜。同时，对生态农业产业化示范县、扶贫开发重点县、民族地区家庭农场发展给予倾斜支持。

4. **加强示范引导促进发展方式转变**。指导家庭农场在稳定粮食产能的基础上，结合农业功能区规划和优势产业布局，大力发展农牧结合、稻渔结合、立体生态种养、林下经济、循环发展等生态种养示范模式，推进生态循环圈建设。鼓励家庭农场大力发展农业信息化，积极开展农产品电子商务，组织上规模有品牌的家庭农场参加展示展销活动。

5. **创新财政扶持，加大对家庭农场的金融支持**。继续整合中央、省财政扶持新型农业经营主体专项资金，优先支持生态农业产业化示范县、扶贫开发重点县开展设立融资风险补偿基金支持农民合作社、家庭农场发展试点；进一步扩大家庭农场“直管直贷”和保证保险贷款试点范围，争取更多金融机构创新支持农民合作社和家庭农场发展。积极配合银监部门推进新型农业经营主体信用服务平台建设，规范开展信用评定工作。

6. **加大政策落实和督查力度**。进一步加强省直有关部门的相互沟通，搭建平台，形成合力，对一些重点、难点问题，发挥联合督查、督办作用，把支持家庭农场发展政策落到实处。

（二）有关建议

1. 由国务院或有关部门联合，出台有针对性的促进家庭农场发展的实施意见。

2. 总结各地成熟的发展经验，上升为统一的家庭农场指导管理服务工作规范。

福建省家庭农场发展情况

一　发展现状

截至 2015 年年底，全省家庭农场共 1.7 万个，其中工商登记的 1.1 万个、农业部门认定的 5064 个；家庭农场经营土地面积 111.72 万亩，平均每个家庭农场 65.3 亩，其中经营流转耕地 28.86 万亩，占全省流转耕地 449.4 万亩的 6.4%；年销售农产品总值 53.13 亿元，平均每个家庭农场 31.1 万元。行业占比情况：种植业占 68.3%，畜牧业占 11.2%，渔业占 4.1%，种养结合的占 10.4%，其他的占 6%。主要发展模式有"家庭农场 + 合作社 + 龙头企业"联合经营型、"家庭农场 + 合作社"型、"家庭农场 + 休闲农业"联合经营型、"种养能手 + 农业机械化"专业经营型、返乡创业型家庭农场、家庭农场协会指导型等。

二　工作措施

（一）推动出台扶持政策

2014 年福建省人民政府办公厅印发了《关于加快发展农户家庭农场的若干意见》（闽政办〔2015〕91 号），明确了本省家庭农场发展目标，提出了支持适度规模经营、强化服务与支持、加快人才培养、发挥示范引领作用、落实优惠政策、拓展金融服务等一系列培育和发展家庭农场的政策措施。省级财政 2015—2020 年每年安排 1500 万元，重点支持省级家庭农场示范场农业基础设施和栽培设施建设、仓储冷链设备购置、土地流转租金补贴、市场营销以及商标注册、标准化管理、品牌创建等。

（二）评定示范场，建立名录制度

印发《福建省家庭农场示范场评定办法》（闽农经管〔2014〕391

号)，对省级家庭农场示范场的评定条件、申报材料、申报程序等做出了规定。特别是明确了粮食业、蔬菜业、设施农业、果茶、林业、养殖业等不同类型家庭农场经营规模的标准，引导家庭农场进行适度规模经营。积极培育家庭农场示范场，建立福建省家庭农场示范场名录。公布省、市、县三级家庭农场示范场名录1019家，其中省级170家，市级283家，县级566家。重点加强对家庭示范场的指导和服务，发挥示范家庭农场的引领作用。

（三）开展“千人带千社（场）”活动

2016年组织全省开展“千人带千社（场）”活动，共有360家家庭农场与市、县级经管、农技干部建立挂钩联系，以便进行一对一的业务指导与服务。同时，按照农业部部署，完成诏安县、沙县、建宁县100家家庭农场监测点的信息填报工作。

三　存在问题

（一）社会化服务体系薄弱

大部分家庭农场基本上是一家一户单独面对市场，产销不能有机结合，基层农技服务力量相对较弱，社会化服务体系尚不完善，家庭农场缺乏有力的社会化服务支撑体系。

（二）经营者文化素质偏低

家庭农场经营者是农民，文化素质不高，生产管理、经营水平有限，缺乏发展规划，对新技术、新品种、新模式的接受能力较弱，抗御市场风险能力较差。

（三）土地流转难度大且不规范

家庭农场经营土地需要经过租赁其他农户承包地的方式获得，租金负担重、租期短且不稳定、合同签订不规范等因素都制约了家庭农场经营规模的拓展。

四　下一步工作措施

继续贯彻落实好《福建省人民政府办公厅关于加快发展农户家庭农场的若干意见》等相关政策措施，培育发展农户家庭农场。**一是**做好参与全省“千人带千社（场）”活动的360家家庭农场的一对一的业务指导与服务，引导家庭农场因地制宜，科学规划，坚持绿色发展，保障农产品质量安全，促进家庭农场的可持续发展。指导家庭农场建立农事记录、生产台账、质量管理等制度，帮助其向有关部门申报各类发展项目，提高其发展能力。**二是**加强培训，对家庭农场经营者展开政策宣传、农产品质量安全、电子信息、科技推广等能力的培训，提高他们的经营管理水平。**三是**继续开展家庭农场示范场创建活动，分级建立和发布家庭农场示范场名录。2016年继续评定一批省级家庭农场示范场，到2020年培育扶持省级示范场1000家。

五　建议

（一）健全社会化服务体系

深化农技推广体制改革，加快新产品、新技术的引进和推广。指导家庭农场应用先进适用技术，引进优质新品种，实施标准化生产。引导家庭农场与龙头企业、农民合作社建立稳定的利益共享、风险共担的农产品产销衔接机制和订单履约机制，支持龙头企业和农民合作社为家庭农场提供社会化服务，提高农业组织化程度。

（二）加大人才培养力度

开展对家庭农场经营者的培训，培养一批懂政策、会经营、有技术、善管理的家庭农场经营者。引导农村大学生、外出务工农民等返乡领办、创办家庭农场，用现代经营理念引领家庭农场做强做优。

（三）完善土地承包经营权流转政策

加强土地流转平台建设，完善土地信托流转服务中心。发挥平台功能，为土地流转提供法律政策咨询、流转信息发布、流转价格评估、合同签订指导、利益关系协调等服务。支持有条件的地方按照归属清晰、权责明确、形式多样、管理严格、流转顺畅的要求建立有形市场，搭建土地承包经营权市场交易平台，并加快建立土地流转信托公司。

江西省家庭农场发展情况

“家庭农场”在2013年中央1号文件中首次被提出后，江西省各界高度重视，认为家庭农场是本省现代农业发展的一条充满阳光和希望的新路径。作为一种新型农业经营主体，家庭农场在江西省得以快速发展，截至2015年年底，江西省经工商部门注册和农业部门认定的家庭农场已达到23362家。

一　主要特点

江西省的家庭农场是在全省大力促进农村土地流转，发展本省现代农业的背景下蓬勃发展起来的，无论是从经营主体、经营期限和经营规模，还是从生产组织形式和分配方式来看，无不具有现代农业的性质和特点。

（一）规模精干

与农民专业合作社和农业企业相比，家庭农场虽然受劳动力、资金、土地等限制，规模普遍不大，但在全省呈点多面广、遍地开花发展态势。据了解，从事养殖业的家庭农场面积一般在50亩左右，从事种植业的家庭农场面积一般在200亩左右，占比达60%或以上。

（二）类型精巧

在各地政府相关部门的积极指导帮助下，江西省的家庭农场主们都能积极吸收最新的市场信息和科技信息，充分利用自己的实践经验因时、因地、因技制宜发展种养业，有效地促进了种养类型的多样化，既有水稻、蔬菜、生猪、家禽、水产等传统种养业，更有水果、花卉、苗木、茶叶、食用菌以及黄鳝、泥鳅、蟹、鹌鹑、野鸭、鸽子等特种养殖业等类型，同时还涌现出一批种养结合、种养与休闲农业相结合的混合型家庭农场，且呈逐年增长态势。

（三）生产精心

家庭农场主们一般都是地地道道的从事农业生产的农民，在多年的农业生产实践中，通过不断摸索和总结种养生产技术，有一套比较丰富和完整的生产实践经验。同时，从事种植或养殖的家庭农场业主大多是农村中的能人，有一定的文化，又由于规模不大，也更愿意投入家庭式经营，更愿意了解和及时掌握运用新的农业科技，农业机械化生产水平普遍较高。

二　发展成效

（一）有力提高了生产水平和经营收入

水稻、蔬菜、茶叶、中药材都实现面积、产量、产值同时三增，规模化种植及组建家庭农场后，农民千方百计种足种好，加上各类种粮、种菜补贴以及国内粮价上涨等因素，农民的种粮积极性大幅度提高，农业生产得到了良好发展。单位面积产出率的提高，加上规模效应，家庭农场经营性收入得到大幅增加。而且粮田流转后，富余劳动力大量转移到第二、第三产业，他们在摆脱务农后，可以更加专心致志地就业于工业、商业和旅游业等非农产业。

（二）有力促进了农业机械化发展

农业机械化程度显著提高。种植户的主要生产环节基本实现了机械化作业，农场主配有旋耕机、收割机等农用机械设备，使农业机械化水平支持了农业机械化生产。与以前的家庭分散经营相比较，实行规模化经营的家庭农场更有利于农业部门做好相关农业服务工作。在家庭农场的粮食生产过程中，农业部门加大了农资供应、农机作业、病虫害防治等相关的配套服务。江西省自 2013 年以来开展农业生产全程社会化服务试点，将机耕、机播、机收、机械烘干、配方施肥、集中统一育秧和工厂化育秧等各类高产高效、省工省力的现代农业生产手段作为试点的主要内容，至今已补助试点资金达 1.7 亿元。

（三）有力推进了土地流转

按照“依法、自愿、有偿”的原则，村委会出面协调，各村民小组具体实施，通过签订土地流转授权委托书，流转期限不超过土地延包期限，把农户分散土地集中连片统管起来。截至目前，全省建立市、县、乡农地流转服务机构分别达 7 个、96 个和 1299 个，推动全省流转农户承包土地

1109 万亩，流转率为 34.9%。宜春市制定了《关于推进农村土地承包经营权规范化流转的意见》，业已形成了市、县、乡三级服务平台，市、县、乡、村四级信息网络。目前全市农村土地流转总面积 30.8 万亩，土地流转率为 37.96%。其中家庭农场流转土地 10.2 万亩，占全市农村土地流转总面积的 33.1%；萍乡市 2015 年全市农村土地流转面积 32.52 万亩，占农民承包土地面积的 45.8%，占农村实际面积 96.23 万亩的 33.8%。其中，流转到家庭农场的约 5.5 万亩，占流转总面积的 16.9%。

三 主要做法

近年来，江西省家庭农场的蓬勃发展与各级党委和政府的大力推动是分不开的。省委、省政府下发了《关于加快构建新型农业经营体系的意见》（赣办发〔2013〕17 号），农业厅下发了《江西省示范性家庭农场认定及监测管理办法》（赣农字〔2015〕78 号），并于 2015 年评定了 500 家省级示范家庭农场。

（一）积极出台政策

江西省大多地市都出台了扶持家庭农场发展的相关文件，南昌市出台了《关于鼓励和支持家庭农场发展的意见（试行）》和《南昌市扶持家庭农场以奖代补资金管理办法（试行）》，《资金管理办法》明确了对家庭农场的具体扶持政策，对全市优秀示范家庭农场予以扶持；赣州市工商局和赣州市农粮局联合印发《关于充分发挥职能鼓励家庭农场发展的意见》（赣市工商个字〔2013〕3 号），进一步强化提升发展家庭农场的政策措施，全力推动家庭农场的快速健康发展；抚州市制定了《鼓励扶持发展家庭农场的意见》，对家庭农场实行“三免”优惠，即在办理注册登记时免收登记费和工本费、年检费，免于提交验资报告和资产评估报告，简化登记程序，实行“轻微过错免于处罚”的政策。

（二）强化财政扶持

江西省于 2014 年开始推出了针对家庭农场、农民合作社等新型农业经营主体的“财政惠农信贷通”，截至目前，“财政惠农信贷通”累计向家庭农场、农民合作社等新型农业经营主体发放贷款 46.35 亿元。江西省部分地市也安排了财政支持家庭农场资金，2014—2015 年，南昌市级财政共安排 150 万元专项资金用于扶持示范家庭农场，重点用于家庭农场农业生产基础设施建设、新品种新技术引进推广、农产品质量认证和优势品牌培育、市场开拓和仓储设施建设以及人才培训等；九江市在2015年全市农村工作会议上对2014年12家“优秀家庭农场”进行了表彰，全市奖励扶持家庭农场财政资金达85万元；上饶市所辖的德兴市对新注册成立的家庭农场给予每个5000元的补助，有力地促进了家庭农场的发展。

四　存在的问题

从总体上看，江西省家庭农场发展较好，但在发展过程中也存在一定的困难或问题：**一是**土地流转不畅，租金不断提高，难以集中连片，影响家庭农场经营的积极性；**二是**目前各级对家庭农场的扶持力度不大，农民不愿注册认证；**三是**家庭农场组建初期资金投入比较集中且金额较大，多数种养大户因实力不强资产不多，靠现行的融资方式筹措资金较难，制约了其继续发展和扩大规模；**四是**管理成本的增加和劳动力工资的上涨使一些种养大户对扩大经营犹豫不决。

五　下一步工作措施及建议

（一）尽快出台配套政策

尽快研究出台切合实际的、操作性强的、鼓励发展家庭农场的一系列政策措施，给予家庭农场自产自销的农副产品减免税收待遇。适宜家庭农场申报的农业项目要优先安排。新增农业补贴、财政奖补资金、农业保险保费补贴应向家庭农场倾斜。落实用地优惠政策，在不破坏耕作层的前提下，允许家庭农场按规定建设生产管理用房。

（二）加大金融扶持力度

开展家庭农场信用等级评定，授予相应的授信额度，并给予一定的利率优惠，允许家庭农场以大型农用设施、流转土地经营权等抵押贷款，创新信贷品种，简化信贷手续，提供优质服务；支持和引导融资担保机构优先为家庭农场提供担保贷款，建立担保信用体系，增加信贷额度。

（三）健全农业双层经营体制

构建新型农业双层经营体制为家庭农场保驾护航，在政府主导的公益性服务为主的护翼下，鼓励多种所有制形式的新型农业社会化服务机构，给家庭农场提供全方位的服务，并将其纳入国家政策扶持的范围，建立起以家庭农场为单元、社会的服务组织为保障的农业生产和服务配套的新型农业经营，鼓励工商资本投资基础设施建设，农产品流通和加工配套服务。

山东省家庭农场发展情况

农业部《关于促进家庭农场发展的指导意见》下发后，山东省各级部门高度重视，认真推进落实，不断加大政策扶持和工作指导力度，促进和引导家庭农场健康发展。按照农业部经管司关于上报家庭农场发展情况和典型案例的通知要求，我们组织开展了典型调查和全面上报，现将山东省2015年家庭农场发展情况汇报如下。

一 家庭农场发展的基本情况

截至2015年年底，全省在工商部门注册登记的家庭农场有4.1万家，其中，在农业部门备案的2.69万家。从统计情况来看，从事种植业的占84.2%，从事养殖及种养结合的占9.9%，从事其他产业的5.8%；经营耕地面积200亩及以下的占76.2%，200—500亩的占18.5%，500—1000亩的占3.7%，1000亩以上的占1.4%；年收入10万元以下的占36.7%；收入10万—50万元的占40.5%；收入50万元以上的占19.7%。

从山东省家庭农场发展的模式来看，主要有以下五种类型：**一是家庭承包农户创办型**。农户依靠自身经验和技术的积累，流转其他农户的耕地，扩大农业经营规模成为家庭农场，这是山东省农村家庭农场发展的主要方式和主要力量。**二是专业大户创办型**。许多农业、养殖业、渔业等专业大户，具备了规模经营的能力和经验，创办家庭农场，规模水平、经营水平、管理水平均得到提升。**三是外出务工农民返乡创办型**。许多外出务工人员通过多年在外务工或经商积累了一些资本实力和经营管理经验，思想和思路得到拓宽，回乡创办家庭农场，实现事业转型和新的自身价值。**四是新型经济组织创办型**。一些农民合作社、农业龙头企业或社会化服务组织的领办人，在经营的过程中，逐渐摸索掌握了规模化、组织化生产经营的经验，带领企业走上了“新型经济组织＋家庭农场”的发展路子，企业活力得到增强。**五是社会工商资本下乡投资型**。各类工商企业特别是农业龙头企业和一些社会资本，投资参与农村土地规模经营，发展高效现代农业，创办家庭农场，实现了社会资本和家庭承包农户发展农业规模经营的有机结合。

通过对山东省家庭农场经营现状和有关数据的分析，家庭农场在促进规模经营中的作用越来越明显，越来越重要，也越来越具有主导性。这种作用表现在三个方面，**一是有利于促进农地农用，保护土地农业用途性质**。全省90%左右的家庭农场从事农业种植业、养殖业等，附属建筑设施占用耕地也相对较少，应该说，坚持农地农用，保护土地农业用途方面，在家庭农场中体现得最好。**二是有利于促进适度规模经营，推动土地合理流转**。在农业部门备案的家庭农场中，从事农业种植业平均经营耕地面积112.8亩，从事粮食生产的50—200亩的占76.8%，500亩以下的占95.4%，经营规模基本适度，土地流转的合理性、有效性在家庭农场中表现最明显。**三是有利于找准规模和效益的平衡结合点，发挥最大规模效益**。绝大部分家庭农场是在经营规模不断扩大中发展起来的，是在寻求规模和效益的最大化匹配中壮大起来的。也就是说，家庭农场会更多地注重经济实力、经营能力、机械化水平与土地规模相适应，更容易找准经营规模定位、规模和效益的平衡点。全省家庭农场盈余率达到96%以上。

二　促进家庭农场健康发展的主要措施

家庭农场作为与专业大户、农民合作社、农业龙头企业同等重要的新型农业经营主体，在促进现代农业发展中发挥着越来越突出的作用。山东省自2013年起，先后制定出台了《家庭农场登记试行办法》《促进家庭农场健康发展的意见》《金融支持现代农业加快发展的意见》等支持性、指导性政策文件，同时将更加注重数量与质量并重，更加注重将金融等配套政策支持摆上重要位置来对待、来贯彻落实，引导家庭农场健康规范发展。具体工作中，我们采取了以下几个方面的措施。

一是开展了家庭农场省级示范场创建活动。为引导全省家庭农场健康发展，2015年，省农业厅与省财政厅、省工商局联合下发了《关于开展家庭农场省级示范场创建的通知》，选出了首批100家家庭农场省级示范场。

其中，以种植粮食为主的占60%，经营规模在50—300亩的占到56%，大多数农场年均净收益20—50万元，充分体现了鼓励家庭农场发展适度规模经营、优先支持从事粮食生产的政策导向。目前，全省省、市、县三级认定的家庭农场示范场达到1300余家，列支财政扶持资金3000余万元。

二是加大金融扶持力度。2015年8月，省农业厅与中国人民银行济南分行联合对全省各级家庭农场示范场的金融需求进行了调查摸底，建立了基础信息数据库，并积极协调金融机构给予金融支持。全省76个县（市、区）已探索向新型农业经营主体发放土地经营权证，43个县（市、区）开展了土地经营权抵押贷款业务，金融部门累计发放贷款8.7亿元，有力地支持了新型经营主体的发展。

三是进一步完善扶持政策。中办发〔2014〕61号文件下发后，农业厅牵头起草了山东省《实施意见》，将促进家庭农场发展作为重要内容，要求各级把家庭农场纳入现有支农政策扶持范围，在涉农建设项目、财政补贴、信贷支持、农业保险等相关政策上予以倾斜。2015年，编制了《山东省整体推进新型农业经营主体规范发展的实施方案》，完善各主体之间的组织连接和利益联结关系，推进主体间融合发展。

四是加大对家庭农场经营者培训力度。围绕加快构建新型农业经营体系，将家庭农场经营者作为新型农民创业培训、新型农民科技培训与新型职业农民培育工程的重点，对家庭农场经营者开展生产技能、经营能力和创业能力培训。2015年，全省培训家庭农场经营者等新型经营主体负责人9000人次。

五是加强动态管理。建立家庭农场监测制度，及时掌握家庭农场规模经营的风险防控点，重点掌控家庭农场流转土地用途、生产经营能力等情况，为科学制定家庭农场发展政策提供依据。按照农业部要求，全省已选取100家家庭农场纳入了农业部信息监测系统，还将在家庭农场省级示范场中开展省级监测，定期采集相关数据，及时把握家庭农场发展动态。

同时，全省市、县两级也积极扶持引导家庭农场健康发展，制定出台了促进家庭农场发展的专门文件64个，示范型家庭农场创建文件58个，工商注册登记相关文件22个，认定市、县两级示范家庭农场1262家，单列针对家庭农场的专项资金2900万元，有力地推动了家庭农场健康快速发展。

三　家庭农场发展存在的问题及下一步工作建议

当前，无论从规模数量还是从发展水平上看，山东省家庭农场都还处于起步阶段，还存在不少问题。**一是对家庭农场的认识还不到位**。有的地方重数量轻质量、重发展轻管理；有些基层干部对家庭农场的市场主体地位认识不充分，对它的重要性缺乏应有的认识；有的家庭农场经营者对国家扶持政策期望值过高，存在盲目发展现象。**二是土地流转还不够规范**。有的地方流转手续不完备，或靠口头约定，或书面合同不规范，或合同期限不符合法律规定，一旦发生经营风险，容易引起纠纷。**三是资金支持还远远不够**。家庭农场流转土地、整理土地、购置农机、改善生产设施、购置农资、临时雇工都需要较大的资金投入，且资金周转季节性较强，但目前从金融部门贷款难度大，其他融资渠道也不多，资金问题成为家庭农场发展的最大困难。**四是社会化服务体系还不够健全**。山东省农业社会化服务体系还不够健全，特别是一些农业社会化服务经济组织发展还相对滞后，社会化服务产品缺乏，不能适应快速发展的农业规模化生产的需要。**五是带头人素质整体还较低**。大部分家庭农场主具有一定的素质和经验，但基本还是以掌握技术为主，迫切需要加强有关经营管理、市场营销、法律政策等方面的培训和指导。

对下一步工作，我们建议：**一是**开展家庭农场示范场创建活动，按照既要注重数量发展，更要注重质量内涵的要求，认定一批有效益能示范能带动的家庭农场，以点带面，以规范促质量，全面提升家庭农场发展质量水平。**二是**完善对家庭农场在财政、税收、金融、保险、项目、奖补、服务等方面的扶持政策体系，进一步加大对家庭农场的扶持力度，促进一批家庭农场做大做强、做优做好。**三是**完善法律法规，明确家庭农场在市场中的主体地位，赋予家庭农场更加充分的市场自主权和更多的参与市场竞争的权利。同时，建立完善对家庭农场这一新型经济组织的保护保障措施，优化家庭农场发展外部环境。**四是**加大对家庭农场领办人和基层指导人员的培训力度，尽快打造一批具有较高素质的家庭农场经营队伍、以基层经管人员为主的指导员队伍和以返乡就业大学生为主的家庭农场后备队伍，为家庭农场发展提供人才和智力支撑。

河南省家庭农场发展情况

一　基本情况

近年来，河南省各地积极探索多种形式的适度规模经营，把培育发展家庭农场，作为构建新型农业经营体系，建设新型农业现代化的重要基础，较好地促进了全省农业农村经济持续稳定发展。河南省家庭农场得到了快速发展，并呈现多元化发展态势。截至2015年年底，全省有家庭农场2.7万家，县级以上示范家庭农场1065多家，全省初步建立起省、市、县示范家庭农场体系。从流转土地面积看，全省家庭农场共经营耕地面积500多万亩，平均每个家庭农场流转土地190亩左右。

二　发展措施

（一）通过宣传培训引导发展

为打造良好的家庭农场发展环境，组织各地充分利用电视、报纸、广播、互联网等媒体和培训基地，通过开辟宣传专栏、发放宣传资料、张贴宣传标语、讲座、办培训班等多种形式，宣传家庭农场的作用，引导大学生村官、致富能手、村干部、种植大户注册经营家庭农场。依托新型职业农民、农村实用人才等培训渠道开展培训，2015年全省培训家庭农场负责人8000余人次。在做好培训的同时，充分利用省厅12316信息平台，对家庭农场的生产运营中出现的问题给予解答，很好地服务了家庭农场的发展。

（二）通过政策扶持推进发展

为促进全省家庭农场健康、有序发展，河南省制定下发了《关于做好家庭农场登记管理工作的意见》《河南省支持新型农业经营主体发展的若干财政政策措施》和《河南省加快转变农业发展方式实施方案》，省财政、农开、扶贫、农机、畜牧等部门，都将家庭农场作为项目实施主体，纳入扶持范围。各级政府也先后出台了促进家庭农场发展的意见和办法，为家庭农场发展提供了政策保障。目前，全省 18 个省辖市党委、政府都出台了促进家庭农场专门文件。如舞钢市聘请华中师范大学中国农村研究院和南方报业集团三农研究院，编制出《舞钢市家庭农场专项规划》，指导各乡镇精心选择相对应的产业类型进行规范引导和培育。襄城县政府出台了《示范性家庭农场认定标准及补助办法》，对连片承租土地 200 亩以上，租期5 年（含 5 年）以上，每亩奖励 100 元；1000 亩以上的每亩奖励 150 元。

（三）通过典型示范带动发展

近年来，全省各级政府和有关部门注重发挥典型引路、示范带动的作用，把典型示范作为促进家庭农场发展的重要手段。农业厅下发了《河南省示范家庭农场认定管理暂行办法》，按照主体明确、规模适度、生产规范、管理有序、效益可观的标准，组织开展示范家庭农场评定工作。通过树立典型，以点带面，营造家庭农场发展氛围，带动全省家庭农场快速健康发展。

（四）通过完善服务提升发展

河南省制定下发了《关于引导农村土地经营权有序流转发展农业适度规模经营的实施意见》和《关于加强对工商资本租赁农地监管和风险防范的实施办法》，提出了农村土地有序流转的路径、避免的问题和主要措施，依法引导土地规范流转，为家庭农场发展创造了有利的环境。同时，加快土地流转服务体系建设，目前，河南省 136 个县（市）、1571 个乡镇建立了土地流转服务组织，分别占县、乡总数的 86% 和 84.3%，103 个县（市）、833 个乡镇建立了土地流转服务大厅，分别占县、乡总数的 65.2% 和 44.7%，村有信息员、乡镇有中心、县（市）有网络的土地流转服务平台体系初步建立。

（五）通过金融跟进推动发展

2015 年，全省以河南省农业信贷担保有限责任公司为依托举办银企对接会，为家庭农场等新型农业经营主体搭建融资担保服务平台，向全省 18 家专业银行组织推荐了一批融资项目，已成功对接贷款项目 432 个；与国家开发银行河南省分行联合实施“河南省现代农业发展贷款工程”，在永城市开展家庭农场、农民合作社贷款试点；根据《河南省农村土地承包经营权抵押贷款管理暂行办法》和《河南省关于开展农村土地承包经营权抵押贷款试点工作的指导意见》，2015 年河南省选择 12 个县（市）开展农村土地承包经营权抵押贷款试点。发挥中原农业保险股份有限公司作用，探索开展小麦、玉米等大宗粮食作物产量保险试点。

三　取得的主要成效

（一）坚持了家庭经营基础性地位

发展家庭农场，一方面既保持了家庭农业经营的独特优势，另一方面又克服了传统农户资源配置率不高、市场竞争力不足等缺点，适应了现代农业发展的新要求，表现出了旺盛的生命力。因此，从经营制度来看，家庭农场既坚持了家庭经营的基础性地位，又进一步创新了家庭经营制度和统分结合的双层经营体制，是新时期不断坚持和完善农村基本经营制度的一种积极有益的探索。

（二）促进了实现农业集约化经营和农业可持续发展

家庭农场为提高自身市场竞争力和生存发展空间，会通过加大物质和科技的投入，提高集约化经营水平和劳动生产率。通过实行合理的利益联结机制，按照企业管理模式来核算成本、加强管理、追逐利润，达到适应市场、开拓市场，具备较强的市场竞争能力。同时，家庭农场和家族企业一样，具有较好的传承性，能较好地维持和保护农业生产力，实现农业可持续发展。

（三）提高了农产品科技含量和农民收入

作为规模经营主体，家庭农场比一般农户更迫切需要农业新技术、新品种、新设施，也更有能力接受推广和使用，成为实施科技兴农战略的主力军。同时，通过示范家庭农场效益带动，一批农户受带动加入家庭农场行列，成为新的农场主，还有一些农民被吸纳到现代农场成为新一代农业产业工人，既有土地租金收入，又有工资收入，收入水平大大提高。

（四）保障了农产品供应和质量安全

家庭农场以追求效益最大化为目标，使农业由保障功能向盈利功能转变，克服了自给自足的小农经济弊端，商品化程度高，能为社会提供更多更丰富的农产品。通过参加示范家庭农场评定、“三品一标”认证等，使家庭农场生产经营趋向标准化、品牌化、规范化，更加有利于农产品安全生产与供应。

四　存在的问题和困难

（一）整体水平有待提高

一是工商部门注册门槛较低，各地注册家庭农场数量较多，规范管理较少。**二是**家庭农场经营者文化层次偏低，缺乏经营管理和生产技术，而知识文化程度较高的年轻人不愿意从事农业生产，导致家庭农场今后的经营发展受限，难以适应日趋激烈的农产品市场竞争的需要。

（二）政策扶持不完善

一是缺乏政策支持。目前还没有出台针对家庭农场的具体扶持政策；现行财政补贴发放不完善，粮食直补等补贴全部补给了承包户，而对土地流转转入方，也就是经营者没有相应的补贴。就河南省而言，家庭农场在保障粮食安全方面发挥了很大作用，由于家庭农场土地流转费用居高不下，单纯从事粮食生产效益低，如果从事设施农业、特种种养等高效农业，对国家粮食安全有一定影响。**二是农业设施用地政策难落实**。仓储、晒场、农机具库等附属设施用地政策反映最多，虽然有明文规定，但具体操作难度很大，家庭农场生产设施附属用房用地手续难办，部分农场主的农机只能露天停放。

（三）法律地位不明确

家庭农场的法律主体、市场主体的地位尚不明确。由于对家庭农场没有统一的认识，家庭农场在工商登记注册可谓五花八门，有以个人独资企业登记的，有以个体工商户登记注册的，还有以有限责任公司登记的。由于未出台家庭农场注册登记的相关文件，工商部门注册积极性不高，一些地方不愿为农户注册提供方便，影响了家庭农场的发展。

（四）农村土地流转难易并存

一是有的农民惜地如金，担心失去了地、丢了根，不愿流转；有的农民外出收入高，对那点租金无所谓，粗放经营甚至抛荒都还可以领补贴，也不愿意流转，致使家庭农场难以租到成方成片的耕地，实现土地规模经营。**二是**有些地区农民土地流转积极性很高，但土地流转后难以找到合适经营者，只能靠行政命令由村干部承包经营，导致勉强经营，效益不佳。

（五）家庭农场贷款难

家庭农场属于一家一户的小型生产，没有资金积累，缺乏有效抵押物作为担保，金融部门不愿意为家庭农场提供贷款，导致在生产经营过程中资金匮乏，严重制约了有技术、会管理的部分农场主的规模扩张，挫伤了生产经营的积极性。

五　对策与建议

（一）加大宣传引导力度

营造全社会关心支持家庭农场发展的良好氛围，使农民群众真正认识什么是家庭农场，积极稳妥地发展这一新生事物。坚持“典型引领、培植样本、循序渐进”的原则，设立家庭农场发展专项扶持资金，优先鼓励和重点扶持具有一定规模和生产水平的家庭农场。

（二）加快出台配套政策

要进一步加大涉农财政资金项目整合力度，引导社会资本向“三农”基础设施投入，针对家庭农场基础设施投入较大的实际情况，建议政府部门出台专项政策在附属用地、晒场仓储、烘干设备，以及高产农田建设改造、水利设施配套等方面加大对家庭农场发展较好地区的扶持力度，合理配置农机库、仓库、晒场等家庭农场综合服务场所。

（三）提升社会化服务水平

要围绕在家庭农场生产经营过程中的农资供应、技术指导、产品销售、品牌营销、农业保险这五个方面，加大针对家庭农场农业社会化服务组织建设，引导支持各类专业服务组织从“单打独斗”式的单个环节服务，向“抱团取暖”式综合性全程式服务发展，为家庭农场提供“一条龙”式全程专业化服务，建议政府部门细化、优化奖补措施。

（四）健全土地流转机制

坚持依法自愿有偿原则，引导土地承包经营权向家庭农场等新型农业经营主体流转，一方面家庭农场健康发展带动土地流转，另一方面土地有序流转促进家庭农场健康发展，使家庭农场与土地流转相得益彰。充分发挥乡镇农村土地流转服务站的基础作用，切实承担起土地流转信息发布、合同指导、流转协调、代理服务、法律咨询、纠纷调处等多项职能。

（五）抓好人才支撑工作

一是加快提高农场主的科技素质。深入实施农村实用人才培训工程，引导农场主不断学习先进实用技术和管理方法，提高其综合发展能力。**二是**鼓励和引导大学毕业生、外出务工农民、农村经纪人、大学生村官等群体投资兴办家庭农场，利用他们文化程度高、市场开拓能力较强的优势，切实增强家庭农场的发展后劲。**三是**大力开展农民职业培训，有计划地培养更多有文化、懂技术、善经营、会管理的新型职业农民。

湖北省家庭农场发展情况

自2013年中央1号文件首次提出“家庭农场”概念以来，湖北省高度重视家庭农场培育发展工作，将其列为加快培育多种形式适度规模经营的重要工作来抓，作为现代农业发展、转变农业发展方式、加快农业供给侧结构性改革的重要抓手予以推进，极大地促进了全省家庭农场的健康蓬勃发展。截至2016年6月底，全省工商注册家庭农场达20296个，其中省级示范家庭农场607个。现将主要做法报告如下。

一　主要做法

家庭农场作为新生的农业经营主体，以其灵活、自主的经营方式，实现了家庭经营与规模经营的统一，既坚持了以家庭承包为核心的基本经营制度，又能够提高农业的标准化、专业化和集约化水平，有利于推进农业产业结构调整，有利于实施农业供给侧改革，有利于实现农业适度规模经营。

（一）立规促建

近几年来，我们在促进家庭农场发展上高度重视制度建设和政策推进，省级层面先后出台了《关于做好家庭农场登记管理工作的意见》（鄂工商规〔2013〕85号）、《关于实施新型农业经营主体主办行制度的意见》（武银〔2014〕39号）、《湖北省示范家庭农场创建办法》（鄂农规〔2014〕2号）、《关于促进家庭农场健康发展的指导意见》（鄂农发〔2015〕12号）、《关于促进家庭农场规范发展的通知》（鄂农发〔2016〕24号）五个规范性文件，从政策、制度、程序和措施上进行指导和引导。2015年，武汉市出台政策，对示范家庭农场每年给予5万元财政资金补助。襄阳市、宜昌市、黄石市等地也出台了支持家庭农场发展的意见，并对示范家庭农场给予一定的资金补助，起到了较好效果。

（二）人才带动

我们始终把家庭农场人才培训作为提升促进全省家庭农场发展的基础工程扎实推进。2015 年 10 月 19—22 日，在武汉市组织一期家庭农场业务培训暨经营模式研讨。邀请农业部经管司体制处吴晓佳处长、长江大学教授等专家进行了专题辅导，组织了 5 名家庭农场主以“高效、循环、绿色种养模式”为题进行经验交流，进行了家庭农场经营典型模式研讨暨案例研究，进一步了提高科学指导和精细管理家庭农场发展的能力和水平。从 2016 年起至 2017 年，省委组织部、省农业厅、省教育厅、共青团湖北省委员会联合组织 1000 名青年家庭农场主进行培训，旨在帮助青年家庭农场主扩大产业规模、强化市场开拓、提升产业持续发展能力。三年来，全省各级农业经管部门先后组织家庭农场主和从业人员 6400 多人次进行规范化培训。

（三）示范引领

通过开展省市县示范创建活动，不断提高家庭农场发展的质量和水平。《湖北省示范家庭农场创建办法》出台后，湖北省通过新闻媒介，大张旗鼓、大力宣传造势，营造培育创建氛围。2014 年和 2015 年，全省组织开展省级示范家庭农场创建活动。创建工作坚持公开、公平、公正的原则，并严格按照《湖北省示范家庭农场创建办法》要求开展，做到坚持标准，突出导向，好中选优。我们在市县示范创建活动的基础上，认真组织省级示范家庭农场的创建评审，两年认定了 607 个省级示范家庭农场，并颁发了“省级示范家庭农场”称号牌匾。

（四）金融对接

实践中，我们积极探索解决家庭农场融资难、融资贵、融资慢的新路径。2016 年，湖北省钟祥市、黄陂区、夷陵区、梁子湖区、随县、南漳县、大冶市、公安县、武穴市、云梦县 10 个县市区被确定为土地承包经营权抵押贷款试点，各地充分用好用足用活试点政策，大胆探索，破解瓶颈，积极稳妥开展土地承包经营权抵押贷款工作，盘活农村“沉睡”资产，为家庭农场融资贷款开辟新通道，为家庭农场融资 2.3 亿元。

（五）推广模式

我们注重在实践基础上进行理论升华，总结经验，探索规律，指导家庭农场健康发展。2015 年下半年开始，我们对全省家庭农场发展现状和规律，进行了深入调研，对家庭农场经营管理模式进行深度挖掘、收集梳理、提炼总结，遴选出了38个家庭农场典型案例，已汇编成书。在此基础上，又总结并推出了规模种植型、种养复合型、生态循环型、质量管控型、休闲观光型、科技创新型、“互联网+”型示范模式7种，于2016年7月初在宜昌市召开七种示范模式总结推广现场会，在全省各地进行复制、推广，进一步促进全省家庭农场提档升级、提质增效。

二　存在问题

当前我省家庭农场虽然起步发展态势较好，但还存在一些不容回避的问题，主要表现在：

（一）政策扶持力度不够

相对合作社、农业产业化龙头企业来讲，国家和省级层面尚没有家庭农场扶持专项，省、市、县出台了一些支持政策，但指向性不够精准，措施力度不够有力。真正享受财政支持的家庭农场占比率低。

（二）贷款难问题较突出

眼下农场主们反映的最为集中的问题是融资贷款难。家庭农场主对资金的需求远远大于传统农户，由于自有资金花在家庭农场的前期投入上，家庭农场要扩大经营规模、改造提升基础设施，资金问题成了掣肘。

（三）土地流转费用高

近年来土地流转价格不断上涨，虽然增加了农民收入，但也给粮食生产带来重大挑战，进一步压缩了种粮增收空间。农场主胡吉红认为“种粮基本不赚钱，我们只有搞果蔬、花卉苗木示范基地，带领农民一起发展特色规模农业”，给国家粮食生产带来安全隐患。

（四）用工成本高与管理难并存

很多地方一个工超过了100元每天，用工管理难度也大。李靖家庭农场种植大棚蔬菜，一亩一年用工费一万多元，李靖认为“设施农业不能贪大，用工量大，管理难度大，市场风险也大”。

三　下一步打算

（一）组织召开家庭农场规范化建设工作部署暨现场观摩会

拟于2016年7月初，在宜都市召开家庭农场规范化建设及模式推广工作现场会，部署10个试点县规范化建设工作任务，现场观摩宜都市生态循环型、复合种养型、质量管控型等不同类型家庭农场典型，举行《湖北省家庭农场发展模式汇编》首发式。

（二）组织专题调研

为破解家庭农场财政扶持困局，农业厅拟于第三季度组织专门力量对粮食规模种植类家庭农场进行专题调研，“解剖麻雀”，形成专题调研报告，为省委省政府提供支持家庭农场发展的决策参考。

（三）组织家庭农场主培训

拟于10月中旬，组织省级第三期示范家庭农场主培训班，重点进行专题互联网+营销和现代金融知识学习，帮助农场主提高电商实操技能，破解融资难题。

四　两点建议

（一）加大财政政策扶持力度

建议比照农民合作社、龙头企业财政支持政策，从国家层面列出专项预算，给予种粮型家庭农场、示范家庭农场生产环节的精准性专项补贴资金，发挥正向激励、鲜明导向作用。

（二）开展国家级示范场创建活动

建议从2016年起，开展国家级示范家庭农场创建活动，提高示范家庭农场创建的层次和影响力，助推家庭农场发展质量提升和品牌创建。

湖南省家庭农场发展情况

中办发2014年1号文件和湘政办发2015年106号文件两个促进家庭农场发展专门文件下发后，加上“万户”工程的实施（指“百企千社万户”工程中的扶持一万户家庭农场），湖南省各级有关部门高度重视、积极引导、有力推动了家庭农场的快速发展。截至2015年年底，全省家庭农场总数突破3万户，土地经营面积达到327万亩，户均109亩，促进了农业生产规模化、专业化、产业化经营。

一 “万户”工程取得的成效

省委、省政府实施“万户”工程两年多来，在促进家庭农场和现代农业发展方面发挥了重要作用。

一是壮大了农业新型经营主体队伍。家庭农场是农民的“聚宝盆”，由于经营明确、产权明晰且自主经营、自负盈亏、自我发展，这种符合市场经济要求，富有生命力的新型农业经营主体，对农业增效、农民增收作用十分明显。“万户”工程的实施取得了很好的撬动作用，促进了家庭农场的快速发展。据对衡阳县的调查，截至2013年年底，全县仅有家庭农场126家，到2015年年底已发展到812家，两年时间增加了5.4倍。

二是促进了粮食稳定优质生产。我们在调查中发现，凡是种粮家庭农场、种粮合作社发展较快的地方，是双季稻推广较好、粮食生产较稳定的地方，也是优质稻推广较好的地方。衡阳县有种粮家庭农场567家，种粮面积45万亩，占全县种粮面积的半壁江山。富农家庭农场流转土地800亩，其中400亩水田种优质稻，亩平均纯收入700元，比种常规稻每亩高出200元。

三是较好解决了谁来种地的问题。随着工业化、城镇化的推进，农村劳动力外出务工经商日趋增多，农村青壮年劳动力紧缺，农户兼职化、村庄空心化、人口老龄化日趋明显，谁来种田的问题成为社会关注的焦点。为了解决这个问题，永州市切实加大了对种粮大户、家庭农场、合作社的引导力度，通过创新社会化服务的方式方法，用专业化、机械化服务拓展服务范围，较好地解决了谁来种地的问题。截至2015年年底，全市有种粮大户17435户，种粮家庭农场1301个，种粮合作社814个，这几类新型农业经营主体发展数量是2013年的1.8倍，种粮面积259.4万亩，占全市种粮面积的比重由2013年的11.6%增加到2015年的30%。

四是促进了农业标准化生产和产业化经营。家庭农场的生产大都上了一定的规模，要搞好产品的销售，大都致力于标准化生产，致力于提高产品的品质，加入合作社或龙头企业形成产销链条，有力推动了农业的产业化经营。

二　存在的主要问题

一是融资难的瓶颈尚未突破。家庭农场开展规模化生产，需要的投入较多，但由于大多数家庭农场自身可抵押物不多，很难从银行获得贷款。从调查的情况看，80%以上的家庭农场都存在资金缺口。新田县冷水井口乡六合圩村家庭农场主胡光玉，种植面积600多亩，前期投入已达70多万元，2016年准备购买插秧机和烘干等设备，资金缺口20多万元，使他倍感压力。

二是基础设施薄弱。不少地方农田沟渠年久失修，机耕道不配套，特别是烘干仓储设施缺乏，成为制约家庭农场规模经营的又一瓶颈。据调查，蓝山县按水稻总产量20%的烘干需求，需配套日烘干450吨产量的烘干设备，但全县仅有日烘干180吨的能力，远不能满足种粮农民需求，2015年不少家庭农场只能直接将稻谷从田间拉到广东莲州市去烘干。

三是土地流转困难。土地是农民的命根子，农户怕失去土地，不愿长期流转，一般以1—3年居多，家庭农场难以获得长期稳定的土地经营权，影响了其对土地的长期投资。

三　下一步工作思路

一是积极开展示范创建行动。进一步落实湘政办发〔2015〕106 号文件，省农委、省财政厅联合制定省级示范家庭农场和示范县创建标准，大力推进示范家庭农场和示范县创建行动，积极引导家庭农场的快速发展。

二是探索创新家庭农场经营模式。积极推广衡阳等县家庭农场 + 合作社的生产经营模式，推动农业标准化生产和品牌化经营。

三是积极引导土地向家庭农场等新型农业经营主体流转。稳步推进土地确权颁证工作，为农民吃下“定心丸”，引导土地向家庭农场等新型农业经营主体流转，促进农业适度规模经营。

四是积极探索破解家庭农场融资难瓶颈。积极探索农村“三权”（土地承包经营权、林权、农民房屋产权）抵押贷款办法和积极推广衡阳县联户担保 + 村级账户余额担保的贷款办法，努力破解家庭农场融资难的问题。

广东省家庭农场发展情况

2015年，广东省按照《农业部关于促进家庭农场发展的指导意见》（农经发〔2014〕1号）、《广东省农业厅关于促进我省家庭农场发展的意见》（粤农〔2014〕310号）等文件要求，积极培育以家庭成员为主要劳动力、以农业为主要收入来源，从事集约化、商品化、适度规模化生产的家庭农场，促进农业适度规模经营。

一　总体发展情况

为引导家庭农场规范有序发展，广东省各地加大培育扶持和规范引导家庭农场发展力度，激励种养大户、农技人员和农村经纪人创办家庭农场。目前，全省已有6个地级市出台了示范家庭农场认定标准，2个地级市和4个地级市的部分县（市、区）出台了家庭农场认定标准。截至2015年年底，广东省共有家庭农场13311个，涉及面积91.75万亩，其中种植类农场2866个，占21.53%；养殖类农场8241个，占61.91%；种养结合类农场1104个，占8.29%；其他1100个，占8.27%。

二　工作措施及成效

一是建立健全保障制度。结合工商管理部门，建立健全家庭农场注册登记制度和登记备案制度，明确家庭农场认定标准和登记办法，对经营者资格、劳动力结构、收入构成、经营规模、管理水平等提出相应要求，对家庭农场的准入条件，登记注册、备案管理等做出了详细的规定，确保家庭农场认定有标准、登记注册有流程，从制度上保障家庭农场规范有序发展。

二是引导家庭农场健康发展。加强家庭农场发展动态监管，系统掌握家庭农场从业人员、生产类别、规模、技术装备、经营状况，帮助农民群众解决发展过程中遇到的问题，做好产前、产中、产后全程服务；鼓励和引导家庭农场注册商标，申请无公害农产品、绿色食品、有机食品认证和使用农产品地理标志，建立完善农产品质量可追溯制度，着力培育发展高标准、高效益的家庭农场。如云浮市以龙头企业温氏食品集团公司为依托，引导农业龙头企业与合作农户进一步加强合作，逐步将部分具有一定产业基础和技术能力、生产效益较好的农户发展成为家庭农场；中山市满源农业有限公司在镇、区农业部门的指导下，逐步建立了生产、销售、财务等管理制度，注册了“大南满园”牌产品商标，开拓了传统批发零售和电子商务相结合的销售模式，并通过研发“火龙果酒”“火龙果酵素”等深加工产品提升农产品附加值，使农场的发展更具有潜力和活力；顺德区积极推进农产品电子商务，2015 年省商务厅与顺德区共建农产品电子商务示范区，积极推进互联网 + 现代农业战略，发展“智慧农业”，加快家庭农场生产发展方式转变。

三是培训家庭农场经营者。广东省举办了两期家庭农场培训班，培训示范家庭农场经营者、从事种养殖业的家庭农场经营者及从事家庭农场管理的服务人员。各级农业部门亦从发展现代农业、特色农业、推进美好乡村建设的高度，加强对家庭农场现代农业发展、农产品质量安全、农产品市场营销等方面的农业技术培训。通过举办培训班，培训了一批懂经营、善管理的家庭农场带头人和业务骨干，提高了家庭农场主的经营管理水平，增强了家庭农场经营者的市场竞争意识。

四是强化扶持促发展。2015 年，广东省省级财政投入 2700 万元扶持家庭农场发展。其中，2660 万元用于扶持 266 户家庭农场（每户 10 万元），20 万元用于培训家庭农场经营者，20 万元用于家庭农场发展科研。有 7 个地级市分别安排了专项资金，对家庭农场示范社创建、产品认证、技术推广、土地流转等进行奖励。有的地区在农业项目、金融信贷、涉农保险、纳入小额担保贴息贷款范围等方面对家庭农场给予扶持，激发家庭农场发展活力，力争培育出更多的示范家庭农场。有的地方设立“政银保”合作农业贷款担保基金，帮助家庭农场解决融资、贷款难问题，促进农业农村经济发展。

三 存在的问题和困难

一是缺乏配套的扶持政策。作为新型农业经营主体的家庭农场，中央、省、市虽已出台了扶持政策，但一系列补贴政策，要么是普惠性的，要么是对部分上规模“典型”的奖补，在用地、用电、农机购置等方面的优惠政策还欠缺。由于国家尚未统一家庭农场标准，造成工商登记的经济类型不统一，家庭农场多数以独资企业和个体工商户两种方式进行。税收综合征管系统中也没有“家庭农场”经济类型，对已登记注册的家庭农场如何享受税费减免政策，受惠范围、减免幅度均难以准确界定。

二是产业层次低。家庭农场经营范围主要集中于养殖方面(61.91%)，只有少部分扩展到加工、流通、餐饮等二、三产业，涉及农产品精深加工的不多，拥有农产品品牌、注册商标、农产品产地认证的家庭农场不多，产品以初级农产品为主，处于发展的最低层次。

三是家庭农场发展能力弱。从内部因素看，尽管大部分家庭农场经营者多年从事农业生产，实践经验丰富，一部分人还通过学习和实践，提高了经营管理水平，但大部分家庭农场经营者文化程度较低，懂经营、能管理、掌握农业前沿科技的人才严重匮乏；家庭农场普遍融资能力弱，自有资金不足，生产规模小，生产标准化水平低，农产品品牌效应不突出，自我发展能力差。从外部因素看，农田水利基础设施建设滞后、土地流转困难、政府扶持力度较弱，不利于家庭农场进一步发展壮大。

四 下一步工作措施及建议

一是加大政策资金扶持力度。建议设立家庭农场发展专项扶持资金，优先奖励和重点扶持具有一定经营规模和生产水平的家庭农场。建立涉农资金整合支持机制，把家庭农场纳入现行农业政策支持体系，将农业项目重点倾斜家庭农场等新型农业经营主体，支持家庭农场完善农业基础设施、推广新品种和新技术，夯实发展基础。采取直接补助、以奖代补、贷款贴息等方式，支持家庭农场开展农产品质量安全认证、农业基础设施建设、种苗繁育、加工储运、市场营销等。

二是加强技术培训。加强对家庭农场现代农业发展技术，农产品质量安全技术，农产品市场营销技术等的培训，促进家庭农场健康发展。

三是加强品牌建设。大力发展家庭农场无公害农产品、绿色食品、有机食品，提升产品质量档次；注册商标，加强农产品品牌建设，切实提高家庭农场农产品质量和安全水平。

四是规范引导农村土地承包经营权有序流转。农村土地承包经营权流转是实现农业适度规模经营，发展家庭农场的前提条件和必要基础。要加快建立健全农村土地流转服务平台和农村土地承包经营纠纷调解仲裁体系，为家庭农场合理流转土地创造条件。

广西壮族自治区家庭农场发展情况

按照农业部经管司《关于报送家庭农场发展情况和典型案例的通知》［农（经综）函〔2016〕54 号］，现将广西壮族自治区有关情况报告如下。

一　总体发展情况

广西家庭农场发展尚处于初步阶段，呈现出以下特点。

一是发展速度快。据农业部门统计，截至 2015 年年底，全区家庭农场已发展到 4210 家，比 2014 年增加 1672 家，增长了 65.9%。贵港市、玉林市、钦州市在全区家庭农场培育工作中处于领先地位，3 个市的家庭农场总数占全区总数的 49%。在已注册的家庭农场中，从事种植业、养殖业以及种养结合的比例分别是 49.2%、26% 和 22.9%，从事其他行业的占 1.9%。种粮家庭农场 397 家，占全区总数的 9.4%。

二是耕地规模适中。全区家庭农场经营耕地面积 33.5 万亩，平均经营规模 80 亩，是全区承包农户平均经营耕地面积 6.2 亩的 12.9 倍，规模适中。家庭农场经营耕地面积 50 亩以下的有 1827 家，占全区总数的 43.3%；50—100 亩的 1380 家，占 32.8%；100—200 亩的 598 家，占 14.2%；200—500 亩的 240 家，占 5.7%；500—1000 亩的 31 家，占 0.7%；1000 亩以上的 22 家，占 0.5%。

三是劳动力数量合理。全区家庭农场劳动力总数 27958 人，其中家庭成员 14039 人、占 50.2%，常年雇工 12300 人，占 44%；平均每个农场劳动力人数 6 人，其中家庭成员 3 人，常年雇工 3 人。

四是经营收入较好。全区家庭农场年经营收入 1174 万元，平均每个家庭农场年收入 27.9 万元，以平均每个农场劳动力人数 6 人计算，平均每个劳动力年收入 4.65 万元，平均每个家庭农场有 3 个家庭成员计算，一个家庭经营家庭农场年收入达14万元。全年家庭农场经营总收入10万元以下的1879家，占总数44.6%，全年经营总收入10万—50万元的1605家，占38.1%，全年经营总收入50万元以上的528家，占12.5%。

二　家庭农场发展工作措施

（一）加强引导，广泛宣传

把发展家庭农场作为服务农业农村工作的重点，力争做到成熟一个、发展一个，发展一批、壮大一批，全力培育和发展家庭农场。广大农业干部通过进村入户开展专题宣讲、答疑解惑，使农民群众对家庭农场有所认识，推动符合条件的农民群众通过成立家庭农场，提升自身农业产业化程度和市场竞争力。

（二）出台政策，加强扶持、管理

围绕各级各类农业项目、园区基地建设等，逐步将家庭农场列为实施主体，强化政策扶持。自治区人民政府在2015年12月印发了《关于促进家庭农场发展的意见》（桂政办发〔2015〕125号）。在财政支持方面，将家庭农场纳入自治区财政支农项目申报范围，对符合条件的家庭农场给予项目扶持。2015年自治区财政扶持新型农业经营主体的项目资金超过1.5亿元。其中，继续安排自治区农业产业化专项扶持资金5000万元，直接投入扶持合作社、家庭农场9600万元。同时，已提前预拨2016年第一批合作社、家庭农场扶持资金8100万元。

（三）加快土地流转，营造发展环境

加强土地承包经营权流转管理和服务，按照依法、自愿、有偿的原则，引导农村土地承包经营权向家庭农场流转。全区农村家庭间土地托管、出租、互换占了土地流转面积的54.7%，为发展家庭农场打下了很好的基础。

（四）培育新型职业农民，增强内生动力

以种养大户、家庭农场、农民专业合作组织、农业社会化服务体系的骨干农民为重点对象，开展种植业生产服务、畜牧和渔业生产服务、农机服务、农产品加工流通等短期技能培训和引导性培训，加快新型职业农民队伍建设。实施广西现代青年农场主培育计划，2015年，广西农业厅与广西大学共建广西现代青年农场主学院，致力于青年家庭农场主培育，激活

农村青年自身创造活力，提高创业兴业能力，在全区形成一支创业能力强、技能水平高、带动作用大的现代青年农场主队伍，为现代农业发展注入新鲜血液。

三　家庭农场发展成效

广西的家庭农场是以专业大户为基础，以职业农民为主体，以家庭成员为主要劳动力，从事农业规模化、集约化、商品化生产经营，以农业收入为来源的新型农业经营主体。目前，家庭农场正处于种养大户蜕变阶段，尚未完全突破种养大户格局，家庭农场建设仍处于初步阶段，表现在以下几个方面。

（一）多种形式发展促进适度规模经营和产业发展

一是家庭农场＋合作社联合经营模式。家庭农场经营初具规模，经营产业涉及优质稻、林果、畜禽、水产、休闲农业等特色产业。一些家庭农场为增强抵御风险的能力，组建起专业合作社，实行联户经营，并吸纳更多农户加入合作社，形成专业化生产基地。例如蒙山县红日水果专业合作社与广西蒙山县的一个家庭农场合作，投入540万元，种植砂糖桔、马水桔、蔬菜8000亩，养殖生猪1100头、活鸡5000羽，在投产初期就达到了明显的效果，年经营收入达1800万元，实现盈余收益71万元。**二是家庭农场联合与合作发展经营模式**。部分家庭农场开始打造自有农产品品牌，并发动周边群众组建兄弟农场，共同合作拓宽销售市场。例如蒙山县新圩镇高建兴家庭农场主要种植“南斯拉夫雪藕”和湖北早藕，为保证产品供应量、扩大产品销路，发动周边群众建立兄弟农场，按季节种植莲藕及各种瓜菜，集体打造蔬菜之乡，打响家庭农场的绿色蔬菜品牌，扩大农产品销售量。**三是家庭农场＋社会化服务发展规模经营**。家庭农场在开展连片种植、规模经营的同时，也为周边农户提供社会服务，促进地方产业发展，带动农户增收。例如北流市丰村庆章香芋家庭农场，是一家集香芋种植、收购、销售兼技术培训和信息咨询为一体的经济组织，建立了217亩芋头种植、产销一体化的香芋示范基地，每亩年产值14000元。周边的种植大户，如民安、新荣、新圩、民乐等镇的农户纷纷上门要求学习种植技术、求购种苗，农场聘请大学教授和农技人员到基地进行授课，每年培训种植大户80多人次。

（二）管理水平较好，农业科技运用水平较高

农场主专业知识、实践技能较强，懂经营、会管理。很多家庭农场聘请了大学毕业生参与经营管理，实行标准化生产。农场主大多具有较强的科技意识、创新意识和品牌意识，乐于尝试新品种种植养殖，运用农业科技、农业机械提高农业劳动生产率。如广西桂平市蒙圩镇柒广生家庭农场在蒙圩镇新建村承包300多亩土地，利用自己掌握的农业科技知识，建设无公害蔬菜基地，实行标准化种植无公害蔬菜，取得了较好的经济效益。

（三）提高农业经营效益

从调查情况来看，家庭农场的亩产值大多数在5000元以上，扣除土地租赁费和生产管理成本后亩均效益一般能达到1000元左右，与传统的家庭经营模式相比，无论是亩产值和亩均效益都有较大幅度的增长，土地利用率明显提高。如广西桂平市西山镇福山村李文照家庭农场规模种植水稻蔬菜等经济作物，形成了种植1000亩以上水稻，600亩以上秋冬菜的种植规模。

（四）增加当地农民收入

一方面家庭农场通过土地流转使农民稳定地取得了500—1000元的土地租赁收益；另一方面家庭农场除需长期雇用生产管理人员外，也为当地农村中的闲散劳动力提供了临时打工的机会，稳定增加了当地农民的收入。

（五）带动农业产业发展

家庭农场经营面积远大于传统的家庭经营，在品种选择、技术应用、经营效益等方面都具有明显优势，能够示范带动周边农户跟进。近年来，家庭农场发展形成了各地的特色产业，如金田淮山、金田黄鲨、麻垌荔枝、白石山铁皮石斛等。以广西岑溪市光学奋葡萄种植家庭农场为例，该家庭农场主要经营范围是葡萄种植和销售，种植面积共112亩，园内葡萄（早季）年实产6.6万斤，产值33万元，形成了远近闻名的葡萄种植基地，吸引了周边市镇农户学习发展种植葡萄100多亩。

四　存在的问题及下一步工作打算

家庭农场既是个新生事物，又涉及多方面政策协调的领域，广西家庭农场取得了初步进展，但仍面临诸多困难和问题，如生产要素有限、扶持政策欠缺、新型职业农民素质不强、服务能力跟不上、基础设施薄弱等，

我们围绕这些问题，进一步采取措施，强化政策保障，扶持服务和引导，整合资源，加快发展。

（一）分解落实扶持政策工作任务

家庭农场作为新兴事物，必然需要政府多方的引导和扶持。下一步，我们将分解落实《自治区人民政府办公厅关于促进家庭农场发展的意见》，将扶持政策的重点工作任务分解落实，打造促进家庭农场发展的良好环境。鼓励专业大户、家庭农场和农民合作社之间开展合作。支持农村能人发展专业经营和创办家庭农场。加强对家庭农场主的培训力度，重点培养新型职业农民。

（二）把家庭农场作为新型农业经营主体的重要力量加以培育

发展家庭农场对广西现代农业发展阶段特征更具有针对性，在思路上要把家庭农场作为农民合作社、农业企业的基础，壮大规模，“三位一体”融合发展。在稳定和完善农村基本经营制度、强化农户主体地位的前提下，坚持以家庭承包经营为基础，以农业生产经营为主业，以土地流转为依托，以市场导向为动力，以扶持服务为基础，健全机制体制，加快培育发展家庭农场。

（三）实施示范家庭农场建设项目

开展家庭农场示范场评选活动，集中力量培育一批规模适当、产业突出、经营有方、效益好、影响大、带动力强的示范家庭农场。

（四）提高家庭农场的社会化服务水平

鼓励各级各类农技人员与家庭农场建立“一对一”技术服务制度。加快新产品、新技术的引进和推广，指导家庭农场应用先进适用新技术、引进优质高产新品种、种养新模式。指导家庭农场创建品牌，开展无公害农产品、绿色食品、有机农产品认证，发展标准化生产。鼓励家庭农场开展农产品加工和品牌销售、发展休闲农业，全方位提升经营效益。

（五）引导农村土地承包经营权向家庭农场流转

加快推进“小块并大块”土地整理和土地承包经营权确权登记工作，建立规范的土地流转机制。按照依法、自愿、有偿的原则，引导农村土地承包经营权向家庭农场流转。加强农村承包地管理，健全农村承包地纠纷调解仲裁体系建设，推动基层农经管理职能的落实，强化管理和服务，强化和优化家庭经营地位，扩大规模，逐步由家庭农场、合作社、农业企业提档升级。

海南省家庭农场发展情况

根据农业部经管司《关于报送家庭农场发展情况和典型案例的通知》[农（经综）函〔2016〕54 号]，现将海南省家庭农场发展情况和典型案例报告如下：

一　家庭农场总体发展情况

截至 2015 年年底，全省家庭农场（符合家庭农场基本条件和特征的农户家庭）有 2632 家，其中从事种植业的 1139 个（种植粮食作物的 8 个），占总数的 43.3%；从事养殖业的 1187 个，占总数的 45.1%；从事种养结合的 295 个，占总数的 11.2%；其他 11 个，占总数的 0.4%。从土地经营规模看，土地经营面积 50 亩以下的家庭农场有 1291 个，占总数的 49.1%；50—100 亩的有 986 个，占总数的 37.5%；100—500 亩的有 348 个，占总数的 13.2%；500—1000 亩的有 6 个，占总数的 0.2%；1000 亩以上的有 1 个。家庭农场经营收入方面，全年经营总收入在 10 万元以下的家庭农场有 627 个，占总数的 23.8%；10 万—50 万元的有 1522 个，占总数的 57.8%；50 万元以上的有 483 个，占总数的 18.4%。

二　工作措施及成效

（一）加强学习，切实领会中央关于促进家庭农场发展的精神

一是厅长主持厅长办公会、厅务会议专题学习《农业部关于促进家庭农场发展的指导意见》（农经发〔2014〕1 号）和部经管司印发的《关于培育新型农业经营主体的调研报告》等文件，进一步认清我国家庭农场发展的历史演变脉络，切实领会、把握家庭农场的基本特征和促进家庭农场

发展的着力点、切入点，并研究提出贯彻落实意见。**二是**转发上述文件给各市县农业部主管部门学习，提高基层同志指导扶持家庭农场发展的意识和政策水平。**三是**收集兄弟省（区、市）出台的促进家庭农场发展的政策措施，学习好的经验与做法。

（二）开展家庭农场发展情况调研

2013 年，海南省按照农业部的通知，开展了第一次家庭农场调查工作；2014 年 1 月，海南省根据工作实际，开展了第二次家庭农场调查工作。两次家庭农场调查工作，传达了中央以及省里促进家庭农场发展的政策导向，也使得各市县、乡镇基本了解和掌握了本地区家庭农场发展的概况。2014 年 7 月，省农业厅联合省政协深入部分市县、乡镇，实地调研家庭农场发展情况，研究提出扶持引导家庭农场发展的政策建议，推动各级政府重视家庭农场发展，出台扶持政策。此次联合调研也有效营造了多部门关心和支持家庭农场发展的良好氛围。2015 年委托海南省现代农业发展研究会对家庭农场发展中存在的问题、面临的困难、促进发展的措施等情况开展了专题调研。

（三）加强对家庭农场的扶持力度

一是将家庭农场列入本省品牌农业发展战略的重要扶持对象，重点支持家庭农场改善生产经营条件，发展标准化生产，注册商标、创建品牌，提高市场竞争力。**二是**在调查研究的基础上，按照部里的文件精神，出台了《海南省农业厅关于促进家庭农场发展的意见》（琼农字〔2014〕125 号），提出促进家庭农场发展的基本原则、政策措施，以及省级示范家庭场的基本条件和标准，让各市县有章可循，规范有序促进家庭农场发展。

（四）做好家庭农场各项基础工作

一是每年都将家庭农场工作经费列入省农业厅部门预算，确保培训、调查、课题研究等工作顺利开展。**二是**按照部里的决策部署，综合考量各地经济发展水平、农业生产特征差异性，兼顾种植业、养殖业和种养结合型家庭农场比例，选定了儋州市、琼海市、万宁市作为全省家庭农场发展情况监测点，目前，已确定了监测的家庭农场名单，并开展了相关监测工作。**三是**通过政策宣传、加强指导服务，建立健全家庭农场在农业主管部门登记备案等制度，构建家庭农场管理服务体系。

市县政府也采取措施促进家庭农场发展。白沙县政府 2015 年出台《白沙黎族自治县关于加快培育和发展家庭农场（休闲示范点）的指导意见》，对全县家庭农场发展的总体思路、准入条件、发展目标、经营范围和要求做了明确规定。澄迈县已经建立起家庭农场档案，对家庭农场进行了摸底调查工作。定安县建立了家庭农场统计档案，有示范性的家庭农场336家。海口市开展了示范家庭农场认定工作，2014年认定了5家示范家庭农场。文昌市转发了省农业厅《关于促进家庭农场发展的意见》，出台了《文昌市家庭农场认定办法》落实措施，建立了家庭农场档案。保亭县建立了家庭农场档案。琼海市、儋州市、万宁市建立了家庭农场档案，开展了家庭农场监测工作。陵水县将家庭农场发展与扶贫帮困、落实县委促进农村庭院经济发展结合起来。临高县将家庭农场与种橾养蚕工作结合起来，培养了一批以种桑养蚕为主要内容的家庭农场，既促进了农村经济发展，又促进了农民增收。大多数市县结合农村土地确权工作，采取措施，鼓励农村土地流转到家庭农场。积极引导家庭农场建立完善合法的土地流转体系，宣传土地承包流转政策和法规，指导家庭农场签订完善合法的土地流转合同，并根据家庭农场的实际情况，指导家庭农场结合自身情况和市场情况发展规模经营。市县农业部门利用阳光工程培训、新型职业农民培育工程以及各农业技术部门开展的农民短期技能培训班等，培训家庭农场经营者，提升了家庭农场经营者农业技术水平。通过小额贷款贴息优惠政策，为家庭农场解决资金难问题。

总体来看，海南省家庭农场得到了一定的发展，但还处于发展的初步阶段，需加强引导和扶持，规范发展。

三　存在的问题

一是一些市县还未出台促进家庭农场发展的具体意见和措施。由于海南省农村经济发展相对落后，一些市县家庭农场数量不多，只有几家，影响了具体措施的出台。

二是经营管理水平普遍较低。家庭农场发源于传统的承包农户，经营者文化水平总体较低，往往没有接受过专业知识和技术的培训，经营管理主要靠经验，存在土地产出率、劳动生产率和资源利用率较低等问题。大部分家庭农场没有财务收支详细记录，只算大账，不记小账，没有进行成本核算，效益分析。

三是金融保险服务不足。相较于小农户，家庭农场扩大生产投入的资金更多，面临的风险更大，对金融服务的需求更加旺盛，但由于缺乏抵押物、信用环境欠缺等因素，很难从金融机构获得贷款。在农业保险方面，依然存在险种少、赔付低、家庭农场经营者保险意识不强等问题，这让家庭农场风险抵御能力不足。

四是还没有设立扶持家庭农场发展的财政专项资金。

五是家庭农场发展管理服务队伍建设薄弱。海南省农经队伍力量薄弱，大多数市县农业局只有1—2名农经专职人员，农经人员要负责家庭农场、农民专业合作社、农村土地承包经营管理、减轻农民负担、农业产业化、农村集体资产管理、农经统计、农业社会化服务等一系列工作。在乡镇没有专门的经管站，仅依靠镇农业服务中心去兼管，而镇农业服务中心“三定”（定机构、定职能、定编制）方案文件中又没有赋予农业服务中心管理服务有关农经管理的职能。由于农经队伍薄弱，市县和乡镇家庭农场管理服务工作大为削弱，给工作带来很大的难度。

四　下一步工作

一是完善家庭农场认定制度。省农业厅下发了《关于做好家庭农场认定和名录建设工作的通知》，要求各市县在2016年建立完善家庭农场认定制度。省农业厅组成检查调研组到各市县在检查调研家庭农场认定制度完善落实情况。

二是培育一批生产管理规范、规模经营效益好、带动能力强的示范家庭农场，发挥示范带动作用。

三是把家庭农场发展与精准扶贫、特色农业发展、休闲农业（农家乐）、中西部增收等工作紧密结合起来。

四是开展家庭农场经营者培训，培育职业农民，着力培育一批有文化、善经营、会管理的家庭农场经营者。

五是做好家庭农场经营情况统计和抽样监测，为政策制定服务，增强扶持政策的精准性、指向性。

六是开展示范家庭农场试点工作，拟在3个市县开展示范家庭农场试点工作，为全省开展示范家庭农场工作打好基础。

七是加强与省财政部门的协调沟通，争取设立扶持家庭农场发展专项扶持资金。

重庆市家庭农场发展情况

2015 年，重庆市高度重视扶持家庭农场发展，通过强化政策宣传、加大财政扶持、规范认定登记、开展示范创建等措施，促进了家庭农场持续健康发展。家庭农场已成为新型农业经营主体的重要力量，有力地促进了农业发展方式转变和农民快速持续增收。2015 年，全市农村常住居民人均可支配收入 10505 元，增长了 10.7%，增幅居全国第二。

一　基本情况

截至 2015 年年底，全市家庭农场总数 1.4 万个，其中已在工商部门登记的 6159 个。总体而言，重庆市家庭农场在发展中主要呈现以下特点。

一是扶持体系基本建立。按照市里改革统一部署，市农委制定了家庭农场的指导意见，联合工商出台了家庭农场的注册登记办法，与市财政等相关部门共同研究推进家庭农场发展的政策措施等。**二是发展质量不断提升**。目前，全市家庭农场达 1.4 万家，其中主要以种养殖业为主，占总数的 80 %。目前，全市家庭农场经营土地面积为 86 万亩，家庭农场平均经营土地规模为 63 亩，远高于普通农户的生产规模，其商品化程度、集约化水平都较高，家庭农场经营者收入普遍高于一般农户。**三是示范建设稳步推进**。本市和多数区县都大力开展了示范家庭农场创建活动，以示范促发展。目前，已培育市级示范场 250 家，区县级示范场 900 多家。**四是市场导向明显加强**。当前，我国农业已全面进入由市场决定产业发展方向的新阶段。为适应这一变化，家庭农场以生产商品化农产品为专职，商品化率近百分之百。因此，其经营者十分注重面向市场，以市场为导向组织生产并且参与市场竞争，重视农产品质量安全。2015 年，家庭农场年销售农产品总值 48.04 亿元，拥有注册商标 448 个，获得农产品质量认证 239 个。

二　主要工作举措

（一）创新发展模式

一是推进多元兴办。在领办主体上，积极引导和支持农村能人、技术能手、返乡农民工等积极兴办家庭农场，鼓励夫妻农场、父子农场、兄弟农场发展。在发展方向上，引导发展种植业、养殖业相结合的生态友好型家庭农场。**二是引导合作发展**。引导家庭农场和其他农业经营主体的合作，大力推进“家庭农场＋农民合作社”“家庭农场＋农业龙头企业”等联合发展模式。万州区天城镇茅谷桃果专业合作社成员中家庭农场有25个，种桃面积达2800亩，占合作社总面积4500亩的62.2%。**三是开展标准化生产**。引导家庭农场推行规模化、专业化、标准化生产，实行生产纪录、品牌标识、财务核算等管理，鼓励有条件的家庭农场申报“三品一标”，提高农产品质量。

（二）完善扶持政策

一方面，研究制定相关政策。近年来，每年市里出台的农业农村工作意见，均要求积极培育家庭农场发展。市农委会同相关部门先后出台《关于培育发展家庭农场的指导性意见》《关于做好家庭农场注册登记工作的通知》等，引导家庭农场有序发展。各区县也相继制定家庭农场认定标准和扶持意见等，引领和推动家庭农场发展。另一方面，加大财政扶持。市里安排的特色效益农业发展专项资金，无论是到区县的切块资金，还是竞争立项的市级统筹资金，都鼓励和支持家庭农场承担。市里每年列1000万元，专项支持家庭农场发展。2015年，市里安排1亿元，开展财政支持适度规模经营农户发展，重点扶持家庭农场发展。

（三）推进土地流转

通过建立健全基层土地流转服务组织，加强土地流转后生产经营项目的监管等，规范农村土地流转，促进家庭农场健康发展。目前，在36个区县、870个乡镇建立了农村土地流转服务机构，30个区县建立了农村土地流转市场，为家庭农场流转农村土地提供全面服务。2015年，全市农村土地流转面积1453.5万亩，流转比例达41.5%；适度规模经营面积1206.1万亩，规模经营度达到34.4%。

（四）加强指导服务

一是加强示范引领。注重监测评估、动态管理，塑造典型、示范带动，努力营造家庭农场健康发展的良好格局。目前，全市已培育市级示范农场250家，区县示范农场700余家。**二是加大人才培训**。将家庭农场纳入新型职业农民培训计划，采取“专业院校+田间学校”两段式培训模式，积极开展种养技术、市场营销等专业培训，努力培育一大批懂经营、会管理、善合作的新型职业农民。**三是加强社会宣传**。通过主流媒体广泛宣传家庭农场，努力营造关心、支持家庭农场成长的浓厚氛围，充分发挥其“标杆”引领和“示范”带动作用。**四是推进产销对接**。建立家庭农场名录，收集家庭农场产品和规模信息，整理汇总并主动对接市场销售主体。推动“互联网+农场”发展，建立QQ群、微信群、网站等网络交流对接平台，指导建立直销网店，帮助宣传推广。永川区曾胡鑫蔬菜农场的生态西红柿通过互联网推广，销售到全市各个区县。

三　下一步计划

当前，在家庭农场发展中，也面临一些困难和问题。如农业社会化服务体系不完善、不配套，难以满足家庭农场的发展要求；家庭农场经营管理水平不高，融资难、贷款贵等。下一步，我们将按照中央《关于引导农村土地经营权有序流转发展农业适度规模经营的意见》的要求，紧紧围绕提高农业综合生产能力、促进粮食生产、农业增效和农民增收，稳步推进全市家庭农场的发展，着重从以下方面加以推进：**一是加大示范建设**。开展示范家庭农场创建活动，每年扶持100家以上市级示范家庭农场，建立和发布示范家庭农场名录，示范引导发展。**二是推动转型升级**。指导家庭农场推进标准化、品牌化生产，走种养结合、生态循环型的发展路子，不断提升发展质量和效益。**三是提升社会化服务**。结合农业全程社会化服务试点，探索社会化服务新机制。推进“互联网+农场”，通过网络电商平台展示，促进产销对接。**四是加强人才培训**。加大家庭农场人才培训力度，培养一批致力于发展现代农业的新型职业农民。鼓励中高等学校特别是农业职业院校毕业生、新型农民和农村实用人才、务工返乡人员等兴办家庭农场。

四川省家庭农场发展情况

一　总体发展情况

近年来，四川省把发展家庭农场作为培育新型农业经营主体的重要抓手，出台发展政策，加强培训指导，积极引导农户特别是职业农民创办家庭农场，推动了全省家庭农场快速发展。截至2015年年底，全省在工商部门注册登记的家庭农场共23317个。其中，从事种植业的家庭农场11104个，占家庭农场总数的47.6%；从事畜牧业的家庭农场6374个；从事渔业的家庭农场1191个；从事种养结合的家庭农场3128个；其他类型家庭农场1520个。全省家庭农场经营土地面积175.8万亩，场均75.4亩。共有劳动力110634个，场均4.7个。其中，家庭成员劳动力73629个，场均3.2个，占劳动力总数的67%；常年雇工劳动力37005个，场均1.6个，占劳动力总数33%。年销售农产品总值53.9亿元，场均23.1万元，购买农业生产投入品总值23.1亿元，场均9.9万元。有479个家庭农场拥有注册商标，229个通过农产品质量认证，有2065个被县级以上农业部门认定为示范家庭农场。

二　工作措施及成效

（一）政策引导，激发发展活力

省委、省政府高度重视加快培育和提升现代农业经营主体，连续几年省委1号文件都着重关注家庭农场，提出“坚持以家庭经营为基础，推进农户合作与联合，强化农业社会化服务，发展农业产业化经营。加大家庭农场培育力度”，“引导农户承包地经营权向农民合作社、家庭农场、种养大户流转，发展农业适度规模经营”，“支持农户以土地经营权、资金等方式入股农民合作社、家庭农场等新型农业经营主体”。2015 年，四川省政府办公厅出台了《关于培育和发展家庭农场的意见》（川办发〔2015〕89 号），农业厅根据省政府文件精神，下发了关于贯彻落实《四川省人民政府办公厅关于培育和发展家庭农场的意见》的实施意见（川农业〔2016〕32 号），制定了《四川省家庭农场省级示范场评定暂行办法》（川农业〔2015〕94 号），并按照《暂行办法》评定了 200 个生产规模较大、经济效益较好、产业基础较牢的省级示范场，为示范引领全省家庭农场持续健康发展起到了积极作用。

（二）规范登记，挖掘发展潜力

省工商局通过降低出资限额、放宽企业名称登记条件、放宽企业住所登记条件、放宽企业经营范围和方式、免征登记费等措施，深入挖掘发展潜力，大力促进家庭农场发展。

（三）土地流转，夯实发展根基

为规范土地流转，夯实规模经营基础，四川省先后下发了《关于进一步规范有序进行农村土地承包经营权流转的意见》（川办发〔2009〕39 号）和《关于进一步引导农村土地经营权规范有序流转发展农业适度规模经营的实施意见》（川委办〔2015〕10 号）。截至 2015 年年底，全省家庭农场经营土地面积 175.9 万亩，其中，流转面积 103.1 万亩，比 2014 年增长 60.7%，规模经营日趋明显，家庭农场发展根基日益牢固。

（四）加大扶持，助推发展动力

将家庭农场纳入财政支农政策扶持范围，积极争取财政资金对家庭农场的扶持，帮助家庭农场改善生产经营基础设施、添置农业机械、购置加工设备、应用先进实用的新品种新技术、拓展市场营销等。2014 年和 2015 年省级财政共安排专项扶持资金 4970 万元用于支持家庭农场改善生产条件和经营管理，发展适度规模经营。

（五）完善家庭农场人才支撑

充分利用各类培训资源，通过职业经理人培训专项，新型经营主体培训专项，对家庭农场主进行职业技能、政策法规知识培训，取得农业职业经理人证书的同时享受职业经理人的各项扶持政策。

（六）部门协作，聚集发展合力

近几年来，四川省有关职能部门通力协作，共同扶持全省家庭农场快速发展。工商部门赋予家庭农场法人地位，财政部门大力给予资金扶持，金融部门给予授信贷款，科技、科协、水利、农业、林业、财政等部门在项目扶持上重点支持家庭农场，一些项目倾斜给有条件的家庭农场来承担实施。

三　存在的问题和困难

（一）生产要素约束

大多数家庭农场在农业生产要素获得方面仍然面临着较大的约束，主要集中在资金、土地和人才等方面。千家万户的分散生产与新型农业经营主体的规模化生产依然存在矛盾，相当一部分农民还抱着“宁可抛荒不可失地”的思想，害怕失地失权，不愿意把土地流转给他人耕种。在资金方面，绝大多数的家庭农场在融资筹资方面都存在着授信担保困难、申请手续繁杂、隐性交易费用高等诸如此类的问题，发展前景受到很大制约。在人才方面，家庭农场总体上是农村综合素质相对较高的群体，在所从事的行业中往往都有着一定的技术和经验优势，但从事农场生产的主体成员年龄构成普遍“高龄化”、低能化的问题却依然不容忽视。

（二）基础设施薄弱

虽然近几年来四川省农村基础设施有了大幅度的改善，但区域发展不平衡的情况依然存在，仍然没有改变“靠天吃饭”的局面，如遇大的灾难，家庭农场将成为最大的受害者。

（三）服务体系不健全

家庭农场根据自己业务发展的特点需要有针对性的个性化指导，而且其需求由单纯的生产环节服务向产前、产中和产后全程服务扩展，对新品种与新技术引进、市场信息、地理标识、质量检测、产品营销服务等综合性服务的需求不断增加。但是原有的基层农技推广体系主要是针对传统家庭经营户提供生产技术服务，很难满足家庭农场从事现代农业生产经营所需要的个性化、全程化和综合性服务。

（四）家庭农场标准不统一

截至目前，中央没有一个家庭农场的统一标准，具体标准由各地自定，特别是养殖业的家庭农场标准难掌握，造成统计口径不一，各地差别大，给各级领导决策增加难度。

四　下一步工作措施及建议

以加快推进集约化、专业化、组织化、社会化相结合的新型农业经营体系建设为目标，坚持从四川省实际出发，突出家庭农场的基础地位，加强体制支撑，加大政策扶持，加快建设步伐，促进现代农业发展。主要做好以下几方面工作。

（一）加强土地流转服务

加强土地承包管理，健全土地流转服务体系，积极建立省市县乡村五级土地流转服务平台，发挥其信息沟通、政策咨询、合同签订、价格协调、纠纷调处等作用，鼓励和支持流转土地优先流向家庭农场等规模经营主体，做好流转合同档案管理工作，及时化解农村土地流转各类纠纷，维护流转双方的合法权益，保持农村社会秩序的长治久安。

（二）加强示范场建设

根据本省家庭农场发展水平和省级示范场认定标准，在不同类型家庭农场中，培育一批基础设施较好、机械设备较多、经营规模较大、经营效益较高的省级示范场，引领带动其他家庭农场规范健康发展。

（三）加大政策扶持力度

积极协调农业、水利、国土、建设、规划、财政等有关部门，对符合条件的家庭农场，优先安排农田基本建设、土地整理、农业综合开发、农机购置补贴等，不断改善家庭农场基础设施条件。

（四）加强生产技能培训

充分利用农业、人社、教育、科协等部门和社会各类相关培训项目，围绕产前、产中、产后关键环节，开展针对性培训和指导，通过举办各类实用技术培训班，提高家庭农场经营者的生产技能、市场意识和经营管理水平。尤其要加强农业技术、良种良法推广力度，充分利用新型农民培训这一民生工程，优先安排家庭农场成员参加培训。引导外出务工的年轻有为青年，返乡务农，提高家庭农场从业人员的整体素质；鼓励和支持大中专毕业生走进家庭农场，提高家庭农场整体素质。

（五）加强社会化服务体系建设

要深化农技推广体制改革，加强基层农业公共服务中心建设，为家庭农场提供更多更有用的服务，指导家庭农场应用先进适用农业新技术、引进优质高产新品种、种养新模式，开展标准化生产；大力发展农机、植保等农民合作社，充分发挥农民合作社的社会化服务作用，鼓励家庭农场通过联合与合作，依托合作社、龙头企业等专业服务组织，提高专业化、集约化、规模化经营水平；规范、引导“农事钟点工”，开展插秧、采摘、植保等多形式、全方位的农事服务，提高农业组织化程度，解决当前家庭农场农业机械化水平不高、农村劳动力缺乏的问题，积极稳妥地推进四川省家庭农场的健康发展。

贵州省家庭农场发展情况

按照贵州省政府办公厅《关于印发〈贵州省农民合作社家庭农场等农业经营主体发展情况调研方案〉的通知》和农业部经管司《关于报送家庭农场发展情况和典型案例的通知》要求，省农委牵头，与省有关部门组成9个调研小组，2016年4月27日至5月10日分别到9个市（州）、贵安新区32个县102个农民合作社和52个家庭农场实地调研，同期省农委还开展了茶叶类、蔬果类农民合作社家庭农场调研。调研组采取全面调查与典型调研相结合，书面调研、问卷调查、实地走访和座谈会等形式，对全省范围内的农民合作社家庭农场等农业经营主体发展情况进行了全面调研，形成了9个调研小组子报告。综合子报告和汇总有关数据，形成《贵州省农民合作社家庭农场等农业经营主体发展情况的调研报告》，现将具体情况报告如下。

一　家庭农场的发展情况

全省共有家庭农场2444个，其中在当地工商部门登记的有882个，经当地农业部门认定的（还未工商登记）有1562个。按产业划分：粮食类的49个，占2.0%；水果类家庭农场411个，占16.8%；蔬菜类的489个，占20%；茶叶类156个，占6.4%；中药材类187个，占7.7%；养殖类988个，占40.4%；林业类66个，占2.7%；休闲观光类45个，占1.8%；其他53个，占2.2%。从调研看，家庭农场对农户增收作用主要表现为两点，即土地流转收入和农户在家庭农场打工收入。2016年5月按农业部要求，省农委农经站实名上报农业部并得到认可的只有600多家。即便这样，发展速度也不算慢，2007年《农民专业合作社法》正式实施时全省只有236家农民合作社，5年后才突破万家。

调查发现，贵州省家庭农场主要呈现以下三个明显特点。

一是起步的规模较大。全省家庭农场经营土地面积50.8万亩，平均每个家庭农场207.9亩，平均每户经营流转土地面积180亩。**二是效益较好，市场竞争力较强**。家庭农场经营收入5.547亿元，平均每个家庭农场22.69万元，年人均纯收入23909元，是普通农户的2—3倍。**三是带动效果明显**。全省家庭农场有经营者10753人，雇用贫困劳动力5053人，辐射带动贫困人口1.91万人。

二　发展家庭场的经验做法

近年来，各地通过政策引导、资金扶持、技术服务、规范管理等方式，大力培育和发展具有现代特色的家庭农场，提炼出了“五个到农场”的经验做法，即领导挂帮到农场、技术服务到农场、政策落实到农场、产销衔接到农场、规范管理到农场。通过积极探索家庭农场发展方式，促进了农业产业发展和农民增收致富。

（一）打造平台，促进家庭农场健康发展

随着农业产业发展和农业效益提高，一些农户逐步发展成为种养大户，面对农业产业化经营和农民组织化程度日益发展的形势，如何加快提升种养大户的经营能力，增强经济实力，成为破解“三农”问题的重点所在。如：江口县在扶持农业龙头企业、农民合作社的同时，更加关注规模种养大户，通过扶持和培育，鼓励他们向现代家庭农场方向规范和提升发展，更好地顺应现代农业发展的潮流。一方面通过大力推进农村土地承包经营权流转，鼓励种养大户通过承租、转包、转让、入股等形式进行土地流转，建设现代家庭农场，开展适度规模经营，给予土地要素有力支撑。另一方面，充分发挥政策导向作用，在农业产业化政策中，适度对家庭农场发展进行政策倾斜，并在贷款发放、农业项目申报等方面给予一定的倾斜；对家庭农场开展基础设施改造、购置现代农用机械等给予一定的补助。这些措施有力地支持了家庭农场的发展。

（二）树立典型，实现家庭农场规范管理

在培育家庭农场的过程中，坚持发展、规范、提升并举，着力打造一支素质较强，可学可赶，具有标杆示范性的家庭农场。一方面，积极鼓励家庭农场进行工商登记注册，成为法人型经营主体，为生产经营活动提供

法律保障。另一方面，针对粮食、蔬菜、水果、水产等不同生产类型的家庭农场，分别制定了相应的建设标准，推行“四有五化三效益”目标管理，即建时“有规模、有标牌、有场所、有配套”，经营管理中实施“生产组织化、管理科学化、营销网络化、技术标准化、产品品牌化”，最终实现“经济效益、社会效益、生态效益”三效同步发展，促进家庭农场步入规范化轨道。一批先进典型脱颖而出，为普通农户发展家庭农场树立了榜样，成为家庭农场致富典型。

（三）创新模式，提升家庭农场经济效益

家庭农场是现代农业发展中出现的新生事物，尚处在发展的初始阶段，应对市场经济变化的能力尚显薄弱，迫切需要产业龙头的带动和助推发展。为此，各地积极鼓励农业企业和农民合作社发挥带动辐射作用，建立起“农业企业 + 合作社 + 家庭农场”的利益联结模式，以“订单”生产、“订单”销售的形式把家庭农场组织起来，实行标准生产、质量追溯和品牌营销，有效解决了家庭农场在生产销售上的顾虑、企业对加工原料的需求和合作社产品供应的稳定性，实现合作多赢。如：集中在江口县闵孝农业园区的 10 个家庭农场，与兴乔专业合作社和余小红蔬菜合作社实现成功对接。农场在产前就与合作社订立蔬菜购销合同，优惠得到合作社提供的种子，在产中接受蔬菜合作社在技术、管理、培训等方面的全程服务，在产后通过公司保护价收购，种植的蔬菜全部顺利销售。2015 年，这些家庭农场通过订单销售蔬菜 5000 多吨，实现收入 300 多万元，极大地鼓舞了家庭农场的发展信心。

（四）提升发展后劲，培养实用人才

通过农广校、阳光工程、三百工程等，开展农业“两创”人才、农业专业技能、农村劳动力转移培训，积极培养一批职业农民带头人、农村职业经纪人和农业社会化服务人才，为家庭农场发展储备力量；鼓励农场主参加各种学习，不断掌握现代农业先进技术，努力转变发展思路，提升自身综合素质；积极推广“三新”技术，鼓励家庭农场引进新品种、应用新技术、装备新农机，加强与贵州农学院、贵州农科院、市（州）职业学院等院校科研单位的合作，为促进家庭农场的发展壮大，增强科技支撑能力。

三　主要问题

贵州省家庭农场正在起步，各种问题都有，存在地位不明确、发展基础不牢固、政策支持难到位、发展资金难筹措、人才瓶颈难破局、综合服务难到位等制约因素。最突出的是农村土地流转困难。有的农户担心失了地、丢了根，不愿流转；有的农民外出收入高，对那点田、那点租金无所谓，田放那，还可以领补贴，所以不愿意流转；还有的农民心胸狭隘，宁可把自己的土地放荒，也不愿流转给别人去赚钱。

四　加快培育家庭农场的对策和建议

（一）提高思想认识，把家庭农场列入政府重点工作

家庭农场是2013年中央1号文件之后，在农村出现的新型农业生产经营主体。家庭农场虽然小于合作社，但却大于普通农户，虽然规模不是很大，但毕竟具有一定规模，这种介于合作社和普通农户之间的新型农业经营主体，很适合当今农村的家庭承包经营体制，这种适度规模经营能够产生可喜的规模效益和“集聚效应”。贵州省各级政府各有关部门应将发展家庭农场列入农民改革和农村经济发展的重要内容，真正纳入工作日程。目前全省家庭农场发展分布上不均匀正是与重视程度有关。铜仁高度重视家庭农场发展并且工作措施到位，数量就大，贵阳、遵义正在部署发动，数量也还可以，其他市（州）尚未引起重视，数量就偏少。

（二）突出重点环节，加快家庭农场发展步伐

一是以特色优势产业为重点。家庭农场的发展总体上必须立足本省特色优势产业，根据国家农业发展政策和本省具体特点，不断推进农业结构调整，大力发展市场前景好、经济效益高的经济作物和养殖业，重点围绕生态畜牧、茶叶、蔬菜、精品水果、马铃薯、中药材、核桃、油茶、特色粮油9大特色优势产业，根据产业分布和群众意愿，每个村组重点发展几个家庭农场，推进家庭农场全面发展。

二是以专业大户、农村致富带头人的改造提升为重点。指导扶持专业大户、农村致富带头人等稳定经营形态，克服短期发展的心理和行为，长

远谋划生产经营，提高集约化经营能力。指导扶持符合家庭农场条件的专业大户、农村致富带头人以及挂名翻牌成立的名不副实的“合作社”等经过工商登记注册或变更登记为家庭农场，获得法人资格；把新型农业经营主体人才培养作为农业农村人才队伍建设的重要内容，利用和整合各类培训资源，开展农业职业教育和职业培训，重点培训专业大户、家庭农场主、农民合作社经营管理人员，率先发展成为职业农民。参照大学生村官的政策，鼓励和支持大学生特别是农业院校的大学生到农村、回家乡，创办新型农业经营主体，发展现代农业。

三是以建立健全社会化服务体系为重点。大力发展农村社会化服务组织，开展信息服务、农业机械、统防统治、产品保鲜和储运、产品加工、营销等多形式、多环节的社会化服务，满足家庭农场生存发展的需要。当前重点是发展稻谷烘干、果蔬保鲜等服务组织，使家庭农场可以集中精力抓好生产环节的事情；要优化金融服务，开展家庭农场信用等级评定，对信用等级高的家庭农场给予一定的授信额度，并给予利率优惠，允许家庭农场以大型农用设施、流转土地经营权等抵押贷款，创新信贷品种，简化信贷手续，提供优质服务；支持和引导农业担保机构优先为家庭农场提供担保贷款。

（三）狠抓规范管理，确保家庭农场发展质量

一是规范注册登记。在登记程序上，应由农村经管部门对规模、业主情况等进行实质性审查，然后由工商部门注册登记。工商、经管部门应根据本地实际，出台家庭农场的认定标准，主要应包括以下几个方面的内容：家庭农场成员为主要劳动力，无常年雇工或常年雇工数量不超过家庭务农人员数量；以第一产业为基础，同时经营的第二、第三产业是以家庭经营的第一产业为基础拓展的；有稳定的经营场所；经营规模达到一定标准。

二是规范土地流转。长期稳定的土地经营权是家庭农场稳步发展的关键，家庭农场流转耕地至少要稳定流转期限在 5 年以上。乡镇农村土地流转服务中心是基础，切实承担起指导流转合同、调节土地承包矛盾纠纷、搜集发布流转信息等职能，为土地流转搭建便捷的沟通和交易平台；逐步探索建立土地流转双方的价格协调机制、利益联结机制和纠纷调解机制，促进流转关系稳定和连片集中。土地信托流转乡镇要进一步规范信托行为，稳步推进信托流转。未推行土地信托流转的乡镇要建立健全

土地流转工作机制，加强土地承包流转合同管理（仲裁）机构建设，培育和发展各种类型的土地流转中介机构，建立合理的土地流转价格形成机制。

三是规范经营行为。严厉制止家庭农场掠夺式经营、破坏农业资源和农村生态环境、改变土地用途等不法行为。规范农业投入品，不购买、不使用禁用的农业投入品，消除农业面源污染，加强环境治理和保护。规范土地使用，禁止随意扩大临时建设用地范围，禁止擅自将农用地非农使用，禁止基本农田开挖鱼池、改种多年生果木等破坏耕作层的行为，禁止以圈地为目的的粗放经营、降低土地生产率的行为。规范财务管理，建立较为完善的财务档案。

（四）加大扶持引导，增强家庭农场发展后劲

一是加大基础设施投入。目前，家庭农场各项设备设施还不完备，尤其是在农机具、仓库、晒场等基础设施方面。必须加大对家庭农场的基础设施投入，重视基础设施在家庭农场建设中的作用。

二是加大政策扶持力度。建立财政资金引导激励机制。各级财政要加大对家庭农场的扶持力度，采取直接补助、以奖代补、贷款贴息等方式，支持家庭农场开展农产品质量安全认证、种苗繁育、加工储运、市场营销等。建立家庭农场土地流转补贴制度，对达到一定标准的家庭农场流转土地给予补贴。建立涉农资金整合支持机制。把家庭农场纳入现行农业政策支持体系，除允许享受承包农户、合作社、龙头企业的现行优惠政策外，还要整合涉农项目，支持家庭农场完善基础设施，推广新品种、新技术，夯实发展基础。建立健全金融支持机制。创新信贷品种，允许家庭农场以中大型农用设施、流转土地经营权等抵押贷款；开展家庭农场信用等级评定，对信用等级高的家庭农场给予利率优惠，扩大授信额度；加强保险与涉农信贷协作配合，开展农业保险保单质押贷款。建立用地、用电优惠扶持机制。对家庭农场符合条件的用地优先安排、优先审批，并减免各项规费。优先安排家庭农场的生产用电、电网改造，对相关费用给予优惠。

三是加大典型培养力度。加强示范引导，建立示范家庭农场。各级农业、水利、林业、供销等部门要制定示范家庭农场标准，建立示范家庭农场名录，对示范家庭农场予以优先扶持，规范发展，做大做强。

四是加大组织领导力度。明确农业部门为家庭农场的主管部门，有关

职能部门通力协作，共同扶持。工商部门抓好注册登记，财政部门大力给予资金扶持，金融部门给予授信贷款，农业、财政、水利、林业、国土等部门在项目扶持上给予重点支持，一些项目倾斜给有条件的家庭农场来承担实施。

云南省家庭农场发展情况

根据农业部经管司报送家庭农场发展情况的通知要求，现将2015年云南省家庭农场发展情况报告如下。

一　家庭农场发展情况

2015年，全省各级农业部门认真贯彻农业部和省委、省政府发展家庭农场的文件精神，结合各地实际，积极推进家庭农场健康发展。截至2015年年末，全省经农业部门认定的家庭农场共有2891个，其中，被县级以上农业部门评定的示范家庭农场672个，占认定家庭农场总数的23.2%。已在工商部门登记注册的1356个，占46.9%。从事种植业的家庭农场1423个，占49.2%；从事畜牧业的931个，占32.2%；种养结合的348个，占12.1%，种植类和养殖类家庭农场占总量的93.4%。家庭农场经营土地面积总量为26.8万亩，平均每个家庭农场经营土地面积92.7亩。家庭农场劳动力13745个，平均每个家庭农场有劳动力4.75人，家庭成员劳力占70.7%。

家庭农场销售农产品总值13.2亿元，购买农业生产投入品总值6.9亿元。其中，年销售农产品10万元以下的农场735个，占25.4%；10万—50万元的1490个，占51.5%；50万—100万的446个，占15.4%；100万以上的220个，占7.6%。拥有注册商标的家庭农场63个，通过农产品质量认证的7个。

二　主要做法

（一）推动各地家庭农场政策出台

《农业部关于促进家庭农场发展的指导意见》（农经发〔2014〕1号）

下发后，为进一步明确云南省家庭农场发展思路和目标，云南省委办公厅、云南省人民政府办公厅印发了《关于加快发展家庭农场的意见》（云办发〔2014〕47号），提出围绕高原特色优势产业，因地制宜，分类指导，着力培育一批产业特色鲜明、运作管理规范、综合效益好、示范带动强的家庭农场。根据农业部和省委、省政府两办下发的文件精神，农业厅加强工作调研督促，昆明、昭通、曲靖、楚雄、大理、玉溪、红河、保山、德宏、丽江、临沧11个州市相继出台了发展培育家庭农场的政策文件，各地普遍把家庭农场纳入新型农业经营体系建设的重要内容，结合实际进一步细化了家庭农场发展目标和措施，为推动云南省家庭农场发展提供了政策支撑。

（二）积极开展家庭农场认定

开展家庭农场的认定，是规范发展家庭农场的重要基础工作。农业厅高度重视家庭农场发展工作，通过开展业务培训和工作调研，加强工作指导，督促各级农业部门制订出台家庭农场认定办法，组织开展家庭农场的认定工作。在认定过程中，各地结合当地自然资源禀赋、特色优势以及农业经济发展水平等因素，准确把握家庭农场性质特征，合理确定认定标准，科学把控发展方向，避免出现一拥而上和盲目追求大规模的现象。通过开展认定，规范了家庭农场管理，提升了农场主发展积极性，也为实施信息化管理，争取财政、金融扶持政策奠定了基础。

（三）探索示范家庭农场创建

2015年，云南省大理州、德宏州、曲靖市等部分州市在开展认定的基础上，及时总结发展经验，研究出台了地方示范家庭农场的评定办法，积极探索建立州市级、县级示范家庭农场创建机制。在示范农场的评定过程中，各地结合实际，重点在家庭农场生产的专业性、适度规模、经营的高效和绿色生态等方面提出具体标准，并明确示范家庭农场应进行工商登记。积极争取财政、金融等部门支持，形成合力推进家庭农场发展。各级财政扶持家庭农场资金743万元，扶持了195个家庭农场。277个家庭农场获得金融部门贷款支持，贷款总额7123万元。通过创建示范家庭农场，树立发展典型，充分发挥示范效应，带动农场周边农户发展家庭农场。

（四）深入开展家庭农场专题调研

为进一步掌握了本省家庭农场发展情况，根据省政府政策研究室政策咨询课题安排，2015年农业厅牵头对本省家庭农场发展情况进行了专题调研，组织完成了《促进云南家庭农场发展对策研究》课题，向省政府政策研究室提交了课题报告，总结前期发展经验和做法，分析了当前本省家庭农场发展的情况以及存在问题，有针对性地提出了促进本省家庭农场发展的思路和政策建议。

三　存在的主要问题

由于云南省家庭农场起步较晚，尚处于发展初级阶段，还存在一些突出的问题。**一是部分地方对家庭农场重视不够**。目前，部分州市尚未出台发展家庭农场的政策，未组织开展家庭农场认定，政府部门引导扶持不够。大理、曲靖、玉溪、红河等经济条件好的地方引导扶持政策明确，工作力度大，家庭农场发展迅速。其他一些贫困、民族边远地区家庭农场整体发展较慢。二**是制约土地流转因素多**。家庭农场需要通过土地流转进行适度规模经营，但由于土地流转管理和服务体系不健全，土地流转行为不规范、信息不畅等诸多原因制约了家庭农场发展。三**是融资贷款难**。大多数家庭农场资金实力不强，迫切希望得到金融部门的融资支持，但由于融资担保体系缺失和商业贷款门槛高等原因，农场主贷款难。2015 年全省仅有 9% 的家庭农场获得金融部门贷款支持。**四是相关配套服务不够**。家庭农场依靠农民自主经营，大部分农场受地理位置、交通、通信等因素制约，在新品种引进、市场信息、质量安全、实用技术等方面缺乏完善的配套服务。

四　下一步工作计划和建议

（一）全面建立家庭农场认定制度，规范家庭农场管理

深入贯彻落实农业部和省委、省政府发展家庭农场有关精神，按照“成熟一个，认定一个”的思路，积极组织各县（市、区）研究出台家庭农场认定办法和标准，全面组织开展家庭农场认定工作。结合农业部家庭农场信息采集，逐步建立云南省家庭农场信息管理系统。

（二）探索开展示范家庭农场创建

在县级认定的基础上，鼓励各地探索创建示范家庭农场。争取 2016 年出台省级示范家庭农场的评定办法，每年评定 200 个省级示范家庭农

场，逐步建立省、州、县级示范家庭农场评定机制。

（三）建立完善土地流转机制

深入贯彻落实中央、省关于土地流转的文件精神，积极稳妥推进农村土地承包经营权确权登记颁证，维护好农民土地权益，让农民吃上“定心丸”，为土地流转奠定坚实基础。依托各级农经部门，切实加强农村土地流转管理和服务，规范土地流转行为，提供信息发布、政策咨询、价格指导、合同签订、纠纷调解等服务。

（四）落实扶持发展政策

根据本省家庭农场发展情况，加强与财政、金融、国土、税务等有关部门沟通协调。**一是**积极争取财政新增支农资金向新型农业经营主体倾斜政策，支持家庭农场基础设施建设、技术创新和“三品一标”等。**二是**配合有关部门稳步推进农村承包土地经营权抵押贷款试点，宣传推广林果权抵押贷款经验，根据家庭农场的差异化资金需求，提供多样化的融资服务。完善农业保险制度，开发适合家庭农场需求的保险品种，提高家庭农场的风险保障水平。**三是**督促家庭农场直接用于或服务于生产的配套设施用地按照设施农业用地管理政策落实，为家庭农场发展用地提供保障。**四是**确保家庭农场可享受的国家各项税收优惠政策落实到位。

（五）工作建议

部级层面上积极争取设立家庭农场发展专项扶持资金，并向边疆、民族、贫困地区倾斜。研究出台国家级示范家庭农场评定标准和办法，指导各地开展示范家庭农场创建。逐步完善家庭农场信息采集管理系统，方便各级地方录入、查询、更改家庭农场信息。

西藏自治区家庭农场发展情况

近年来，在农业部的关心和大力支持下，西藏自治区深入贯彻落实科学发展观，加强组织领导，强化措施，明确发展目标，突出工作重点，认真开展家庭农场发展工作。通过一年的努力，取得了一些成效，为发展现代农业，培育新型农业经营主体，构建现代农业产业组织体系探索了一些符合西藏实际的做法和经验，现将2015年家庭农场发展情况报告如下。

一　基本情况

据统计，目前全区已注册家庭农（牧）场12家，其中规模较大的有拉萨市德勒农场、日喀则市岗苏农场等4家，主要从事奶牛、牦牛、绵羊、绒山羊、生猪、藏鸡的养殖。据了解，种草养畜家庭牧场、养殖专业大户发展迅猛。以林周县为代表，全县发展种草养畜家庭农场和种养大户牧场2432户，共14592人，其中牦牛专业户633户、黄牛专业户455户、绵羊专业户650户、山羊专业户298户、养猪专业户396户，年末存栏牲畜164304头（只/匹），种植饲草料面积36480亩，户均15亩。家庭牧场养殖彭波半细毛羊78384只，占南部绵羊总数的85.2%。家庭牧场户年推广澎波半细毛羊种羊3250只，年出栏育肥羊30538只，年产绵羊肉488.61吨，年产羊毛15.68万公斤。2015年家庭农牧场人均纯收入达到8980.72元，其中半细毛羊养殖占农牧民人均收入的80%以上。

二　主要措施及成效

各级农牧部门对家庭农场发展工作非常重视，充分认识到培育新型农业经营主体的重要性，结合各地（市）农业农村经济发展现状，以培育家庭农场为抓手，努力创新农业机制，着力培育和壮大新型农业生产经营组织，充分激发农村生产要素潜能，实现现代农业更好更快发展。

（一）新型经营主体培育开始起步，适度规模经营效益初步显现

比较一家一户的个体生产经营，家庭农牧场的经济效益有了很大提高，说明适度规模经营的路子符合当前农牧区生产经营发展的方向。

（二）培养和带动了一批懂管理、会经营的新型农牧民

通过培育发展农牧场，有重点、有计划地培养了农牧区致富带头的新型农牧民，对推动农牧业转变发展方式，起到了积极的示范引领作用。

（三）通过发展家庭牧场，引导发展适度规模经营，激发了养殖大户和养殖能手的养殖积极性，既增加了牧场主的收入，又拓宽就业渠道

日喀则市桑珠孜区岗苏家庭农场为甲措雄乡岗村修建水塘，彻底解决了562亩土地的灌溉问题，每年为甲措雄乡岗村增加集体收益5万元。农场也为当地贫困户直接提供15个就业岗位（其中包括岗村、琼孜村的10户贫困户、贫困党员），按照每月1800元的工资，为从业人员带来32.4万元的年均现金收入。同时为特困户提供免费技术培训、指导，助其早日脱贫致富。2015年为10户特困户每户免费发放价值1.5万元的家具，为4.25地震受灾群众捐款3万元；同时给岗村捐款10万元用于扶持村集体经济发展。农场的成功发展在带动周边乡村农户淘汰劣质牛、改进品种、扩大良种群、发展良种奶牛养殖，调整农业结构，促进农牧民致富增收等方面起到了典型示范作用。下一步农场还将与周边农户签订牛奶收购合同，按照“农场+农户+基地”的生产经营模式，进行酸奶加工销售，深化延伸产业链条，进一步提高农户开展良种养殖的积极性，示范带动桑珠孜区农业走规模化、集约化、商品化的生产经营发展之路。

那曲地区家庭牧场通过对每个生产环节的掌控，实现了生态效益、经济效益、社会效益相统一，科学回答了怎么养畜、养什么样的畜等牧业转型升级的根本问题。在养殖方式方面，家庭牧场尝试放牧与补饲相结合的方式，开展适度规模化养殖，积极用先进技术，调整生产结构，优化种养模式，提高养殖水平等措施，逐步推动传统养殖方式向现代养殖方式转变，牛羊肉产量质量明显提高，适龄母畜比例达到60%，幼畜成活率提高了5个百分点，每头母牛产奶量比以前增长了40%。家庭牧场通过实施人工种草、流转草场、饲草料储备等方式，减轻了天然草场的压力，保护了草原生态环境。树立“立草为业、草业先行”的畜牧业发展理念，鼓励引导群众采取合作、入股、租赁、转让等形式，促进经营权向家庭牧场流转，较好地解决了牧户各自经营、管理不便、草畜矛盾的问题。通过分别租赁无畜户、少畜户草场，有效解决了牲畜超载的问题。

家庭农场工作自开展以来取得了较好的经济社会效应，发挥了积极的引领示范作用。一方面，家庭牧场以牧区家庭为生产单位，以家庭成员为主要劳动力，实施适度规模养殖，这种生产方式具有生产成本低、管理细致、决策快捷、经营灵活、易于规避风险等特点，能够获得更多的经济效益。另一方面，家庭牧场建设也是精准扶贫工作中解决贫困户尽快脱贫的有效的手段之一，家庭牧场通过租赁贫困户草场、吸纳贫困户就业，增加群众收入；通过吸纳大批返乡牧民工就业、培养畜牧养殖熟练工和部分季节工，为技术服务、货物运输、产品加工等相关产业提供就业机会，扩展群众就业渠道。

三 存在的问题

一是家庭农场刚起步，相关的工作尚未开展。目前自治区尚未建立统一的家庭农牧场认定标准和申报程序，在家庭农牧场的发展和建设过程中，容易将家庭农牧场和农牧民专业合作社相混淆，也没有支持家庭农牧场发展的相应政策措施。

二是对职业农牧民、家庭农牧场负责人或种养业大户带头人没有进行系统的培训，管理水平参差不齐，引领带动能力也是差别很大。

四 下一步工作计划

（一）加快制定家庭农牧场的认定标准和组织申报程序

尽快建立家庭农牧场科学、规范的管理工作体制，以促进自治区家庭农牧场又好又快地发展，发挥积极的引领示范带动作用，不断拓宽农牧民群众增收渠道，实现有效增收。

（二）加大政府引导力度，广泛宣传申办家庭农场的优惠政策和扶持措施

积极树立家庭农场的先进典型，引导农村有文化、懂技术、会经营的农村实用人才和农村青年致富带头人成立家庭农场。

（三）进一步加强对家庭农场的服务工作

加强基层农业公共服务中心建设，为家庭农场提供更多更有用的服务，定期或不定期家庭农场进行回访，积极主动帮助其解决在建设和发展中遇到的困难和问题。

（四）加强对家庭农场经营者的培训工作

开展专项生产技术、经营管理、市场营销等业务培训，不断提高经营者的综合素质，提高家庭农场经营管理水平。

陕西省家庭农场发展情况

2014年以来，陕西省各级农业部门紧紧围绕十八届三中全会关于加快构建新型农业经营体系的要求，深刻认识家庭农场在现代农业规模化生产中的主体作用，明晰政策措施，强化示范创建，积极营造家庭农场发展环境，全省家庭农场有序认定，蓬勃发展。截至目前，全省农业部门认定的家庭农场共有7203家，经营土地90.6万亩，场均经营土地147.5亩，成为本省现代农业发展的有生力量。

一　发展家庭农场的主要做法

（一）出台家庭农场认定办法

认真贯彻农业部《关于促进家庭农场发展的意见》，将家庭农场纳入现有强农惠农政策支持范围，在项目安排、资金扶持、税收优惠、信贷支持、设施用地、用水用电、人才培育等多方面予以倾斜。广泛开展家庭农场认定办法调研，出台了《陕西省家庭农场认定办法（试行）》和《陕西省农业厅关于做好家庭农场认定工作的通知》（陕农业发〔2014〕95号），结合本省实际明确了粮食、果业、畜牧、蔬菜及茶叶等优势产业家庭农场经营规模，并对家庭农场的认定部门、认定程序、认定时限、动态监测和档案管理等提出了具体操作意见，明确家庭农场认定工作由县级农经机构负责，严禁认定收费，并统一规范了家庭农场认定证书样式，由省农业厅统一印制认定证书，发放基层使用。积极指导实现农业部门先行先试，探索发展家庭农场政策措施。目前，西安、宝鸡、商洛、汉中、杨凌等市与高陵、富平、洛南等40个县出台了家庭农场认定办法，有效促进了全省家庭农场的快速健康发展。

（二）及时出台家庭农场工商注册办法

畅通家庭农场的工商注册登记渠道，对于家庭农场以独立市场主体身份从事经营活动至关重要。2013 年年底，陕西省工商局即以推进工商登记制度改革为契机，出台了《陕西省工商行政管理局关于家庭农场登记注册的指导意见》，对家庭农场工商登记条件、登记形式及出资方式等做出明确规定。同时，杨凌等 11 个市县工商部门也根据本地家庭农场发展特点出台了相关工商登记政策。

（三）开展示范家庭农场创建活动

省示范家庭农场创建活动是农业厅“十百千万”工程的一项重要内容。为了规范省级示范家庭农场的创建管理，我们制定下发了《陕西省示范家庭农场评定及监测办法（试行）》（陕农业办发〔2014〕153 号），对省级示范家庭农场的经营者素养、经营规模、基础设施、技术标准、管理规范、经济效益和带动能力七个方面进行了详细规定，对省级示范家庭农场的认定和监管提供了具体的规范，明确要求各级农业部门要建立示范家庭农场名录，为全省家庭农场的发展提升指明了方向。先后组织了两批省级示范家庭农场申报评定工作，省级示范家庭农场评定总数达到 1017 家。西安、宝鸡、延安、商洛、榆林、安康等市已分别出台市级示范家庭农场认定办法，开展了相关的示范家庭农场评定活动。

（四）完善政策扶持体系

一是出台了《关于扶持发展新型农业经营主体的意见》（陕政办发〔2015〕1 号），明确以专业大户、家庭农场、农民合作社、龙头企业等为主的新型农业经营主体发展政策。安康、商洛、榆林、韩城出台了支持发展家庭农场的意见。**二是**完善新型经营主体金融服务机制。出台《关于金融支持“三农”发展的实施意见》（陕政办发〔2014〕125 号），提出：“通过推动金融产品、利率、期限、额度、流程、风险控制等方面创新，进一步满足家庭农场、专业大户、农民合作社和农业产业化龙头企业等新型农业经营主体的金融需求。”联合陕西邮储银行出台了《关于开展现代农业与新型经营主体金融服务工作的通知》，并签订合作协议，优先支持示范带动力强的家庭农场等新型经营主体。

（五）加大财政支持力度

统筹专项资金重点支持粮油和畜牧类家庭农场。其中，粮油高产创建项目已连续实施两年，累计扶持资金达到 6000 万元，2016 年预计将继续投入2500万元扶持粮油类家庭农场；自2015年起，实施肉牛、肉羊和奶山羊家庭牧场支持项目，按照场均10万元予以补助，累计投入资金1亿元。此外，省政府办公厅出台了《关于扶持发展新型农业经营主体的意见》（陕政办发〔2015〕1号）和《关于金融支持“三农”发展的实施意见》（陕政办发〔2014〕125号），将家庭农场纳入新型农业经营主体支持范畴政策。

二　家庭农场发展成效

（一）家庭农场覆盖面日益广泛

从统计情况看，陕西省家庭农场7203家，主要集中在高效种养业。其中种植业家庭农场3873个，畜牧业2236个，渔业100个，种养结合795个，其他199个，分别占家庭农场总数的53.8%、31%、1.4%、11%、2.8%。

（二）适度规模经营加快发展

随着家庭农场政策的出台，各地以家庭农场形式为主的适度规模经营不断发展。截至2015年年底，全省农村土地流转面积888万亩，占家庭承包土地面积的17.9%，较2014年年底增长18%。其中，经营耕地50亩以上的农户达到6.5万户。从陕西省粮食类家庭农场经营规模看，90%的家庭农场经营面积为50—200亩。

（三）有效促进了农户收入增加

家庭农场的专业化、机械化、规模化程度较高，生产效率和经济效益明显高于一般农户。据统计，2015年陕西省家庭农场场均销售农产品总值22万元，其中达到销售总值50万元以上的家庭农场达到1136家，占到家庭农场总数的15.8%。从实际调研看，从事养殖业的家庭农场经济效益十分可观，年人均纯收入大约达到3万元以上。相比而言，粮油生产型的家庭农场，由于效益较低，加上农资价格上涨较快，亩均纯收入只有300—500元。

（四）与农民合作社联系愈加紧密

家庭农场与合作社的联系较为紧密。据调查，本省40%以上的家庭农场已加入农民合作社，其中80%的家庭农场向合作社出资入股，许多未入社的家庭农场也接受了合作社的技术信息、农资供应、农产品销售和资金等服务。

三　目前存在的问题和困难

（一）对家庭农场重要性认识不足

作为一种新型农业经营主体，个别地方党委、政府对家庭农场发展前景、作用意义还缺乏深刻认识，在引导群众发展过程中缺乏必要的政策措施。同时，家庭农场经营者对家庭农场发展定位缺乏认识，没有发展规划和计划，阻碍了家庭农场的快速发展。

（二）家庭农场流转土地困难

由于基层土地流转指导服务缺位，土地流转不规范、期限短，合同规范化程度低，影响了农场经营者对经营项目的长远规划和在土地上的长期投资。加之家庭农场经营的土地比较零星分散，地块较多，导致家庭农场规模小。据调查，种植业家庭农场耕地1—3块的占37.7%，4块以上的占62.3%。

（三）家庭农场经营者素质不高

家庭农场主虽属农村能人，但对家庭农场相关政策知识了解不够，多数农场主还不能准确把握政策趋势和运营规则。整体科技素质较低，文化程度普遍不高，管理粗放，市场意识、品牌意识和风险意识不强，有的满足于现状，发展专业化、标准化、集约化家庭农场的自觉性和积极性还不高。

（四）家庭农场融资困难

农业生产周期较长，农业项目形成固定资产少，农户有效抵押物缺乏，加之一些生产要素的融资功能受到限制。大部分家庭农场虽想扩大生产经营规模，但贷款困难，制约了生产规模的扩大和集约化水平的提高。政策性农业保险的品种和覆盖面较窄，仅有粮食、蔬菜、生猪、奶牛、鸡等少数品种，没有适合家庭农场发展的特色保险产品。

四　促进家庭农场发展的意见和建议

（一）明确配套扶持政策

进一步明确家庭农场的主体地位，尽快协调财政、发改、工商、税务、金融、国土、电力等部门出台家庭农场扶持政策，制定财政资金、产业政策、税收、金融、用地、用电、交通等方面优惠政策，支持家庭农场发展。鼓励农民、回乡农民工、个体工商户、农业科技人员和大学生返乡创办家庭农场。

（二）加大家庭农场发展资金扶持

建议设立扶持示范家庭农场专项资金，支持其提高经营管理水平、开展标准化生产、拓展产品销路等。加强与有关部门沟通协调，推动落实涉农建设项目、财政补贴、农业保险、设施用地等相关政策，帮助解决家庭农场发展中遇到的困难和问题。

（三）加快家庭农场经营人才培养

充分利用现有农业教育和培育资源，整合职业农民等培训资源，开展农业职业教育和职业培训，将兴办家庭农场的农民优先纳入职业农民培训范畴，并颁发认定证书，提升家庭农场经营水平。

（四）强化土地流转服务工作力度

健全土地流转服务体系，规范流转合同，强化土地流转风险防控，妥善化解土地承包经营和流转纠纷。引导和鼓励家庭农场经营者通过土地经营权入股保底分红等利益分配方式，形成适度的土地经营规模。建立流转土地抵押信贷机制，推进农村土地承包经营权登记工作，明晰农用地产权，建立农民融资渠道。

（五）健全家庭农场社会化服务体系

加强对家庭农场的指导服务，支持基层农技推广机构、高等学校、职业院校、科研院所与家庭农场合作和联合，面向家庭农场开展农业实用技术推广。以农民合作社为主体，农业社会化服务公司和其他中介组织为补充，用市场关系或合同形式，围绕家庭农场经营、农资统供、技术指导、产品销售、品牌营销、农业信贷保险等服务，帮助家庭农场规范运营，健康发展。

甘肃省家庭农场发展情况

一　基本情况

据统计，截至2015年年底，甘肃省共有各种经营类型的家庭农场5053个，较2014年年底的3627家增长了39%，其中种植业2671个，养殖业1398个，种养结合型878个，其他类型106个。家庭农场经营耕地面积84.8万亩，其中50亩以下的1320个，51—100亩的1358个，101—500亩的1911个，501—1000亩的345个，1000亩以上的119个。在工商部门注册登记的家庭农场有1480个。总的来看，甘肃省的家庭农场虽有了一定的发展，但整体尚处于探索起步阶段，多数家庭农场目前从严格意义上来讲，只属于准家庭农场范畴，有待进一步完善规范。

二　工作开展情况

（一）建立健全政策体系

为贯彻落实《农业部关于促进家庭农场发展的指导意见》《甘肃省人民政府办公厅关于培育发展家庭农场的指导意见》和《甘肃省农牧厅关于甘肃省省级示范性家庭农场认定管理办法》精神，农业厅对引导发展家庭农场工作及时进行了安排部署，要求各市州、县市区结合当地实际情况，尽快出台当地的扶持意见、认定标准和示范家庭农场创建办法，全省14个市州、86个县区，已有定西市、张掖市、金昌市等10个市州，庄浪、秦安、民勤等16个县区政府出台了当地指导促进家庭农场发展政策性文件；酒泉、张掖、定西等11个市州，肃州、民勤、崆峒等14个县区农业部门出台了当地示范家庭农场的创建和认定办法；张掖和定西2个市，泾川县、甘谷县、麦积等10个县区农业部门会同工商管理部门制定出台了

《家庭农场认定标准和登记注册办法》。

（二）积极开展示范创建活动

《甘肃省农牧厅关于甘肃省省级示范性家庭农场认定管理办法》下发后，各市州、县区结合自身实际积极开展了示范家庭农场的创建认定工作，平凉市庄浪县于2015年4月认定了全省第一批65个县级示范家庭农场，各市州结合《甘肃省人民政府办公厅关于深入推进“365”现代农业发展行动计划着力实施“十百千万”工程的意见》（甘政办发〔2015〕11号）精神（培育提升10大农业产业化龙头企业、创建100个现代农业示范园、建设1000个优势特色产业示范基地、扶持10000个示范家庭农场和农民合作社），共上报示范家庭农场499家。

（三）进一步完善扶持政策

截至2015年年底，全省建立县级土地流转中心85个，乡（镇）服务站1136个，占90.9%，村级服务点13156个，占82.1%，初步形成了县有中心、乡有站、村有点的三级服务体系；鼓励家庭农场通过实物计租货币结算、租金动态调整等方式，稳定土地流转关系，形成适度的土地经营规模，不断提升土地流转服务水平。中办发〔2014〕61号文件下发后，农牧厅于2015年4月，牵头起草了并报请省委、省政府出台了甘肃省《实施意见》，将促进家庭农场发展作为其重要内容，要求各级把家庭农场纳入现有支农政策扶持范围，在涉农建设项目、财政补贴、信贷支持、农业保险等相关政策上予以倾斜。

（四）加大对家庭农场经营者培训力度

围绕加快构建新型农业经营体系，将家庭农场经营者作为新型农民创业培训、新型农民科技培训与新型职业农民培育工程的重点，对家庭农场经营者开展生产技能、经营能力和创业能力培训。

（五）加强监测管理

建立家庭农场监测制度，及时掌握家庭农场规模经营的风险防控点，重点掌控家庭农场流转土地用途、生产经营能力等情况，为科学制定家庭农场发展政策提供依据。按照农业部要求，在山丹、金塔、庄浪3个县选取了100个家庭农场纳入农业部和信息监测系统，3个监测县及时完成了监测和数据的录入工作。

三　存在的问题

（一）思想认识有待进一步提高

家庭农场是一个新生事物，由于在实际工作中存在界限难确定、标准不明确、认识不一致等种种问题，讨论争辩的较多，付诸实际行动的较少，加之当地宣传引导力度还不够，认识问题有待进一步提高。

（二）政策扶持措施有待逐步落实

各级政府及农业管理部门都在制定出台指导发展意见、相关认定管理办法等，但具体政策扶持措施还有待在发展中逐步落实到位，真正为家庭农场健康发展起到引导和促进作用。

（三）扶持资金短缺，开展融资困难

目前，各级财政还没有将发展家庭农场资金列入财政预算，扶持资金短缺。多数家庭农场刚组建成立，只处于起步阶段，开展生产经营、农资购置等所需周转资金严重缺乏，加上家庭农场新成立固定资产不多，通过银行贷款获得融资的难度也很大，发展受到了严重制约。

（四）经营管理队伍素质有待进一步提高

整体来看，大部分农场主具有一定的素质和经验，但基本还是以掌握技术为主，迫切需要加强有关经营管理和市场营销方面的培训和指导。有的家庭农场聘请或雇用了大学毕业生、技术人员等管理人员，但如何长期留住人才依然是一个大问题。

（五）注册登记门槛不高

目前对注册登记家庭农场没有多少限制条件，国家也没有统一的标准，对进入者缺乏必要的审核，也存在其他经营主体“翻牌”注册家庭农场的情况。

四　下一步工作打算

（一）落实政策，加强引导

抓好农业部、省政府办公厅有关引导发展家庭农场指导意见精神的落实，逐级分解任务，明确工作职责，靠实责任，层层抓落实；抓好省、市、县三级示范家庭农场创建活动，为引导家庭农场健康发展营造良好的

政策氛围和舆论环境。

（二）配套措施，加大扶持

积极督促各级财政部门设立并逐年增加家庭农场奖补专项资金。配合金融部门开展家庭农场信用等级评定，给予家庭农场一定的授信额度，并给予利率优惠，探索家庭农场以大型农用设施、流转土地经营权等进行抵押贷款；支持和引导农业担保机构优先为家庭农场提供担保贷款，大力发展政策性农业保险，扩大农业保险范围，增加保险险种，搞好农业保险服务，降低农业生产风险。建议并要求各级农业主管部门按不同类别在农业产业化、农业基础设施建设、苗木繁育基地、良种基地、农业技术推广、农田水利改造、农机购置补贴等项目方面给予优先安排扶持。建议电力、税收、人事等部门全面落实用电、税收优惠、人才支持等政策，积极为家庭农场发展提供全方位服务。

（三）健全制度，规范管理

指导市州、县区农业主管部门尽快制定出台家庭农场规范管理制度及运行办法，探索建立家庭农场准入、认证、登记、备案、培训、考核、注销等制度，促进家庭农场健康有序发展。

（四）做好试点，总结提高

认真组织抓好农业部确定的金塔县、山丹县、庄浪县 3 个县区家庭农场发展情况监测试点工作，及时完成统计数据、监测报告等工作任务，研究分析并解决试点工作中遇到的各种困难与问题，不断总结提高，完善健全试点县区相关管理制度及运行办法，为指导全省面上工作提供经验及参考依据。

青海省家庭农场发展情况

2015年在各项政策的引领和激励下，青海省家庭农牧场呈现出蓬勃发展的良好局面，截至2015年年底，全省共成立家庭农场1970家。

一　家庭农场发展基本情况

目前，全省家庭农牧场中，涉及粮食、蔬菜、花卉、牲畜养殖、渔业等各个产业，其中，种植业493家，种养结合532家，养殖业945家，分别占家庭农牧场总数的25%、27%和48%。从地域颁布看，主要集中在西宁市和海东市，家庭农牧场数量达到1388家，占总数的70.46%；家庭农牧场经营土地面积81.5万亩，平均每个农牧场经营面积413亩。家庭农牧场的兴起，促进了农村土地流转和规模经营，成为发展高原特色农牧业的新型经营主体。2016年，省财政已安排家庭农牧场奖励补助资金2000万元，扶持400个家庭农牧场发展。

二　取得成效

一是增加了农民收入。一方面家庭农场通过土地流转使农民稳定地取得了每亩1000元左右的土地租赁收益；另一方面家庭农场除需长期雇用生产管理人员外，也为当地农村中的闲散劳动力提供了临时打工的机会，稳定增加了当地农民的收入。

二是带动了农业产业发展。家庭农场经营面积远大于传统的家庭经营，在品种选择、技术应用、经营效益等方面都具有明显优势，能够示范带动周边农户跟进。

三 当前的主要困难与问题

一是对发展家庭农场重要性还缺乏必要的认识。各级党委、政府和有关部门尚未认识到家庭农场是现代农业发展的重要主体而予以重视，没有出台系统的专门扶持家庭农场的政策。作为家庭农场潜在发展对象的种养大户，普遍缺乏市场意识，满足于现状，缺乏组建家庭农场的积极性。

二是土地流转难。近年来，土地的稀缺性不断显现，首先是农民惜租，土地流出户少，土地流转困难，农场难以扩大经营规模；其次是土地集中连片难，流转的土地，往往交通不便、基础条件较差，零碎插花不集中；最后是流转价格上涨快，受物价和高收益农业项目刺激，土地流转价格逐年上涨，目前青海省东部农业区川水地普遍在每亩1000元以上，流转价格上涨给农场经营带来成本压力。

三是生产资金制约。家庭农场在经营初期一次性投入比较集中，资金需求较大，多数农场实力不强，加上固定资产不多，大部分投入无法通过资产抵押等方式获取银行贷款，制约其扩大生产规模和发展设施农业。

四是农场主经营素质还需进一步提高。尽管大部分农场主多年从事农业生产，实践经验丰富，但毕竟受学历、理念等因素影响，难以有效承担现代农业发展重任，需进一步提高经营素质。

四 加快培育和发展家庭农场的对策建议

（一）强化政策引领，激发发展活力

一是加强规划引导。要将发展家庭农场纳入“三农”工作的总体部署，依据新农村建设规划和现代农业发展规划，使家庭农场的发展规划与城镇规划、土地利用规划、环境保护计划、农业产业化布局规划相对应。**二是制定市级示范点标准**。在引导规范发展家庭农场的基础上，积极培育一批示范家庭农场，同时用政策和法律促进家庭农场的培育，注重培养农民创业的各种技能和经营管理的能力，使农民具有与现代农业生产经营相适应的能力和素质。三是出台扶持政策。积极落实中央关于各类补贴向种养大户、家庭农场倾斜的要求，完善各方面的优惠政策，优化家庭农场发展环境。

（二）拓宽融资渠道，增强发展动力

一是加大财政投入。通过财政设立专项扶持资金，通过贴息、补助等形式，对经济社会效益显著、示范带动作用强的家庭农场，重点给予奖励补助。**二是整合项目投入**。整合农业项目资金的投向，对符合条件的家庭农场，在发展特色种养业、农业产业化、农业标准化、土地流转、农机购置补贴等方面，采取以奖代补、项目扶持等形式，重点向家庭农场倾斜。

（三）优化服务指导，提升发展实力

一是完善农村土地流转交易服务。加快推进农村土地承包确权登记颁证，加强土地承包管理，健全土地流转服务市场，为土地流转搭建便捷的沟通和交易平台；逐步探索建立土地流转双方的价格协调机制和纠纷调解机制，促进流转关系稳定和连片集中；进一步完善农民社保体系，解决离土农民的后顾之忧，积极有序地推进农村土地流转。**二是强化家庭农场经营者职业技能培训**。规模化、集约化经营是今后农业发展的新趋势，必须培养一批有文化、懂技术、善经营、会管理、思想新的新型农民来经营家庭农场。因此农民职业教育不但要培养有知识的农业生产者，还要培育具有创业精神、创新意识、商品意识和市场意识的经营者、组织者和管理者。**三是健全流通环节**。引导农业产业化龙头企业、农民专业合作社与家庭农场建立紧密的利益联结机制，解决农产品销售市场问题。

宁夏回族自治区家庭农场发展情况

近年来，中央明确提出加大对家庭农场等新型农村经营主体的政策扶持，宁夏党委、政府高度重视家庭农场的发展，出台了扶持家庭农场指导意见，制定了具体农业扶持政策，引导全区家庭农场快速发展，并于2013年启动家庭农场评星定级示范创建活动，培育壮大了一批引领作用强、竞争优势突出、经济效益显著的示范家庭农场，为促进自治区农业规模化、现代化发展提供了有力支撑。现将本区家庭农场发展情况汇报如下。

一　家庭农场总体发展情况

截至2015年12月底，全区家庭农场共1791家，其中，从事种植业的有922家（其中粮食农场有738家）、畜牧业的457家、渔业的38家、种养结合的261家、其他113家。家庭农场经营土地面积669568亩，其中，流转经营面积506318亩。家庭农场年销售农产品总值113708.2万元，平均每个农场年销售农产品总值63.5万元。家庭农场自有劳动力5638个，场均3.2个，常年雇工2492个，场均1.4个。全区现有自治区级示范家庭农场212个，市县级家庭农场580个。

二　促进家庭农场发展的工作措施

（一）加强顶层设计，引导规范发展

为使规范创建活动有据可依，先后制定了《宁夏家庭农场规模经营起点标准》《新型农业经营主体培育推进计划》《示范家庭农场评星定级实施方案》《家庭农场示范场考核验收标准》《家庭农场经营管理文本》和《家庭农场经营管理手册》等规范性文件，引导家庭农场边发展边规范，

快速提高经营管理水平和市场竞争力。

（二）明确评星定级标准，推进示范创建工作

宁夏家庭农场示范场创建共划分为四个星级：二星级示范家庭农场为县级示范农场，三星级示范家庭农场为地级市示范农场，四星级示范家庭农场为省区级示范农场，五星级示范家庭农场为国家级示范农场。五星级示范家庭农场，执行国家示范农场标准；四星级示范家庭农场标准，由农牧厅制定；三星级示范家庭农场和二星级示范农场标准，由各地级市和县（区）参照四星级示范家庭农场标准制定。2013—2015 年全区共考核命名了 212 家自治区级（四星级）示范农场，并在区内多家媒体上进行了宣传和推介，起到了很好的典型引路作用。

（三）严把评审环节，确保示范农场质量

家庭农场评星定级采取共同培育、逐级申报、联合验收评定的方法。自治区和市、县（区）涉农各部门各行业重点从技术服务、技能培训、运营管理、项目扶持等环节加大对家庭农场示范场的培育。采取广泛培育、分层扶持的原则，县（区）项目资金重点扶持二星级示范家庭农场，地级市项目资金重点扶持三星级示范家庭农场，自治区项目资金重点扶持四星级、五星级示范家庭农场。申请四星级示范家庭农场由三星级示范家庭农场提出申请，经县、市农牧部门初验后，农牧厅组织有关部门依据注册或备案、设施设备配置和发展规划、经营规模适度、经营范围明确、经营管理规范、注重技术推广和品牌培育、强化技能培训、参加各种保险、示范引领作用、经济效益显著十项四星级评审条件联合验收评定。

（四）开展多层次专题培训

以区级培训为抓手，在全区组织多期专题培训，同时积极组织农业部对新型农业经营主体管理人才培训，在全区先后组织家庭农场负责人赴吉林、陕西、甘肃等省考察学习。部分市县在西北农林科技大学还举办新型农业经营主体专题培训班，累计培训家庭农场管理人员上万人次。通过多层次专题培训，使家庭农场管理人员学习、掌握家庭农场运作理念、农产品营销理念，提升农场主的农业产业化经营水平和管理能力，带动全区现代农业规模化发展，实现农业增效和农民增收。

（五）加强新闻媒体宣传

各级农牧部门积极做好与新闻媒体的沟通协调，加大对本区家庭农场先进典型的系列宣传报道。宁夏日报、宁夏电视台、银川日报、银川晚报、银川电视台等地方宣传媒体对多个家庭农场进行了宣传报道，扩大了家庭农场的社会影响力，为家庭农场发展创造了良好社会舆论氛围。

三　家庭农场取得成效

经过3年的发展，自治区家庭农场规范化建设取得明显成效。

（一）家庭农场增速迅猛

截至2015年年底，全区家庭农场共1791家，比2014年增加了521家，增长29.1%；三年来年均增长600家左右。

（二）起点规模大经济效益好

在738家粮食种植农场中，经营土地面积200—500亩的有287家，经营土地面积500—1000亩的有147家，经营土地面积1000亩以上的有113家。全部家庭农场中年销售总值在100万以上的有304家，总值在50万—100万元的有403家，总值在50万元以下的有777家，年销售农产品总值在10万元以下的有307家。好的家庭农场年纯收入达到100万元以上，一般的在20万元左右。

（三）基础设施和生产能力得到明显提升

示范场均购置了大中型农业机械，修建了机库、晾晒场等基础设施，基本实现了全程机械化，显示出较强的农业综合生产能力。

（四）科技含量高，品牌意识强

绝大多数示范农场堪称农村先进生产力的代表，他们积极引进推广农业新品种、新技术和新的种养模式，发展“订单农业”和产业化经营，并注重打造品牌走可持续发展之路，其新品种、新科技的推广应用都远远超过了一般“小农”。

（五）培育了一批职业农民

为适应家庭农场经营管理的要求，积极探索建立家庭农场“职业农民”培训、登记和派遣机制，通过举办跨省家庭农场经理人高级研修班、组织家庭农场经理人赴外省区考察交流，培养和造就一批新型“职业农民”和种养能手。

新疆维吾尔自治区家庭农场发展情况

家庭农场是我国现代农业建设的基本主体，是保障重点农产品供给的主要力量。发展家庭农场，对坚持和完善农村基本经营制度，应对和解决当前“谁来种地、谁来务农”问题，发展规模经营、提高务农效益、增强市场竞争力意义重大。近年来，随着农村土地流转速度加快和规模扩大，一些地方的家庭农场逐渐起步，正成为促进土地资源优化配置、发展多种形式规模经营的新生力量。

一　新疆维吾尔自治区家庭农场基本情况

2008 年十七届三中全会明确提出“有条件的地方可以发展专业大户、家庭农场、农民专业合作社等规模经营主体”。但家庭农场在全区逐渐兴起始于 2013 年中央 1 号文件提出“鼓励和支持承包土地向专业大户、家庭农场、农民合作社流转，发展多种形式的适度规模经营”。截至 2015 年年底，自治区各类家庭农场 577 个，家庭成员劳动力 1354 人，常年雇工 955 人。从事种植业的家庭农场 418 个，占比 72%。从事粮食产业的 104 个，占种植类家庭农场的 25%。其中经营土地面积为 50—200 亩的有 25 个，占比 24%；经营土地面积 200—500 亩的 44 个，占比 42%；经营土地面积 500—1000 亩的 19 个，占比 18%，经营土地面积 1000 亩以上的 16 个，占比 16%。畜牧类家庭农场 132 个，占家庭农场总数的 23%。种养结合的家庭农场 17 个，占比 3%。其他类型的 9 个，占比 2%。2015 年，全区家庭农场年销售农产品总值 21587 万元，其中销售收入 10 万元以下的 284 个，占比 49%；10 万—50 万元的 200 个，占比 35%；50 万—100 万元的 40 个，占比 7%；100 万元以上的 53 个，占比 9%。

二 主要做法

一是出台了《新疆维吾尔自治区家庭农场认定标准（试行）》。2015年，自治区根据中央1号文件及农业部《关于促进家庭农场发展的指导意见》精神，在基层调研、征求相关厅局意见的基础上，结合本区实际，制定了《新疆维吾尔自治区家庭农场认定标准（试行）》（新农经〔2015〕256号），进一步明确了自治区家庭农场经营者条件、雇工数量、家庭承包土地经营面积及种养殖规模、培训和带动能力等认定条件，为培育和规范我区家庭农场发展提供了政策依据。

二是开展了首批自治区家庭农场认定工作。按照《新疆维吾尔自治区家庭农场认定标准（试行）》有关规定，自治区于2016年4月，在全疆范围内组织开展了第一批自治区家庭农场认定工作。认定工作先由乡（镇）农经部门进行政策宣传，动员符合条件的农牧民家庭进行申报，乡（镇）政府、农经部门对辖区内家庭农场申报表进行初审，并报县（市）农经部门复审。县（市）农经部门对申报的农户进行严格审核和实地勘验，杜绝虚假申报。最后由县（市）农业局对符合认定标准申报的家庭农场进行公示，公示无异议后，由县（市）农业局下发家庭农场正式认定文件，并报自治区、地区农经部门备案。截至2016年3月底，自治区被县级农业部门认定的家庭农场545个。

三是积极开展调研活动。为全面了解和掌握自治区新型农业经营主体发展现状，进一步探索培育壮大新型农业经营主体的路径和方法，着力构建集约化、专业化、组织化、社会化相结合的新型农业经营体系，2016年4—5月，农业厅在全疆范围内开展了以专业大户、家庭农场、农民合作社和农业产业化龙头企业为代表的新型农业经营主体调研活动，对目前新型经营主体的发展现状、存在的问题和政策需求等进行了深入了解。农业厅还将在调研的基础上组织召开自治区新型农业经营主体培育座谈会，并选择部分专业大户、家庭农场、农民合作社和农业产业化龙头企业代表参会。

三 存在的问题及建议

从自治区家庭农场的发展情况看，目前尚处于起步阶段，对其概念也较为模糊，一些地方普遍存在只重数量，不重质量的问题，相当一部分种养大户和家庭农场经营能力弱，集约化、专业化、组织化、社会化水平不高。加之农业生产面临的自然风险、市场风险、疫病风险都比较大，且生产成本居高不下，机械化程度相对偏低，致使其经营效益较合作社和龙头企业相比欠佳。加之国家、自治区和各地也都尚未出台相关的扶持政策，家庭农场发展较为艰难。由此，我们提出以下建议。

一是出台家庭农场奖扶政策。尽快研究出台切合实际的、操作性强的、在土地流转、土地整理、引进产品、搭建大棚、基础设施建设、水电等生产要素等方面鼓励发展家庭农场的一系列政策措施。进一步明确家庭农场的认定具体标准、补助对象、注册管理等。鼓励引导大学生、外出务工农民、个体工商户、农村经纪人等投资创办家庭农场。

二是发展示范家庭农场。在市场经济条件下，由于产业特性不同、农户自身能力的差别，即使在同地区内家庭农场的经营规模也会有很大差异。应该根据本地主要作物和劳均耕地规模，制定一个示范家庭农场的标准，并制定相关支持政策，推动示范家庭农场的发展，示范带动当地家庭农场的发展。

三是大力加强新型职业农民培养。将中央、自治区财政扶持项目中的部分资金用于大户、家庭农场经营者、合作社带头人、农民经纪人、农机手和植保员等新型职业农民和专业人才的培训工作，全面普及鼓励其发展的政策理论、法律法规和相关技术技能，引导其建立规范发展、创新发展的新理念。

三 理论文章

关于构建新型农业经营体系重大理论问题的研究报告

陈晓华　张红宇　赵鲲　等[①]

党的十八大、十八届三中全会做出了加快构建新型农业经营体系的重大部署，习近平总书记在中央农村工作会议上强调，“加快构建以农户家庭经营为基础、合作与联合为纽带、社会化服务为支撑的立体式复合型现代农业经营体系”。围绕构建新型农业经营体系的组织形式、实现方式和发展趋势等重大理论问题，我们组织调研组分赴黑龙江、山东、安徽、江苏、上海、浙江、四川、湖北等多个省（市）开展了专题调研，并进行了政策和建议层面的深度分析与思考。

一　构建新型农业经营体系的历史背景及现实要求

农业经营体系作为农业生产关系的集中表现，泛指在一定的农村经营制度框架下组织农业生产经营活动的方式，是各类农业生产经营主体的组织形式和经营方式的总和，与农村基本经济制度和农业生产力发展水平高度相关，与所处的历史阶段和宏观环境联系密切。纵观我国农业经营体系的演变历程，大致可以分为四个阶段。

（一）新中国成立到人民公社前期（1949—1958 年）

新中国成立初期，全国范围内开展了旨在废除封建地主土地所有制的土地改革，实现了耕者有其田，农村土地归农民私有，由农民自主经营。到 1952 年年底，全国范围内的土地改革基本完成。其后，广大农民又自

① 课题组成员：陈晓华、张红宇、赵鲲、张涛、孙秀艳、高小军、杨春悦、杨凯波、赵亮、王斯烈、丁江斌。

发发展了农业生产互助组、初级合作社等互助合作组织，初步形成了以1亿多农户为主体、700多万个互助合作组织为补充的农业经营体系。这一农户土地私有、个体经营、合作生产的农业经营方式，适合当时农业生产力发展的要求，促进了农业生产的发展。但在后期推进农业合作向高级社发展中，由于要求过急，农民生产积极性和农业生产受到不利影响。

（二）人民公社时期（1958—1978年）

1958年，中央通过了《关于在农村建立人民公社问题的决议》，到10月底，全国农村普遍实行了人民公社化。后经多次调整，1962年以后，绝大多数人民公社实行了“三级所有、队为基础”的体制，其基本特征是计划生产、统购统销，形成了7万多个人民公社、60多万个生产大队、500多万个生产队的农业经营体系。人民公社体制使国家对农村社会的动员和控制更容易实现，在一定程度上促进了农田水利等农业基础设施的建设和发展。但这一集中统一、集体经营的方式彻底否定了农民家庭作为基本生产经营单位的地位，大大超越了当时农业生产力的发展水平，农民生产积极性受到严重压抑，农业生产受到严重束缚。期间虽然对人民公社管理体制和分配体制有过调整，但是没有触及人民公社的实质。

（三）改革开放到21世纪初（1978—2002年）

党的十一届三中全会以后，我国开始改革人民公社制度，推行“联产到组”“包产到户”“包干到户”等多种形式的农业生产责任制。到1983年年底，绝大多数地方改革了人民公社体制，以家庭承包经营为基础、统分结合的双层经营体制在全国农村得以普遍确立，初步形成了2亿多承包农户搞生产，国营、集体企业办加工、搞购销的农业经营体系。随着我国社会主义市场经济体制逐步建立，农产品流通体制改革不断深化，为解决小生产与大市场的对接难题，一批适应市场需求的专业大户、农民专业合作组织、农业产业化龙头企业等开始发育成长。这一时期，双层经营体制赋予了广大承包农户独立的生产经营主体地位，丰富了符合国情、有利于生产力发展的农村经营体制，大大促进了当时农业农村经济发展，也极大地推动了国民经济持续健康发展。

（四）21世纪初至今（2002年以来）

党的十六大以来，我国进入工业化、城镇化加快推进的新阶段，国家全面取消农业税，连续下发11个中央1号文件，农业支持保护政策体系初步构建，城乡发展一体化体制机制逐步建立。在此背景下，农村劳动力大量转移，农村土地加速流转，农业科技进步和农业机械化加快发展，专业大户、家庭农场、农民合作社、龙头企业、农业社会化服务组织等多元经营主体蓬勃兴起，新型农业经营体系初现雏形。这一时期，农村土地和劳动力等资源要素加快流动，配置效率明显提高，农业综合生产能力显著增强，对于保障粮食安全和主要农产品有效供给、建设现代农业发挥着越来越重要的促进和支撑作用。

随着农村改革不断深化，使农业资源要素集聚成为可能，也为调整农业生产关系提供了条件。与此同时，长期以来以小规模、分散经营为主的传统农业生产方式，已越来越难适应现代农业发展的要求，创新农业经营方式面临着新的压力和挑战，构建与现阶段生产力水平相适应的新型农业经营体系已成为进一步深化农村改革的一项重大任务。

从内部看：一方面，农村劳动力素质出现结构性下降。传统农业经营方式小而散、小而全，农户抵御自然风险、市场风险的能力不强。当前国内农产品价格已经触到了“天花板”，而生产成本的“地板”特别是土地流转费用和人工成本仍在不断上升，农业生产面临着“天花板”和“地板”的双重挤压，农业比较效益持续下降，致使许多农户家庭主要劳动力外出务工或就地从事非农产业。截至 2013 年年底，我国有 2.69 亿农村劳动力转向了城镇和非农产业就业，农业劳动力中老年人和妇女占多数，劳动力结构性短缺、素质下降问题凸显，规模经营主体吸引人才和培养后备人才更难。农业经营粗放和农地撂荒现象出现，对农业生产持续稳定发展造成不利影响。另一方面，资源环境约束日益加剧。传统农业经营方式长期依赖资源要素的大量投入，要素投入不经济，资源消耗过大。目前，我国人均耕地面积、人均水资源不足世界平均水平的 1/3 和 1/5，全国农民户均耕地仅为 7.5 亩、平均 5.7 块。随着工业化、城镇化快速推进，土地占用不可避免、耕地减少难以避免，水土资源紧缺矛盾将更加凸显，特别是社会对环境保护和质量安全的关注度日益增强、要求越来越高，迫切需要加快转变农业发展方式，建设资源节约型、环境友好型农业。适应新形势和新要求，农业生产目标由过去仅仅追求产量向追求生态环境安全、实现可持续发展转变，农业除了承担传统的食品供给等经济功能外，还要不断拓展其生态保护、休闲旅游、文化传承、生物能源等多重功能，现代农业发展亟须进一步优化集聚资源要素，突破资源环境约束这一瓶颈。

从外部看：一方面，与快速推进的工业化、信息化和城镇化相比，我国农业现代化发展相对滞后，仍然是“四化同步”的短腿。尤其是受资源要素趋利性影响，农村土地、资金、人才等资源过多过快地流向城市，要素城镇化超前、农民城镇化滞后，城乡资源要素交换不平等、发展不平衡，已成为制约我国农业现代化建设的突出问题。目前，我国农业劳动生产率仅相当于第二产业的1/8、第三产业的1/4、世界平均水平的1/2，农产品仍以初加工为主，加工业产值与农业总产值的比重明显低于发达国家。另一方面，国际市场竞争日趋激烈。传统小规模农户生产成本居高不下，国外低成本农产品的进口压力始终存在。小规模生产经营使园艺、水产等农产品的出口优势日渐式微，加之标准化水平不高，越来越难以满足国际市场的要求。规模经营主体在农业科技研发应用以及种植业等关键领域，普遍投入不足，创新能力不强，参与国际市场竞争的能力相对较弱。在全球农业一体化进程加快的形势下，面对发达国家跨国公司的产业布局和资本渗透，我国农业应对能力明显不足，产业安全受到一定影响，现代农业发展亟须新的定位和突破，农业整体竞争力亟待大幅提升。

历史充分证明，生产力决定生产关系，生产关系一定要适应生产力发展的要求，这是马克思主义的普遍原理，也是经济社会发展的普遍规律。生产关系一旦超越了生产力水平（如人民公社），将对农业经济发展造成严重破坏；但生产关系调整滞后于生产力水平，同样也会阻碍农业经济持续稳定发展。只有顺应经济社会发展规律和农业发展的阶段性要求，通过改革创新农业经营体系，不断调整生产关系，充分激活各种资源要素，增强农村经济微观主体实力，才能为促进农业生产力发展注入源源不断的活力和动力。

二　新型农业经营体系的创新实践和有益经验

新型农业经营体系产生于传统农业经营方式，是对传统农业经营方式的改造、完善、提升和发展。近年来，各地各有关部门按照党中央、国务院的部署和要求，因地制宜、积极探索，培育发展新型经营主体，创新完善农业经营方式，积累了很多有益经验，为构建新型农业经营体系奠定了坚实的实践基础。

（一）有序推进土地适度规模经营，为构建新型农业经营体系创造基础条件

土地适度规模经营是发展现代农业的必然要求，也是创新农业经营体

系的必要条件。各地顺应农民稳定土地承包权、流转土地经营权的意愿，在坚持家庭承包经营的基础上，通过建立健全土地流转服务体系，有序推进农村土地流转，发展多种形式的适度规模经营。据统计，截至2013年年底，全国农村承包耕地流转面积3.4亿亩，流转比例达到26%；流转出承包耕地的农户达5261万户，占家庭承包农户总数的22.9%；全国大约有20个省（区、市）党委或政府制定了关于推进农村土地承包经营权流转的文件，大部分市、县都出台了推进土地流转的相应举措。山西省要求地方各级政府在土地出让金中每年安排一定额度的土地流转专项扶持资金，支持县乡建立土地流转服务组织，设立流转交易大厅，配备信息设备；对集中连片规模经营面积100亩以上，并签订3年以上流转合同的规模经营主体，每亩给予一定数额的一次性补助。

（二）着力培育新型农业经营主体，为构建新型农业经营体系夯实组织基础

农村基本经营制度的建立确立了家庭承包农户的基础地位，随着农业分工分业深入发展，专业大户、家庭农场、合作社、龙头企业等新型农业经营主体蓬勃兴起，与承包农户共同构成了新型经营体系的重要主体。各地把培育新型经营主体作为发展现代农业的重要举措，加强指导和服务，扶持各类新型经营主体发展壮大。截至2013年年底，全国经营面积在50亩以上的专业大户达到317.5万户，家庭农场超过87万家；依法登记的农民合作社达到98万家，实有入社农户7412万户；各类龙头企业超过12万家，提供的农产品及加工制品占农产品市场供应量的1/3以上；各类农业社会化服务组织超过115万个。浙江省政府办公厅专门出台了关于大力培育新型农业经营主体的意见，针对家庭农场、农民合作社、龙头企业和社会化服务组织，明确了一揽子扶持政策措施。截至2013年年底，全省经工商注册登记的家庭农场9190家，平均经营规模142亩；农民合作社3.7万家，带动农户数占全省农户总数的57.1%；龙头企业7469家，实现销售收入2836亿元。

（三）大力创新农业经营方式，为构建新型农业经营体系增添发展活力

各地引导不同经营主体根据不同产业、产品的特性，创新发展适宜的经营方式和组织形式，不断优化配置资源要素，提高了农业劳动生产率、土地产出率和资源利用率。实践中，在粮棉油糖等大宗农产品生产领域，为实现高产高效，大多采取“规模经营户+社会化服务”模式；在果蔬茶等园艺产品生产领域，为提高品质形成品牌，则采取“规模生产基地+合作社”模式；在养殖业生产领域，为保障质量安全，则更多地采取“规模养殖场+龙头企业”模式，这些都大大丰富了不同生产经营主体之间的联结方式。上海松江家庭农场模式、四川崇州“农业共营制”模式、安徽宿州“产业联合体”模式等具有明显的区域代表性，发挥了重要的示范引领作用。上海松江区家庭农场以本地农户家庭为经营者，主要依靠家庭成员从事农业生产经营活动；经营耕地规模适度（一般为100—150亩），并以农业生产为主（家庭农场80%的资源配置、80%的劳动支出、80%的收入均来自农业）；通过耕地流转将土地、劳动力、农机等生产要素适当集中，实现专业化生产、集约化经营。四川崇州市以土地股份合作社为核心，以农业科技服务、农业社会化服务、农村金融服务、农业品牌服务四大服务体系为支撑，探索发展“土地股份合作社+职业经理人+服务超市”三位一体的“农业共营制”模式，很好地发挥了普通农户、职业农民、专业组织等不同主体的优势。安徽宿州市大力发展“现代农业产业联合体”这一新型组织形式，推动家庭农场、农民合作社、龙头企业有机联结、优势互补，共同打造一体化的现代农业经营体系。江苏高邮市界首镇通过成立水稻生产服务合作社，推行“合作社+基地+农户”的组织模式，按照“五化”标准（育秧专业化、供秧商品化、插秧机械化、管理规范化、服务全程化），实行“五统一”服务（统一供种、统一育秧、统一机插、统一管理、统一植保），节本增效、高产稳产优势明显。目前，合作社会员已达到1400多个，“五统一”服务覆盖面积占全镇水稻种植面积的60%以上。

（四）建立健全政策扶持体系，为构建新型农业经营体系提供制度保障

各级各部门通力合作，整合资源，制定了投资、财税、金融等一系列扶持政策措施，不断优化发展环境。发展改革委安排投资补助资金，支持合作社的生猪、奶牛标准化规模养殖场等项目建设。财政部2013年安排农民合作社发展资金18.5亿元，开展财政支持农民合作社创新试点。财政部会同税务总局进一步扩大了农产品增值税进项税额核定扣除试点行业范围，切实减轻龙头企业税收负担。人民银行出台了《关于做好家庭农场等新型农业经营主体金融服务的指导意见》，银监会会同农业部制定了《关于金融支持农业规模化生产和集约化经营的指导意见》。农业部下发了

《关于促进家庭农场发展的指导意见》，明确了发展家庭农场的指导思想和保障措施。各地根据中央要求，也制定了相应的政策措施。浙江、四川等地专门下发文件，要求大力培育新型农业经营主体，加快构建新型农业经营体系。目前，全国已有 18 个省（区、市）出台了地方性合作社法规，30 个省（区、市）制定了支持合作社发展的政策性文件。21 个省（区、市）出台了支持龙头企业发展的专门文件。江苏、山东、福建、安徽等省份已经和正在研究制定扶持家庭农场、社会化服务发展的专门意见。

纵观世界发达国家和地区现代农业的发展历程，结合当前我国各地的创新实践和成功经验，我们认为，一个现代农业经营体系从孕育、诞生、发展到成熟，必须处理好政府与市场、分工与协作这两大关系，这也是当前及今后构建新型农业经营体系应当遵循的基本原则和关键路径。

1. **坚持市场化导向**。当前，我国农业已全面进入由市场决定产业发展方向的新阶段。发挥市场在资源配置中的决定性作用，要求培育和发展农业经营主体必须遵循市场规律，经营主体的设立和消亡主要应由市场机制来决定，任何组织和部门不能违背市场规律进行人为干预。农业经营主体自身也要按照市场需求选择适宜的经营方式和组织形式，开展有序竞争，并根据市场变化适时调整生产经营活动，不断满足日益多样化的市场需求。从实践情况看，“龙头企业 + 自建基地”“合作社 + 生产基地 + 农户”等经营模式，就是龙头企业、合作社为满足中高端产品市场需求而进行的创新实践。

2. **准确定位政府职能**。在市场发挥决定性作用的前提下，政府引导和扶持是催化剂和稳定器。农业是弱质产业，同时又承载着确保国家战略安全和实现农民利益等多种功能。为避免纯粹市场经济条件下农户与大资本之间的权利不对等、农业发展方向与国家宏观目标的不一致，需要政府更好地发挥调控、引导、扶持和服务作用。实践中，各地为适应不断变化的新形势新要求，在鼓励新型经营主体自主发展的同时，通过制定扶持政策、放宽市场准入等方式加强指导和服务，为加快构建新型农业经营体系提供体制机制保障。

3. **明确产业分工功能**。亚当・斯密的产业分工理论认为，分工可以产生效率。各类经营主体根据自身的资源禀赋，都集中于其最擅长、最适合的某一个领域、品种或环节，开展专业化的生产经营活动，提高了生产效率和经营效益，实现了主体之间的相互协作和均衡发展。从调研情况看，专业大户、家庭农场一般选择准入条件相对不高的种养业，将发展重点定位在扩大经营规模、提高产出水平上；合作社和其他社会化服务组织一般选择农资采购、农产品销售和农业生产性服务等领域，将发展重点定位在多环节、多形式的合作联合上；龙头企业则一般从事农产品加工、流通环节，将发展重点定位在精深加工、品牌培育和市场拓展以及高端农产品生产上，不断满足市场分工分层和消费者的多样化需求。

4. **选择最佳组合方式**。科斯认为，交易费用决定了企业和市场的边界以及企业的行为模式。交易成本最小化，是各类经营主体在生产经营活动中创新经营方式和组织形式的内在动力，也是他们自觉选择的首要目标。从实践看，各类经营主体在互相联结、利益分配的过程中，节约交易费用、追求利益最大化是共同选择，最终实现主体间优势互补、融合发展。为降低与外部的交易费用和总的运行成本，龙头企业由原来主要通过订单联结大量普通农户，发展到现在更多地与专业大户、家庭农场、合作社等规模经营主体相对接，采取多种利益联结方式和要素组合方式，实现了多经营主体共赢的局面。

三　新型农业经营体系的内涵和基本特征

党的十八大报告提出，坚持和完善农村基本经营制度，构建集约化、专业化、组织化、社会化相结合的新型农业经营体系。十八届三中全会《决定》明确要求，加快构建新型农业经营体系，坚持家庭经营在农业中的基础性地位，推进家庭经营、集体经营、合作经营、企业经营等共同发展的农业经营方式创新。习近平总书记在中央农村工作会议上指出，要把加快培育新型农业经营主体作为一项重大战略，加快构建立体式复合型现代农业经营体系。按照中央精神和习近平总书记的重要论述，在充分借鉴历史经验、各地实践和创新成果的基础上，新型农业经营体系的基本内涵是：以农户家庭经营为基础，合作与联合为纽带，社会化服务为支撑的立体式、复合型现代农业经营体系。在农村集体所有制框架下，我国实行以家庭承包经营为基础、统分结合的双层经营体制，这是我国新型农业经营体系的重要制度基础。

（一）新型农业经营体系的构成要素

从新型农业经营体系的基本内涵、组织结构和运行原理等角度分析，其构成要素主要有经营主体、经营方式、组织形式和运行机制等，各要素既自成体系、发挥功能，又彼此联系、相互作用，共同构成立体式复合型现代农业经营体系。

1. **农户家庭经营为基础**。家庭经营最普遍、最多见，最适应不同经济社会发展阶段和不同生产力，在农业生产经营活动中发挥着基础性作用，是一种历史悠久并依然显示出强劲生命力的农业组织形式。家庭依血缘、亲缘关系而维系，是生产单位与消费单位的统一；家庭成员的性别、年龄、体力、技能上的差别，与农业生产不同作物、不同环节、不同农时多样化的劳动需求相匹配；家庭成员属于利益共同体的特征决定了家庭经营的动力是内生性的，便于自我监督和管理，能够有效克服监督和激励难题。家庭的构成特征与农业的产业特征——生产对象是活的生命体、经济再生产与自然再生产的统一、生产时间和劳动时间不一致等相契合，决定了家庭经营在农业领域具有其他组织难以企及的优势。从历史变迁和国内外实践看，家庭经营在任何阶段都是农业生产最基本的经营形式，特别是在种养业生产环节始终占据主导地位。因此，在构建新型经营体系中，必须坚持家庭经营的基础性地位，充分发挥其在农业生产领域的优势和作用。

2. **合作与联合为纽带**。合作与联合是反映分工协作的重要生产组织形式，是现代产业发展的核心运行机制。我国人多地少、农业经营主体数量众多是基本国情农情，制约着新型农业经营体系的发展壮大和农业整体竞争力的提升。合作与联合是相对于分散经营而言，既包括在横向层面农户间的合作联合，联户经营、农民合作社、专业协会属于此类，有利于家庭经营向采用先进科技和生产手段的方向转变，提高农户进入市场的能力和农业集约化水平；也包括在纵向层面各种经营主体通过合作联合推动产业链条的延伸，“公司 + 农户”“公司 + 合作社 + 农户”属于此类，有利于家庭经营、合作经营、企业经营向形成多元化、多层次、多形式经营体系的方向转变，提高农业的组织化程度和竞争力。在家庭经营基础上探索多元互动、功能互补的合作与联合方式，建立有规模、有组织、有科学管理的合作形态，从而形成有机联系、发挥协同效应的纽带，可以有效弥补众多主体独立运行、分散经营的不足，成为构建新型农业经营体系的重要组织形式和运行机制。

3. **社会化服务为支撑**。适度规模的众多经营主体和全程社会化服务相结合，是我国农业现代化的一个重要路径选择。现代农业发展领域由产中向产前、产后不断扩展，分工分业已是大势所趋，尤其是各类新型农业经营主体对社会化服务的需求越来越大、要求越来越高。围绕农业产前、产中、产后各环节为各类经营主体提供完善的社会化服务，能够将分散的土地经营主体通过多样化、规模化、全方位的服务联结起来，从而跨越了地块和家庭的界限，既可以把一家一户办不了、办不好的事情办好，又可以有效解决耕地闲置、经营粗放等问题，客观上形成了土地和机械成片作业的规模效益。一些地方探索推广既不改变农户承包关系，又保证地有人种的全托管、半托管的服务模式，鼓励种粮大户、农机大户和农机合作社开展全程托管或主要生产环节托管，实现了统一耕作、规模化生产。各地实践表明，越是规模经营和市场化程度高，越需要社会化服务；越是新型经营主体，越离不开社会化服务。新型经营主体加上农业社会化服务，成为构建新型农业经营体系的核心路径，将成为建设现代农业的理想格局。

（二）新型农业经营体系的基本特征

1. **主体多元化**。改革开放以来，我国农户家庭经营一直处在不断分化之中，各种新型农业经营主体也在不断产生和发展，他们与普通农户一起，共同构成新型农业经营体系中最具活力的生产要素。从组织属性看，新型经营主体大体可以分为四种类型。**一是家庭经营类**。主要包括专业大户、家庭农场和生产服务专业户，他们大多脱胎于普通农户，以家庭为基本生产经营单位，以家庭成员为主要劳动力，保留了农户家庭生产经营的特点。在外在组织形式上，有的依然保留家庭形式，有的则根据需要登记为个体工商户、个人独资企业等。其最大的优势是产权明晰，内部治理结构简单，成员利益高度一致，劳动监督成本低。**二是集体经营类**。主要是农村集体经济组织，这是我国农村双层经营体制中统一经营的重要实现形式。集体经济在发达地区有存在的历史传承，在一般地区有重建的必要性。其优势是在社区范围内，组合土地等资源要素，通过占有共同资源实现共同发展，有利于提高农业集约化和组织化水平。**三是合作经营类**。主要包括各种农民合作社、专业协会等，是农户在家庭承包经营的基础上，通过各种形式联合起来组建的互助合作型组织，在生产合作和服务合作方面具有规模效益和不可替代的作用。其优势一方面是将分散农户组织起来，提高市场谈判地位，降低生产和交易成本，增强融资和抗风险能力；另一方面是在更大范围内组合各主体的不同要素，提高资源配置效率。四是企业经营类。这类经营主体在农业领域广泛存在，从生产环节和从事服务领域的角度判断，通过各种形式参与农业产前、产中和产后各个环节的生产经营活动，均属于涉农企业范畴。这是市场化程度较高的现代经营组织形式，在现代农业发展中具有方向性。其优势是产权明晰、治理结构完善、管理效率较高，以及技术装备先进、融资和抗风险能力较强等，在引领众多经营主体发展现代农业方面具有示范带动作用。推动家庭经营、集体经营、合作经营、企业经营等多种经营方式共同发展，培育壮大多元经营主体，成为构建新型农业经营体系的关键。

2. **内在耦合性与外在系统性**。集中体现在四个方面：**一是**在传统农户承包经营基础上，通过土地流转使经营权和承包权进一步分离，为专业大户、家庭农场、农民合作社、龙头企业等新型经营主体发育成长和相互转化提供了条件；**二是**各类主体之间通过不同的组织形式紧密联系，单个主体内部既可以采取某一经营方式，也可以多种经营方式并存，表现出混合融合、相互交织的多元化复合型特征；**三是**社会化服务贯穿于农业产前、产中、产后各环节，既可以由专业服务组织来承担，也可以由合作社和龙头企业来完成，体现出农业生产主体与服务主体之间的立体式耦合状态；四是坚持市场化导向是培育新型经营主体、创新农业经营方式的根本原则，决定着新型经营体系的发展质量和效益。同时，政府应当更好地发挥引导、扶持、管理和服务作用，兼顾效率和公平，体现出推进路径、发展目标的复合性。

总之，对新型农业经营体系构成要素的深度分析以及对其内在耦合性与外部系统性的深刻把握，为我们提供了一个具有中国特色的现代农业经营体系框架。

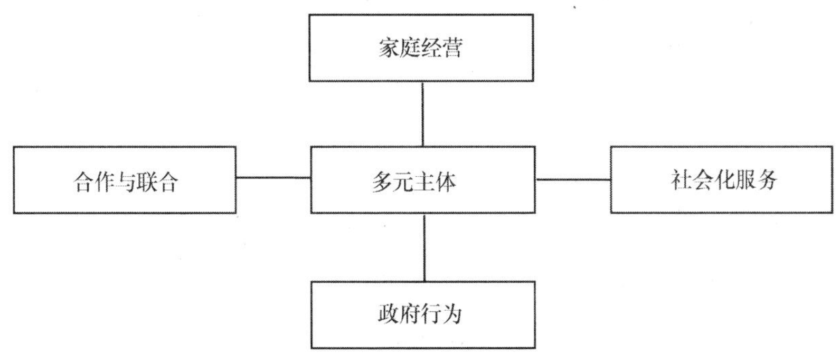

图 3－1　新型农业经营体系基本框架

（三）构建新型农业经营体系必须把握的几个问题

1. **坚持家庭经营的基础地位，不能忽视普通农户的作用**。当前和今后相当长一段时间内，广大承包农户仍是我国农业生产经营的重要基础和数量最多的主体，也是其他主体扩大经营规模的源泉。小规模承包农户和新型经营主体将长期共存，这也是人多地少国家农业发展的普遍规律。任何时候农民都处在“三农”的核心地位，发展现代农业，培养新型经营主体，既要解决农业问题，也要解决农民问题。如果只是实现了规模，解决了农业问题，而把众多农民排斥在外，将给社会稳定带来严重隐患。要继续加大扶持力度，引导农户加强联合与合作，鼓励承包农户通过共同使用农业机械、开展联合营销等方式发展联户经营，采用先进科技和生产手段，增加技术、资本等生产要素投入，充分发挥普通农户在农业生产中的重要作用，着力提高农业集约化、组织化水平。

2. **坚持多元经营方式共同发展，不能追求一个模式**。从各地实践看，各类经营主体、各种经营方式没有高低、优劣之分，各有特色、各具优势，都有各自的适应性和发展空间。加之我国地域广阔，各地资源禀赋、产业基础千差万别。哪些地方适用什么经营形式，哪种主体具有生命力，要根据各地实际和不同农产品生产特点，让农民自主选择他们满意的经营形式，不能只追求一个模式、一个标准，更不能行政强行推动、搞“拉郎配”。

3. **坚持多种经营主体融合发展，不能人为割裂**。从我国国情和实践发展来看，普通农户、家庭农场、农民合作社、龙头企业、社会化服务组织等各种主体各有优势、功能互补，共同构建新型农业经营体系。在这一体系中，承包农户是基础，种养专业户、家庭农场是骨干，农民合作社是中坚，龙头企业是引领，同时要扶持发挥农业社会化服务组织的支撑保障作用。既要鼓励支持各类主体竞相发展，发挥各自优势；又要引导各类主体相互融合、良性互动、协同发展，建立紧密的利益联结和分配机制，推动新型农业经营体系发展壮大，更加充满活力。

4. **坚持市场自立性标准，不能单纯依靠政策扶持**。在我国当前的人口资源和发展阶段条件下，既无法复制欧美以大规模家庭农场为基础、国家对农业实行高保护以确保农业优势地位的发展模式，更难以承受日韩以小农为基础的组织结构下、政府对农业高保护与农产品低自给率并存的所谓“小农之殇”模式。因此，必须把是否具备市场自立性作为检验新型农业经营主体发展质量的重要标准。国家通过完善政策法规等手段赋予新型经营主体平等市场主体地位，支持其在激烈市场竞争中生存和发展壮大，提升市场竞争力。同时防止形成新型农业经营主体的“政策依赖症”，克服日韩农业模式的不足。

四 新型农业经营主体的功能定位和培育方向

新型农业经营体系的不断完善，最关键的是各类新型经营主体的培育和发展。从世界发达国家和地区上百年的现代农业发展史来看，在生产经营方式、主体培育、政府支持等方面有很多成熟的经验、模式和做法，值得学习借鉴。**一是将农户家庭作为农业生产经营的基本单元**。无论从历史变迁还是国际比较看，农户家庭天然是农业生产经营的基础，始终是最主要的载体，家庭经营也已成为当今世界农业经营最基本、最普遍的组织形式。发达国家和地区的农业经营主要是在农户家庭的基础上组建规模不一的家庭农场来实现，实际经营规模由自然禀赋及历史条件来决定。美国自建国初期就建立起家庭农场的生产经营制度，其后衍生出的合伙农场大多数仍然保持了家庭的社会关系，公司制农场也大都以家庭控股方式经营。**二是将规模经营作为发展方向**。为增加单个经营主体的竞争力，发挥规模经营优势，世界上已实现农业现代化的发达国家和地区一直以来都在不断促进土地集中，农业经营规模也在不断扩大。美国家庭农场发展总体上呈现数量逐步减少，经营规模日益扩大的变化趋势。根据美国农业部的调查统计数据，1935—2007 年，美国家庭农场数量由 681 万家下降到 215 万家，而平均经营规模则由 62.7 公顷上升到 169.2 公顷。第二次世界大战后欧洲主要国家家庭农场的平均经营规模不足 20 公顷，目前已发展到 40—50 公顷。**三是企业化趋势日益明显**。从发达国家和地区发展现代农业的历程看，采取企业化经营的方式愈发普遍，农业经营主体的法人化特征也愈发显现。日本政府通过设立认定农业者和农业生产法人制度，促进农地向有经营能力的经营者集中，并对规模骨干农户和新的农业法人经营体进行收入直接补贴。世界发达国家和地区的合作社运动也正朝着企业化经营的方向快速演进。荷兰最大的乳业合作社菲仕兰通过以家庭农场为基础的合作社企业化经营模式，在内部构建了一个会员奶农、合作社董事会、公司管理层三方严格捆绑、相互制约、互惠共赢的新型合作机制，不仅管好了分散经营的家庭农场，也防止了资本的贪婪和职业经理人的短期行为，为企业化经营现代农业提供了一个成功典范。**四是农业生产性服务业高度发达**。不管是日韩、中国台湾等农户经营规模较小的国家和地区，还是农户经营规模较大的欧美国家，农户基本只从事专业化生产，由农协（农会）、专业协会、农业合作社等为其提供全程系列化服务。美国从事农业服务业的人数占全国从业人员总数的15%，远远高于农业从业人员的比例（2%），农业生产性服务业增加值占农业GDP的比重已达到12.7%。纵观世界农业发达国家和地区的成功实践，不管是“人少地多”的美国、加拿大，还是“人地平衡”的法国、德国，或是“人多地少”的日本、韩国等，农业生产经营普遍以集聚土地、资本等资源要素为基础向规模化、集约化方向发展，以培育新型职业农民为关键向专业化、组织化方向演进，以企业化经营为手段向社会化、市场化方向迈进，以完善政府行为为保障向规范化、可持续方向转变，为我国创新农业经营体系、建设现代农业提供了重要启示和有益经验。由于经济社会发展阶段的不同和资源禀赋条件的差异，我国新型农业经营体系在不同地区、不同产业、不同环节有着不同的发育水平和表现形式，各类经营主体也有着各自不同的功能定位和适应空间。

（一）家庭经营未来培育的重点是发展种养专业户、家庭农场等规模经营户

在承包农户基础上孕育产生的专业大户、家庭农场，既保留了家庭经营的内核，具有劳动监督成本低的天然优势，又能够有效集成利用现代生产要素，克服小规模兼业农户经营粗放、难以有效对接市场的不足，是今后商品农产品特别是大田作物农产品的主要提供者，也是发展合作经营的核心力量。上海松江等地涌现的家庭农场，以家庭成员为主要劳动力，以农业为主要收入来源，具有适度的经营规模，从事农业规模化、集约化、商品化生产经营，实现了劳动力、耕地等资源要素的优化配置，提高了土地产出率和劳动生产率。当前和今后一个时期，在一些劳动力转移程度较高，第二、第三产业发达的地方，更多地要把培育家庭农场作为重要方向，支持其从事大宗农产品生产、保障商品农产品供给，并发挥其对小规模农户的示范带动效应，使之成为引领适度规模经营、发展现代农业的有生力量。同时也要稳步发展、注重质量，避免人为归大堆、垒大户。要分级建立示范家庭农场名录，健全管理服务制度，加强示范引导。鼓励各地整合涉农资金建设连片高标准农田，并优先流向家庭农场、专业大户等规模经营农户。

（二）合作经营未来培育的重点是农民专业合作和股份合作等多元化、多类型合作社

合作经营通过农户间的互助合作，既可以解决单家独户办不了、办不好、办起来不划算的问题，又可以帮助农户提高市场谈判地位。合作社是合作经营的重要表现形式和载体，既可以作为生产主体，又可以是服务主体，还能够联结其他经营主体，地位特殊、作用关键，是引领家庭经营主体参与国内外市场竞争的重要力量。黑龙江省克山县仁发现代农机合作社以土地入社为核心（农户带地入社），以现代农机为载体，以生产合作为纽带，建立了以土地分配为主、国投收益平均分配、公积金等同个人投资、实行民主管理、入社自愿退社自由、农机单车核算等制度，有力带动了千家万户走向大市场、实现规模经营。当前，合作经营的重点是在农资购买、农产品销售和农机作业、农业植保等生产性服务领域，大力培育发展多种形式的农民合作社，发挥其在服务和提升小农等方面的功能作用，使其成为引领农户对接大市场、提高农业组织化程度、克服小规模农户局限性的基本途径。同时，为满足成员多样化、多类型合作需求，也要鼓励合作社规范开展土地股份合作、内部信用合作、加工流通业务和发展联合社，支持合作社开展农社对接，不断拓宽合作领域，创新合作方式。在一些集体有积累、经济较发达的地方，鼓励集体经济组织对包括土地在内的集体产权进行股份合作制改革，探索创新集体经济的有效实现形式，不断壮大集体经济实力。

（三）企业经营未来培育的重点是做大做强农业产业化龙头企业

企业经营能够更好地利用市场手段有效整合资源要素，经营者具有较强的融资能力、管理能力和市场反应能力。农业产业化龙头企业通过产加销一体化经营，带动分散经营的各类主体对接社会化大市场，使其他各类主体能够分享到产业链增值收益。联想佳沃集团是工商资本投入农业发展产业化经营的典型之一。该集团利用资本、技术、人才、信息、市场等优势，投资发展蓝莓和猕猴桃产业，将工厂化生产、精细化管理的理念和方式，以及先进的产业技术和营销手段引入农业，并通过自建基地、直接带动规模农户、联合合作社带农户等多种模式发展一体化经营，有效整合了农业产业链条，提升了农户在农业价值链中的地位。当前，企业经营的重点是做大做强农业产业化龙头企业，鼓励涉农企业重点从事农产品加工流

通和农业社会化服务，推动企业集群发展，增强辐射带动能力，引导其通过订单收购、二次返利、股份合作等多种形式，与农户、专业大户、家庭农场、农民合作社等经营主体有效对接，形成“风险共担、利益共享、合作共赢”的紧密联结关系。引导工商资本发展良种种苗繁育、高标准设施农业、规模化养殖等适合企业化经营的现代种养业，开发农村“四荒”资源发展多种经营，开展产前、产中、产后服务，向农业输入现代生产要素和经营模式，带动农户发展产业化经营。

（四）农业社会化服务未来培育的重点是经营性服务组织

农业经营性服务组织具有服务模式相对成熟、服务机制相对灵活、服务水平相对较高等优势，是农业社会化服务的生力军。陕西长丰现代农业托管有限公司采取土地代耕、托管的方式，通过组建专家指导组、土地托管员、专业服务队，为无力耕种或劳力不足的农户提供“保姆式”“菜单式”服务，有效解决了无人种地、无力种地的难题，保证了当地粮食种植面积和产量。可以看出，经营性服务能够有效弥补公益性服务的不足，更好地满足各类经营主体多层次、多形式、多元化的服务需求，在我国大有潜力可挖，未来很有可能成为农村经济和现代服务业发展的新增长点。当前，农业社会化服务重点是按照主体多元、形式多样、竞争充分的原则，大力培育专业服务公司、专业服务合作社、专业服务队等各类经营性服务组织，积极发展良种种苗繁育、统防统治、测土配方施肥、粪污集中处理等农业生产性服务业，大力发展农产品电子商务等现代流通服务业，支持建设粮食烘干、农机场库棚和仓储物流等配套基础设施。加强农业社会化服务综合标准化建设，为农业生产经营提供全程高标准服务。农业公益性服务机构是农业社会化服务的重要基础，重点要在全覆盖、有保障上下功夫，巩固乡镇涉农公共服务机构基础条件建设成果，建立健全完善的农业公益性服务体系，不断拓展公益性服务范围和服务职能。同时，通过政府购买服务等方式，鼓励向经营性服务组织购买易监管、可量化的公益性服务，研究制定政府购买农业公益性服务的指导性目录，建立健全购买服务的标准合同、规范程序和监督机制。

五　构建新型农业经营体系的制度支撑

构建新型农业经营体系是一项复杂的系统工程，与土地制度改革、政府行为导向和职业农民培养高度相关，也有可资借鉴的全球经验。要通过对相关重大问题的分析，寻求政策突破和工作推进的切入点和着力点，加快构建新型农业经营体系的制度支撑和体制保障，促进新型经营体系健康稳定发展。

（一）进一步完善土地承包经营制度

土地问题始终是“三农”政策的核心问题，土地制度是农村最基本的制度。深化农村土地制度改革必须坚持农村土地集体所有制，坚持稳定和完善农村基本经营制度，处理好与新型农业经营体系发育成长的关系。

一是坚持农村土地集体所有。这是坚持农村基本经营制度的“魂”，也是农村最大的制度。农村土地集体所有兼顾国家、集体、农民三者利益，是相对费省效宏的“中间制度”和最佳制度安排，也是中国特色社会主义在农业上的一个鲜明特点，必须毫不动摇地坚持。现阶段，在工业化、城镇化快速发展背景下，大量人口和劳动力离开农村，原来家家户户都种地的农民出现了分化，分工分业已成为大势所趋。这就要求在坚持农村土地集体所有的前提下，促使承包经营权再次分离，使土地经营权成为独立的权属，在更大范围内发挥作用，形成所有权、承包权、经营权“三权分置”的格局，这也是指导土地流转、创新农业经营体系的重要理论基础。在土地流转和规模经营中，要行使好农村集体的土地发包权、土地管理权和承包经营监督权，发挥好集体为农民流转土地提供服务的组织功能作用。

二是抓紧抓实农村土地承包经营权确权登记颁证工作。放活农村土地经营权，一项前提性、基础性工作，就是土地承包经营权的确权登记颁证。这项工作涉及亿万农民的切身利益，是关系农村稳定和现代农业发展的重要根基。要抓紧抓实确权登记颁证工作，妥善解决农户承包地块面积不准、四至不清等问题，不断强化对农户土地承包经营权的物权保护，完善土地承包经营权权能，真正让农民吃上“定心丸”，为稳定农村土地承包关系并保持长久不变提供制度性保障。

三是引导土地有序流转推进适度规模经营发展。随着农村土地流转速度日趋加快，各类经营主体投资农业、发展生产的积极性得到进一步调动和发挥，为发展适度规模经营、培育新型经营主体创造了有利条件。要通过明晰产权、完善权能、规范流转，健全土地要素向新型经营主体流转的有效机制。在稳定土地承包权的基础上，鼓励和引导农户放心流转承包土地的经营权，切实保障农户在土地流出后继续拥有对承包土地的合法财产权利。鼓励和支持土地流入方集中加大投入力度，在更大的土地经营规模基础上优化配置资源，开展专业化、集约化生产经营，提升农业的发展质量和效益。同时鼓励地方建立土地规模经营扶持专项资金，引导农村土地逐步流向适度规模经营的专业大户、家庭农场、合作社等新型经营主体。

总之，农村土地集体所有、家庭承包、多元经营，有利于更好地坚持集体对土地的所有权，更好地保障农户对土地的承包权，更好地用活土地经营权，推动农地等资源要素有效配置，为培育新型经营主体、构建新型农业经营体系提供了新的条件，从而形成中国特色的农村土地制度和农业经营制度相辅相成、相得益彰的制度格局。

（二）建立健全新型职业农民培养制度

新型农业经营主体的培养和新型经营体系的成长发育，需要培育造就一大批新型职业农民，不断提高自身的职业技能和综合素质，以应对日趋激烈的市场竞争。要以培养新型职业农民为重点，努力构建新型职业农民和农村实用人才培养、认定、扶持体系，建立公益性农民培养培训制度，探索建立培育新型职业农民制度，把劳动力资源优势转变为人力资本优势。

一是分层次培养现代农业人才。充分尊重不同经营主体的学习特点和规律，以方便农民、实惠农民为出发点，坚持教育和培训并重，抓紧建立一套完整的新型职业农民培养体系。要从国家层面制定中长期新型农民培养规划，实施新型职业农民培育工程，围绕主导产业开展农业技能和经营能力培养培训，扩大农村实用人才带头人示范培养培训规模，加大对专业大户、家庭农场经营者、农民合作社带头人、农业企业经营管理人员、农业社会化服务人员和返乡农民工的培养培训力度，把青年农民纳入国家实用人才培养计划。要以生产经营类新型职业农民培育为重点，对农业基础经营者、获证农民、农业后继者和农业服务人员实行分层培养。建立合作社带头人人才库，强化龙头企业负责人培训，努力打造一支高素质现代农业生产经营者队伍。

二是建立完善的激励机制。培育新型职业农民，关键是要建立健全科学合理的人才激励机制，充分激发各类经营主体的生产积极性和创新活力，加快培育创新型现代农业产业组织，形成更加充满活力的新型农业经营体系。要加快制定和完善大中专院校毕业生到农村务农的激励政策，鼓励吸引毕业生兴办家庭农场和农民合作社。积极争取将骨干务农农民的农科职业教育，特别是中等职业教育，纳入国家职业教育免学费政策范围，吸引农村有志青年学习农业、投身农业。总结地方经验，从政府补贴、项目扶持、金融服务、土地流转、职称评定等方面创新制度和政策，吸引大中专毕业生和专业技术人员从事农业，并在户籍、社会保障等方面给予城镇居民同等待遇。

三是保证收入效益和职业体面。在市场机制作用下，高素质劳动力等先进生产要素总是向定价较高、环境较优、发展预期较好的领域和环节流动。新型农业经营体系既可以把各种现代生产要素和经营模式引进和注入农业，发挥要素集聚、规模效应等优势，扩大农业内部的就业容量和生产的外部规模，为培养造就新型职业农民队伍创造了有利条件；又可以有效打通农业的上中下游链条，促进农业与第二、第三产业联动，破解城乡二元结构的制约，逐步淡化和消除附着在农民身上的身份标签，使培育起来的新型职业农民真正从社会成员阶层转化为经济产业职业，逐步走上具有相应社会保障和社会地位的职业化路子，让农民这个身份称谓回归到本来的职业称谓。要积极探索新型职业农民认定管理制度和农业行业准入制度，坚持政府主导和农民自愿的原则，针对不同类型、不同层次的职业农民，实施差异化的认定标准，使农业成为“进入有要求”的行业。要不断加大政策扶持力度，鼓励和支持新型职业农民以集约化经营降低生产成本，以规模化生产提高规模效益，以专业化生产增加结构调整的效益收入，以产业链延伸获得增值收益，使农业成为“经营有效益”的行业。要加快推进包括农村土地在内的集体产权制度改革，赋予农民对集体资产股份的各项权能，让农民除了从农业生产经营中增加收入之外，还能获得土地出租、股份收益、住房转让等带来的财产性收入，使农业成为“收入有保障”的行业。要加快健全城乡发展一体化体制机制，推进城乡要素平等交换和公共资源均衡配置，使留在农村的劳动者和城镇居民一样，能够尽快享有同等的生产要素权益和社会保障权益，真正让农业成为“职业有尊严”的行业。新型职业农民是家庭经营的基石、合作组织的骨干、社会化服务组织的中坚力量，也是新型农业经营主体的重要组成。只有培养一大批具有较强市场意识，懂经营、会管理、有技术的新型职业农民，才能发展壮大新型农业经营主体，不断增强新型农业经营体系的发展活力。

（三）完善政府支持保护和监管制度

构建新型农业经营体系和培育新型农业经营主体，政府行为至关重要，是必不可少的外部条件。为保障商品农产品的可获得性和主要农产品有效供给，在构建新型农业经营体系的起步阶段，政府制定适当倾斜的支持保护政策，能够更加有效地发挥政策导向和激励作用。当前及今后一个时期，要把构建新型农业经营体系作为推进农业现代化的一项重要战略，组织实施新型农业经营主体培育工程，不仅要针对新型经营主体面临的共性问题，出台农业补贴、农业信贷、农业保险、农业用地等方面的普惠性扶持政策，促进其做大做强；更要针对不同新型经营主体的特殊需求，出台特惠性扶持政策，因地制宜、分类指导、循序推进。

一是新增农业补贴要向新型农业经营主体倾斜。我国已经初步构建起新时期农业补贴制度框架，成为农业现代化的重要政策推手。下一步要继续增加农业补贴总量，扩大补贴覆盖范围。普惠性补贴数量不减少，重点增加农田水利建设、投入品、农业灾害救助、科技应用与推广、资源生态保护、农民培训等生产性专项补贴。新增农业补贴资金重点向从事粮食生产的专业大户、家庭农场、农民合作社等新型经营主体倾斜，支持符合条件的新型经营主体优先承担涉农项目，使优惠政策向更有效率的生产者集中。国家已经明确将新型经营主体作为农业补贴政策支持的重点对象，要抓紧制定完善针对新型经营主体的具体操作办法，调整优化补贴方式，不断提高补贴的精准性、指向性和实效性。

二是进一步加大金融保险政策扶持。与传统小农户相比，新型经营主体无论是固定资产投入，还是流动资金周转，对资金的需求量明显加大，表现出强劲的金融需求。要综合运用货币和财税政策工具，引导金融机构建立健全针对新型经营主体的信贷、保险支持机制，创新金融产品和服务，加大信贷支持力度，分散规模经营风险。进一步推进农村金融体制改革创新，建立商业性金融、政策性金融、合作性金融有机统一、协调高效的农村金融体系，完善金融支农激励约束机制，多元化多渠道满足不同经营主体的金融需求。加强农村信用体系建设，重点针对新型经营主体开展信用评定，加大授信额度，鼓励发展信用贷款。要针对粮棉油糖、农作物制种、园艺作物、畜牧业、渔业、农机等不同产业，有针对性地创新金融产品和服务方式。鼓励财政出资建立为农服务的担保公司、融资担保专项资金、担保风险补偿基金等，构建政府扶持、多方参与、市场运作的农村信贷担保机制。建立农村产权交易市场，完善农村抵押资产变现处置机制，鼓励金融机构开展农村土地经营权、大型农机具、活体畜禽、在产农作物、各种有价票据等抵质押贷款业务。健全农业保险管理体制，提高农业保险各利益方有效参与度，逐步扩大农业保险补贴覆盖范围，稳步提高农业保险风险保障水平。针对适度规模经营主体，探索开展产量保险、价格保险、收入保险等新型保险产品试点。建立和完善农业再保险体系，探索建立财政支持的农业大灾风险分散机制。鼓励新型经营主体开展多种形式的互助合作保险。

三是完善新型经营主体农业用地政策。随着新型经营主体不断发展，对生产建设用地和附属设施用地的需求将越来越大。鼓励各地设立土地适度规模经营发展专项资金，引导和支持土地经营权流向新型农业经营主体。土地利用规划要充分考虑新型经营主体的需求，落实好在国家年度建设用地指标中单列一定比例专门用于新型农业经营主体建设配套辅助设施的政策，并按规定减免相关税费。研究探索多渠道、多方式解决新型经营主体的农业建设用地问题，优先保障其用地需求。

四是加强工商企业租赁农户承包地的监管和风险防范。各地对工商企业长时间、大面积租赁农户承包地要有明确的上限控制，建立健全资格审查、项目审核、风险保障金制度，对租地条件、经营范围和违规处罚等作出规定。工商企业租赁农户承包地要按面积实行分级备案，严格准入门槛，加强事后监管，防止浪费农地资源、损害农民土地权益，防范承包农户因流入方违约或经营不善遭受损失。要定期对租赁土地企业的农业经营能力、土地用途和风险防范能力等开展监督检查，查验土地利用、合同履行等情况，及时查处纠正违法违规行为，对符合要求的可给予政策扶持。要利用规划和标准引导设施农业发展，强化设施农用地的用途监管。总之，作为组织化、市场化程度较高的各类新型经营主体，承担着连接政府与市场、贯彻政府意图、保障主要农产品有效供给的重要功能，已成为政府调控农产品市场的重要对象。为此，政府既要加强引导和扶持，又要强化监督和管理，推动新型农业经营体系持续健康发展。

在变革中发展的欧洲家庭农场与合作社

——瑞典、丹麦农业考察报告

张红宇　金文成　余葵　等[①]

瑞典和丹麦两国家庭农场与合作社发展历史悠久，农业社会化服务高度发达。最近我们赴瑞典、丹麦，着重就全球化背景下家庭农场与合作社的发展变化进行了专题考察。总的来看，两国农业竞争力强、家庭农场与合作社发展水平较高，在诸多方面值得我国学习借鉴。现将有关情况报告如下。

一　农业是两国的强势产业

瑞典、丹麦地处北欧，人均 GDP 超过 6 万美元，是世界上高度发达的福利国家，也是农业高度现代化的国家，在农业可持续发展、生态环境保护、食品质量安全等领域居全球领先地位。两国农业产值在国民经济中的份额占比不高，瑞典 2015 年农业增加值 500 亿瑞典克朗（60 亿美元[②]），占全国 GDP 的 0.4%，丹麦 2013 年农业增加值 264 亿丹麦克朗（41 亿美元），占全国 GDP 的 1.4%，但都极具竞争力，农业是两国典型的强势产业。一是劳动生产率高。2014 年，瑞典农业用地只有 310 万公顷（其中耕地 264 万公顷），人均耕地 4 亩，用 12.89 万农业劳动力生产谷物 580 万吨，养殖羊 29 万只、猪 140 万头、牛 149 万头（其中奶牛 34.5 万头），

---

① 调研组成员：张红宇、金文成、余葵、徐猛、罗鹏。

② 2013 年、2014 年、2015 年汇率统一按 1 美元 =8.3 瑞典克朗 =6.7 丹麦克朗，1 欧元 =1.12 美元计算。2016 年 5 月 4 日汇率，1 美元 =8.05 瑞典克朗 =6.47 丹麦克朗 =6.49 人民币。

生产牛奶293万吨、猪肉23万吨、牛肉13万吨、鸡肉12.6万吨，劳均生产谷物45吨、牛奶23吨；丹麦2013年耕地263万公顷，人均耕地7亩，用8.66万农业劳动力生产谷物980万吨，出栏猪2928万头、牛1020万头（其中奶牛56万头），生产牛奶520万吨、猪肉190万吨、牛肉14万吨，劳均生产谷物113吨、牛奶60吨。丹麦环境与食品部副部长皮尔先生形象地说："丹麦每年人均生产5头猪、2头牛，每年农业总产出可供全国人口消费3年，丹麦农业是让我们觉得自豪的产业。"二是国际市场竞争力强。瑞典2015年食品行业销售额211亿美元，出口84亿美元，占全国出口贸易总额的6%；丹麦2013年食品行业出口额达227亿美元，占丹麦出口贸易总额的1/4，丹麦的生猪、黄油、奶酪出口量分别位居全球第一、第二、第三位，在全球竞争中优势明显。

二　规模扩张是家庭农场发展的基本特征

同许多发达国家一样，家庭农场是支撑两国农业发展的生产经营基础。北欧的家庭农场，主要是在废除封建庄园主制度基础上，通过土地改革，于18世纪中后期到19世纪初建立起来的。据丹麦史记载，1805年，丹麦有6万个佃农累计购买了当时全国2/3的耕地，平均每个农场经营耕地20—25公顷。作为最直接的农业生产主体，家庭农场经营制度一经确立，200多年来没有根本改变。

从两国情况看，随着现代农业的发展，家庭农场的数量、规模和经营方式也不断发生变化，规模扩张是两国家庭农场发展的历史必然和基本特征。从发展过程看，在培育和成长期，家庭农场的数量是不断增加的；而在数量发展到顶峰后，家庭农场数量则逐步减少，同时呈现规模扩大、经营方式多样的趋势。从数据统计看，瑞典1900年有家庭农场51万家，到1983年减少到11.4万家，到2015年再减少到6.7万家，相应地平均规模逐步由1980年的39公顷扩大到2015年的46公顷；丹麦1903年有家庭农场26万家，到1964年减少到17.5万家，到2015年再减少到3.8万家，相应地平均规模则由1970年的21公顷扩大到2015年的70公顷。此外，两国奶牛养殖农场也是如此，瑞典1950年有10万家，到2015年只有4500家，平均每10年就减少一半。我们考察的丹麦Freerslev Kotel农场，由Erik和Inge夫妻共同拥有并经营，主要是养殖奶牛，自有土地90多公顷、租赁土地110公顷，目前饲养了约500头牛，其中奶牛220头，都是在几十年的经营中不断扩大的。

在规模不断扩张的同时，两国家庭农场在经营方式上也出现了分化：**一是专业化家庭农场日益成为农产品供给的主力**。规模化是专业化农场的主要特征。瑞典6.7万家庭农场，经营规模超过100公顷的约有7000家；据瑞典企业与创新部经济分析司官员亚历山德拉介绍，全国20%的大中农场生产了80%的农产品。丹麦3.8万家庭农场，经营规模大于100公顷的约1.1万家，亦是商品农产品的主要提供者。据丹麦农业与食品委员会主任劳恩森先生介绍，这1.1万家大农场生产的农产品，至少能解决1000多万人的吃饭问题，是丹麦全国人口数的2倍。**二是兼业化家庭农场更多体现农业的多功能性**。兼业化农场多表现为小规模经营。瑞典经营面积小于20公顷的小规模农场有4万家，丹麦则有2万多家。这些农场，其经营目的与专业化农场不同，农场主除经营农场外，大都有固定的非农职业。一直陪同我们考察的丹麦环境与食品部外事司的安纳森先生对我们讲，其父亲就拥有一个40公顷大小的农场，平时在IT公司上班，闲暇时经营农场，种些小麦、燕麦、花草树木和养殖奶牛，这实际就是劳恩森所说的"玩的农场"，兼具个人爱好、休闲娱乐等多种功能。

三　合作社国际化、企业化趋势明显

市场经济再发达，但单一农场在市场上的竞争力仍很微弱，只有抱团闯市场才有出路，而合作社日益成为抱团的主要载体。从欧洲农业合作社发展看，家庭农场专注于种植、养殖等直接生产活动，而合作社把分散经营的农场主在流通领域组织起来，专注于流通、营销，进而发展到培育良种、打造品牌、加工增值、拓展市场，形成农业—食品产业体系，以体系的力量而不是个体的力量参与国际竞争，提升小国农业竞争力。其中，合作社的纽带作用至关重要。

瑞典、丹麦都是世界上农业合作社诞生较早的国家。1882年，丹麦农场主组建了第一个奶业合作社；1888年，瑞典农场主组建了第一家牛奶合作社。100多年来，两国的农业合作社均已发展成专业化、国际化的大型经济集团，在国家经济中发挥着举足轻重的影响。目前，两国90%以上的农场主都加入了一个或者多个合作社。从两国合作社的发展情况看，有五大突出特征：**一是合作社历史感厚重**。阿拉福兹（Arla foods）公司成立于1863年，有150年的历史，已经成为全球第二、欧洲第一大奶业合作社。兰特曼（Lantmännen）谷物合作社，成立于1880年，是目前瑞典最大的谷物合作社。这些合作社均是“百年老店”，具有很强的国际影响力。**二是产业高度集中**。合作社向少数超级合作社集中，农业及食品产业也高度向合作社集中，合作社做大做强主要依靠市场力量，通过不断地兼并重组实现。100多年来，瑞典农业及林业合作社由19世纪初的3000多家集中到40家，丹麦奶业、生猪和粮食合作社由1903年的1073家减少到20家。同时，农业及食品产业也向合作社集中，两国合作社生产的初级农产品及食品在本国市场的占有率，基本达到80%以上，其中牛奶及其制品等接近100%，集中化趋势明显。**三是成员国际化明显**。合作社数量减少的过程，也是成员不断扩大的过程，有的合作社成员目前已超越本国国境。阿拉福兹现有1.3万个成员，来自包括丹麦等7个国家，而且外国籍成员比丹麦国籍成员还多。**四是合作社企业集团化趋势明显**。最初，农场主组建合作社是抱团参与市场竞争，随着成员数量不断增多、涉及范围不断扩大，合作社逐步按照公司化的经营方式走向市场，延长产业链，扩大供应链，拓展利益链，逐步成为大型、综合农业企业集团。在坚持合作社办社原则的同时，聘请职业经营人，实行企业化管理。兰特曼（Lantmännen）现有成员2.9万，雇员1.05万人，2015年销售额约46亿美元，经营范围包括农业、机械、食品、生物能源和房地产五大领域，是瑞典合作社企业化的典型代表。**五是利益联结更加紧密**。家庭农场作为直接的农业生产者，是合作社的基本组成单位，而农场主是合作社的社员和股东，也是合作社的主人，享有合作社的所有权及经济、管理权益。合作社作为农产品的加工者和经销商，是农场主在经营上的联合，是与农场主在流通领域上的合作，是引领家庭农场进入国内外市场的组织者。产权归社员决定了合作社和社员利益的一致性，使分享成为合作社密切与社员利益联结的核心理念，是不同于公司企业的根本区别，如兰特曼谷物合作社农业生产利润100%返还给社员，加工领域利润的40%返还给社员。

四　与农业生产紧密相关的科教推广服务体系

瑞典的牛奶、丹麦的燕麦和猪肉均为国际知名农产品，极具竞争力，其竞争优势来源于发达且完备的农业科研、教育和技术推广体系。我们从考察观察到，两国的农业科教推广服务有四大特征。

一是科研始终站在高起点。两国的农业科研，主要通过大学进行。瑞典农业科技大学是该国最大的农林业科研教育机构。该校对外合作中心主任 Johan 介绍，学校的教学和科研主要围绕农业和林业的可持续发展而展开，目前正瞄准 2050 年的未来农业开展科研，包括转基因技术、绿色城市、动物福利等，其主要研究方向是如何降低气候影响、改进动物福利、寻找替代饲料、提高饲养报酬、提供健康食品等。奥胡斯大学是丹麦最大的农业科研教育机构，其农业食品中心科研工作涉及农业的方方面面，目前开展的生猪繁育基因组技术科研项目居世界领先水平。

二是科研教学成果直接服务于经营主体。从最有利于农业科研教育的要求出发，两国农业院校均办在乡村、科研项目要有农场参与、科技成果要在农场生产中显现，这样的安排使农业科研教育更贴近农业生产实践，使教师、学生和科学家更潜心钻研农业科学技术，从而保证了农业科研教育的针对性、成果的有效性和转化的高效率。瑞典农业科技大学主校区在位于农业主产区的乌普萨拉市的郊区，丹麦奥胡斯大学也设在农业主产区的奥胡斯市郊。据在奥胡斯大学留学的中国学生们讲，这里虽然生活单调，但远离城市的喧嚣，可以更专心于学习和科研，更接近生产实践。该校农业食品中心高级顾问克劳斯介绍，根据国家规定，申请国家资助的任何农业科研项目，必须有合作社、农场或者私营企业参与，实行共同申请，科研成果要在合作社或者农场进行验证。

三是培育专业的农业经营者始终是基础。两国家庭农场主都具有较高的文化程度和专业素养。长期以来，丹麦规定农民购买 30 公顷以上的土地，必须持有绿色证书，而要获得绿色证书，必须经过 48 个月系统的基础教育、技术教育和 15 个月的管理教育，其中农场实习在基础教育和技术教育阶段必须达 28 个月，并取得农机操作、动植物保护技术合格证。应该说，职业农民是两国农业长久发展、农产品竞争力持续提升的基础保障。

四是农业社会化服务始终坚持市场化。市场化是最有效、最简捷的农业服务机制。政府对农业科研教育的支持，主要是通过向大学、科研机构等购买服务的方式实现。家庭农场主咨询农业生产、流通、销售等方面的问题，也主要通过有偿服务的方式来实现。丹麦农业知识中心（SEGES）

隶属于丹麦农业与食品委员会，为非营利性质的农业咨询机构，已有140多年的历史，为丹麦独特的农业技术推广模式。该中心统筹组织全国的农业技术咨询服务和科研成果转化工作，在全国各地分设31个中心，为3.8万家农场提供全方位的管理和技术服务。SEGES广泛收集先进适用的农业科技成果，每年组织田间试验1000多次，对比较成熟的，将通过各地的咨询中心进行推广、转化，每单服务收取农业咨询费，标准为100欧元/小时，2015年营业收入达到3.45亿美元。这种市场化的服务机制，既有利于农场主珍惜每次的咨询服务，也促使SEGES必须提供物有所值的服务。

五　政府提供了强有力的支持保护

当前，经济全球化深入发展，在推动合作社合作联合的同时，也给家庭农场带来了新的挑战。一方面，国际农产品价格长期低迷，扩大出口面临日趋激烈的国际竞争；另一方面，农场主呈老龄化倾向，年轻人不愿从事农业，存在着后继乏人问题；此外，应对气候变化，迫切需要加强生态环境保护、关注动物福利，促进农业可持续发展。丹麦环境与食品部副部长皮尔先生告诉我们：受全球化的影响，丹麦有1/3的农场出现亏损，如果得不到缓解，可能有20%左右的小农场会破产，这赋予了政府的责任担当。对于家庭农场和合作社的发展，两国政府扮演着合适的角色，发挥着不可替代的作用。

主要表现在：**一是加强规划引导**。科学谋划未来农业，鼓励创新发展，提高农业竞争力。瑞典制定了《2014—2020年瑞典农村发展计划》，明确提出农村发展的三大目标，即提高农业竞争力，加强环境和自然资源可持续管理，促进农村和社区平衡发展。丹麦议会今年1月通过了农业一揽子计划，在可持续利用、增加原料来源、提高竞争力、发展粮食生产、促进出口5大领域确定了30项行动计划，着力创新农业环境监管利用方式，因地制宜地推动降低农业生产成本、扩大农产品出口，帮助农场主摆脱目前农产品价格低迷困境，提升丹麦农业竞争力。**二是树立和推广绿色发展理念**。两国均推行比欧盟更为严格的食品安全标准，大力发展生态农业、有机农业，从家庭农场的生产源头确保食品安全，推动可持续发展。瑞典早在1986年就禁止在动物饲料中添加生长抗生素，比欧盟全面实施这一禁令早20年，目前瑞典抗生素使用水平不及欧盟平均10%，为欧盟最低；丹麦抗生素使用水平也不足欧盟平均水平的30%。丹麦有机食品零售市场份额占8%，居世界首位；瑞典为6%，排名第二；两国在全球有机食品生产和消费方面始终走在世界前列。**三是加强农业支持保护**。为公平竞争，尽管欧盟规定，各成员国对家庭农场不得单独增加补贴，但在欧盟共同政策框架下，瑞典、丹麦制定了差别化的国别政策，支持家庭农场与合作社发展。以瑞典为例，2015年农业支持预算94.5亿瑞典克朗，包括农场补贴54亿瑞典克朗，平均每公顷土地1800瑞典克朗（每亩15美元）；养牛补贴9亿瑞典克朗，平均每头牛800瑞典克朗（99美元）；联合支持28.5亿瑞典克朗，包括环境发展11亿瑞典克朗、有机农业生产5.5亿瑞典克朗等。

六　几点启示与建议

瑞典、丹麦作为农牧业高度发达的国家，200多年来家庭农场与合作社稳步发展，在实现并继续推进高水平的农业现代化进程中发挥了基石作用。虽然与我国基本国情、发展阶段、经济制度不同，但其家庭农场与合作社发展的趋向、应对全球化市场竞争的策略等，值得正处于新型经营主体起步阶段的我国学习借鉴。

（一）要努力打造中国农业的强势产业形象和地位

从瑞典、丹麦的农业发展历程看，农业的发展是一个竞争力不断提升的过程，更是打造全球一体化竞争强势产业的过程。在许多专家学者眼中，农业被认为是弱势产业，我国是农业大国，但远未成为农业强国。从人均资源占有量上，我们有先天不足。我国人均只有1.5亩左右的耕地，仅为瑞典的1/3和丹麦的1/5。但不可忽视的是，我们既有丰富多样的自然资源，又有勤劳而聪慧的劳动人民，更有集中力量办大事的政治体制优势，只要立足本国国情，发挥农业国际比较优势，在农业供给侧结构性改革中瞄准和提升农业综合竞争力，打造中国农业强势产业的形象和地位，是完全可以实现的。建议结合实施“十三五”规划，围绕提高大国农业竞争力，研究制定我国农业2050年发展战略，补齐“四化”同步发展中农业现代化这个短腿，加快追赶发达国家农业现代化的步伐，提高我国农业参与全球化竞争的实力，使我国农业成为强势产业。

（二）要进一步强化家庭经营在农业发展中的基础性地位

迄今为止，家庭农场仍是瑞典和丹麦两国农业生产的基本主体，初级农产品的最适宜主体始终是家庭农场。要重视各类农业生产经营主体在现代农业经营体系中的角色定位，真正做到对号入座、各尽其用。建议从巩固我国家庭经营基础地位的高度，重视家庭农场的培育，使之成为我国初级农产品生产的主体力量；重视发展流通领域的合作社，发挥“抱团闯市场”的作用，使之成为引领农户和农场主共同应对市场竞争挑战的重要力量。抓紧制定家庭农场登记条例，明确家庭农场的市场主体地位；建立健全家庭农场统计，以家庭农场的本质属性为依据，开展全面统计；深化农业行政管理体制改革，健全家庭农场管理机构，明确农业部门家庭农场管理职责，农业部内增设专门机构，承担具体工作。

（三）要提升农民合作社的发展质量

在瑞典和丹麦，合作社的发展经历了数量递增、同类合并、经营规范、国际化竞争等重要阶段，目前绝大部分农场主都加入了一个或多个合作社，而合作社经营规模之大、涉及领域之多、产业链条之长、成员覆盖面之广，从数量增长到质量提升是其生存发展之道，亦是两国农业强大竞争力的突出表现。受我国人多地少基本国情制约，我国承包农户农地占有规模狭小，通过合作社把农户组织起来参与市场竞争，是比较现实的选择，也是全球经验充分证明的成功选择。我国农民合作社虽起步较晚，但发展迅速，带动农民进入市场的作用显著。要生存发展、要做大做强，提升合作社的经营管理水平至为关键。推进合作社的规范化经营，必须始终遵循合作社的本质，始终坚持合作社归农户所有、由农户控制、按章程分配的办社原则，逐步实现所有权与管理权分离，由专业人员管理运营合作社；必须筑牢合作社与农户的利益共同体，让入社农户分享合作社在供应链、价值链、产业链拓展的利益；必须坚持实行民主管理，防止把合作社变成被少数人控制、为少数人谋利的工具。建议以示范社为基础，开展规范化建设试点，探索建立健全“两权分离”、职业经理人管理的治理结构，探索实现社员利益分享的有效途径；探索以兼并收购等方式扩大合作社经营规模的有效办法，延伸产业链、丰富供应链、拓展价值链，做大做强合作社，提高带领农民参与国内外市场竞争的能力。

（四）农民职业化势在必行

瑞典、丹麦的家庭农场主和农业劳动力，都要经过严格的绿色证书教育。可以说，没有高素质的农场主和农业劳动力，瑞典、丹麦拥有高度发达的农牧业是不可想象的。我国农业与发达国家差距体现在多个层面，但人力资本差距巨大是一个重要方面。近年来，国家高度重视职业农民培养，先后实施了农村劳动力阳光工程培训和新型职业农民培育工程，但职业农民的培养仅靠短期课堂培训是远远不够的。建议把职业农民培育，摆到提升我国农业长期竞争力的战略高度给予高度重视，推进农民职业化。一要整合职业教育资源，从职业高中开始，大规模、持久性地开展农业基础教育和技术教育，培养具有专业知识和技能的农业劳动力。二要完善绿色证书制度，把绿色证书制度扩大到农业职业教育和中高等专业教育，对取得绿色证书的家庭农场主优先给予政策扶持。三要完善农业职业教育和中等专业课程设置。农场实习时间应当超过一半，增加实操技能学习，打造职业农民的“工匠精神”。四要扩大职业农民培育工程，大幅度增加职业农民培育工程投入，把职业农民培训与职业教育统筹起来，加大职业农民培育力度。

（五）要准确把握政府行为导向

瑞典、丹麦农业是强势产业，强在农业—食品产业体系的整体实力。面对经济全球化带来的新挑战，推进我国农业供给侧战略调整，既要发挥市场配置资源的决定性作用，又要发挥政府的导向作用，完善新型农业经营主体培育政策体系，加快构建以家庭经营为基础、合作联合为纽带、社会化服务为支撑的现代农业经营体系，把一家一户分散经营的传统农业经营方式转变为以规模经营为导向的现代农业经营方式，实现农产品市场竞争由个体与个体向组织与组织、体系与体系竞争的根本转变。关键要在三个方面实现重大突破。**一是加快构建有利于家庭农场发展的现代农地制度**。规模化是现代农业的发展方向。瑞典、丹麦实现农业规模化，是在土地私有制基础上，通过农场兼并和土地租赁实现的。丹麦家庭农场经营的耕地中有 100 万公顷土地靠租赁，占 38%。我国家庭农场经营的耕地，80% 以上靠的是转包和租赁。从长远发展看，租地农场是我国家庭农场发展的主要方向。实现规模化，要按照“三权分置”理论，加快改革和完善农地制度，解决“地怎么来”“租期怎么稳”“租金怎么定”等重大问题，稳定农场主的经营预期，防止地租推动农产品成本过快上涨。**二是着力打造农业利益共同体**。以农业—食品产业体系为平台，以市场化兼并重组为手段，以初级农产品及其加工食品为切入点，以完善利益联结机制为重点，着力推进产业链整合，推进一、二、三产业融合发展，打造利益高度一致的现代农业经营组织，实现“公司+农户”（合作社）、“合作社+农户”的转型升级。建议选取牛奶、生猪、粮食、水果等代表性农产品，开展农业利益联结机制创新试点，探索构造融家庭农场（农户）、合作社、龙头企业为一体的农业利益分享机制，让农业在一、二、三产业链整合中做大做强，让农民在一、二、三产业融合中增收致富。**三是健全农业支持保护政策**。要在农业农村基础设施建设、绿色高效补贴政策、价格支持政策、金融支持政策、农业保险支持政策等方面重点突破和完善，明确行为导向，不断提升中国农业竞争力。

中国农业政策新目标的形成与实现*

杜志雄　金书秦

农业具有多功能性。第一，农业本身作为农民的一种生计手段，承载着几亿农户家庭的就业和发展，发挥着重要的经济功能；第二，农业生产的粮食和其他农产品，满足了社会经济发展最为基础，也是最不可替代的需求，是社会稳定的压舱石，因此具有重要的社会和政治功能；第三，农业是最接近自然的生产，其生产资料和产品都是自然的一部分，具有重要的生态环境功能；第四，农业还具有历史文化的传承功能。过去，我们对于农业的需求主要是吃饭、穿衣、就业的需求，因此农业的经济和社会功能被强化，而经济功能的过度张扬、农业严重的生态透支还直接导致了其环境功能的退化。当前，随着温饱问题的解决，人们对于农业的其他方面，特别是环境方面的功能提出了更高的要求。综合起来，就是要实现农业的可持续发展，全面保护农业的多功能性。这势必对农业发展政策提出新的要求。

一　中国农业政策新目标的形成

自古以来，农业都是中国的立国之本。作为世界上第一人口大国，足够的粮食产量一直是中国农业政策的基本核心。我国农业发展首当其冲的目标是养活世界上最庞大的人口群体，因此农产品产量是长久追求的主要

* 本文得到农业部农村经济体制与经营管理司委托项目“全国家庭农场监测”、国家社科基金重大项目“加快构建新型农业经营体系研究（14ZDA037）”以及中国社会科学院创新工程的资助。作者就中国农业政策目标调整问题曾多次在不同场合演讲，在此对与会者对本文内容的建设性意见和建议一并表示感谢。

目标；逐渐地，人们越来越注重农产品的质量，农业发展的目标不仅是让人们吃饱，也要吃好，因此提出优质的要求；随着环境问题的突出，公众环境意识的觉醒，在吃饱、吃好的情况下，要求资源投入更加高效，生态环境得到保护，因此高效、生态、安全也成为现代农业的基本要求。所以，党的十七届三中全会明确提出，发展现代农业，必须按照高产、优质、高效、生态、安全的要求，加快转变农业发展方式。

习近平总书记2013年11月视察山东时，在对山东，也对全国“三农”工作做出的重要指示里明确要求：“以解决好地怎么种为导向，加快构建新型农业经营体系；以缓解地少水缺的资源环境约束为导向，深入推进农业发展方式转变；以满足吃得好吃的安全为导向，大力发展优质安全农产品。”2014年中国农业继续稳定增长，但农业面临的严重“产能生态透支”现象更加凸显；同时农业连年增产背景下进口连增、农业国际竞争力不足、国内外价格倒挂现象也受到全社会的极大关注。有鉴于此，2014年的中央经济工作会议和农村工作会议以及2015年1号文件，都明确提出了要通过深化改革，坚定不移加快转变农业发展方式，尽快转到数量质量效益并重、注重提高竞争力、注重农业技术创新、注重可持续的集约发展上来，走产出高效、产品安全、资源节约、环境友好的现代农业发展道路的方针。这一方针的提出表明我国农业农村工作总目标已由过去的“保障农产品供给、增加农民收入”的双目标向“保障农产品供给、增加农民收入和保持农业可持续性”的三目标转变。[①] 2015年10月，农业部部长韩长赋更是用通俗的语言指出，“十三五”农业发展的三项任务就是“搞饭、搞钱、搞绿”，“搞饭”“搞钱”指的是国家粮食安全和农民收入，“搞绿”就是保护农村生态环境维持农业发展的可持续性，这意味着主管农业生产的部门都已经将保护生态环境内化为部门工作目标，而生态环境的改善无疑是可持续发展的原动力。而当前，粮食安全保障能力的提高为政策新目标的实现提供了空间。

---

① “农业可持续性”含有农业可持续增长和发展的思想，但农业可持续增长和发展并不简单地等同于农业可持续性。根据我们以往的思想，“可持续性”可以分为经济社会技术和管理四个纬度（张晓山、杜志雄、檀学文，2009）。我们这里所强调的“农业可持续性”更多强调的是技术纬度的可持续性问题，亦即施加于农业生产资料（如土地）上的任何技术措施（如化肥、农药、种子、机械等技术）既不对农业生产资料及其产品质量本身，也不对农业以外的生态环境系统产生破坏性影响（负外部性），从而使农业作为一个整体处于可以连续和重复的过程和状态。

可以说，在过去相当长一段时间，粮食增产、农民增收是我国农业发展政策目标的两大主题，并且在强农惠农政策的支持下，实现了连续十一年增产增收。近年来，随着农业资源环境约束的日益显现，农业发展的可持续性已经成为农业政策的第三大目标。政策目标的转变，也符合了农业发展的一般规律，即从原始农业、传统农业，到现代农业，进而向生态农业的演进脉络。[①] 诚然，政策的新目标与已有的增产、增收目标并不矛盾，毕竟中国要成为一个生态文明国家，首先要在食物上自给。[②]

二　保障农业发展可持续性目标的政策体现

可持续发展并不是一个新的概念，过去也频繁被提及，但是在农业领域，过去的可持续发展具有工具性，也就是说，过去讲农业可持续发展，往往是服务于增产、增收两个目标的，而现在，保持农业发展的可持续性已经成为与增产、增收并列重要的第三大目标。

政策实践表明，农业可持续性已成为现代农业第三大目标，集中体现为一系列以保护农业生态环境为核心目标的政策出台，尤其是自 2014 年以来，以农业资源环境保护为核心、旨在实现农业可持续发展的政策频出。

2014 年 1 月，《畜禽规模养殖污染防治条例》正式生效，这是农业污染治理领域第一个专门的国家性法规，对于我国的农业环境治理而言具有里程碑式的意义。此外，2014 年修订通过、2015 年正式生效的《环境保护法》，新增了较多关于农业环境治理的内容，集中体现在第三十三、四十九、五十条，作为环境保护基本法，这些条款为农业环境治理体系建设提供了依据。此外，在新的《食品安全法》（2015 年）中也有对农产品中农药残留、安全使用农药、肥料等投入品的有关规定。在农业部门层面，围绕“一控两减三基本”目标，农业部出台了《农业部关于打好农业面源污染防治攻坚战的实施意见》，并迅速发布了化肥农药零增长行动方案（全称为《到 2020 年化肥使用量零增长行动方案》《到 2020 年农药使用量

① 李周：《生态农业的经济学基础》，《云南大学学报》（社会科学版）2004 年第 2 期。

② 小约翰·柯布、王伟：《中国的独特机会：直接进入生态文明》，《江苏社会科学》2015 年第 1 期。

零增长行动方案》）。针对农药包装废弃物的环境污染问题，环境保护部组织起草了《农药包装废弃物回收处理管理办法（试行）》，该管理办法已经于 2015 年 4 月公开向社会征求意见。

对于保障农业发展的可持续性而言，最具有标志性意义的是 2015 年 3 月 18 日国务院常务会议审议通过《全国农业可持续发展规划（2015—2030 年）》（以下简称《规划》），2015 年 5 月正式由农业部牵头，国家发改委、科技部、财政部等八部委联合印发。自此，我国农业可持续发展有规可循，未来三个五年的农业发展，都将在该《规划》的框架下展开。《规划》与过去几乎所有涉农规划的最显著区别在于强调资源环境的可持续利用和保护。《规划》中基本看不到“传统”的农业发展目标，例如粮食产量、农民收入等；贯穿《规划》通篇的是对农业生产“元能力”的保护，主要包括水土资源保护、生态修复和环境治理（表 3 - 1 所示）。

表 3 - 1　**《全国农业可持续发展规划（2015—2030 年）》主要可量化指标**

任务	类别	指标	2020 年	2030 年
优化布局、稳定产能	农业生产能力	农业科技进步贡献率	60% 以上	
		主要农作物耕种收综合机械化水平	68% 以上	
保护耕地	耕地面积*	耕地面积保有量	18 亿亩	18 亿亩
		基本农田	15.6 亿亩	15.6 亿亩
	耕地质量	集中连片、旱涝保收高标准农田	8 亿亩	
		全国耕地基础地理提升	0.5 个等级	1 个等级
高效用水	水资源红线	农业灌溉用水量	3720 亿方	3730 亿方
		农田灌溉水有效利用系数	0.55	0.6
	节水灌溉	农田有效灌溉率	55%	57%
		节水灌溉率	64%	75%
		高效节水灌溉面积	2.88 亿亩	
治理污染	农田污染	测土配方施肥覆盖率	90%	
		化肥利用率	40%	
		农作物病虫害统防统治覆盖率	40%	
	养殖污染**	养殖废弃物综合利用率	75%	90%

续表

任务	类别	指标	2020 年	2030 年
修复生态	林业生态	森林覆盖率	23%	
		农田林网控制率	90%	95%
	草原生态	草原综合植被盖度	56%	60%
	水生生态系统	水产健康养殖面积占比	65%	90%

注：* 没有提具体年份，18 亿亩耕地和 15.6 亿亩基本农田可以理解为长期红线。

** 2017 年年底前，关闭或搬迁禁养区畜禽养殖场（小区）和养殖专业户，京津冀、长三角、珠三角提前一年。

与《全国农业可持续发展规划（2015—2030 年）》几乎同时着手制定和实施的是《农业环境突出问题治理总体规划（2014—2018）》，在该规划中明确了今后一个阶段重点要解决的七大农业环境突出问题。2015 年 7 月 30 日，国务院办公厅印发《关于加快转变农业发展方式的意见》明确指出要推动农业发展由数量增长为主转到数量质量效益并重上来，由主要依靠物质要素投入转到依靠科技创新和提高劳动者素质上来，由依赖资源消耗的粗放经营转到可持续发展上来，走产出高效、产品安全、资源节约、环境友好的现代农业发展道路。以上这些政策文本，均是以整体性文件的形式突出强调农业可持续发展这一个方面，这是与以往政策文本只是零星提及的显著差异。

值得指出的是，把“保持农业可持续性”并列为与增产、增收同等重要的现代农业发展的第三目标，体现的是可持续发展由工具理性向（目标）价值理性的升华，同时，既然将其作为目标，就不再是可有可无，更不是权宜之计；不是将其作为解决其他问题的工具，实现另两个政策目标的手段和措施，而是理论上由农业产业发展自身的内在要求决定，实践中必须确保实现的政策目标之一。这也使得保持农业可持续性变得与农业增产、农民增收一样，成为农业农村工作的考核指标之一，成为部门和国家整体经济工作的硬约束。

三　中国农业新政策目标的实现和承载主体

尽管国家政策频出，但农业各项政策目标的达成仍有赖于农业生产主体，因为他们是农业生产的资源占有者和使用者。也就是说，无论政策多好，地总归要农民来种。因此，农业生产者一定是农业政策目标的承载主体。

目前，除传统的小规模农户以外，我国的新型农业经营主体主要包括专业大户、家庭农场、农民专业合作社、农业企业等，它们是发展现代农业的微观基础。中国未来的农业生产主体应该是坚持家庭经营的家庭农场或者专业大户形式，换言之，一定还是要以农民为主体。家庭农场作为多元化新型农业生产经营主体之一，顺应了现阶段中国农业生产的新变革，既坚持了农业家庭生产经营的传统优势，又有助于破解保持中国未来农业经营主体稳定性和持续性难题，将成为引领中国现代农业和先进生产力的发展方向。当前，家庭农场也正在成为农产品供给特别是粮食供给的重要主体，正在成为保障农产品质量安全的有效载体，正在成为推进科教兴农的有效途径，正在成为培育新型农民的有效手段。[①] 家庭农场所具有的实现多元化目标的工具价值，使其日益成为符合中国农业发展新政策目标的“合意的”农业生产经营主体，具体表现在以下四个方面。

第一，家庭农场发展迅速，已经成为我国农业经营的重要力量，且潜力巨大。到 2014 年 11 月底，全国已有平均种植规模 200 亩的家庭农场 87.7 万家[②]，并且在相关政策的鼓励下家庭农场的数量呈快速增长态势。例如，湖北省截至 2014 年 11 月底的家庭农场总量达到 48370 家，增幅达到 112.8%。浙江全省经工商注册登记的家庭农场 15763 家，比 2013 年增长了 71.5%。从政策的导向来看，家庭农场可能成为我国农业经营的最主要的主体。例如，农业部于 2014 年 2 月 25 日下发了《关于促进家庭农场发展的指导意见》（以下简称《意见》），从生产经营劳动力主体、经营范围和经营能力、土地规模与生产效率等方面明确了家庭农场区别于其他农业经营主体的基本特征，强调了家庭农场在保障粮食安全、促进现代农业发展中的重要地位，并从土地流转、政策扶持、社会化服务和人才培养等方面提出了相应的发展支撑和保障条件。《意见》对家庭农场的健康发展有着重要的导向作用。与此同时，一些中央部委、行业部门也陆续出台了支持家庭农场发展的行业性支持政策。例如，中国农业银行于 2013 年 8

---

① 王新志、杜志雄：《我国家庭农场发展：模式、功能及政府扶持》，《中国井冈山干部学院学报》2014 年第 5 期。

② 参见 http：//opinion. caixin. com/2015 - 02 - 02/100780667. html。

月出台了《专业大户（家庭农场）贷款管理办法（试行）》，中国人民银行于2014年2月出台了《关于做好家庭农场等新型农业经营主体金融服务的指导意见》。在地方层面，全国几乎所有的省也都出台了更加详细的促进家庭农场发展的指导意见。政策所提供的激励，必然会带动家庭农场的蓬勃发展。

第二，家庭农场主从业经历丰富，年轻且受教育程度高，对于新事物、新理念的接受意愿和能力更强，且相当一部分是具有生态自觉的“新农人”[①]。2014年全国家庭农场监测调查系统对全国2826个家庭农场监测结果的显示：53%的家庭农场主曾经是专业大户；22%的家庭农场主曾经是合作社主要负责人；5%的家庭农场主有企业管理层的工作经历；15%的家庭农场主曾经是村干部（含大学生村官）；26%的家庭农场主是个体从业者；15%的家庭农场主曾经是农机手。值得指出的是，还有6%的家庭农场主是刚毕业的大中专学生，8%的家庭农场主是进城务工返乡人员。受调查农场主平均年龄为46岁，相对全国农业从业人员平均水平较为年轻；文化程度较高；接受培训的比例较高。已有的文献表明，年龄老化、文化程度低、接受农技指导的机会少，是农户过度使用化肥、农药等化学投入品，从而导致农业污染的重要原因，[②] 家庭农场主克服了普通农户的以上缺陷，这使得他们采取环境友好行为的可能性大大增加，有利于保持农业的可持续性。

第三，家庭农场经营目标与农业发展政策新目标具有一致性。家庭农场主与土地有着天然的依存关系。家庭农场主基本上来源于本土的自然人，2014年中国家庭农场监测调查结果显示，81.78%的家庭农场主户籍为本村，户籍为本乡的占到近92%。因此家庭农场主和土地之间有着非常浓厚的情感，恋土情结根深蒂固，土地不仅是他们基本的生产资料和安身立命之本，而且还蕴含着对家庭祖宗认同的血缘亲情意识，体现着他们的价值信仰、精神寄托和一种源远流长的人文精神；同时，他们与农场所在地具有较强的地缘关系，熟悉当地自然与社会环境并对其保持高度的认同

① 杜志雄：《“新农人”引领中国农业转型的功能值得重视》，《世界农业》2015年第9期。

② 参见栾江、仇焕广、井月等《我国化肥施用量持续增长的原因分解及趋势预测》，《自然资源学报》2013年第11期。Jin S.，Bluemling B.，Mol. APJ.，“Information，Trust and Pesticide Overuse：Interactions between Retailers and Cotton Farmers in China”，*NJAS-Wageningen Journal of Life Sciences*，2015（72－73）：23－32.

感和生命共同体的体认，对保护当地自然和人文环境实现可持续发展有着高度的道德责任感。因此，家庭农场主的行为除了受经济法则的约束之外，还受到基于地缘血缘关系、生命共同体的道德约束。这些是家庭农场区别于其他农业经营主体尤其是工商资本企业的一个重要特征。此外，即使是租地的家庭农场主，由于租期较长，也更愿意采取更加可持续的生产方式。上述调查还显示，在有土地转入的1932个家庭农场中，超过66%的家庭农场的租期超过5年，超过63%的租期在10年以上。

第四，许多家庭农场主的实践表明，在采取可持续农业行为的同时，是能够实现增收的。许多家庭农场开始选择生态农业生产方式，既提高了产出效益，也保护了农业生态环境。例如，湖北省种养结合型家庭农场中不乏种养结合生态循环型。该省潜江市、监利县等地的家庭农场，利用自然禀赋优势，采用稻、虾连作模式，每亩除单产600—700斤有机稻外，还能产200斤左右的小龙虾，每亩纯利润都在3000元以上，效益极为可观。另外，该省不少家庭农场还通过推广秋播二麦、绿肥和深翻“三三制”轮作，推进秸秆还田，改进了肥料使用技术和效率，减少了化肥使用量，也达到改善农业生态环境的效果。

综上判断，家庭农场将成为承载农业发展政策新目标的主体。当然，家庭农场能否成为“合意的”农业生产经营主体不仅在于其是否能够确保实现多项农业发展的总目标，更重要的还在于生产经营者的微观目标，即是否能使微观主体真正成为有竞争力的市场主体；是否有助于高效农业产业体系的形成，实现更高的农产品附加值和加工收益，从而增加收入，让农业生产者更好、更充分地共享增长成果，实现小康。显然，从上述几个目标看，要使家庭农场真正成为“合意的”农业生产经营主体还有很长的路要走。

除了家庭农场等农业生产主体之外，还应充分发挥合作社、土地托管服务等农业生产服务主体在确保中国现代农业第三目标实现上的主体责任。山东供销社系统开展的土地全托管和半托管服务，在减少化肥农药用量、建构新的农业生产和服务的产业链条关系，从而促使保持农业可持续性增强等方面的成功实践，也使得农业服务主体在保持农业可持续性方面的功能凸显。

四　中国农业政策新目标的实现路径

政策目标反映的是政府和社会意愿，但政策目标的实现有赖于各类政策参与主体的协同作用。我国农业政策新目标的正式确立时间不长，首先要对新目标进行有力的宣贯，使之深入人心；其次要在具体政策上对农业生产主体提供方向指引，使其行为自觉转向资源节约、环境友好；最后要重点扶持家庭农场，加快使其成为农业政策新目标的“合意”主体。

第一，进一步明确宣示农业政策新目标，尤其是强化农业生产主体意识。相比规划而言，中央1号文件在农业生产者中更具有熟识度。自1982年发布第1个，尤其是2004年以后，中央连续发布12个以农业为主题的1号文件，使得党和国家的惠农政策深入人心。从过去的1号文件来看，其主题几乎覆盖“三农”问题的方方面面，唯独缺乏专门针对农业资源环境保护的文件。建议近年内以农业资源环境保护作为中央1号文件的主体，着重突出保持农业可持续性的政策目标，使之深入人心。从长期来看，要强化保持农业发展可持续性的国家意志，未来择机修订《农业法》《环境保护法》等基本法时，将保持农业发展可持续性作为基本原则。还应着手研究出台《农业资源环境保护管理条例》的必要性和可行性，为农业发展政策新目标保驾护航。

第二，在财政资金投入方向，引导农业生产者采取环境友好行为。应当立即调整和新设一批农业环境经济政策，包括：调整农业补贴方向，将已有的农资综合直补重点向有机肥、缓释肥、低毒高效低残留农药、生物农药等领域倾斜，加大对测土配方施肥的推广力度；在西北、新疆等缺水地区率先启动农膜以旧换新补贴示范，在东北、中部等粮食主产区启动秸秆还田补助试点；继续加大和完善对规模养殖场沼气建设、有机肥的补贴，引入市场机制，推行养殖小区粪污的第三方集中处理；建立农业生态补偿基金，从土地出让收益中提取一部分比例用于土壤质量保护工作。

第三，健全农业社会化服务体系，强化针对家庭农场等新型主体农业生产发展的服务支撑。家庭农场的经营规模和集约经营的水平受制于社会化服务体系。要加快构建以公共服务机构为依托、合作经济组织为基础、龙头企业为骨干、其他社会力量为补充，公益性服务和经营性服务相结合、专项服务和综合服务相协调的新型农业社会化服务体系。采取政府订购、定向委托、奖励补助、招投标等方式，引导经营性组织参与公益性服务，大力开展农技推广、农机作业、抗旱排涝、统防统治、产品营销、农资配送、信息提供等各项生产性服务，满足家庭农场对社会化服务的需求。要积极引导和扶持家庭农场组建农业合作社，为家庭农场提供产前、产中、产后服务，使其成为家庭农场连接市场的纽带。大力培育农业产业化龙头企业，为家庭农场提供良种、农机、植保，以及农产品加工、储运、销售等一体化服务。

第四，启动农业供给侧改革，祛除不利于农业可持续性目标实现的产能及生产方式。进入21世纪以来，中国农业特别是粮食生产成就显著，粮食实现十二连增，农业整体营利性也由于相关支持政策得到增强。在取得这些成就的同时，我国农业也面临着生产量、进口量、库存量“三量齐增”以及农业发展过于注重数量增长，导致土壤肥力和地下水资源过度消耗、资源环境硬约束正在加剧自然和经济风险等不利于保持农业可持续性发展的局面。要通过调整农业结构，提高农业供给体系质量和效率，使农产品供给数量充足，品种和质量契合消费者需要，真正形成结构合理、保障有力的农产品有效供给。要退出25度以上坡耕地的农业用途以及退出部分严重依赖生态透支的农业生产产能。同时，要加速农业生产方式转化，大力推进生态农业生产方式。通过上述这一系列调结构、去产能、转方式的措施，确保农业可持续性增长的第三政策目标得到实现。

建立家庭农场培育制度
夯实现代农业微观基础

赵鲲　吴晓佳　杨凯波

为深入贯彻2013年中央1号文件精神，农业部经管司围绕家庭农场发展问题组织开展了专题调研。2013年3—4月，下发通知，在全国范围内开展家庭农场发展情况摸底调查；2013年5—6月，组织赴14个省（区、市）进行实地调研，召开了29次座谈会，考察了近百个家庭农场；同年6月下旬，召开座谈会，听取专家学者关于家庭农场发展问题的意见。汇总报告如下。

一　我国家庭农场发展的背景和现状

（一）从政策指导角度，家庭农场是一个新名词，对其内涵已形成初步共识

作为构建现代农业的微观组织，家庭农场在欧美等发达国家已有几百年的发展历史。在我国，这一名词2008年首次写入中央文件，党的十七届三中全会提出“有条件的地方可以发展专业大户、家庭农场、农民专业合作社等规模经营主体”。2013年，中央1号文件进一步把家庭农场明确为新型农业经营主体的重要形式，并要求通过新增农业补贴倾斜、鼓励和支持土地流入、加大奖励培训力度等措施，扶持和培育家庭农场发展。针对开展认定登记、落实扶持政策等工作需要，近年来一些地方对家庭农场的内涵做了探索性的阐述，如界定为承包农户的升级版、种养大户的规范版等。为明确政策指向，在总结基层经验并征求中农办等有关部门意见的基础上，2013年2月，经管司负责人在接受《农民日报》采访时，对家庭农场的内涵做了初步界定，即“家庭农场是指以家庭成员为主要劳动

力，从事农业规模化、集约化、商品化生产经营，并以农业为主要收入来源的新型农业经营主体”。同年3月，在组织开展家庭农场调查时，又提出了7项条件，即家庭农场经营者应具有农村户籍（非城镇居民）；以家庭成员为主要劳动力，无常年雇工或常年雇工数量不超过家庭务农人员数量；家庭农场收入应以农业收入为主，农业净收入占家庭农场总收益的80%以上；经营规模达到一定标准并相对稳定，从事粮食作物的，租期或承包期在5年以上的土地经营面积达到50亩（一年两熟制地区）或100亩（一年一熟制地区）以上，从事经济作物、养殖业或种养结合的，应达到当地县级以上农业部门确定的规模标准；家庭农场经营者应接受过农业技能培训；家庭农场经营活动有比较完整的财务收支记录；对其他农户开展农业生产有示范带动作用。

（二）从实践发展角度，家庭农场不是一个新事物，其地位和作用已经在农业生产经营中充分体现

从基层调研情况看，家庭农场源于改革开放初期的种田能手、养殖能手，随着市场经济的发展而不断壮大。调研走访的许多家庭农场，在多年前就已经成为稳定的商品性农产品供给主体。如浙江宁波市在20世纪80年代中后期就有了家庭农场的雏形，其中慈溪市2003年注册登记的家庭农场已超过50家。上海松江区2007年认定的家庭农场已达到597家。安徽省郎溪县2011年已有家庭农场200多家。截至2012年年底，全国30个省（区、市）共有符合前述7项调查条件的家庭农场87.7万个，经营耕地面积1.76亿亩，占全国承包耕地面积的13.4%。平均每个家庭农场有劳动力6.01人，其中家庭成员4.33人，长期雇工1.68人。从经营范围看，从事种植业的40.95万个，占46.7%；从事养殖业的39.93万个，占45.5%；从事种养结合的5.26万个，占6%；从事其他行业的1.56万个，占1.8%。从经营耕地面积看，家庭农场平均经营规模200.2亩，是全国承包农户平均经营耕地面积的近27倍。其中，经营规模50亩以下的48.42万个，占家庭农场总数的55.2%；50—100亩的18.98万个，占21.6%；100—500亩的17.07万个，占19.5%；500—1000亩的1.58万个，占1.8%；1000亩以上的1.65万个，占1.9%。从经营收入水平看，2012年全国家庭农场经营总收入1620亿元，平均每个家庭农场18.47万元。其中，经营收入10万元以下的52.06万个，占59.36%；10万—50万元的27.70万个，占31.59%；50万元以上的7.94万个，占9.05%。

从调研情况看，虽然发展时间不长，家庭农场在许多地方已经成为保障粮食和主要农产品供应的重要力量，在带动小农户提高生产经营水平，参与组建农民合作社等方面也发挥了积极作用。如吉林延边州2012年已有近500个种植粮食作物的家庭农场，粮食产量8.5亿斤，平均每个提供商品粮170多万斤。上海市松江区1206个家庭农场种植面积占全区耕地面积的80%以上，平均每个农场提供商品粮13万斤。

（三）从强化扶持角度，一些地方积极探索，已经出台了许多培育家庭农场的政策措施

从调研情况看，在二、三产业发达、劳动力转移充分的地区，培育家庭农场的实践已经开展多年，并积累了较为丰富的经验。浙江慈溪市2003年出台了鼓励家庭农场发展的政策，上海松江区2006年开始推进家庭农场发展。2008年十七届三中全会提出家庭农场概念后，吉林延边、浙江海盐、湖北武汉、安徽宿州、天长、郎溪等地先后出台了专门扶持政策和工商登记办法，有的还组建了家庭农场协会。2013年中央1号文件发布后，江苏、安徽、福建、浙江、山东、辽宁等省已经出台或正在起草扶持家庭农场发展的专项文件。归纳起来，这些扶持政策措施主要包括五个方面：**一是建立家庭农场注册登记和认定制度**。浙江宁波自20世纪90年代起就开始探索家庭农场注册登记办法。目前，江苏、山东和浙江省都出台了家庭农场工商注册登记办法，对家庭农场登记的名称、经营范围、组织类型、经营者资格等做出了具体规定。浙江、江苏、安徽、吉林、湖北、宁夏等地农业部门已出台了示范家庭农场认定办法。**二是引导农村土地流向家庭农场**。从2007年起，上海松江区就明确将集体统一整理好的土地租给家庭农场经营。浙江宁波市对家庭农场流转土地给予适当资金补助。吉林延边州则通过建立专业农场与流出农户分享超额利润机制，引导土地流向家庭农场。**三是涉农财政补贴向家庭农场倾斜**。据统计，2012年全国各地扶持家庭农场发展资金达到6.35亿元。宁夏石嘴山市对家庭农场的生产经营、财务管理等进行考核，考核通过的给予相应扶持。湖北武汉市对符合标准的种植业、水产业家庭农场一次性给予不超过6万元补贴，种养综合、循环农业型家庭农场一次性给予不超过8万元补贴。浙江海盐县和吉林九台市对经认定并达到一定经营规模的家庭农场给予财政补助或一次性奖励。**四是加强金融保险服务**。各地通过成立农业担保公司、发放贷款补贴、设立风险防范基金、扩大贷款抵押范围等方式，加强对家庭农场的金融保险服务。如安徽庐江县和吉林敦化市通过设立农业风险防范资金或由政府补贴，探索为家庭农场办理金融贷款和提高保险金额。五是提高农业社会化服务水平。通过提供多元化、多层次、全方位的社会化服务，促进家庭农场健康发展。如黑龙江鼓励基层公益性农技推广机构与家庭农场合作，探索建立家庭农场农技特派指导员制度。安徽宿州市结合创新农业经营主体，由龙头企业、合作社和家庭农场组成产业联合体，通过签订生产服务合同确立各方权责关系，为家庭农场提供全方位的服务。

二　对家庭农场本质属性及功能定位的认识

家庭农场源于传统承包农户，以家庭为基本经营单位，生产经营主要依靠家庭劳动力；以向社会提供商品性农产品为目的，从事农业专业化生产；以适度规模的土地资源为基础，集约利用多种生产要素，形成农业规模效益。在各类新型农业经营主体中，家庭农场在种养业方面具有明显的制度优势，应当而且能够成为建设现代农业的骨干力量。

（一）家庭农场的本质属性

根据调研走访情况和地方相关规定，可以把家庭农场的本质属性归纳为三点。

1. **以“家庭”为生产经营单位**。相对于专业大户、合作社和龙头企业等其他新型经营主体，家庭农场最鲜明的特征是以家庭为核心开展生产经营。一是以家庭为基本的经济核算单位。家庭农场在生产要素投入、销售农产品、成本控制、利润核算等环节，都以家庭为基本单位，继承和体现家庭经营产权清晰、目标一致、决策迅速、劳动监督成本低等诸多优势。二是以家庭成员为主要劳动力。由于主要依靠家庭成员完成生产作业，家庭农场能够保持传统农户劳动积极性高、监督成本低的优势。同时，家庭农场利用季节性雇工帮助完成播种、收获等作业环节，既可以保障农业生产的需要，又可以充分利用农村闲散劳动力，促进中老年农民增收。另外，家庭农场适当雇用少量常年雇工，既可以弥补家庭劳动力在数量、技能等方面的不足，也可以为未来的家庭农场经营者提供培养平台。

2. **以“农”为主业**。家庭农场是专业的商品性农产品生产者和提供者，这使其区别于自给自足的农户和从事非农产业为主的兼业农户。一方面，家庭农场以提供商品性农产品为目的开展专业化生产。相对于满足自我消费为主的自给自足农户（如不能到城镇打工的老年农民，开展农业生产主要为满足自身需要，而不是向社会提供商品性农产品），家庭农场的商品率很高，是一个专业务农的劳动单位，满足市场需求、获得市场认可是其生存和发展的基础。另一方面，家庭农场以农业生产经营为主要收入来源。家庭成员可能会在农闲时出外打工，但其主要劳动场所在农场，这使其区别于以非农收入为主的兼业农户（如已经在城镇稳定就业的中青年农民，平时从事二、三产业，只有业余或周末时才到田间劳动，农业只是其家庭收入的辅助来源）。

3. **以达到一定规模的“场”（土地）为生产基础**。第一，其生产经营要以“场”（土地）为基础。家庭农场从事种养业为主，因此拥有土地资源的使用权是其区别于服务性大户的重要标志。这种“场”包括农场、牧场、养殖场、渔场等，涵盖耕地、林地、草原、水面等土地资源。第二，其拥有的“场”（土地）应达到一定规模。为使其成员专心务农，家庭农场的种植或养殖经营必须达到一定规模，能够确保获得与当地城镇居民相当的收入水平。第三，其拥有“场”（土地）的规模应当以家庭成员劳动能力为限度。为保持家庭经营的诸多优势，家庭农场经营规模必须与家庭成员的劳动能力相匹配，确保既充分发挥全体成员的潜力，又避免因雇工过多而降低劳动效率，这使其区别于超大规模的雇工型农场或大户。当然，这种“限度”因从事行业、种植品种等不同而有所差异。并且，随着农田基础条件、农业生产技术和农业机械的改善，适宜家庭农场经营的“限度”也会随之提高。

（二）家庭农场是构建新型农业经营体系的骨干力量

在相当长的时期内，广大承包农户仍将是我国农业生产经营的基本主体。在此基础上，专业大户、家庭农场、农民合作社、龙头企业、农业社会化服务组织等新型经营主体将不断发展壮大，并与广大承包农户一起，成为构建新型农业经营体系的微观主体。在新型农业经营体系中，由于具有专心务农、掌握土地这一基本生产要素、从事种养这一核心生产环节、坚持家庭为基本经营单位等诸多优势，家庭农场应当而且能够成为带动、支撑其他各类主体的骨干力量。

1. **家庭农场是小规模农户提高农业生产经营水平的示范带动者**。由于以农业为主要生计，相对于兼业的小规模农户，家庭农场的集约化、规模化经营水平更高。为提高生产效益，其经营者对使用先进农机、引进优良品种、采用新技术、开展品牌化经营、拓宽购销渠道更积极、更主动，也更有技术、资金等方面的优势，能够带动小规模农户改进技术、提高产量、降低成本、增加收入。如吉林省珲春市松哲专业农场对引进优良品种十分重视，每年参加长春农博会，选择优良品种。2010 年在 30 亩耕地上试种先玉 335 号，成功后每亩增产 200 多斤，带动周围两个村的农户种植这个品种。

2. **家庭农场是农机大户、植保大户等服务型专业大户的服务承载者**。家庭农场拥有土地这一最重要的农业生产要素，从事农产品种养环节，拥有农产品的所有权，对农产品的产量和质量安全负有最直接的责任，其开展专业化、规模化生产而产生的对专业性服务的需求是各类服务型专业大户发展的重要源泉。而农机大户、植保大户等服务性农业经营者，主要是围绕家庭农场的需求提供产前、产中和产后的各种服务，并不直接拥有农产品的所有权。离开这些服务性大户，家庭农场自己也可以生产出农产品（当然其生产效益会受到一定影响），而离开了家庭农场，这些服务性大户则将失去其业务开展的重要对象。

3. **家庭农场是组建和领办农民专业合作社的核心参与者**。相对于超小规模经营的传统农户，从事专业化、规模化经营的家庭农场对农资购买，农产品销售、加工、运输、贮藏以及农业生产经营技术、信息等方面服务的需求更为集中，对通过联合与合作节约交易费用、降低生产成本的需求更为迫切。同时，由于家庭农场经营者专业素质较高，懂农业技术，善于经营管理，在农民专业合作社的组建和运行中愿意也能够发挥核心作用。因此，家庭农场的健康发展，是提高农民专业合作社规范化水平的重要基础和前提。例如，浙江省海盐县万好蔬菜专业合作社由 200 多个小农户和 15 个家庭农场组成，其中 15 个家庭农场是核心力量，合作社的理事、理事长等职务都由家庭农场经营者担任。

4. **家庭农场是农产品加工企业生产原料的主要提供者**。家庭农场专事种养环节，在商品性农产品供应中发挥主导作用，农产品加工企业获得生产原料，必须把家庭农场作为重要依托，以使其原料供给在数量和质量上获得保障。而小规模经营农户由于其生产经营规模小而波动大，生产方式不规范，质量安全难保障，只能处于补充和从属地位。如前述浙江省海盐县万好蔬菜专业合作社与万好公司签订蔬菜收购合同，其中15家农场产出的蔬菜全部定点供应给万好公司，占万好公司收购蔬菜总量的90%，而200多个小农户只能提供10%。

三　我国建立健全家庭农场培育制度的必要性和紧迫性

（一）我国基本国情决定，家庭农场的发展将是一个长期而艰难的过程，尤其需要政府的培育和扶持

从调研情况看，我国家庭农场刚刚起步，其发展和壮大面临着许多困难，如难以长期、稳定地获得租赁土地，缺乏必要的人才资源，缺乏应有的仓储设施，在支付租金、购买农机、购买农资时面临资金困难，在面对自然、市场风险时缺乏保险政策支持，等等。这些困难的存在，是我国基本国情的必然反映，其原因是多方面的。

1. **从发展基础讲，人多地少等基本国情决定了家庭农场经营规模扩大的艰难性**。我国承包农户耕地资源稀少，要发展适度规模经营的家庭农场，其大部分土地资源必须依靠租赁方式获得，这也决定了我国家庭农场的基本特征是租地农场。从国外经验看，租地农场发展面临两方面的约束，一是租金负担重，影响农场的投入能力；二是租期稳定难，影响农场投入的积极性。这也是人多地少的东亚国家家庭农场发展缓慢的重要原因。从国内情况看，农村土地承包经营权确权不到位、权能不完善；农村土地流转服务平台不健全、流转信息不畅通；工商资本盲目下乡租地，推动租金过快上涨，都使家庭农场扩大经营规模面临重重困难。

2. **从前提条件讲，二、三产业发展和农村劳动力转移是一个历史过程，不能人为超越**。家庭农场的发展壮大，必须以二、三产业的快速发展、农村劳动力大量转移、农村土地资源大量释放为基本前提。而工业化、城镇化的发展是一个漫长的历史过程，取决于生产力发展水平的进步，不以人的主观意志为转移。我国地域辽阔，各地经济社会发展水平并不平衡，不可能同步满足家庭农场发展的这些前提条件。实现各地经济社会平衡发展的长期性、艰巨性，也决定了普遍建立家庭农场制度的长期性、艰巨性。引导家庭农场健康发展，必须强化中央政府的宏观指导，从

各地实际出发，科学制定目标，防止拔苗助长，人为推动。

3. **从自身特性讲，家庭农场人才匮乏，融资能力弱，自我发展能力差**。开展现代农业经营，既需要较高经营管理水平，也需要较强的资金筹措能力和风险抵御能力。而我国的家庭农场，绝大多数发源于传统的承包农户，文化水平总体较低，缺乏技术水平高、经营管理能力强的人才资源。其资本积累主要依靠经营农业收入的剩余，其资本筹集主要依靠家庭关系。因此，从家庭农场的自身特性讲，除非得到政府的强力扶持，否则其发展壮大将是极其缓慢的。

4. **从外部环境讲，社会化服务体系不健全，是影响家庭农场发展的重要制约因素**。相对于其他规模经营主体，家庭农场的主要优势是能够在种养环节降低管理成本、提高生产效率。而在面对市场进行农资购买、农产品销售等交易时，家庭农场必须依托合作社、专业协会等社会化服务组织，才能获得较高的市场交易地位，降低市场交易成本。但是，当前我国的农业社会化服务体系发展并不充分，家庭农场在专业生产中迫切需要的农机、植保、购销等服务供给不足，成为制约其发展壮大的重要因素。

（二）应对农业发展的诸多难题，迫切需要明确培育家庭农场的战略目标

1. **培育家庭农场，是应对“谁来种地、谁来务农”问题的战略选择**。调研中，许多同志反映，培育家庭农场是城镇化发展倒逼的结果。一方面，大量青壮年劳动力进城，造成土地粗放经营甚至撂荒，威胁国家农业安全，需要把进城农民的地流转给愿意种地、能种好地的专业农民；另一方面，一些地方政府盲目鼓励工商企业长时间、大面积租地经营，既不利于提高土地产出率，也容易导致“非农化”，挤占农民就业空间。而培育以农户为单位的家庭农场，则是在企业大规模种地和小农户粗放经营之间的“中间路线”，既有利于实现集约化、规模化经营，又可以避免企业大量种地带来的种种弊端。之所以称为战略选择，是因为培育家庭农场需要较长周期，必须从长计议，保持足够的前瞻性，尽快健全培育家庭农场的系统政策。如果再推迟 10 年，等目前种地的主力军（50 岁以上的中老年农民）不得不退出之时，再明确这一政策，恐怕将难以避免农业专业经营人才的断档危机。

2. **培育家庭农场，是应对质疑家庭经营主体地位的错误认识，坚持和完善农村基本经营制度的必然选择**。当前，随着市场经济的发展，传统农

户小生产与大市场对接难的矛盾日益突出，使许多人对家庭经营能否适应现代农业要求产生疑问，对是否坚持家庭经营的主体地位产生动摇。在这种背景下提出培育家庭农场的战略目标，能够明确家庭经营制度的完善方向，在不降低土地产出率、保障农产品供应安全的前提下，保障农村劳动力充分就业，避免农村社会结构的剧烈变动。

3. **培育家庭农场，是针对种养大户等概念难以清晰界定，健全新型农业经营主体培育政策的必然选择**。为提高农业生产的专业化水平，我们先后提出过专业户、专业大户、种养大户等概念。这些名称虽然通俗，但内涵模糊，不利于制定有针对性的扶持政策。第一，是否坚持家庭经营说不清楚。实践中，许多地方表彰的种粮大户，种植规模超过万亩，许多经营者根本不会种粮。第二，是否具有稳定性说不清楚。培育新型农业经营主体，目标在于获得稳定的农产品供应。而一些所谓的大户种养规模波动性大，市场好了就多租地、多养殖，市场差了就少租地、少养殖，不利于农产品的稳定供应。第三，是否安心投入农业说不清楚。由于土地租赁期短，有的只有一年两年，多数大户对保护耕地、改良土壤不愿投入，对改善农田基础设施更没有兴趣。

4. **培育家庭农场，是针对土地粗放经营甚至撂荒现象，确保土地产出率不减低，农产品有效供给做出的必然选择**。土地经营规模的变化，会对土地产出率、劳动生产率产生不同的影响。如果土地经营规模太小，虽然可以实现较高的土地产出率，但会影响劳动生产率，制约农民增收；如果土地经营规模过大，虽然可以实现较高的劳动生产率，但会影响土地产出率，不利于农业增产。因此，发展规模经营既要注重提升劳动生产率，也要兼顾土地产出率，把经营规模控制在“适度”范围内。家庭农场以家庭成员为主要劳动力，在综合考虑家庭成员劳动能力、农业机械化水平、经营作物品种、土地自然状况等因素的情况下，能够确立适度的经营规模，实现土地生产率与劳动生产率的最优配置。明确发展家庭农场这种“适度规模经营主体”，就可以有效避免以降低土地产出率为代价，片面追求扩大经营规模的发展误区。

5. **培育家庭农场，是针对农产品质量安全问题突出，重塑农产品质量安全责任主体的必然选择**。安全的农产品是生产出来的，要求生产者具备责任心、拥有鉴别力，高度关注自身的市场信誉。家庭农场以土地为基本生产资料，立足长期、专业从事种养环节，直接拥有农产品的所有权，对农产品的质量安全负有最直接的责任，从本身利益出发，使用优良品种、提高农产品质量的意识更强。培育发展好家庭农场，就能够抓住农产品质量安全的关键环节。特别是建立示范家庭农场名录制度，可以为开展农产品质量安全追溯奠定基础，使农产品质量安全责任落到实处。

6. **培育家庭农场，是借鉴国际经验教训，确保我国新型农业经营主体市场竞争力的必然选择**。随着农产品市场的日益国际化，如何提高农户经营的专业化、集约化水平，以确保我国农业生产的市场竞争力，是我们必须从长计议、作出前瞻性战略部署的重大课题。环顾世界，在城镇化过程中如何培育农业规模经营主体，主要有两个误区：一是拉美一些国家盲目鼓励工商资本下乡种地，导致大量农民被迫进城，形成贫民窟，给国家经济转型升级造成严重影响。二是日本等国长期在保持小农经营与促进规模经营之间犹豫不决，导致农业规模经营户发展艰难，农业市场竞争力急剧下降。当然，也有英、美、法等国通过系统而有效的政策措施，推动家庭农场经营规模逐步扩大、市场竞争力逐步增强的成功经验。从长远讲，从提升我国农业市场竞争力的角度，必须尽快明确培育家庭农场的战略目标，建立健全相应的培育政策体系。

四　关于家庭农场应当具备的基本条件

从调研情况看，基层同志认为，为促进家庭农场健康发展，提高培育扶持政策的针对性，有必要明确家庭农场应当具备的基本条件。同时，从示范引导的角度，农业部门应当从实际出发，研究制定国家、省、市、县各级示范家庭农场的认定标准。关于家庭农场应当具备的基本条件，主要包括以下几个方面。

（一）关于家庭农场经营者的资格限制

多数认为，从保护农民就业机会的角度，应当将家庭农场经营者限定为农业户籍人口；有的认为，考虑户籍制度改革将取消农业与非农业户口区别的方向，应当将家庭农场经营者限定为农村集体经济组织成员；有的认为，考虑到家庭农场发展的人才需要，应当允许涉农专业大中专毕业生、城镇居民投资兴办家庭农场，不应设置资格限制。我们认为，从长远讲，应当以职业而非户籍为标准来确认家庭农场经营者（如日本相关法律规定，农业生产法人中半数以上股东应当每年有60日以上在农场劳动）。

但考虑到我国农村居民数量庞大，二、三产业吸纳劳动力有限等现实情况，在当前和今后相当长的一个时期，应当明确家庭农场经营者具备农业户籍或农村集体经济组织成员资格（在已经进行户籍制度改革的地区）。对于愿意从事农业生产的城镇居民，可以租地经营专业农场，但不应认定为家庭农场。

（二）关于家庭农场经营规模的上限和下限

多数认为，必须明确家庭农场经营规模的下限，确保家庭经营者获得与城镇居民相当的收入水平，否则所有的承包农户都可以称为家庭农场，体现不出发展规模经营的导向；有的认为，应当同时明确家庭农场经营规模的上限，以避免一些地方盲目追求扩大规模，违背发展适度规模经营的出发点；也有的认为，由于土地资源条件、复种指数、经营行业、种养品种、家庭劳动力数量等方面的差异，家庭经营规模的上限很难确定，也没有实际意义。我们认为，为体现发展适度规模经营的方向，应当明确家庭农场经营规模的上限和下限。下限的确定应当以保证家庭劳动力获得当地二、三产业同等收入水平为准，考虑到标准的可操作性，建议农业部以粮食型家庭农场为例确定经营规模的基本标准，其他类型的家庭农场由地方农业部门参照确定。上限的确定，应当以家庭成员劳动能力为限，以保证常年雇工数量少于家庭劳动力数量为准，考虑到标准的可操作性，建议农业部以我国户均土地资源最多的黑龙江为例，确定粮食型家庭农场的最大经营规模，其他类型的家庭农场由地方农业部门参照制定。

（三）关于家庭农场常年雇工的数量限制

多数认为，为坚持家庭经营的主体地位，应当明确家庭农场以家庭成员为主要劳动力；有的认为，家庭农场可以有季节性雇工，但不能有常年性雇工；有的认为，从实践情况看，不允许常年雇工难以开展规模经营，不应当对雇工数量进行限制。我们认为，以家庭成员为主要劳动力，是确保家庭经营主体地位、发挥家庭经营制度优势、兼顾土地产出率和劳动生产率的根本保障，必须明确常年雇工数量少于家庭劳动力数量的基本原则。同时，考虑到我国农户家庭结构缩小、常年雇工有利于培养未来的家庭农场经营者等因素，应当允许家庭农场适当雇用常年雇工。

（四）关于家庭农场成员范围的界定

家庭成员并不是一个严格的法律概念，一般可理解为在一个家庭共同生活，具有血缘、姻亲关系或法律上的继、养关系的所有个体。一些认为，家庭成员应限定在直系亲属范围内；有的认为，凡是有血缘或姻亲关系的都可以纳入，人类社会学中亦有“核心家庭”（夫妻与子女）和“复式家庭”的概念。俄罗斯法律规定，家庭农场由一人管理或四人以下具有亲属关系的人员管理。美国农业部规定，家庭农场经营者80%是农民或与其有血缘关系的人。我们认为，考虑到我国计划生育政策对家庭结构的影响，不宜将家庭成员限定为直系亲属，而应扩大到与家庭农场主要经营者具有血缘、姻亲关系或法律上的继、养关系的所有个体。

（五）关于家庭农场的认定和管理

多数认为，为防止增加生产经营成本，不应当要求家庭农场必须在工商行政管理部门登记注册，是否登记应取决于经营者的意愿；有的认为，为规范家庭农场发展，应当把工商注册登记作为认定家庭农场的前提条件。我们认为，家庭农场不是一种独立的法人主体，只是以家庭为单位从事农业专业生产经营者的统称，其存在形态可以是不注册登记的自然人，可以登记为承担无限责任的个体工商户、合伙企业，也可以登记为承担有限责任的公司。从促进家庭农场健康发展的角度，建议由农业部明确家庭农场应当具备的基本条件，基层农业部门可以据此进行建档管理，工商部门可以据此确定登记条件。为加强示范引导，各级农业部门可以制定示范家庭农场标准，建立示范家庭农场名录制度，并出台相应的扶持政策。

五　促进家庭农场健康发展的政策建议

调研中发现，由于家庭农场培育工作刚刚起步，各地对家庭农场的概念认识不一，对家庭农场发展的前提、条件，对培育家庭农场的长期性、艰巨性认识不足，在引导家庭农场发展中存在许多误区，有的甚至还存在盲目下指标的现象。促进家庭农场的健康发展，迫切需要明确家庭农场的内涵，以及做好引导扶持工作的基本原则和主要内容。建议如下。

（一）尽快出台促进家庭农场健康发展的专项文件

在总结各地实践经验的基础上，建议农业部尽快下发关于促进家庭农场健康发展的意见，为各地开展家庭农场培育工作提供政策指导。意见的主要内容应当包括：明确促进家庭农场健康发展的重要意义、指导思想、基本原则和目标任务，提出具体的扶持政策和措施，对落实责任、加强保障提出明确要求；同时，明确家庭农场应当具备的基本条件，为各地开展一般性家庭农场建档、认定、登记管理，制定示范家庭农场认定标准提供基本依据。为引导家庭农场健康发展，建议尽快制定家庭农场发展规划。

（二）建立健全农业补贴向家庭农场倾斜的扶持机制

落实中央关于农业补贴增量主要支持新型农业经营主体的要求，研究制定农机、良种、农资补贴向家庭农场倾斜的具体办法。为引导家庭农场健全内部制度、提高经营水平，建议中央财政设立扶持家庭农场发展专项资金，重点支持各地认定的示范家庭农场，主要用于家庭农场改善农田基本设施、修建仓储设备，参加农业技术、生产管理等培训，提高生产管理特别是信息化管理水平，开展标准化生产、品牌化经营、市场营销、农产品初加工等方面。

（三）建立健全农村土地流向家庭农场的政策体系

加强土地流转平台建设，为流转双方提供方便快捷的服务，促进农村土地资源的有序流动和优化配置。引导和鼓励家庭农场经营者通过实物计租货币结算、租金动态调整、土地入股保底分红等利益分配方式，稳定土地流转关系，扩大土地经营规模。鼓励地方财政设立土地规模经营扶持专项资金，重点对土地经营规模在适度范围内的家庭农场，对土地出租期限较长的流出农户，给予土地流转租金补贴。鼓励有条件的地方将土地确权登记、互换并地与农田基础设施建设相结合，整合商品粮基地、高标准农田建设、农业综合开发、土地整理、农田水利等项目资金，按照农业发展规划建设连片成方、旱涝保收的优质农田，优先流转给示范家庭农场。

（四）建立健全扶持家庭农场的税收、金融和保险政策

明确家庭农场享有与农户同等的税收优惠政策。针对家庭农场的生产经营特点，鼓励创新金融产品，解决家庭农场在支付土地租金、购买农资、改良土地等方面的资金需求。针对家庭农场开展专业化、规模化经营，自然风险、市场风险集聚的特点，研究制定有针对性的农业保险政策，提高其抵御风险的能力。

（五）建立健全家庭农场人才支持政策

加大对家庭农场经营者的培训力度，制定家庭农场经营者中长期培训计划，逐步培养一大批有文化、懂技术、善经营、会管理的家庭农场经营

者。制定和完善相关政策措施，鼓励吸引大中专院校毕业生、返乡农民工、农机大户、市场经纪人等兴办家庭农场。对在家庭农场就业的大中专院校毕业生给予补贴。在职业农民培训和“阳光工程”转型过程中，将家庭农场经营者作为培训重点。建立家庭农场经营者职业教育制度。

家庭农场发展的现实分析与政策评估

郭晓鸣①

中国户均经营土地只有7亩多，在世界范围比较属于超小规模。随着环境条件变化，小规模经营越来越显示出局限性，无论是先进科技成果应用、金融服务提供，还是农产品质量提高、生产效益增加、市场竞争力提升，都遇到很大困难。农业要发展，必须加快发展新型农业经营主体，突破规模小的限制。家庭农场虽然发展时间不长，但短短几年时间就发展到87万家，平均规模达到200亩，劳动生产率和经济效益大幅度提高。2013年以来，中央1号文件连续3年提出要鼓励发展规模适度的农户家庭农场。从目前实际情况看，我国家庭农场还存在发展不规范、活力不强、竞争力不大等问题，亟须制定针对性更强的支持政策，有效促进其健康有序发展。

一　中国家庭农场发展的现实背景

随着工业化与城镇化的深入推进，农村劳动力的不断转移，封闭、静态的传统小农经济与现代经济不匹配问题日益凸显。面对新形势下更加开放的市场环境和农产品需求结构急剧变化，农业发展比以往任何时候更加注重规模经济和专业化，基于小规模、分散化与自给自足的小农经济将难以为继，农业生产经营面临着农村劳动力老龄化、农户兼业化、农业副业化、非粮化等冲击，农村经济主体的农民和农村社会的自立能力不断弱化，农业渐渐“衰落”。因此，如何在坚持家庭承包经营制度的基础下，推动农业经营方式创新，构建新型农业经营体系已成为中国农业转型升

① 课题组成员：郭晓鸣、陈雩桢、廖祖君、戴旭宏、周小娟、高杰、丁延武。

级，发展现代农业，维持农村稳定急需解决的瓶颈难题。

（一）对农业新型经营主体培育的实践探索

近年来，全国各地在寻找和探索农业经营方式创新上，呈现出快速发展的趋势，比如鼓励建立农民专业合作社、发展“公司+农户”的农业产业化等，然而这些探索性实践的效果却不尽如人意。大量现实表明，无论是以小农为基础的农民专业合作社，还是“公司+农户”的公司农业对农户带动作用都十分有限，并不能实际带来农民增收和发展，相反农民不断被“边缘化”，逐渐被排挤在农业生产之外。

一是积极培育农民专业合作社。通过互助合作进行资源共享或规模获取是农业发展的必然趋势，因此合作社历来被视为解决农户与市场的对接，弥补其弱小分散等弱点的有效方式。但是，合作社成功与否取决于效率，而具体的效率取决于合作社内部的组织管理状况和外部环境的适应程度。实践证明：农户扩大规模才有合作社需求，合作社的效用才能得到有效发挥。目前，四川省不少地区的农业经营方式和经营环境依然具备传统特征，小农自给性生产情况并没有得到根本改变，合作社的发展成为相当数量的“被合作”。以小农为基础发展起来的农民专业合作社，由于农户细小的农业经营规模，自身发展能力较弱，基础不到位，往往沦为替少数经营大户或者能人服务，农户互助合作的基本功能趋于瓦解。因此，当农户经营规模需求无法满足时，“被合作”是低效的。此外，这样细小的农户经营规模组建起来的农民专业合作社不仅使得现代农业技术、现代企业管理和财务核算制度无用武之地，甚至由于成员众多，内部管理松散使其运行成本居高不下，在合作社能力不足，外部支撑不够的背景下，合作社难以独立生存。

二是不断完善“公司+农户”经营模式。从20世纪90年代开始，农业产业化经营开始出现并盛行，“公司+农户”型产业化经营被认为是中国农业发展的主要方向。然而由于地域差异性和小而散的传统农业现状使得“公司+农户”经营模式有效性在现实中很难得到充分发挥，具有一定的选择性和局限性。一方面单独依靠公司的力量将庞大的、分散的小农群体组织起来成本花费巨大，因此，为保证自身利益和正常运营，公司农业往往会吸收和撷取农村最优资源，对农业投资的领域和农户表现出很强选择性，在一定程度上存在对地势偏远的传统农区以及高龄农业劳动力的挤出效应；另一方面公司与农户之间利益主体不同，很难保持利益一致性，易引发农产品合约交易的“柠檬市场”，存在着严重的对接稳定性问题，因此，“公司＋农户”并不能有效地从根本上解决农户发展和入市难题，满足农户转型的需求。

上述简要的宏观分析表明，农民专业合作社、“公司＋农户”等组织形式和经营模式创新本质上并没有错，是农业市场化发展的过程，具有一定的生存空间，但是单纯地依靠组织变革，制度创新，虽然在形式上改变了传统小农经济的土地分散经营状态，但不可能真正达到农业规模经营，发展现代农业的目的。以小规模、分散化与自给自足的小农经济建立起来的农业经营方式创新仅仅是停留在从形式上看不到“小农的影子”，传统小农经济的本质现状并没有得到根本改变。

由此可以判断出，以传统农户为经营主体的小农经济才是桎梏中国现代农业发展的根源所在。如果传统农户的农业生产经营基础远在现代生产力水平所要求的底线之下，那么，以其为基础的任何农业经营方式创新、科技应用、市场准入等都日益变得难以为继，现代农业也就成为一个可求不可得的奢望。因此，家庭农场与合作社之间的合作以及家庭农场与公司农业的错位发展，形成“家庭农场＋合作社＋公司”的多元化经营主体才是未来农业的基本路径。

（二）我国家庭农场发展的基本概况

早在十七届三中全会时家庭农场这一概念就曾出现在中央文件中，并在上海、浙江等东部沿海经济比较发达，城镇化程度较高的地区出现和逐渐形成了一批以种植场、苗木场、示范场等主体注册登记为法人实体的家庭农场雏形。但直至2013年年初我国政府才开始集中部署其发展路径和方向，并在2013年中央1号文件中明确指出，要“创造良好的政策和法律环境，采取奖励补助等多种办法，扶持联户经营、专业大户、家庭农场”，随后，全国各地开始加紧制度建设为家庭农场快速发展创造条件。2014年2月农业部发布了《关于促进家庭农场发展的指导意见》第一个国家级的家庭农场政策文件，明确了家庭农场定义与资格条件，江苏、山东、湖北、四川等省也先后出台了地方性规定。在政策的引导和鼓舞下，各地兴起了家庭农场发展热潮，家庭农场在短期内得到前所未有的井喷式发展。然而，自家庭农场正式提出两年来，家庭农场经营状况究竟如何，是否有新的问题和政策需求，这都急需我们对现阶段家庭农场的发展状况和政策成效进行实地调查和客观评价，以进一步优化家庭农场发展的政策意见。

因此，为进一步深入了解家庭农场发展及支持政策现状，本课题组对四川省家庭农场发展状况展开了典型调查，[①] 通过多层次访谈和问卷调查，先后调查了135个家庭农场，涉及内江市东兴区、眉山市丹棱县、遂宁市安居区、泸州市古蔺县、成都市金堂县等区（市、县）的16个乡镇37个村。本报告结合近年来四川各地家庭农场发展状况，综合对家庭农场经营情况的典型调查资料，在总结分析四川典型地区家庭农场的认定标准、经营状况、社会化服务体系以及扶持政策基础上，探讨了制约四川家庭农场发展的诸多因素，并给出了相关政策建议。

二　中国家庭农场发展的理论分析

（一）家庭农场的基本概念

2008年，党的十七届三中全会提出了专业大户和家庭农场的概念，这是家庭农场第一次出现在中央的文件中。2013年中央1号文件又进一步明确了针对专业大户和家庭农场在农业补贴、土地流转、技能培训等方面的扶持政策。在家庭农场的概念界定方面，农业部将家庭农场定义为以家庭成员为主要劳动力，从事农业规模化、集约化、商品化生产经营，并以农业为主要收入来源的新型农业经营主体。这一概念仅对家庭农场的总体形式和经营特征做出了原则上的界定，具有指导性意义，也为各地根据自身实践发展家庭农场提供了空间。从实践方面看，目前，上海、浙江、四川、安徽、湖北等地根据当地家庭农场经营的发展现状，从经营主体、经营规模、经营水平等方面对家庭农场的满足条件给予了界定。

综合理论成果和实践经验，我们认为，家庭农场是一种独立的现代农业经营组织，从组织性质上看，属于业主制企业。家庭农场在家庭成员合作关系的基础上嵌入少量要素契约，将通过农业生产经营获得利润作为组织目标。家庭农场是建立在农户间农地流转集中基础上的家庭经营。从组织特征上看，家庭农场的组织内部成员是由血缘和婚姻纽带组成，具有利益的一致性和合作的稳定性，内生交易费用低于纯粹的要素契约，同时，家庭农场以土地经营权流转契约为基础扩大了经营规模，在一定程度上提

---

① 鉴于家庭农场在四川大部分地区尚属新鲜事物，所以调查数据仅指2013年以后的发展情况。

高了经营效率。

（二）家庭农场的基本特征

从理论研究成果看，学者们从不同角度给出了“家庭农场”的概念。朱启臻（2013）将家庭农场的特征概括为：一定的经营规模、以家庭劳动力为主、经营稳定性和工商注册四个方面。关付新（2005）从制度特征和组织特征两个方面，将家庭农场的特征归纳为：市场化、专业化、社会化以及现代化技术、规模化经营、企业化管理和现代化农民。郭熙保（2013）认为，家庭农场至少具有四个基本特征：一是以家庭作为经营单位；二是劳动力以家庭成员为主；三是经营的农地具有长期稳定性并达到一定规模；四是农业经营收入为家庭全部或主要收入来源。

通过对已有的研究文献进行相关梳理，在理论上，家庭农场一般应具备“家庭化经营、规模化生产、企业化组织、市场化经营”四个方面的本质属性。

1. **家庭化经营**。家庭农场是在家庭承包经营基础上发展起来的，它保留了家庭承包经营的传统优势，同时又吸纳了现代农业要素。经营单位的主体仍然是农户家庭，家庭农场主仍是所有者、劳动者和经营者的统一体。因此，可以说家庭农场是完善家庭承包经营的有效途径，是对家庭承包经营制度的发展和完善。

2. **规模化生产**。家庭农场是一种适应土地流转与适度规模经营的组织形式，是对土地流转制度的创新。家庭农场必须到达一定的规模，才能够融合现代农业生产要素，具备产业化经营的特征，家庭农场从规模经济中获得的收益，才不会被企业化生产组织中所引起的监督困难所淹没。同时，由于家庭仍旧是经营主体，受资源动员能力、经营管理能力和风险防范能力的限制，使得经营规模必须处在可控的范围内，不能太少也不能太多，表现出适度规模性，有效避免农户经营规模小而无效、企业经营规模大而不稳的双重弊病。

3. **企业化组织**。与农户相比，家庭农场的内部组织结构与企业更加类似，实行了管理与生产的分工，设有管理层，并对各种生产要素进行专业化生产和管理（谢冬水、黄少安，2011）。从家庭农场的外部运行方面看，家庭农场以盈利为目标，其不仅是农产品生产的主体，同时也是农产品经营的主体，它是农产品生产和价值实现的统一。

4. **市场化经营**。为了增加收益和规避风险，农户的一个突出特征就是同时从事市场性和非市场性农业生产活动，市场化程度的不统一与不均衡正是农户的突出特点。而家庭农场则是通过提高市场化程度和商品化水平，不考虑生计层次的均衡，而是以盈利为根本目的的经济组织。

三　中国家庭农场发展的实证研究

（一）家庭农场发展的成效与问题

1. 家庭农场发展成效

自2013年中央1号文件首次提出“家庭农场”后，一些农业经济较为发达的地区积极探索经营模式，通过土地流转促进规模经营，兴办家庭农场，这一新型农业经营主体就在四川迅速崛起，现已取得了初步成效。截至2015年9月全省已发展家庭农场17873个，省级示范家庭农场200家，经营面积161.5万亩。通过家庭农场发展状况的典型调查，结合问卷分析，课题组发现四川省现阶段家庭农场发展具有以下几个重要特征：

（1）家庭农场的认定

目前各地家庭农场一般是以农场主户籍、劳力构成及土地经营面积来区分家庭农场与龙头企业、普通农户等其他经营主体，对于家庭农场经营者的文化程度、农业经营管理水平及效益等没有明确要求，家庭农场登记注册时也存在一定的模糊性和片面性。调查显示，135个被调查家庭农场中，仅有75个被调查家庭农场在工商部门进行了工商登记注册，44.4%的被调查家庭农场都是通过农场主户籍、劳力构成、土地经营面积等信息模糊认定的。

（2）家庭农场的基本情况

一是家庭农场主以本地农户为主，并且壮年和高中文化的居多。调查显示，135个被调查家庭农场的农场主中，72.6%的是本地农户，[①] 平均年龄为44.5岁，其中农场主最小的23岁，最大的69岁，52.6%的被调查家庭农场的农场主年龄处于40—49岁年龄段。50.4%的被调查家庭农场的农场主受教育年限有10年以上（包含10年），其平均受教育年限为11年，基本达到高中教育水平。

二是家庭农场主要是以家庭承包地和部分流转土地从事生产经营。调

① 本地农户是指农场主户籍在被调查家庭农场所属村。

查显示，在135个被调查家庭农场中，有50个被调查家庭农场仅仅依靠家庭承包地从事生产经营，占37%；有85个被调查家庭农场在家庭现有承包地的基础上还流转了其他农户的承包地，占63%。其中流转土地面积最大的有1750亩，最小的有4亩，平均每个被调查家庭农场流转土地面积157.04亩，而流转方式以直接租赁农户土地的为主，占72.9%。

三是家庭农场以家庭成员为主要劳动力，辅之以少量常年雇工和季节性雇工。调查显示，在135个被调查家庭农场中，49.6%的家庭农场表示并不需要长期雇工，主要依靠家庭劳动力满足用工需求，平均每个家庭农场有3个家庭成员常年参与农场的生产经营管理。但是，除了以家庭成员为主要劳动力外，家庭农场仍然具有一定的雇工需求，70.4%的被调查家庭农场表示农忙时需要临时雇工，50.4%家庭农场表示需要长期雇工。

（3）家庭农场的生产经营

一是家庭农场以自主经营为主。调查显示，84.6%的被调查家庭农场是自主经营，7.7%的被调查家庭农场与合作社联合经营，3.8%的被调查家庭农场与公司联合经营，3.9%的被调查家庭农场与其他个人合伙经营。

二是家庭农场以种养业为主，并且在粮油、生猪等传统农业领域保有较高比例。调查显示，在135个被调查家庭农场中，有90.4%的家庭农场专门从事种养业等农业生产经营活动，并在粮油、生猪等传统农业领域保有相当比例，有19.3%的被调查家庭农场从事粮油生产，40.7%的从事生猪的规模化养殖。

三是家庭农场以小集中的灵活方式实现适度规模经营。通过对从事种植业的92个家庭农场的相关数据进行整理发现，43.5%的被调查家庭农场流转的耕地并没有全部集中连片，普遍以小集中的灵活方式来实现适度规模经营目标，其所经营耕地的平均片数为6片，其中最大片土地的平均面积为172.8亩，最小片土地的平均面积为36.7亩。

四是家庭农场具有相对较好的经营效益。通过访谈发现，相对于龙头企业、合作社等其他新型经营主体，家庭农场具有较好的经营收益。而通过对从事粮油作物生产的26个被调查家庭农场统计汇总，被调查家庭农场平均年销售额为37.8万元，平均年纯利润为10.0万元，成本费用利润率为36.1%；通过对从事生猪养殖的56个被调查家庭农场统计汇总，被调查家庭农场平均年销售额为186.1万，平均年纯利润为30.1万，成本费用利润率为19.3%。此外，135个受访家庭农场的启动平均资金为91.1

万元，目前其平均总资产为 184.2 万，比启动时翻了一番，可以说被调查家庭农场基本保证了持续投资经营。

五是家庭农场具有较强的发展现代农业的主动性和独立性。调查发现，相对于传统农户偏向于农房等固定投资为主，目前 135 个被调查家庭农场平均总资产达到 184.2 万元，而平均每个家庭农场累计完成机械设备、器具、设施等农业固定资产投资 107.7 万元，占总资产的比例高达 58.5%。而与传统农户、农业公司等主要依赖政府投入或补贴进行基础设施建设不同的是，绝大多数家庭农场的生产性基础设施建设以自身投入为主。调查显示，在 135 个被调查家庭农场中，仅有 9.6% 的家庭农场享有过基础设施建设补贴，而通过对种植业家庭农场进一步调查了解到，67.4% 被调查的种植业家庭农场表示投资修建过灌溉设施，并且自身投资额占灌溉设施修建总额的 81.9%。同时，54.3% 被调查的种植业家庭农场表示投资修建过田间生产道路，自身投资额占田间生产道路修建总额的比例高达 86.6%。由此可见，在切身利益的强烈驱动下，家庭农场在生产性基础设施建设和维护、农机运用、设施农业等现代农业发展方面具有比较强烈的主动性和独立性。

（4）家庭农场的社会化服务体系

一是当前家庭农场的农资服务渠道主要是以市场供应为主。调查显示，44.3% 的被调查家庭农场通过市场购买饲料、化肥等，而 83.0% 的被调查家庭农场通过市场购买和自我繁育获得畜禽种苗、良种等。可以说，家庭农场主要是通过农资经销商等市场性的农资服务渠道获得农业生产资料。

二是当前家庭农场的技术服务主要来源于政府部门。调查显示，38.4% 的被调查家庭农场主要通过农业局等农业农技部门获得技术培训、咨询或指导，32.8% 的被调查家庭农场主要依靠自身经验或者咨询、请教周边亲朋好友的方式进行技术指导，13.7% 的被调查家庭农场向高校、科研院所、专业技术人才等购买过技术支持。

三是亲友借贷仍是家庭农场融资的主要渠道。调查显示，67.4% 的被调查家庭农场主要通过借入资金来满足农业再生产的资金需求，其中亲友借贷则是家庭农场解决融资需求的主要渠道。在回答“农业投资的资金需求主要通过什么渠道解决”时，有高达 43.0% 的被调查家庭农场选择亲友借贷。

2. 家庭农场发展面临的问题

（1）家庭农场认定标准的模糊性和片面性制约了家庭农场又快又好发展。家庭农场的认定标准还处在不断的探索与完善之中，仅部分农业经济较为发达或对家庭农场重视程度较高的区（市、县）在农业部指导意见的指导下，结合自身实际情况出台了地方性的家庭农场认定管理指导意见。但是，目前各地家庭农场一般是以农场主户籍、劳力构成及土地经营面积等为主要指标来区分家庭农场与龙头企业、普通农户等其他经营主体，对于家庭农场经营者的文化程度、农业经营管理水平及经营效益等没有明确要求，致使现有家庭农场出现几种倾向。

一是过于片面强调农场主的农民户籍身份，有可能将已市民化的返乡农民工、大学生、城镇居民中有志于将农业作为终身职业的潜在的农场主拒之门外。

二是过于片面强调经营规模，特别是示范社申报和政策扶持申请时以经营规模为首要衡量标准，在政策的推动和刺激下，一些地方可能出现“垒大户”或者针对补贴和未来政府扶持期望的短期行为。

三是过于片面强调数量而忽视质量，在一系列政策法规和优惠政策引导下，可能短期内出现专业大户、农业公司等注册、转化为家庭农场，家庭农场数量上实现井喷式发展，但登记注册对于家庭农场经营者的文化程度、土地经营管理及农场经营效益等没有明确要求和监管，从长期来看家庭农场仍有可能进入发展陷阱。

（2）土地等要素配置的现实困境加大了家庭农场生产经营维持难度。调查发现，虽然被调查家庭农场目前具有相对较好的经营效益，但其成本费用利润率平均仅有20%左右，利润空间被基础设施投资、土地租金等大大压缩，而在“生产经营方面您最需要解决的问题”这一调查中，就有23%的被调查家庭农场选择了“道路、灌溉、仓储等基础设施建设”，7.4%的被调查家庭农场选择了“土地流转”。

一是土地流转难度加大限制了家庭农场的发展。一方面，土地租金给家庭农场经营带来很大的成本压力。近年来，随着工商资本下乡对土地需求的推动，土地租金水平不断上涨，已成为家庭农场生产经营的主要成本。从对种植业家庭农场的调查来看，平均每个家庭农场年土地租金达到14.9万元，占经营总成本的53.67%，但政府财政补贴并未及时跟进，仅有9.6%的被调查家庭农场获得土地租金补贴。另一方面，农户土地财产意识的苏醒加大了流转难度。由于家庭农场主要是以家庭承包地为基础并通过流转周边土地进行规模化生产的，而家庭农场目前直接租赁农户土地进行土地流转的居多，因此农户的土地财产意识强弱直接关系到家庭农场的土地流转成本。访谈中课题组就了解到，由于部分农户对土地的依赖或者人为阻挠使得一些农场的土地经营无法集中连片，经营成本人为拉高。

二是生产性基础设施建设滞后限制了家庭农场的发展。大多数家庭农场明确表示道路、灌溉、仓储等基础设施建设是当前家庭农场发展面临的首要问题。并且，随着家庭农场经营规模的不断扩大，传统的房前屋后以及公路两边的晾晒已经完全不能满足其需求，晾晒场地、仓库用地等设施农用地的用地难题日渐凸显。由于没有固定的专用晾晒场和烘干设备，一些家庭农场因粮食霉变等造成了较大的经济损失。

（3）家庭农场金融服务的可获得性没有实质性提升。在资金需求方面，家庭农场已经从传统农户小额短期的低层次生存性资金需求转向大额长期的高层次发展性资金需求。然而调查显示，83%的被调查家庭农场表示有贷款需求，但仅28.1%的家庭农场获得了贷款，而20.7%的被调查家庭农场认为贷款难是制约其发展面临的重要问题。贷款难的原因主要在两个方面：

一是现行的小额信贷等短期的政策性金融服务难以满足家庭农场较大的生产性贷款需求。此外，相较于贴息贷款，家庭农场更需要的是农业保险、抵押担保服务等更加市场化的金融服务。因此，针对家庭农场需求特征，加快农村金融制度创新，丰富金融扶持家庭农场经济发展的信贷产品已经表现出很强的现实性和紧迫性。

二是金融机构贷款业务以担保贷款为主，并需要以城市住房、商铺等不动产及存单质押，条件严格，门槛过高，而家庭农场普遍拥有的农村房屋、土地经营权、农用设施等资产及权利抵押仍受法律和制度限制，调查显示，71.9%的被调查家庭农场因缺乏抵押物、找不到担保人等被排挤在获取正规金融服务的大门之外，而目前被调查家庭农场平均每个拥有机械设备、器具、设施等农业固定资产107.7万元。

（4）社会化服务体系缺失使得家庭农场发展扩张能力有限。现阶段，家庭农场虽然拥有一定的土地适度规模，但这种规模并没有大到能够将其所需的各种社会服务内部化的程度，社会化服务体系的缺失使得家庭农场发展扩张能力十分有限。

一是家庭农场的分散经营使其开拓市场的成本居高不下。调查发现，84.6%的家庭农场并没有加入合作社或者与公司企业联合经营，以孤立的自我经营为主。这种家庭农场之间的分散状态，使其依靠自身力量进行品牌塑造、质量认证等手段开拓市场成本居高不下，市场参与度较低。有51.9%的家庭农场明确表示因为经营规模有限，商标创建和维护的成本太高而没有进行商标注册，41.3%的家庭农场同样因申请成本问题而放弃进行产品质量认证；

二是农业经营体系的网络化还未形成。由于政策相对失衡，相对于生产环节而言，对产前、产后的农资供应商、生产性服务商、农产品批发商等社会化服务体系的构建政策支持明显不足，从而构成家庭农场发展中的最大约束之一，直接限制了家庭农场的发展速度和发展水平。在服务渠道上，目前家庭农场过度依赖农资经销商等市场主体，农民专业合作社在农资供应、产品销售等方面并未充分发挥农资市场的主体作用，家庭农场与产前、产后的农资经销商、农产品批发商等之间是一种以后者为主体的单链活动，农业经营体系的网络化还未形成，在市场供应紧张时，企业抬高价格往往会有损家庭农场的合理利益。在服务内容上，政府部门、科研院所等服务内容过多局限于农技知识的推广，缺乏对农场经营管理、融资借贷、市场营销、农业保险及相关法律的培训与指导，不能满足家庭农场主的多样化需求。

（二）家庭农场发展支持政策评估

1. 我国家庭农场支持政策梳理

随着城镇化进程的不断推进，农业生产要素禀赋结构发生巨大变化，原有的小农经营方式也随之解体。为促进农业转型升级，中央提出要把家庭农场作为重要的农业现代经营主体，并要求各地利用多种手段积极扶持家庭农场的发展壮大。因此，建立扶持家庭农场发展的制度环境成为各地政府农业农村工作的重要内容，地方政府根据自身农业经营特征出台了扶持家庭农场发展的政策文件。据王志新、杜志雄（2014）统计，截至2014年8月，全国已有14个省50多个市（县、区）出台了扶持家庭农场发展的文件，并明确了具体扶持措施。综合各地政策，我们将支持家庭农场发展的政策总结为以下几点。

（1）明确家庭农场认定标准，简化注册登记程序。由于我国各地经济发展水平和农业经营条件差别较大，无法在全国范围内提出一个普遍适用的家庭农场的注册登记和认定制度，因此，农业部仅提出了模糊的内涵界定，各地以此为基础，根据自身情况制定了家庭农场注册登记和认定制度。

一是家庭农场资质标准。在家庭农场的认定标准上，农业部2014年发布的《关于促进家庭农场发展指导意见》也只是规定，家庭农场经营者主要是农民或其他长期从事农业生产的人员。各地都依据“家庭经营、适度规模、商品化生产、市场化经营”的基本原则制定了具体的认定标准，但是在认定条件上，存在一定差异。

第一，在农场主身份限定上，部分地区严格限制了农场主身份必须为农民，即具有农村户籍，如山东、湖北、四川等省明确指出家庭农场经营者应具有农村户籍或农村集体经济组织成员或具有农村土地承包经营权的自然人；而部分地区则没有对家庭农场主做出身份性规定，如江苏、安徽、辽宁、云南等。第二，在劳动力认定标准上，大多数地区都规定家庭农场应该以家庭成员为主要劳动力，四川、山西等地则规定了家庭农场无常年雇工或常年雇工数量不超过家庭务农人员数量，但可以存在季节性雇工。在劳动力比例标准上，由于农业经营中劳动力难以有效核算，加之乡村亲缘关系广泛存在，因此，目前尚无对家庭劳动力和雇用劳动力具体比例的明确规定。第三，在家庭农场收入标准上，四川等大多数省市都规定家庭农场应该以农业收入为主要收入来源；重庆等省市规定农业净收入占家庭农场总收益的80%以上；山西等省规定家庭农场主必须具备一定的经济实力，自有流动资金在10万元以上，经营效益比普通经营高出20%以上。第四，在经营规模标准上，各省市按照自身的自然资源、经济社会条件，对家庭农场土地规模标准进行了不同的规定。如辽宁省规定从事稻谷、小麦、玉米等粮食作物的土地经营规模应达到100亩以上，从事经济作物、养殖业或种养相结合的其经营规模按照当地农业等有关部门确定的规模标准掌握；天津市规定以粮食生产为主的土地规模应在100亩以上，以蔬菜生产为主的应在10亩以上，以果品生产为主的应在20亩以上。也有很多省份如山东、浙江、安徽等没有对家庭农场土地规模标准做出具体的限制，其标准由其市县自主决定。

二是家庭农场注册条件。为鼓励家庭农场登记注册为正式的法人主体，大多数地区都简化了工商登记注册条件，放宽了家庭农场的进入门槛，并通过宣传、指导、培训等方式让农民了解注册程序，同时，多地都将登记注册作为农场取得财政支持项目、评优资格等的必要条件，激励农场主动注册。

在注册程序方面，绝大部分地区都实行了“一站式”注册，规定有注册需要的农场主带齐规定文件后即可在工商部门或其外设的服务窗口进行注册，不需要农场主在多个部门办理。同时对家庭农场注册实行优惠政策，如四川省成都市金堂县对家庭农场注册实行“不收费、不年检、不验资、不处罚”的“四不”优惠措施。

在组织性质认定方面，由于工商部门没有出台关于家庭农场组织性质的规定，因此各地都根据地方性规定进行登记，但大多登记为个体工商户或者个人独资企业，并享受相应的税收优惠政策。如成都市统一登记为个体工商户，眉山市部分区县登记为个体工商户，部分区县登记为个人独资企业。

（2）支持家庭农场流转土地，鼓励发展适度规模经营。为支持家庭农场扩大规模，许多地方在推进土地向家庭农场流转、加强土地流转服务等方面进行了大量创新。

一是鼓励家庭农场转入土地。随着农村土地市场的完善，政府对农场土地经营权流转主要采用经济手段进行干预，如流转租金补贴、支持土地流转合作组织建立等。如四川省鼓励各村组建立土地流转合作社。并鼓励合作社将土地优先流转给家庭农场、专业合作社等。同时，各地还规定了对转入一定规模的家庭农场给予租金补贴，如四川省成都市金堂县规定，转入土地面积达到30亩以上的家庭农场，可享受每亩100元的租金补贴，丹棱县则在此基础上对超过100亩的农场给予每超过一亩补贴增加一倍的政策。部分地区也会辅以一定行政引导，如安徽、上海等省市规定，本村集体经济组织成员建立的家庭农场，同等条件下可以优先转入土地经营权；四川省鼓励有条件的地方整合相关项目资金，建立高标准农田和农业示范区，并将土地优先流转给家庭农场。

二是健全土地流转服务体系。如四川、山东等省建立了多级土地流转中介服务机构，为家庭农场提供法律咨询、供求登记、信息发布、中介协调、指导签证、代理服务、纠纷调处等服务。如成都市搭建了市、县、乡三级服务体系，形成了交易规则、交易鉴证、服务标准、交易监管、信息平台、诚信建设“六统一”管理模式，为农村土地经营权流转提供了完善的服务，同时为家庭农场等新型经营主体转入土地提供了有效支撑。

（3）整合财政涉农资金，建立家庭农场发展的财政支持体系。通过财政手段对家庭农场进行奖补是政府扶持家庭农场发展的主要政策措施之一，目前，除中央明确的支持家庭农场发展的财政项目和资金外，大多省市县都出台了相关政策加大对家庭农场的财政扶持力度，形成了以直接补助、以奖代补、项目扶持、贷款贴息等财政资金补贴方式，以及农业综合开发、农田水利建设、土地整治、农村道路建设等项目向家庭农场倾斜等。

一是基础设施建设支持。基础设施的完善是家庭农场生产经营的重要保障，也是各地支持家庭农场发展的重要内容。如四川省成都市要求各区县将农田水利等基础设施建设项目与家庭农场发展有效结合，如四川省成都市金堂县将高标准农田建设项目作为支持家庭农场发展的政策，利用财政专项资金建立了万亩优质农田示范园区，并将园区土地有限流转给家庭农场；四川省眉山市优先在家庭农场经营区域进行农村道路、农田水利建设项目，并对家庭农场自主投资的道路、农田水利设施给予物质或资金补贴；山东诸城市鼓励家庭农场发展设施农业，给予达到一定标准的当年新建冬暖式大棚每个补贴 5000 元，新建拱棚每个补贴 3000 元。

二是示范农场奖励。为鼓励家庭农场向适度规模化、经营现代化方向发展，并发挥优质农场的示范带动作用，许多地区建立了示范农场奖补制度。如四川省开展年度省级示范家庭农场评选活动，并对入选农场提供现金奖励，成都市市级财政每年在支农资金中安排不少于 1000 万元资金，专项扶持家庭农场发展，获评市级示范家庭农场，将获取不低于 5 万元的一次性奖励；浙江省常山县重点扶持被县级以上认定的示范家庭农场在基础设施、生产设施、生态建设、景观绿化等方面的建设，实行家庭农场主项目申报制，凭项目建设方案、有效支出凭证，按当年实际新增投资额计，给予示范家庭农场 30% 以奖代补，给予精品家庭农场 50% 以奖代补，并对当年被评为省、市、县级示范家庭农场的分别给予 10 万元、8 万元、5 万元奖励。

三是产品安全和品牌认证奖补。为鼓励家庭农场进行安全生产，多地建立了家庭农场产品安全和品牌认证奖补制度。如山东诸城市鼓励家庭农场品牌认证，当年通过“农产品无公害农产品、绿色食品、有机食品认证和农产品地理标志”认证的每个补助 1 万元。江西省南昌市对家庭农场每新增 1 个有机食品品牌奖励 6000 元，新增 1 个产品奖励 1200 元；每新增 1

个绿色品牌奖励 5000 元，新增 1 个绿色产品奖励 1000 元；每新增一个无公害生产基地奖励 2000 元，新增 1 个无公害农产品品牌奖励 3000 元，新增一个无公害农产品奖励 800 元。

四是新技术应用补贴。为支持家庭农场积极应用农业新技术，发展产品新品种，多地专门设立了家庭农场新技术应用补贴。如浙江省常山县对通过与省级以上科研院校合作建立产学研示范基地，并引进新品种、成效明显且有一定示范推广价值的家庭农场奖励 3 万—5 万元；浙江省诸暨市对从事经营两年以上、面积 100 亩以上，推广应用先进农技、农艺，且平均效益比普通农户高 50% 以上的家庭农场给予 3 万—5 万元的奖励；江苏省徐州市铜山区对推广应用新技术且平均效益比普通农户高 30% 以上的家庭农场，给予 3 万—5 万元的奖励；陕西省咸阳市杨陵区对推广应用新技术且平均效益比普通农户高 30% 以上的家庭农场，给予 1 万元的奖励。

（4）深化农场金融制度改革，为家庭农场发展提供金融支持。

一是信贷政策。各级政府对家庭农场的信贷政策主要集中在以下几个方面：第一，建立家庭农场专项金融扶持制度。为尽可能满足家庭农场的资金需求，多地提高支农再贷款向家庭农场提供的信贷比例。如四川省眉山市要求支农再贷款中家庭农场所占份额要逐渐提高。第二，积极开展金融产品创新。如四川省在成都等地开展农村土地经营权收益贷款试点，浙江省对家庭农场开展信用等级评估工作，对资信较好的家庭农场给予授信额度，实行贷款优先、利率优惠。第三，给予贷款补贴。如浙江省要求有条件的市、县对扩大用于家庭农场等新型主体的贷款给予贴息。浙江省桐乡市每年安排不超过 100 万专项资金，用于为标准化生产且无安全事故发生的家庭农场提供贷款，并按同期贷款基准利率的 30%—50% 给予补助。第四，成立农业担保公司。如四川省成都市设立了农村产权抵押融资风险分担机制，成立了农村产权抵押融资风险基金、农村产权担保和保险风险补偿专项资金。安徽省鼓励各市、县由政府出资设立的融资性担保公司，为符合条件的家庭农场提供融资性担保服务，并与该担保公司享受有关扶持政策挂钩。

二是保险政策。部分省建立了政策性农业保险与财政补助相结合的农业风险防范与救助机制，进一步扩大农作物保险品种，提高农业保险覆盖面，为家庭农场发展提供保障。如重庆市支持鼓励家庭农场参加农业保险，享受保费补贴，财政承担保费的 70%，业主承担 30%，降低农业生产的风险。

2. 对家庭农场支持政策的总体评价

随着家庭农场经营优势的逐渐显现和中央的积极引导，各地对家庭农场的支持政策不断增加，从总体上讲，各级、各地政府的扶持政策均具有一定针对性，能够根据地区农业发展特征确定扶持方式和扶持的重点环节。家庭农场扶持政策的强化对于解决我国农业发展问题、促进适度规模经营具有积极作用。但是现有政策仍存在以下问题：

（1）政策瞄准存在偏差，缺乏对扶持对象的有效识别

一是政策扶持对象的选择存在重规模、轻效益的倾向。发展家庭的根本目的在于提高农业经营效率、增强我国农业竞争力，虽然适度规模经营是家庭农场的重要特征，但是以家庭成员为主要劳动力的特征也决定了其经营规模必须在一个家庭所能顾及的范围为限。但是通过对各地扶持政策的分析和实地调研发展，不少地方政府将发展家庭农场的目的扭曲为规模经营，将经营面积作为评定家庭农场的重要标志，对家庭农场的规模只做出了下限的规定。在政府规模偏好的引导下，家庭农场经营规模越大越容易受到当地政府的重视，越容易获得政策扶持，如某地规定，示范农场规模必须达到50亩，但是当地家庭农场多以水果种植为主，家庭劳动力最佳经营规模为40亩左右，这就致使许多真正希望长期经营的农场失去评选资格。

二是缺少对政策扶持对象身份的有效识别和监管。由于目前我国对家庭农场的内涵界定仍较为模糊，缺少可操作的量化衡量指标和识别方式，导致许多农民合作社、农业公司为获取政策扶持，纷纷翻牌注册为家庭农场，甚至出现了多重注册，套取多种补贴的现象。在目前的注册制度下，仅需提供身份证明、土地流转证明和简单的财务证明即可申请注册为家庭农场，但是对其是否真正符合家庭农场经营条件则无有效的审查和监管制度，对“套牌”农场也缺乏合理的处罚制度。在多地调研中，均有农民反映，一些家庭农场仅为获得财政支持而成立，并未进行农业经营活动。“套牌”农场的存在挤占了有限的财政支持资金，更为严重的问题是，许多“套牌”农场往往具有规模优势，反而比真正的家庭农场更容易获得项目和资金支持。

（2）政策扶持范围有限，支持力度不足

虽然中央和多地政府已经出台了一系列支持家庭农场发展的政策，但

就总体而言，政策的扶持范围和支持力度仍较为有限：

一是能够享受到政策扶持的家庭农场占比较低。近年来，我国家庭农场数量不断增加，但是能够享受到相关扶持政策的农场却非常有限。根据四川省社会科学院于 2014 年开展的一项家庭农场调查结果显示，在 135 个被调查家庭农场中，有 55 个被调查家庭农场主完全没有享受过任何农业补贴和政府扶持，其比例为 40.7%。

二是家庭农场的政策扶持力度较弱。政策扶持范围有限的同时，不少享受到政策扶持的家庭农场主也认为，目前政策的扶持力度较弱。在 135 个被调查家庭农场中，有高达 71.9% 的被调查家庭农场对现有扶持政策并不满意，在回答“对政府扶持不满意的原因”时，选择“扶持力度太小”的被调查家庭农场数目最多，占 25.8%；选择“扶持范围太窄”的被调查家庭农场数目第二多，占 23.7%；选择“扶持限制条件多，要求太高”的，占 17.5%；选择“扶持针对性不强”的，占 9.3%。以西部某县家庭农场能够享受到的政策为例，规模在 50 亩以下的家庭农场基本没有享受到财政资金奖补，规模超过 50 亩的农场能够享受到每亩 100 元的补贴，如果评为示范农场，则能够获得 5 万—10 万的奖励，除此之外，政府承诺给予基础设施建设补贴，但补贴比例仅为口头约定，补贴也迟迟未能发放到位。

（3）政策支持重点不明确，扶持效果不理想

文献研究和实地调研均发现，在家庭农场生产经营过程中，普遍面临着基础设施、资金和农业保险三大难题。仍以四川省社科院的调研数据为例，135 个被调查家庭农场在回答“家庭农场生产经营最需解决的问题是什么”的时候，选择“道路、灌溉、仓储等基础设施”的被调查家庭农场有 31 个，比例最高，占总数的 23%；选择“资金”问题的被调查家庭农场次之，有 28 个，占 20.7%；选择“农业保险等市场风险防范”的被调查家庭农场又次之，有 17 个，占 12.6%。在各地政府的扶持政策中，解决基础设施、金融支持和农业保险问题也是重要的政策内容，但是在实践中，由于上述问题的解决需要长期性和协同性，因此，许多政策仅停留在书面上，难以有效推进并发挥作用。

一是基础设施建设扶持存在规模化和造样本的倾向。在基础设施建设扶持政策方面，集中于高标准基本农田建设项目区或者现代农业园区建设区的家庭农场能够获得较为完善的支持，在此范围内的农场基本实现了“不担心基础，只负责经营”的状态。但是大部分分散于各村的家庭农场

只能依靠自有资金进行改田改土、道路和水利建设等。可以说，对家庭农场基础设施建设的扶持政策忽视了家庭农场的生产经营特征，在实践中已经异化为造规模、造样本的政策。

二是家庭农场获得的金融服务支持并未取得实质性进展。在农场主信贷支持方面，目前政策仍以行政命令为主，要求金融机构根据相关政策为家庭农场发放各类农场产权抵押贷款，但是在风险和成本的约束下，金融机构并不愿开办此类业务，除少数试点区政府强势推动外，大部分地区的农村产权抵押融资推进并不乐观，调研中，多个家庭农场主反映，类似的抵押贷款手续复杂、额度低，无法解决实际问题。在资金需求方面，家庭农场已经从传统农户单一、小额、短期的低层次生活性资金需求转向多元、大额、长短期并存的高层次发展性资金需求，并且表现出对金融借贷的强烈需求，但是家庭农场获取基本金融服务的可能性并没有任何实质性提高，仍以传统的亲友借贷为主要的资金获取渠道。调查显示，在135个被调查家庭农场中，有112个家庭农场表示愿意从金融机构获取贷款，但是仅有38个家庭农场表示他们能比较容易地从金融机构获取金融信贷，其比例仅有28.1%。

三是农业保险政策不能有效满足家庭农场的现实需求。政府是当前农业保险政策运行的主体，由于单一的农业政策性保险扶持力度和扶持范围有限，与家庭农场农业经营规模及生产多元化现实不相适应，使得农业保险并不能真正发挥保险的功效。据统计，有高达75.6%的家庭农场并没有获得农业保险，仅24.4%的目前享有农业保险，且主要集中在粮油、生猪等领域，家庭农场更大规模经营的蔬菜、水果、牛羊等农畜产品却不能被覆盖。此外，调查中农场主普遍反映受灾后赔付难度大，赔付比例少，连生产成本都很难得到保障，达不到保险的目的。

四　加快家庭农场规范发展的政策措施

当前家庭农场的发展正处于十分重要的关键期，一方面，家庭农场是新型经营体系中最重要的主体，发展的内在需求强烈，是坚持家庭经营基础地位的同时实现适度规模经营的最优选择。另一方面，其面临的制约十分明显，发展过程中仍然存在一系列突出困难，亟待更大力度的政策创新，实施更直接和更具针对性的支持措施。从总体上看，下述五方面的政策突破至关重要。

（一）以登记注册规范化为基础建立家庭农场准入标准

政府有关部门应从经营主体、经营范围等方面确定家庭农场的注册条件，出台正式的家庭农场注册或认定的相关制度规定，明确家庭农场法人主体地位，对家庭农场实施“宽进严管”。**一是**适度放宽准入条件。在农场主构成上适度的突破区域和户籍限制，以本地村民为核心，同时给予种养大户、返乡农民工、大学生，甚至城镇居民中有志于将农业作为终身职业的任何人平等的发展机会，主要凭借中长期土地经营权流转合同和身份证明进行资格审核，建立家庭农场项目库，家庭农场主在保证家庭经营主体地位的条件下，可根据自身条件和发展需要，从个体工商户、个人独资企业、合伙企业、公司四种市场主体类型中选择并申请登记注册。**二是**实施家庭农场项目库的动态监管。家庭农场经营范围原则上应以种植业养殖业为主，可适度发展休闲农业等。重点是工商等政府部门应加强对家庭农场经营状况、土地利用状况等的监管，取消不合格家庭农场主的经营资格，并将审查考核与农场主个人信用相挂钩。

（二）以土地流转体系化为重点稳定家庭农场土地经营

一是全面启动农村土地承包经营权确权登记颁证，建立产权交易平台，促进承包土地依法有序向家庭农场等规模经营主体规范流转，保障家庭农场土地经营权的基本稳定。**二是**加强土地流转价格指导，探索建立土地流转价格自然增长机制，出台不同区域流转土地从事家庭农场的租金指导价格。**三是**在安排年度新增建设用地计划时，对家庭农场所需的粮食晾晒、大中型农业机械停放场（库、棚）等项目所需设施农用地的用地指标适当放宽。

（三）以生产性基础设施建设为核心改善家庭农场生产条件

一是整合各部门涉农资金，依靠土地整理、高标准农田建设、现代农业产业基地建设等各项农业建设项目的推动，加大对田间道路、灌溉沟渠等基础设施建设，为家庭农场经营提供良好的生产基础。**二是**加大对家庭农场建设生产性基础设施的政策扶持力度，并将家庭农场所建的沟渠、圈舍等生产基础设施的补贴方式由“先建后补”调整为“边建边补”。

（四）以抵押方式多样化为突破口解决家庭农场融资瓶颈

一是建立和完善专业的农村产权交易所，从根本上消除土地经营权抵押贷款的法律障碍，保障土地经营权抵押担保功能的完全实现。**二是**积极探索建立存栏牲畜、家禽、苗木等农作物土地预期收益权抵押办法，突破家庭农场融资无抵押物困境，拓宽家庭农场融资渠道。**三是**加强农村金融机构对家庭农场的信贷支持，支持家庭农场以应收账款、仓单、专利权、注册商标专用权等办理权利质押贷款。**四是**逐步开展家庭农场信用等级评定，对信用等级高的家庭农场给予一定的授信额度，及时满足其有效信贷资金需求。

（五）以农业保险多元化为指向提高家庭农场风险抵御能力

探索建立以政策性保险为基础的多渠道、多主体经营的家庭农场专项农业保险制度，单独开具保单、单独提供防灾服务。**一是**根据家庭农场生产经营特性，开发新型农业险种，优化政策性保险品种结构，逐步实现稻麦油等大宗农产品保险全覆盖，扩大特色农业保险的覆盖面，使更多的家庭农场能够享受到农业保险的保障。**二是**提供多种档次的风险保障，对不同档次实行差别化的补贴标准，由家庭农场根据缴费和补贴标准以及自身风险防范的需要自由选择参保档次，给予家庭农场自主选择权，多买多补，充分发挥财政对保费补贴的杠杆作用。**三是**调整农业风险保障水平，逐步实现由保成本向保收入转变，提高家庭农场农业保险的损失补偿水平。

（六）以社会化服务体系建设为抓手强化家庭农场服务支撑

一是强化政策支持力度，培育农业生产性服务业加快发展，弥补这方面的薄弱环节，为家庭农场提供良种、农机、植保，以及农产品加工、储运、销售等一体化服务。**二是**采取政府订购、定向委托、奖励补助、招投标等方式，创新公益性服务模式，大力开展农技推广、抗旱排涝、统防统治、产品营销、农资配送、信息提供等各项公益性生产服务，更有效地满足家庭农场对社会化服务的多样化需求。**三是**积极引导和扶持家庭农场组建农业合作社，以“集体行动”方式降低经营成本，为家庭农场提供产前、产中、产后服务，使其成为家庭农场连接市场的重要纽带。

（七）以产业链各环节为着力点加大家庭农场扶持力度

一是将现有的农民专业合作社、农业产业化等政府专项扶持项目进行整合打捆，统一设立为新型经营主体培育发展项目，各地方政府部门可根据自身实际发展现状和条件，自主决定家庭农场、合作社、龙头企业等各种新型农业经营主体的资金扶持比例，分类管理，使扶持政策供给与各地方的新型经营主体发展实际需求相吻合。**二是**改变传统的以经营主体类别进行扶持的政策倾向，将扶持政策从以经营主体扶持向产业链各环节扶持转变，农场主可根据自己的产业发展需求申请生产、加工、销售等环节的专项扶持，使扶持政策供给与家庭农场具体需求相吻合。

家庭农场适度规模经营研究

张照新

2013年中央1号文件明确指出，要“创造良好的政策和法律环境，采取奖励补助等多种手段，扶持联户经营、专业大户、家庭农场”，“家庭农场”的概念首次在中央1号文件中出现。随着各种政策的出台，在各地均兴起了培育和发展家庭农场的高潮，但是有关什么是家庭农场，家庭农场的规模是多少，在各个地方的发展中所指并不相同。为了更好培育和发展家庭农场，就务必对家庭农场的由来、性质从理论上进行梳理，对家庭农场的实践发展进行总结，才能对家庭农场合适的规模有所认识，制定出符合地方发展的家庭农场规模。

一 家庭农场与规模问题：理论综述

按照农业部的定义，家庭农场通常是指以家庭成员为主要劳动力，从事农业规模化、集约化、商品化生产经营，并以农业收入为家庭主要收入来源的新型农业生产经营主体。应该说，按照当前农业部对家庭农场的有关界定，在经典理论中并没有完全对应的概念，与之相似的是“农民家庭组织”。按照古典政治经济学的分析，“雇佣”是区分农场性质的关键，依靠雇佣形成的农场形式被称为资本型大农场，[①] 而与之对应的是农民家庭组织。最先对“农民家庭组织”进行科学论述的是俄国农民学家恰亚诺夫。与列宁对农业经济组织的认识相同，恰亚诺夫也认为，劳动力是农场

① 列宁曾经提出，“只有使用雇佣劳动的多少才是资本主义发展的最可靠、最直接的指标”。参见《列宁全集》（第22卷），中共中央马克思恩格斯列宁斯大林著作编译局编译，人民出版社1963年版，第34页。

组织中最为核心的变量。劳动力资源、劳动力的构成和劳动力的积极程度决定了农民农场的规模，而决定劳动力的根本在于"家庭结构"。

他提出，"家庭结构首先决定了家庭经济活动规模的上线与下限，经营规模的上限取决于家庭中能够从事生产的成员数量，而下限则必须满足家庭维持生存所绝对必需的物质数量"①。在这里恰亚诺夫首次科学推演了农民家庭组织的经营规模（也可以说是家庭农场的规模），其中最为核心的变量是家庭结构和家庭所需消费，即被称之为"劳动—消费"均衡的农业组织生产模型。进一步，从家庭结构中，恰亚诺夫又进一步揭示了动态变量，就是与家庭劳动力数量和质量紧密相关的家庭生命周期，家庭人口周期的变化对农业经营的规模具有直接性影响。同时，从"消费"角度，他提出了"劳动辛苦程度"说。他认为，家庭农业生产的规律是"农产品的产量随着家庭劳动辛苦程度的增多而增多，家庭满足程度随着农产品产量的递增对边际收入的主观评价逐渐降低"②。

尽管在恰亚诺夫的这一经典模型中，他指出了农民家庭组织规模最为关键性的变量，但是在后来的一些研究中，有学者在不同层面指出了恰亚诺夫模型的不足。比如华人学者马若孟就提出，土地是限制农户家庭农场规模的重要因素，土地并不可以自由获得，这一点在恰的模型中并没有考虑到。同时，农业外就业对家庭农场经营和家庭决策具有决定性影响③。对于后面一点——"农业外就业"，也可以称之为"兼业"对于农民家庭组织规模的重要性，在国内学者黄宗智《华北》和《长江》④两书中得到了具体展现。

农业适度规模经营问题是农业经济学研究的一个重要问题。在农业发展中，农业适度规模经营问题在世界各国都受到重视。早在18—19世纪，西方发达国家就曾对农业经营规模展开过众多讨论。直到现在，大农优越

① ［俄］恰亚诺夫：《农民经济组织》，中央编译出版社1996年版，第20—21页。

② 同上书，第54页。

③ 对于土地获得的限制性因素这一变量，直接相关的是土地政策，而农业外就业或农业兼业实际上是商品经济的发展程度。这两个重要的变量的确在恰亚诺夫的变量中没有得到充分考虑，这与恰亚诺夫所处的时代背景和社会相关。但是，这两点在后来研究农场规模时，成为了务必考虑的变量。马若孟：《中国农民经济：河北和山东的农民发展（1980—1949）》，江苏人民出版社1999年版。

④ 黄宗智：《华北的小农经济与社会变迁》，中华书局1986年版；黄宗智：《长江三角洲小农家庭与乡村发展》，中华书局1992年版。

还是小农优越仍然是农业领域长期争论的中心话题。国外关于农业规模的研究，除了对大农场具有优越性、还是小农场具有优越性进行论证之外，还有不少学者认为，在一定社会经济条件下，大农业与小农业一样不存在任何规模优势。

（一）大农场土地经营优越性论

18 世纪中叶，法国重农学派的代表人物 F. 魁奈在《租地农场主论》中发表了最早的关于大农场比小农场具有较大优势的论点。魁奈注意到大农场要比小农户拥有更好的耕种技术优势和多种农作物种植的土地资源配置优势，这些都为大农场带来了比小农场更多的比较优势 。英国古典农业经济学派代表阿瑟·扬在《农业经济论》中也对农业规模进行了研究，比较详细地论述了生产要素的比例结构、生产费用和经济收益之间的关系，他认为资本主义大农场具有比传统小农经济更大的优越性。美国经济学家托达罗（1992）在《第三世界的经济发展》中，强调大农场规模经营要比小农户经营的机械化程度更高，从而可以获得更高的劳动效率和经济效益。

（二）小农户土地经营优越性论

20 世纪 80 年代，Cornia's 在对 15 个发展中国家的小农户和大农场做过调查后，发现小农户单位投入产出比要比大农场单位投入产出比小，从而提出了农场规模和单位产出成反比例关系的观点，认为小农户土地经营更有效率。而早在 1979 年，Berry 和 Cline 在对 30 个发展中国家，包括巴西、菲律宾、哥伦比亚等国家的这一数据进行分析时，已经发现了农场规模和单位产出的反比例关系这一特点。

（三）不存在农业规模问题论

日本农学家大川一司教授曾用柯布—道格拉斯生产函数模型，对 330 户农民水稻经营做了研究，发现规模经营的大小对水稻的影响并不大。在不改变生产要素配合比例时，当资源投入增加一倍，产量也相应地增加一倍，单位投资的收益并没有随着生产规模的扩大而增加。美国经济学家舒尔茨在《改造传统农业》中阐释了大农场未必有小农户更有效率的观点，他认为提高相对收益的不是规模问题，而是要素的均衡性问题。改造传统农业总需要引入一种以上的新农业要素，所以在这种改造所引起的过程中，“关键问题不是规模问题，而是要素的均衡性问题”。

（四）农业适度规模经营的标准论

德国农业经营学派的布林克曼在1914年发表的《农业经营经济学》中强调农业管理经营对农业适度规模的影响，并强调经营者必须使其农业生产集约度达到最适当的程度。布林克曼以最大经济效益衡量为手段，说明了农场规模不是越大越好，而是要达到一个适度的规模，达到最大相对效益的状态。

"组织—生产"学派主要理论家恰亚诺夫通过家庭规模的形式对大农场和小农户进行比对，发现大农场和小农户在土地利用率和生产方面都存在着不同的函数曲线，并且大农场要比小农户有更大的相对收益。他发现家庭规模的大小程度和劳动强度对农场规模和经济效益有很大影响。

总体而言，恰亚诺夫开创了有关农民家庭组织学术研究的先河，同时第一次科学地论述了农民家庭组织的"规模大小"。但是他的模型并非无懈可击，随着时代的发展，一些关键性的变量，他并没有纳入。同时，从经营性质而论，恰亚诺夫只是区分了大农场（资本型农场）和小农场（农民家庭组织）的关系，并没有对农民家庭组织做内部的区分，[①] 也更没有对家庭农场做出清楚的界定，这需要结合国情和实际做进一步的研究和考察。

二　我国家庭农场适度规模经营的政策梳理

对家庭农场适度规模经营的理论论述国内较为缺乏，在借鉴国外理论的基础上，中国家庭农场概念的提出主要集中在中央的政策文件中，这大致可以分为三个阶段。第一次是1984—1986年，政府鼓励发展职工家庭农场以解决国营农场面临的经营难题。家庭农场首先以职工家庭农场的形式出现。第二次是1993—1995年，讨论的焦点集中在如何实行规模化经营、进行土地制度创新和提高农业生产效率方面，希望以规模经营的方式改变土地撂荒和劳动力投入不断减少的状况。第三次则是在2013年，明确将家庭农场作为新型农业经营主体写入1号文件后，引起了人们的普遍关注。此次主要是解决谁来种地、如何种好地，以及如何实现农业现代化

---

① 实际上，由于与市场的关系、农民组织化手段不同，农民家庭组织内部完全可以划分出性质不同的农场类型，这在恰亚诺夫的《农民经济组织》中是完全没有涉及的。

的问题。[①]

（一）家庭农场与“职工家庭农场”

国内有关家庭农场的政策研究可以追溯到“职工家庭农场”。实施家庭联产承包责任制以来，研究“家庭经营”成为热门，在分散小农家庭经营的基础上，20世纪80年代中期在解决国营农场面临的难题时，政府鼓励发展职工家庭农场。在1984年的中央1号文件中就已经指出：“国营农场应继续进行改革，实行联产承包责任制，办好家庭农场。”（更多的是指家庭农场主，而不是今天的家庭农场经营者）[②] 在性质上，“家庭农场”已经不再属于传统小农家庭经营，他同属于“‘农业企业’这个属”，“职工家庭农场与职工家庭承包”具有显著的区别。[③]

1984年制定的《国营农场职工家庭农场章程》中给职工家庭农场的定义是，“在国营农场那个领导下，以户为单位，实行家庭经营、定额上交、独立核算、自负盈亏的经济实体”。此后有关“职工家庭农场”的研究颇多，比如，1987年，《中国社会科学》专门有一文《职工家庭农场的形式、规模及发展趋势》把国营农场中兴起的家庭农场分为了四个类型，独户自耕型家庭农场、独户代耕型家庭农场、独户雇工型家庭农场和联户家庭农场，分析论证了各类型中最好形式、最佳规模和发展的趋势。[④] 显然，这里的职工“家庭农场”有自耕农性质也有雇用的性质，所以，这里的“家庭农场”更像专业大户，它完全不同于分散的小农经营。

这一时期，围绕职工家庭农场的界定、性质、规模经营和发展出路等产生了很多的研究。[⑤] 总体来看，“职工家庭农场”是在国营家庭农场基础上的农业经营组织方式，它既具有自耕的成分，同时也具有很大的雇佣比例。它与目前所强调的家庭农场有相似性，比如商品化程度深，有家庭组

---

① 参见张照新，2013年；杨书林，2013年；杜志雄，2013年。

② 江东平、宫成喜：《前进中的家庭农场》，《财政研究》1985年第2期。

③ 徐立幼：《也谈职工家庭农场的定义》，《中国农村经济》1987年第6期。

④ 于作富、齐维林：《职工家庭农场的形式、规模及发展趋势》，《中国社会科学》1987年第2期。

⑤ 相关研究参见张友德、丁元《家庭农场问题初探》，《新疆社会科学》1984年第4期；王刚、全广明《试论国营农场的家庭农场规模问题》，《农业技术经济》1984年第6期；王贵宸《关于职工家庭农场的几个理论问题》，《中国农村经济》1986年第4期；赵方田《关于职工家庭农场的定义》，《中国农村经济》1986年第8期。

织形式。但是，它又与目前的家庭农场有所区别，比如，它允许雇用，它的土地是国营，更为重要的是它并不强调规模。

（二）家庭农场与适度规模经营

到了20世纪90年代，与家庭农场最为接近的一个概念就是“适度规模经营”。这与当时对农业规模经营的探索密切相关，1984年中央1号文件首次提出“鼓励土地逐步向种田能手集中”，1987年中央1号文件第一次明确提出，在有条件的地方积极稳妥地推进土地适度规模经营，在其后几年，江浙等经济发达地区，土地流转和集中程度达到一定规模，江苏无锡、吴县、常熟等地成为了农业部规模化经营的重要实验区。作为小规模农田走向适度规模经营的改革实验区，无锡等地受到了农业部门的高度重视和肯定，同时把“家庭经营型”[①] 的土地规模经营形式作为了发展农地适度规模经营的重点。文章指出，家庭经营型就包括了种田大户、家庭农场和联合农场在内的，以农户家庭为单位，主要依靠家庭自有劳力组织生产经营，独立核算、自负盈亏的经营形式。在此，“家庭农场”被作为了“家庭经营型”农场的一种形式而提出，但是并没有得到更为具体的阐释和解析。我们也可以从其他文章中得出，“种田能手”似乎也是当前家庭农场这一概念的同义词。[②] 总体而言，这些提法主要围绕“适度规模经营”展开。

同一时期内，有人提出了“中国特色的家庭农场”这一概念。文章提出，“国营农场承包经营的家庭”“个体经营户”和“一人牵头、多人合伙搞开发性种植”都被看成是“中国特色的家庭农场”，不过更为准确的界定是，中国特色的家庭农场是“具有一定的适度规模，以国内外市场为导向，以大量地进行商品生产目标，以充分发挥家庭的主观能动性和创造性为手段，使家庭经营的集约化程度和经济效益不断提高，最终成为农村市场经济中一个具有竞争能力的经济实体”[③]。应该说，这一文本与目前中央文件中的“家庭农场”概念颇有相似之处，比如都提出了要以市场为导

---

① 在报告中，“家庭经营型”是相对于“集体经营型”，农业部农村改革试验区办公室指出，土地规模经营应主要致力于农户家庭经营。详见农业部农村改革试验区办公室《从小规模均田制走向适度规模经营——全国农村改革试验区土地适度规模经营阶段性试验报告》，《中国农村经济》1994年第12期。

② 周诚：《对我国农业实行土地规模经营的几点看法》，《中国农村观察》1995年第1期；胡小平：《粮食适度规模经营及其比较效益》，《中国社会科学》1994年第6期。

③ 顾建洲：《发展中国特色的家庭农场之我见》，《云南科技管理》1994年第2期。

向，这区别于自给自足的分散家庭经营。再比如提出“集约化”经营，与目前提出的要以“集约化、商品化”生产方式接近。但是，笔者并没有涉及具体的规模和农业收入水平，只是作为一种区别于雇用大农场的形式而存在，到底与专业大户、种田能手等农业经营形式并没有做详细的说明。最为重要的是，这个提法本身并没有得以在中央的重要文件中得以表述，还只是停留在学术层面。

（三）家庭农场与农业现代化

如果说“家庭农场”这一概念最初可以追溯到20世纪80年代的“职工家庭农场”和“国营农场”，在20世纪90年代适度规模经营的提法中得以体现，那么它真正作为一个分析性的概念是在2013年。2013年中央1号文件明确指出，要“创造良好的政策和法律环境，采取奖励补助等多种手段，扶持联户经营、专业大户、家庭农场”，“家庭农场”的概念首次在中央1号文件中出现，此后各个方面都对家庭农场这一新型农业经营主体做出了理解。

高强等提出，家庭农场不同于传统意义上的家庭农业，它以家庭经营为基础，融合科技、信息、农业机械、金融等现代生产因素和现代经营理念，实行专业化生产、社会化协作和规模化经营的新型微观经济组织。它可以将传统农民转型升级为职业化、专业化的法人农民，是一种新型农业经营主体，也是农业现代化的重要组织形式。[①] 应该说，这一解释承袭了前面研究者的观点。比如，黎东升等人就认为家庭农场是以农户为组织形式，但是性质上是企业化经济实体。类似地，蒋辉提出“家庭农场是在家庭经营的基础上，以现代化技术、规模化经营、企业化管理为组织特征的一种现代农业经营主体，有外向性、开放性、竞争性等特点。它以市场为导向，以收益最大化为目标”。关付新将家庭农场的制度特征归纳为市场化、专业化、社会化，而将家庭农场的组织特征概括为现代化技术、规模化经营、企业化管理和现代化农民。[②]

---

① 高强、刘同山等：《家庭农场的制度解析：特征、发生机制与效应》，《经济学家》2013年第6期。

② 黎东升、曾令香、查金祥：《我国家庭农场发展的现状与对策》，《福建农业大学学报》（社会科学版）2000年第3期；蒋辉：《苏南地区进一步发展家庭农场的探讨》，苏州大学，2008年；关付新：《我国现代农业组织创新的制度含义与组织形式》，《山西财经大学学报》2005年第3期。

应该说，以上层面的讨论，突出了家庭农场不同于传统小农家庭经营的特点，即家庭农场的规模化、集约化和商品化特性，但是在操作化层面，仍然缺乏针对性建议。农业部对家庭农场的界定是，以家庭成员为主要劳动力，从事农业规模化、集约化、商品化生产经营，并以农业收入为家庭主要收入来源的新型农业生产经营主体。很显然，农业部对家庭农场的界定更有操作性，但是由于涉及“主要劳动力”“主要收入来源”等概述性描述，再加上地方政府为突出政绩，便于管理等考虑，在实践层面中有关什么是家庭农场，多大规模是家庭农场，或者鉴定家庭农场最为核心的指标还有哪些，应该得到更加清晰的量化。

三　我国家庭农场适度规模经营的地方实践

有评论文章指出，2012 年年底，全国 30 个省、市（自治区）（不含西藏）共有符合统计调查条件的家庭农场 87.7 万个，经营耕地面积达到 1.76 亿亩，占全国承包耕地面积的 13.4%。农业部的数据显示，2012 年全国家庭农场经营总收入为 1620 亿元，平均每个家庭农场为 18.47 万元。可见，家庭农场的兴起不仅是星星之火，已经形成了燎原之势。2013 年，中央明确提出“家庭农场”这一概念以来，在各地更是涌现出了培育和发展家庭农场的高潮。就全国而言，目前上海松江地区家庭农场最为火热，“松江模式”探索出来的发展模式和经验成为中国现代农业的发展方向。此外，根据课题组的调研，安徽繁昌县在发展家庭农场适度规模经营上也具有一定代表性。

（一）上海松江的家庭农场规模

2007 年以来松江区开始了家庭农场的实践探索，到 2012 年年底，家庭农场的数量已经由 20 多家发展到了 1206 家，经营粮田约 13.7 万亩，占水稻种植总面积的 80% 左右。松江的家庭农场具有四方面特点：一是家庭经营。亦即经营者自耕，主要依靠家庭成员经营，一般不常年雇工。二是规模适度。土地规模大多在 100—150 亩，最少的有 80 多亩，最多的 200 亩左右。三是一业为主。家庭成员的主要职业是农业，家庭收入主要来源于农业。2008—2012 年，家庭农场平均净收入由 8.1 万元增加到了 9.5 万元。四是集约生产。建立家庭农场主准入和退出机制，将土地、劳动力、农机等生产要素适当集中，2008—2012 年水稻亩产增加 6.1%。[①]

所谓的家庭农场就是村集体将由农户承包的土地流转出来，再进行统一的发包。发包的对象主要是本村人，家庭中有两个农业户口，男性年龄低于 60 周岁，女性年龄低于 55 周岁，倾向于主要依靠家庭中的夫妻经营，而不是主要依赖于雇工。松江明确提出的一条原则是“经营者自耕”，家庭农场经营者必须是本村农户家庭，除季节性聘用短工外，不得常年雇用外来劳动力。外来居民或其他投资者建立的农场严格界定不能算作家庭农场。

松江家庭农场主要有三种类型：种养结合型，机农结合型，纯粮食种植型家庭农场。一般而言，松江粮食家庭农场平均净收入在 10 万元以上，种养结合的在 15 万元以上。农业成为一种体面的职业，农民感到从事农业同样可获得“体面的收入”，过上“体面的生活”。从相关的调研材料来看，在这三种农户中，种养结合的最辛苦，整天都在忙碌，所获得收入也比较高。不过，自己在种田的过程中，可能要请更多的工，这就进行了部分的相抵。而纯种田的农户则是收入比较低的群体，似乎自己没有稳定的副业，只有靠打一些零工，才有些额外的收入。而农机手则是比较潇洒的一部分人，收入最高，辛苦程度一般，也是普通农户产生意见最大的一群人。[②] 从成效上来说，松江家庭农场为农场主带来了足够体面的收入，一年 10 万—20 万的收入，比在外打工收入既高又稳定，在真正意义上实现了“体面的收入”，使“种地”成为一份“体面工作”。当地农民争相竞争承包家庭农场。第二，所有权、承包权、经营权三权都得到了保护。所有权体现在村集体经济组织通过民主程序，把农户委托流转的农田再流转给想种田、能种田、种好田的农场主；承包权则体现在承包农户的利益保证上，流转出土地的农民每年每亩地可获 500 斤稻谷折价；经营权则体现在农场主田种得好就可获得较高收益，并可继续经营，否则就须退出。第三，松江模式体现了现代农业的发展方向，用集约化的方式提高了土地生产率和劳动生产率。

值得一提的是，尽管每个家庭农场经营者的收入较高，但松江家庭农场的规模并不大，耕种的规模在 100—150 亩之间浮动，最少 80 亩，最多

① 赵佳、姜长云：《兼业小农抑或家庭农场》，《农业经济问题》2015 年第 3 期。

② 参见李宽《松江调查》。

200 亩，平均为 113 亩。① 而且相当多的研究和报告均指出，上海松江地区农业的社会化服务体系已经相当发达，非农就业的比例也已经非常高。但是为什么上海松江家庭农场的规模主要集中在 100—150 亩之间呢？

笔者以为这主要是对务农与务工收入均衡因素的考虑。正如很多报告所指，上海松江每个家庭农场即使种植 100 亩，年收入也在 10 万元以上，收入并不比自己务工收入少，想种地的农民多，流转土地的竞争性强，因此限制农场规模，保证务农收入与务工收入均衡是上海松江发展家庭农场的一个重要方面。

（二）安徽繁昌的家庭农场规模

平镇是笔者调研之处，是安徽省繁昌县最大的农业乡镇，工业发展水平不高，经济总量较低。为深入落实中央 1 号文件精神，创新农业生产经营体制，进一步推进该县家庭农场建设，提高农业集约化经营、标准化生产、社会化服务水平，2013 年该镇发布了《关于鼓励家庭农场建设发展的通知》的红头文件。文件提出，“家庭农场是指以农户家庭为基本生产经营单位，以家庭成员为主要劳动力，从事农业规模化、集约化、商品化生产经营，以农业收入为家庭主要收入来源的，实行自主经营、自我积累、自我发展、自负盈亏和科学管理，并在工商部门办理家庭农场注册登记的新型农业经营主体”。家庭农场的准入条件包括两个方面：

1. **适度规模**。种植业：粮棉油集中连片规模在 100 亩以上，设施蔬菜（含瓜果）在 20 亩以上、露地蔬菜在 30 亩以上，苗木花卉等在 100 亩以上；畜禽业：猪、羊、年年出栏在 100 头以上，家禽年出栏 2 万羽以上、蛋禽存栏 5000 羽以上，其余畜禽规模按排泄物产生量折算达到相应标准；水产业：规模养殖面积在 100 亩以上、精养面积 20 亩以上；种养结合的综合性农场在各项标准达上述标准的 50% 以上。土地、山场、水面流转年限 3 年以上。

2. **经营管理**。具有一定的生产、管理水平，注重农业标准化生产，推广应用新品种、新技术、新材料，机械化操作水平较高，品牌意识和产品市场竞争力较强，农产品质量安全水平较高，对周边农户具有明显示范带动效应，产品销售渠道较完备，基本实现订单生产和销售。

应该来说，以上两条准则具有很强的参考性。第一条标准是对各种类

① 《上海松江家庭农场考察报告》。

型的家庭农场的规模做出了具体的标准，第二条标准对家庭农场的经营管理条件提出了性质的要求。从操作性来讲，第一条标准更为量化和直接。

在平镇推动培育和发展家庭农场的过程中，有不少做法值得借鉴，比如，在土地流转过程中，创新了土地流转模式，这被归纳为“三权分离、虚拟地块、两次流转、合理收益”。“三权分离”，是指农村土地的所有权、承包权和经营权的分离。所有权归村集体，承包权归村民，而家庭农场经营者可通过缴纳一定租金取得土地的经营权。“虚拟地块”是指，流转首先需要确权，但是当地是“确权不确地”。

但是，除了经验以外，繁昌发展家庭农场的过程中，也出现了不少问题，从适度规模经营的角度而言主要有以下几个方面：

（1）以种粮食作物为例，粮棉油集中连片规模在 100 亩以上，这就排除了 100 亩以下的农户。在我们调查的农户中，限于财力，有不少农户不到 100 亩，就被排除在家庭农场补贴的范围以外（具体补贴为：受让耕地 100 亩以上，且流转价格不低于每年每亩 350 斤稻谷的，给予每年每亩 50 元的奖励；对流转价格不低于每亩 400 斤稻谷的，给予每年每亩 60 元的奖励；对流转价格不低于每亩 450 斤稻谷的，给予每年每亩 80 元的奖励．所需资金由县、镇共同承担）。在我们调查中，平铺村的程月盈女士，家境贫寒，借债流转 86 亩土地，但是却没有得到政府一份补贴，也没有被纳入家庭农场名单。

（2）除了规模的下线较高，对于家庭农场规模的上线太宽，也缺乏针对性。从上面的对家庭农场的规模门槛中可以看出，对粮棉油、蔬菜设施、露地蔬菜、畜禽业、水产业等家庭农场的规模都做了具体要求，但是，没有一定的上线要求也可能造成大农场排挤家庭农场的困境。在我们的调查中发现，具有一定资金能力的社会资本，会大量揽地，及时没有经营能力，出于补贴和每亩的经营性收入，他们从政府手里拿地，并再次转包，从中获得二次地租，充当了二道地主，使得真正是家庭农场经营者的农户得不到政府扶持。

（3）或许是出于当地政府财力的限制，或许是上级政府对家庭农场发展中有名额的限制。在当地家庭农场发展中，出现了登记在册的家庭农场与实际的家庭农场经营者并不吻合。在我们调查中，我们发现平镇家庭农场共计 32 户，共计 7698 亩，其中 100—199 亩有 15 户，占 47%；200—299 亩有 9 户，占 28%；300—399 亩有 3 户，占 9%；400—500 亩有 5

户，占15%。但是政府登记在册的只有18户。农户表示，“有关系的人更有机会登记在册，因此这涉及奖励和补贴”。

应该来说，平镇发展家庭农场较上海而言，条件并不那么充分，比如在涉及具体的规模上，应该更低，处于当地的非农就业机会和社会公平来讲；第二，当地的农业社会化水平并不高，这也导致一对夫妻耕种家庭农场超过300亩，就会影响粮食产量，并且使自给型的劳动力走向了雇用性为主的大农场方式。第三，当地政府财力有限，在家庭农场补贴和奖励方面远不及上海（上海每亩地补贴400元，这里50—80元不等），因此，导致家庭农场经营者经营时对地力的剥夺较多，经营者不接余力的要增加产量（上海政府专门拿出了资金对土地进行休耕），如此等等，不一而足。

（三）浙江慈溪市的家庭农场规模

20世纪80年代，随着农村劳动力向第二、第三产业转移，慈溪市土地逐渐向种粮大户、种田能手集中。1988年，慈溪市允许试办家庭农场和合作农场，此后一大批种植场、苗木场、示范场等主体注册登记为法人实体。进入21世纪以来，慈溪市加大了对土地流转和适度规模经营的指导与扶持。2001年7月9日，慈溪市出现了全省第一家经工商登记的家庭农场—慈溪市周巷镇建鸿果蔬农场。2004年，慈溪市设立“中小农场发展基金”，安排100万专项资金对家庭农场进行补助，此后家庭农场呈爆发式增长，每年新注册家庭农场100家左右。2006年，慈溪又出台了新一轮土地流转政策，鼓励发展50亩以上的土地规模经营和委托流转，50亩以上家庭农场比例也逐步增大。截至2013年上半年，慈溪市经工商登记注册的家庭农场有1030家，其中50亩以上家庭农场506家，总经营面积超过14万亩。2012年家庭农场产值11.7亿余元，占全市农业总产值的23%，农场亩均产出比普通农户高出30%以上。①

四　对我国家庭农场适度规模经营的政策建议

相比于公司、种田大户，家庭农场是以家庭为主的适度规模经营。从土地生产率来讲，家庭农场发挥了小农单产效率最高的优点，并且融合了大农场规模化、集约化和商品化的优势，是一种具有强大生命力的新型农

① 胡伟宏等：《慈溪家庭农场走过十二年》，《农村经营管理》2013年第4期。

业经营主体。但是，从我们调研的各地家庭农场发展的情况来看，对于家庭农场适度规模经营应该注意以下原则：

（一）家庭农场的规模应有弹性的空间

土地适度规模经营的“度”是一个动态概念。从上海来看，把劳均80—100亩耕地作为规模经营单位的标准，主要是综合考虑务农与务工人员收入均衡等因素确定的；而繁昌在考虑这个问题时，更倾向于用土地单产效率作为最高原则。家庭农场的重要内涵是无雇用化的商品化，表现为小农经济的高级阶段。因此，家庭农场的发展与种植大户是一脉相承的。在政府推动的土地规模流转下，对于家庭农场发展的最低规模要求促使土地向有资本能力的人手里集中，依靠土地自发流转的种植大户大部分消解，资本带来的规模扩张正在排斥大部分处于缓慢积累中的小农，普通农户家庭农场的收入差距进一步拉大，实际上造成了农村社会新的不公平。

黄宗智认为中国近30年来已经相当广泛兴起的适度规模的、“小而精”种植大户才是真正的家庭农场，这样的家庭农场是“资本与劳动双密集化”节省土地的发展模式，适合中国人多地少的国情。因此，现阶段家庭农场发展的思路宜重在引导种植大户发展市场经济的能力，而不是通过土地规模流转的方式培植或吸引更多的资本切断小农经济的自我循环。家庭农场的规模宜有弹性的空间，只要不是分散的三五亩的小规模经营而是具有一定的适度规模性如30亩、50亩都可以视为家庭农场，以降低家庭农场的资本门槛，给以依赖土地谋生的农户转化为家庭农场的机会。

（二）制定家庭农场的规模时，应该充分考虑当地非农就业程度

应该来说，在非农就业程度较高的地区，家庭农场的规模门槛可以更高，在非农就业机会较少的地区，家庭农场的规模门槛最好更低。充分的非农就业有两个意思：一是在进行大规模的土地流转之前，本地就已经实现了充分的非农就业。这就意味着土地对本地的农民来说，不再承担着就业的功能，离开了土地，农民也可以找到工作，并不影响自己收入的增加。二是在土地流转之后，那些对土地有一定依赖性的农民也可以找到工作，或者说所获得的补偿超过了自己耕种土地。比如，在上海地区，90%的人口都已经实现了非农就业，人均GDP较高，因此，在负担家庭农场的投入时，为一般农户所及。另外，从土地流转的角度来看，也更容易获得大量连片集中的土地，这成为了培育和发展家庭农场的首要条件，同时，这就降低了社会矛盾，降低了发展家庭农场的阻力。

但是，与此相反，在中西部地区，如果大面积发展门槛规模较高的家庭农场，那么不少的农户无力承担这笔费用，这包括了地租、机械投入、生产资料投入和劳动力的投入，等等。在这些地区，家庭农场规模门槛较高，一旦培育家庭农场就成为了一些传统种田大户种田的梦魇，在平镇调研时，我们发现了大量这样的案例。

（三）农业社会化服务体系的完善程度应该成为家庭农场规模制定的一个重要指标

农业社会化服务体系的完善程度应该成为家庭农场规模制定的一个指标，是指，农业社会化服务体系完善的地区，家庭农场的规模门槛可以更高，但是在农业社会化服务体系欠缺的地区，家庭农场的发展应该较慢，而且规模门槛不宜太高。这里也农业的技术化程度为例来谈农业社会化服务体系的完善程度对发展家庭农场的影响。

所谓技术的满足，就是说在一定的季节，机械能够满足耕种或者田间管理，而不耽误农时。农业并不同于工业，它要受到自然条件的制约，不能太提前，也不能太靠后，要根据季节而来。主要就是表现在机械能够满足收割上。在目前的情况下，计算的就是机械与土地的比例。每台机械的日工作量为50亩左右，再把适合耕作的时间段计算出来，就可大致知道本地的农机是否满足需要。在平镇调查的时候，常常有家庭农场经营者，给我们反映，插秧机不够用，收割机到了收割时来不及。在上海就不一样（一些人也到上海经营过家庭农场），那里的收割机收割完直接拖走，不用人力。最为重要的是，上海那里有晒场，有完整的烘干设备，有便利的销售市场。相比之下，繁昌这边的社会化服务体系想去甚远。再以土地的平整度和水利灌溉系统而言，这对于劳动生产率的提高和规模化实施的条件具有决定性影响，在上海和繁昌的调研中，我们深刻认识之。

（四）家庭农场规模的制定应该兼顾社会公平，规模收入应该以当地一般务工水平为参照

家庭农场的规模看似是个经济问题，实际上则是一个社会问题，就是在村庄的接受程度和村民的反应。若是所获得利益太高，而种植户被控制在一定的范围内，则会造成制度性的不公平，反而则会影响种粮的积极性。当然，也要根据本地的实际情况，确定一个相对合适的规模，而不是规模越小，种田的人越多越好。当下的粮食生产和家庭经营具有很大的契合性。第一，我国传统的生产都是以家庭为单位的小农生产。虽然这种生产方式存在一定的弊端，但还不是一无是处，还有很多的优越性。这已经成为了一种惯习，要尊重历史，尊重传统。改变不可在短时间内完成。第二，我国还处于工业化的初级阶段，还有大量的农村剩余人口不能实现非农就业，没有办法将劳动力全部转移出去，必须为他们提供一个就业的空间。所谓的规模效益也要将他们考虑进来。第三，农业生产不同于工业生产，需要一定的灵活性，不能实行严格的考勤制度。家庭经营具有这种适应性。第四，家庭经营的收益水平可以很好地测算，承包户的预期很明显，他们只是希望自己的收入水平比打工稍微好一点儿，而不要求太高，不希望获得过高的利润，让政府提供太高的补贴。第五，家庭经营也可以保证家庭生活的完整性和村庄生活的意义。一般情况下，这些家庭经营的人员都是本村人，他们熟悉村庄和土地的状况，对这里有亲近感。这些人可能会成为村庄的中坚力量，为村庄提供一个秩序，也为老年人的生活提供一个照料。在政策的制定过程中，一定要有村庄的概念，也要从农民的意义和观念中来理解，而不是仅仅追求所谓的规模效益，并且这个规模也要有明确的指称，而不是牺牲一部人保全一部分人的效益。

家庭农场若干问题研究

徐旭初　吴彬

引　言

作为农业生产方式，家庭农场有着悠久的历史。在我国，它并不是“舶来品”。根据马克思的理解，自耕农、封建制度下的佃农和早期公有制下小块分种土地，都属家庭农场（小型家庭农场）的范畴——通常被称为“小农”或“小农经济”。尽管家庭农场存在不同的实现形式，但家庭农场的核心特征是农场主本人及其家庭成员不仅直接参加生产劳动，而且是家庭经营的主体。20 世纪 80 年代以来，家庭联产承包责任制的确立极大地释放了农业的生产力，但随着时间的推移，农业分田到户的“体制性转型的制度红利”已经消耗殆尽。现今，小规模土地持有制下的农业生产已经从农业生产力发展的形式，变成了农业生产力发展的桎梏。换言之，由农地严重“细碎化”决定的小型家庭农场所代表的生产力和生产关系的结合已处于“不和谐”的状态。可见，农业领域生产关系需要做出调整以适应农业生产力的发展。

鉴于此，党的十八届三中全会指出，要“鼓励承包经营权在公开市场上向专业大户、家庭农场、农民合作社、农业企业流转，发展多种形式规模经营。”同时，自 2013 年开始，历次中央 1 号文件也对家庭农场相关政策进行了明确，如 2013 年中央 1 号文件指出要“创造良好的政策和法律环境，采取奖励补助等多种办法，扶持联户经营、专业大户、家庭农场”；2014 年中央 1 号文件指出要“按照自愿原则开展家庭农场登记”；2015 年中央 1 号文件则提出要“鼓励发展规模适度的农户家庭农场”。而新近由中共中央办公厅、国务院办公厅印发的《深化农村改革综合性实施方案》进一步细化提出，要“加快培育家庭农场、专业大户、农民合作社、农业产业化龙头企业等新型农业经营主”，明确要“提升农户家庭经营能力和水平，重点发展以家庭成员为主要劳动力、以农业为主要收入来源、从事专业化集约化农业生产的规模适度的农户家庭农场，使之成为发展现代农业的有生力量。”

因此，近年来家庭农场在全国各地迅速发展，已经成为我国农业生产经营体系的重要组成部分。然而，究竟什么是家庭农场？其内在属性是什么？家庭农场的发展现状如何？家庭农场在发展过程中面临着哪些关键困难和问题？在国内外家庭农场发展的实践中，有哪些可供借鉴的发展经验？如何对家庭农场进行有效的管理服务？这些问题直接决定着未来我国家庭农场发展的基本方向、发展的、速度和发展的绩效，值得进行深入的研究和探讨。

一　家庭农场的概念界定

（一）农户

要清楚地理解家庭农场的概念及其内涵，首先要知道什么是“农户”？从经济学意义上讲，农户是今天仍存在的最古老、最基本的经济组织。但是，对这一古老的经济组织，理论界的认识并不一致，以至于最权威的《新帕尔格雷夫经济学大词典》在阐述“小农”词条时感叹道，“很少有个名词给农村社会学家、人类学家和经济学家造成这样多的困难。”①。

一方面，农户是否就是农民家庭的简称？

尽管人们从不同角度给家庭下的定义各不相同，但普遍强调家庭是一个生物学单位，包括父母及未成年子女在内，是父母亲与子女之间的三角社会关系。家与家庭基本相似，也强调父母及子女间的相互依存关系，但它范围明显比家庭广泛，有时还包括一些有血缘关系的非直系亲属。从特定意义上说，“户”与“家”明显不同，“户”特别强调共同居住这一特性，所以，有研究根据上述分析提出疑义，认为不能把家庭承包经营概括为农户经营。事实上，这一问题比较复杂，但在一般意义上，“户”可以视同于“家”。在我国农村，由父母形成的家庭，除了偶然的因素外（在

① 详见《新帕尔格雷夫经济学大词典》（第3卷）“小农”词条，经济科学出版社1996年版，第881页。

改革开放之前父母和已婚子女分家都必须经组织批准），基本是在一起生活的，而且，我国农村一直有严格的户籍制度限制，农民所拥有的承包经营权，不是根据居住权，而是根据户籍制度进行的。农户之所以能够取得经营权主体的资格，在于他们本身也是所有权主体。所以，在我国农村，户与家庭往往是同一的，在研究农村基础经营体制的经济学意义上，可以用农户经营代替家庭承包经营。

另一方面，究竟什么是农民？

这个问题看似简单，实际上并不好回答，国内外有关农民定义的讨论也一直在进行。归纳起来，至少可作以下三个方面的区别：（1）区位划分，农民是指居住在农村的居民（villager），它的对立面是城市人；（2）职业划分，以从事农业生产为主的劳动者（farmer）；（3）身份划分，不享受国家任何福利的农民（peasant），其政治地位相对低下。同时，需要澄清的是，在世界上大多数国家，farmer这一概念在狭义上是指农场主，不同于我国主要由户籍制度而塑造的作为一种身份的农民概念。更进一步而言，为区别传统农学意义上的农民（peasant）概念，现代意义上的farmer更准确的表述应该是作为一种“职业的农业从业者”。

因此，在一般意义上，农民是指主要从事农业生产的职业农户。但是，还需要指出的是，我国农村经济体制改革的最大成就是使农户成为了经营主体，市场经济条件下的农户已经不是或起码未来不是单纯从事传统农业生产的小生产者，而是从事广义农业生产（即涉及以动植物生产为中心的产前、产后、产中三个领域）的经济组织。

（二）农场

界定了“农户”概念之后，再来看“农场”概念。在英语词汇中，与农场相对应的词是“farm”。根据韦氏词典，农场一词有两种意思：（1）一块专门用于种植农作物或饲养动物的土地；（2）一块专用于一些水生动物（如鱼、牡蛎等）人工培育的水域。[①] 维基百科的解释基本一致——农场是一块主要致力于农业生产的土地区域或一块主要致力于水产养殖的水域，旨在生产和管理诸如纤维、谷物、牲畜、奶制品或燃料等商品，是食品生产的最基础的设施。维基百科进一步指出，农场的所有者和管理者可以是单个的个人、家庭、社区或公司，可能会生产一种或多种类型的农产品，面积从小

---

① 详见http：//www.merriam-webster.com/dictionary/farm。

于一公顷到数千公顷不等。[①] 可见，只要是从事广义的农业，凡属于一个经营单位的土地或水域，不论面积大小都可以称之为农场。

对于农场的分类，一般主要依据所生产的农产品类别进行划分，如这是一个粮食种植场、奶牛养殖场、养鸡场、养鱼场或养貂场，属于专业性农场的概念。同时，依据农产品生产方式的差异可以划分为集体农场、公司农场、密集农场（intensive farm）、有机农场、垂直农场（vertical farm）等。另外，依据农场的所有权结构还可以将农场划分为个人（独资）农场、家庭农场、合伙农场、合作（社）农场、公司农场以及国营农场。

在此，本研究尝试提出一种基于治理结构与劳动力组合方式的新的农场分析框架。一方面，维度一基于著名经济学家威廉姆森（1991）提出的治理结构三分法，即现实经济环境中主要存在三种可交替的基本治理结构，分别是市场（market）、科层（hierarchy）（即企业）及混合形态（hybrid）。另一方面，考虑到我国的社会性质和基本国情，究竟是以土地还是劳动力作为农场（甚至是现代农业生产组织形式）的划分依据，具有鲜明的指向性意义。公允地说，以土地为主导可能意味着农业的资本主义化倾向。因此，本研究以劳动力组合方式，即雇工形式作为界定农场的第二个维度。从雇工形式来看，主要包括无雇工（即自雇）、季节性雇工和常年性雇工三种（见图3－2）。

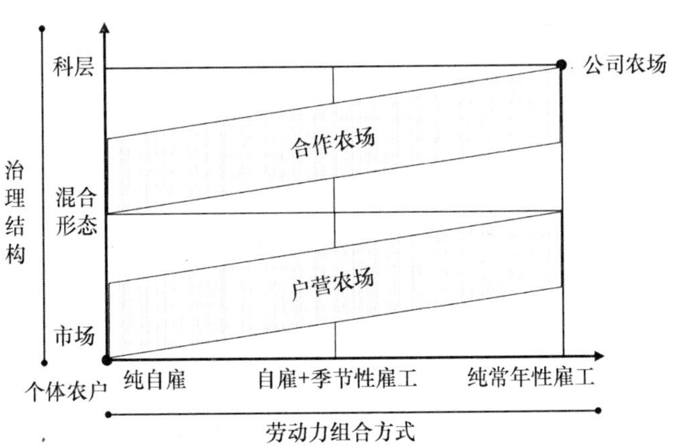

图3－2　基于治理结构和劳动力组合方式的农场分析框架

① 详见 https：//en. wikipedia. org/wiki/farm。

从图中可以看出：

（1）农场谱系共包含八种农场（农户）形态，分别是个体农户、纯自雇户营农场、季节性雇工户营农场、纯常年性雇工户营农场、纯自雇合作农场、季节性雇工合作农场、纯常年性雇工合作农场、公司农场。

（2）农场谱系的两端分别是纯自雇劳动加上简单市场交易的个体农户，和纯常年性雇工加上完全科层制的公司农场。这里需要注意，此处涉及的个体农户并不完全等同于传统语义中的“小农”，因为传统的小农家庭是一个自给自足，仅仅为满足家庭消费而进行生产的经济单位，除非极特殊情况，小农并不会进入市场去出售自己生产的产品或从市场上取得劳动供给。[①] 换言之，个体农户可视为专业小农。

（3）介于农场谱系中端的分别是开始涉及季节性雇工和常年性雇工的户营农场和合作农场。需要指出，此处之所以提出“户营农场”的新概念，而未沿用“家庭农场”概念，是考虑到“家庭”实际上是一个极具伸缩性的概念（尤其在中国语境下）。在西方国家，家庭是一种界限分明的团体，主要就是指核心家庭（即夫妻＋子女），但是在我国，“根据生育和婚姻事实所发生的社会关系”是“以‘己’为中心，像石子一般投入水中……所发生的一轮轮波纹的差序。”[②] 这也就是意味着，在差序格局之下，我们的“家庭”概念可以内缩为“家里的”，也可以外展为“家门”，甚至“家族”。而合作农场则由单一的“户营”扩展为“若干户合营”了，其内在构成既可能是一个家族的合作联营，也可能是非家族之间的合作联营。由于成员构成突破了“户/家”的范围，合作农场在治理结构尤其是决策结构上开始转向集体决策，甚至最终走向公司制的股权决策。也正是基于此，隶属于美国农业部的国家食品与农业研究院（NIFA）认为，家庭农场在范围上包括“任何组织为个人独资企业、合伙企业或家族企业的农场，但不包括非家族性质的公司或合作社，同时排除聘请职业经理人。”[③]

基于此，本研究认为，广义的家庭农场以户营农场基础，还涵盖了部分的合作农场。具体而言，至少应基本涵盖纯自雇户营农场、季节性雇工

---

① 详见《新帕尔格雷夫经济学大词典》（第3卷）“小农”词条，经济科学出版社1996年版，第884页。

② 费孝通：《乡土中国》，江苏文艺出版社2011年版，第29页。

③ 详见 http：//nifa. usda. gov/family-farms。

户营农场、纯自雇合作农场、季节性雇工合作农场，部分涵盖纯常年性雇工的户营农场和合作农场。因此，从劳动力组合方式的维度上考虑，家庭农场“不能雇工”，或者“可以有季节性雇工，但不能有常年性雇工”的“共识”或许应重新予以考察。当然，这其中微妙的差别在于，我们对于家庭农场的规制究竟是偏于约束性制度安排还是激励性制度安排，如果是后者，那么简单地用是否雇工，或者经常性雇工是否超过家庭成员农业劳动力来作为家庭农场的评判标准，是不符合家庭农场的发展需求的，甚至应当允许家庭农场适当雇用常年雇工。至于雇工多少，应由农场主根据自身经济能力和市场调节决定。

总之，家庭农场在本质上是扩大了的户营农场，其经营方式（或治理）既不同于生计小农，也有别于完全依赖雇工的公司农场，家庭农场是在克服小农经营劣势的基础上的适度规模经营。放言之，从未来家庭农场的发展趋势上看，理想的家庭农场应该要跳出专业性，转为综合性农场，即种植业与养殖业、农产品加工业相结合，甚至与农业观光旅游相结合，体现农业的综合价值。

（三）家庭农场

我们先来看一下国际上对家庭农场比较有代表性的几个定义：

（1）美国农业部：家庭农场的主要经营权属于拥有血缘或婚姻关系的家庭成员，包括并未一同居住的亲属。而非家庭农场则意味着包括亲属在内的家庭成员没有掌握农场的主要经营权。①

（2）联合国粮农组织：家庭农场是一个主要依靠家庭成员从事农业劳动和管理以生产食物的经济组织。②

（3）俄罗斯《农户（农场）经济联邦法》规定：家庭农场是享有法人权利的独立的生产经营主体，它可由农民个人及其家庭成员组成，并在终身占有、继承土地和资产的基础上进行农业生产、加工和销售。③

（4）日本虽没有家庭农场的明确概念，但有农户与农业经营体的划分，按照组织属性农业经营体可分为“家庭经营体”和“组织经营体（法人）”，家庭经营体与家庭农场相似。1999 年，日本废除了旧的《农业基

---

① 详见 USDA. 2012 Census of Agriculture. Farm typology. Vol. 2. Subject series. Part 10. AC－12－S－10。

② 详见 http：//www. fao. org/news/story/en/item/207544/icode/。

③ 转引自《俄罗斯政府立法补贴农场发展》，《农民日报》2014 年 8 月 26 日。

本法》，颁布了《食品、农业、农村基本法》，将家庭经营体界定为“农业经营体中以家庭劳动力为主要劳动力，并且家庭控制经营权的经营体”①。

在我国，农场有两个阶段的含义：一是新中国成立后建立的目前还在经营的各种国营农场；二是从2008年党的十七届三中全会正式提出家庭农场开始，将之与专业种养大户、农民专业合作社和农业企业一起称为我国农业规模化经营主体，从此农场的概念就包括了进行规模化农业生产的国营农场（企业单位）和家庭农场（私人单位）。

国内学术界根据各自的研究需要对“家庭农场”进行了界定和理解，主要如下：

表3－2　**学术界对家庭农场的概念界定**

序号	界定	来源
1	家庭农场是为农业由自给经济形态向市场经济形态过渡的一种主要形式，它通过合理承包和利用农业生产要素进行生产。	顾建洲（1995）
2	家庭农场是农地规模经营的又一种形式，社区集体把农地使用权从分散的农户手里集聚起来，然后承包给种田大户，这是农地向种田大户集中的最重要途径。	胡书东（1996）
3	家庭农场就是适应现有生产力水平与市场要求进行专业化生产，进而形成适度规模经营的农业种养的农户企业。	房惠玲（1999）
4	家庭农场是以农户家庭为基本组织单位，面向市场、以利润最大化为目标，从事适度规模的农林牧渔的生产、加工和销售，实行自主经营、自我积累、自我发展、自负盈亏和科学管理的企业化经济实体。	黎东升等（2000）
5	家庭农场是在家庭经营的基础上，以现代化技术、规模化经营、企业化管理为组织特征的一种现代农业经营主体，具有外向性、开放性、竞争性等特点，以市场为导向，以收益最大化为目标。	蒋辉（2008）
6	家庭农场是以家庭经营为基础，融合科技、信息、农业机械、金融等现代生产因素和现代经营理念，实行专业化生产、社会化协作和规模化经营的新型微观经济组织。	孔祥智等（2013）
7	家庭农场是以家庭成员为主要劳动力，自己经营（而非雇用劳动工人经营）并以农业收入为家庭主要收入来源的有一定规模、一定土地面积和一定技术含量的新型农业经营主体。	徐会苹（2013）
8	家庭农场应当是以家庭经营为基础，以适度规模经营为目标，以高效的劳动生产率从事农产品的商品化生产活动，获取与农户从事非农产业收入相当甚至略高的经济利润的经济单位。	黄新建等（2013）

① 转引自高强、赵海《日本农业经营体系构建及对我国的启示》，《现代日本经济》2015年第3期。

续表

序号	界定	来源
9	家庭农场在本质上是介于单个农户和农业企业两者之间的中间型经营组织方式，是特定家庭以其内部成员为主要劳动力来源，通过自有土地规模扩大或外部土地使用权来获取农业的规模化、集约化、商品化经营，并以农业收入为家庭主要收入以及资本来源的农业经营方式。	高帆、张文景（2013）
10	家庭农场是指以家庭成员为劳动力，以农业收入为主要来源的农业经营单位。要具备三个显著特征：一是具有一定规模，以区别于小农户；二是以家庭劳动力为主，这一点用以区别工商资本农场的雇工农业；三是要进行工商注册，家庭农场是农业企业的一种，不同于承包大户、专业户等。	朱启臻（2013）
11	家庭农场应该是适合中国各地情况的一种规模适度的、依靠家庭劳动力就能够经营、就能够管理的、并不需要雇工的社会化服务体系支持下的农场。	陈锡文（2013）
12	家庭农场应具备四个基本特征：家庭经营、规模适度、一业为主、集约生产。	张红宇等（2013）
13	家庭农场是农户家庭承包经营的“升级版”，应准确把握四个基本特征：以家庭为生产经营单位、以农为主业、以集约生产为手段、以适度规模经营为基础。	孙中华（2014）
14	家庭农场是以市场化为导向的，依血缘、姻缘为内在联系，追求利润最大化的新型农业经营主体。	赵鲲等（2014）

不难看出，2013 年中央 1 号文件出台后，学术界对家庭农场定义的解读变得更加具体与丰富。然而，在现实中，由于政府引导的强势性，对家庭农场的定义一般以政策文件为准，其中尤以《农业部关于促进家庭农场发展的指导意见》（农经发〔2014〕1 号）为标杆。该《意见》指出，“家庭农场作为新型农业经营主体，以农民家庭成员为主要劳动力，以农业经营收入为主要收入来源，利用家庭承包土地或流转土地，从事规模化、集约化、商品化农业生产，保留了农户家庭经营的内核，坚持了家庭经营的基础性地位，适合我国基本国情，符合农业生产特点，契合经济社会发展阶段，是农户家庭承包经营的升级版，已成为引领适度规模经营、发展现代农业的有生力量。”

同时，在 2013 年 3 月农业部在实施首次家庭农场调查统计时还为家庭农场列出了七个条件，主要包括：

（1）农场经营者应具有农村户籍（即非城镇居民）；

（2）以家庭成员为主要劳动力；

（3）以农业收入为主；

（4）经营规模达到一定标准并相对稳定［从事粮食作物的，租期或承包期在5年以上的土地经营面积达到50亩（一年两熟制地区）或100亩（一年一熟制地区）以上；从事经济作物、养殖业或种养结合的，应达到县级以上农业部门确定的规模标准］；

（5）家庭农场经营者应接受过农业技能培训；

（6）家庭农场经营活动有比较完整的财务收支记录；

（7）对其他农户开展农业生产有示范带动作用。

可见，例如比较我国与美国农业部对家庭农场概念的界定，相似之处在于都强调家庭农场的经营者必须是家庭成员，不同之处是美国农业部在概念上不强调必须是农户，也不强调经营规模，而国内定义都强调了需要具有一定的规模作为前提，并提出应具有专业化、集约化、商品化等具体生产经营要求。而与俄罗斯《农户（农场）经济联邦法》的定义相比，国内学者和农业部文件均没有要求家庭农场必须具有法人资格。对此，需要说明的是：

（1）从发展阶段上看，我国与发达国家不一样，发达国家的农业生产经营已经进入适度规模和多种经营形式协调稳定发展阶段，其农民和农场主是一种从事农业生产经营的职业。当前，我国农业农村发展也进入新阶段，要应对农业兼业化、农村空心化、农民老龄化，解决“谁来种地、怎样种地”的问题，亟须加快构建新型农业经营体系。

（2）从发展目标看，由于过去我国城乡居民在教育、医疗、社会保障等公共品享有权利不同，到现在为止城乡居民的经济、社会地位还不平等，农民还没有成为一个基于社会合理分工的体面职业，土地在未来很长的时期内对于农民而言还具有一定的社会保障功能；现阶段发展家庭农场具有多重目标，既要实现农业现代化的经济目标，又要确保国家耕地安全、粮食安全、食品安全等战略需求，更要着力解决提高农民收入、缩小城乡差距、确保农村稳定等社会目标；因此现阶段把家庭农场的建设经营者限定于农民或其他长期从事农业生产的人员，并以农业收入为主要来源，这样的约束可以防止城市居民或工商企业凭借资本优势，大量进入农村圈占农地后出现农地非农化、农业非粮化、土地闲置撂荒、侵害农民利益等种种偏离政策目标的问题。

（3）从制度安排上看，《农业部关于促进家庭农场发展的指导意见》指出，我国家庭农场的发展是在坚持土地集体所有制的前提下，保留了农户家庭经营的内核，坚持了家庭经营的基础性地位，适合我国基本国情，符合农业生产特点，契合经济社会发展阶段，不是对家庭联产承包责任制的完全替代和否定，而是完善和补充。

（四）几个关系

1. 家庭农场与农户的关系

按照传统理论，家庭农场与农户的区别主要表现在三方面：

其一，家庭农场是市场化、社会化大生产的组织形式；农户是市场化程度低、经营封闭、自给自足的组织。农民只是部分地参与不完全的市场，而家庭农场是完全融入完善的市场。

其二，家庭农场的含义是直接从事农业生产的农户，或者说，家庭农场就是种田大户，而农户是指居住在农村的家庭住户，农户无论外延和内涵都比家庭农场广泛，农户包含家庭农场。

第三，从规模上区别，家庭农场规模比农户大。从严格意义上讲，农场和农户不完全相同，前者指生产和销售都达到一定数额的单位，后者没有最低数额限制，只要在农村从事农业生产和生活的人家，都可算农户。

本研究认为，这些区别都是值得进一步研究的。首先，是否完全融入市场主要看外在条件，在计划经济年代，规模再大也不能进入市场。英美等国市场经济未成熟时，家庭农场定义也强调农场的自给性，而今天日本的小规模农户照样完全进入市场。其次，美国将农场定义为年出售农产品超过 1000 美元的农业单位，日本将农户定义为每年出售农产品总额 7 万日元以上，可见美国衡量家庭农场和日本衡量农户的标准都是用货币收入来反映农产品的商品率，二者在这点上没有本质区别。也就是说，市场经济条件下农村经济主体投资方式都是多元化的，不一定只有专业从事农业才可以成为家庭农场或农户。

至于用规模大小作为划分标准实际上只具有外在的或统计学意义。我国汉代人均占地 67 亩（合今 46. 8 亩），规模远远大于今天农户经营的土地规模。美国最早的家庭农场近似中国的个体农户，而且今天农场的规模也随着时间变迁和农业生产力的发展而发生变化。

对本研究的分析有意义的是家庭农场和农户的相同点。第一，农户和家庭农场都是以低成本提供全部或大部分劳动。第二，所有权（或至少是经营权）与剩余索取权相统一。第三，二者都是自主经营、自负盈亏的经济组织。正是由于家庭农场和农户在本质上有如此多的相同点，本研究同意这样的判断，农户既包括发展中国家的个体农户，也包括发达国家的家庭农场。

2. **家庭农场与其他农业经营主体的关系**

目前，我国的农业经营主体包括传统农户、专业大户、家庭农场、农民专业合作社和农业企业。由此，农业经营主体构成的我国农业经营体系能够分为三个层次：一是家庭经营层次，包括传统农户、专业大户和家庭农场；二是合作经营层次，主要指的是农民专业合作社；三是企业经营层次，指的是农业企业。详见下图：

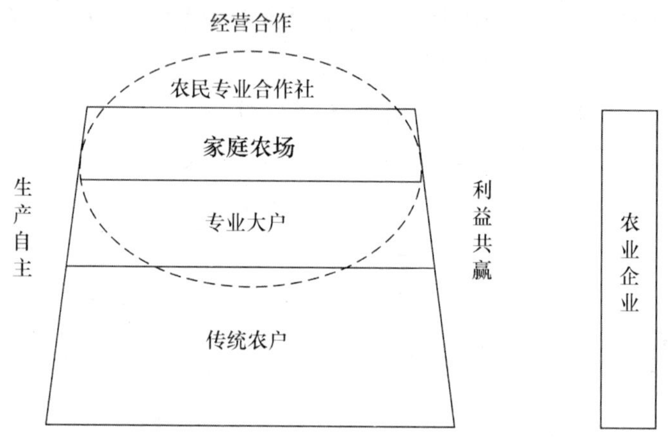

图 3－3　农业经营主体的关系

在功能上，家庭经营层次以农业生产为主，传统农户的农业生产以满足自我需求为目的，专业大户和家庭农场则以满足市场需求的商品生产为目的。农业生产主体的合理配置既能解决“谁来种地”的问题，也有利于稳定就业。合作经营层次应由更有合作需求的家庭农场和专业农户为主要成员，并为这两个经营主体提供产前、产中和产后服务，以降低其生产成本，提高市场交易中的话语权，解决小生产与大市场的矛盾。企业经营层次应有更高的定位，农业企业的资金和技术优势更应该在农产品的加工和营销等方面发挥作用，以增加农产品附加值。在生产关系上，家庭经营应支持并培养其自主性，经营合作是自愿为基础，在家庭经营与经营合作同农业企业之间应是公平竞争的共赢关系。

二　家庭农场的发展现状

（一）发展现状

实际上，在2013年中央1号文件鼓励发展家庭农场之前，我国的部分地区已经有丰富的家庭农场实践。根据2013年农业部首次对全国家庭农场发展情况开展的统计调查结果，仅截至2012年年底，全国30个省（区、市）（不含西藏）共有家庭农场87.7万个，平均每个家庭农场有劳动力6.01人，其中家庭成员4.33人，长期雇工1.68人。从经营范围来看，主要以种养业为主。在全部家庭农场中，从事种植业的有40.95万个，占46.7%；从事养殖业的有39.93万个，占45.5%；从事种养结合的有5.26万个，占6%；从事其他行业的有1.56万个，占1.8%。全部家庭农场经营耕地面积达到1.76亿亩，占全国承包耕地面积的13.4%。平均每个家庭农场经营规模200.2亩，是全国承包农户平均经营耕地面积7.5亩的近27倍。与普通农户相比，家庭农场的增收效果十分明显，2012年全国家庭农场经营总收入为1620亿元，平均每个家庭农场为18.47万元。但是，已被有关部门认定或注册家庭农场的还只有3.32万个。[①]

据农业部经管总站体系与信息处统计，截至2015年6月底，全国县级以上农业部门认定的家庭农场已达到24.0万个，比2014年的13.9万个增长72.7%。按行业划分，从事种植业的家庭农场14.2万个，占家庭农场总数的59.0%，其中，从事粮食生产的8.4万个，占种植类家庭农场总数的59.0%；从事畜牧业的家庭农场5.0万个，占家庭农场总数的21.0%；从事渔业、种养结合、其他类型的家庭农场分别为1.64万个、2.34万个、0.85万个，分别占家庭农场总数的6.8%、9.7%、3.5%。各类家庭农场经营土地面积3343.7万亩，其中，种植业经营耕地面积2493.2万亩，占74.6%，平均每个种植业家庭农场经营耕地176.1亩。从种植业家庭农场经营耕地的来源看，流转经营的耕地面积1981.5万亩，占79.5%，家庭承包经营和以其他承包方式经营的耕地面积511.7万亩，占20.5%。[②] 详见下表：

---

① 龙新：《全国家庭农场达87.7万个》，《农民日报》2013年6月5日。

② 农业部经管总站体系与信息处：《家庭农场调查分析——2015年农经统计半年报分析之四》，《农村经营管理》2015年第10期。

表 3－3　　2015 年上半年农业部门认定的家庭农场情况数据汇总

指标名称	单位	数量	比重（%）
（一）已在农业部门认定的家庭农场数量	万个	24.0	100
1. 种植业	万个	14.2	59
其中：粮食产业	万个	8.4	34.9
2. 畜牧业	万个	5.0	21
其中：（1）生猪产业	万个	1.75	7.3
（2）奶业	万个	0.15	0.6
（3）渔业	万个	1.64	6.8
（4）种养结合	万个	2.34	9.7
（5）其他	万亩	0.85	3.5
（二）已在农业部门认定的家庭农场经营土地面积	万亩	3343.7	—
其中：种植业经营耕地面积	万亩	2493.2	100
（1）流转经营面积	万亩	1981.5	79.5
（2）家庭承包经营和以其他承包方式经营的耕地面积	万亩	511.7	20.5

另外，据不完全统计，目前全国已有 14 个省、60 多个市（县、区）出台了扶持家庭农场发展的文件，并明确了具体扶持措施。归纳起来，主要包括五个方面：一是建立家庭农场注册登记和认定制度。浙江、江苏、山东、云南等省出台了家庭农场工商注册登记办法，浙江、安徽、河南、湖北、甘肃、陕西等省出台了示范家庭农场认定办法。二是引导农村土地流向家庭农场。从 2007 年起，上海松江区就明确将集体统一整理好的土地租给家庭农场经营；浙江宁波市对家庭农场流转土地给予适当资金补助。三是涉农财政补贴向家庭农场倾斜。四是加强金融保险服务。各地通过成立农业担保公司、发放贷款补贴、设立风险防范基金、扩大贷款抵押范围等方式，加强对家庭农场的金融保险服务。五是提高农业社会化服务水平。通过提供多元化、多层次、全方位的社会化服务，促进家庭农场健康发展。但是，从全国范围来看，仍有一半多的省（直辖市、自治区）、大多数的市县没有出台相关扶持家庭农场发展的政策措施，即使一些出台了扶持家庭农场发展政策措施的省市县，其扶持政策内容比较空泛，缺乏实践上的可操作性。特别需要指出的是，某些关键性的家庭农场扶持政策

还有待于进一步破题，如家庭农场面临自然风险和市场风险的双重约束，急需要农业保险政策的扶持，尽管许多地方政府正在积极探索家庭农场的农业保险政策，但是真正可以付诸实施且具有推广价值的农业保险政策却亟待创新。而有些地区的家庭农场政策则用力过猛，操之过急，不顾当地的经济社会发展实际，过于追求家庭农场的形式和数量，将家庭农场的发展当成一项政治任务，将家庭农场的数量纳入政绩考核机制。

（二）主要模式

作为家庭农场探索的先行者，上海松江、浙江宁波、安徽郎溪、湖北武汉、吉林延边等地涌现出了一批具有现代农业特征的不同类型不同特色的家庭农场。

1. 松江模式

自2007年起，为了应对农业劳动力非农化和老龄化的趋势，上海市松江区开始实践百亩左右规模（100—150亩）的家庭农场模式。其主要做法是，先将农民手中的耕地流转到村集体，然后由区政府出面将耕地整治成高标准基本农田，再将耕地发包给承租者。松江模式的重要意义在于为我国提供了一个特大型城市在后工业化阶段发展现代规模农业的典型样本。松江模式主要有以下特征：（1）家庭经营。家庭农场经营者原则上必须是本地农户家庭，且必须主要依靠家庭成员从事农业生产经营活动；不得常年雇用外来劳动力从事家庭农场的生产经营活动。（2）规模适度。至2014年秋播，全区家庭农场发展至1240户，经营面积15.28万亩、占全区粮食播种面积的90.9%，其中机农一体家庭农场405户、占32.7%，种养结合家庭农场73户，全区机农一体和种养结合总比例达到38.5%。家庭农场发展同时呈现出户数减少（由1267户减少至1240户）和户均面积扩大（由118.6亩扩大至123.3亩）的发展特点。（3）农业为主。松江粮食生产家庭农场最大吸引力在于，依靠农业为主的专业生产经营业能增收致富，2014年全区家庭农场水稻平均单产589公斤，比上年提高1.6%，户均产粮6.96万公斤，比上年提高5.9%。全区粮食家庭农场户均净收入为11.3万元，种养结合家庭农场户均种粮和养猪净收入约达19.5万元。[①]（4）集约生产。通过耕地流转，将土地、劳动力、农机等生产要素适当集

---

① 详见松江区农业委员会《松江家庭农场发展情况》，松江农业网，http：//sj. shac. gov. cn/jtnc/gzgk/index. html，2015－2－5。

中，实现集约化经营、专业化生产。

2. 宁波模式

宁波作为最早探索发展家庭农场的地方之一，其家庭农场发展的最大特点是市场自发性。20世纪90年代后期，一些种植、养殖大户自发或在政府引导下，将自己的经营行为进行工商注册登记，寻求进一步参与市场竞争的机会，从而演变成“家庭农场”。截至2014年年底，宁波市新认定市级示范家庭农场40家，总数达到77家，家庭农场总数达到3718家，其中种植业2848家，养殖业589家，种养结合的150家，其他131家。[①] 宁波模式主要有以下特征：（1）经营规模适中。种植类农场生产规模基本在50亩到500亩之间，占90%以上，平均每个农场3名雇工，基本涵盖了粮食、蔬菜、瓜果、畜禽等主导产业。（2）家庭农场主综合素质较好，管理水平较高。绝大部分农场主产业规模都是从小做到大，专业知识、实践技能较强，懂经营，会管理，有不少农场主是购销大户或农产品经纪人，市场信息灵，产销连接紧密，产品竞争力强。

3. 郎溪模式

早在20世纪90年代，安徽郎溪县家庭农场就开始萌芽。近年来郎溪县工业化城镇化步伐明显加快，离土进城务工的人越来越多，为一家一户的小规模种植向适度规模经营提供了条件。近年来，郎溪县不断加强对家庭农场的政策支持，设立现代农业发展专项担保基金，给予家庭农场5至50万元贷款担保额度；同时，通过开办相关培训，加强对家庭农场的技术指导和帮扶，一系列举措让该县家庭农场得到了快速发展。截至2014年年底，该县已发展各类家庭农场530多家，同比增长2.6倍。其中，家庭农场去年人均纯收入达3.4万元，是全县农民人均纯收入的3.9倍。[②] 还值得一提的是，为使家庭农场由单打独斗的“游击队”转变为协同作战的“集团军”，由郎溪县农委牵头于2009年成立了“郎溪县家庭农场协会”，遴选了产业代表性强、规模较大、辐射带动作用明显且有一定影响力的家庭农场主为会员，让家庭农场抱团，破解家庭农场融资困难，共享技术培训和市场信息。

---

① 详见《宁波市农业局副局长陈世本在全市农村经营管理工作会议上的讲话》，宁波市农业局网站，http://www.nbnyj.gov.cn/cat/cat62/con_62_39850.html，2015-3-19。

② 详见利成志、谢文静《郎溪家庭农场呈井喷式增长态势　农场数同比增长2.6倍》，《皖南晨报》2014年12月16日。

4. **武汉模式**

武汉是国内较早推行家庭农场经营模式的地区之一。武汉市对种植业等四类家庭农场提出了具体的要求：一是种植业家庭农场。适度规模种植优质稻、油菜、鲜食玉米、蔬菜、西甜瓜等品种，蔬菜和粮油作物种植面积分别为50亩以上和100亩以上，机械化作业水平达到60%以上，实行标准化生产。二是水产业家庭农场。标准精养鱼池达到60亩以上，名特优养殖品种率达到70%以上，机械化作业水平达到60%以上，有稳定的技术依托单位和一定的生产设施。三是种养综合型家庭农场。家庭农场主进行种植业、水产业等综合经营，以种植业为主，其他产业经营达到相应土地规模标准下限50%以上。四是循环农业型家庭农场。以家庭为单位建成规模型畜牧养殖农场，功能分区明显，畜禽饲养、排污等配套设施齐全。同时流转土地进行种植业生产，实行“畜禽—沼—种植”的循环农业模式。据武汉市农业局统计，2013年年底武汉市家庭农场数量为1962家，截至2014年8月发展增至2400家，其中示范家庭农场167家，这些示范户最低年收入在20万元，最高达到90万元。[①]

5. **延边模式**

吉林延边地处中朝边境，许多当地人常年在韩、日等邻国打工，当地务农人口迅速减少。与之相应的是土地流转呈现加速趋势，农村土地经营权自发向种地大户集中。截至2015年年底，延边州家庭农场总数已发展到2497家，其中包括专业农场1137家，流转土地面积10万公顷，涉及土地流转农户5万余户。为了推进专业农场事业健康发展，延边州成立了延边家庭农场（专业农场）协会，走在全省乃至全国前列。[②] 另外，针对专业农场等规模经营主体生产所需资金量大而抵押物不足的情况，延边州在2011年创新了农村土地经营权他项权证抵押贷款，全州利用土地经营权他项权证为专业农场贷款580万元。2012年创新了“县市农业局+银行+担保公司”联合推荐担保贷款新产品，共为专业农场贷款1758万元。2013年在各县市成立了物权融资公司，开辟了农村土地收益保证贷款，为专业农场等新型农业经营主体贷款7447万元。2011年至2014年，延边州金融

---

① 详见曹磊《武汉家庭农场最高年收入90万　发展模式成全国典范》，《楚天都市报》2014年8月14日。

② 详见毕成功《延边家庭农场（专业农场）协会成立》，《延边日报》2015年12月29日。

机构利用抵押贷款、信用贷款、直补保贷款、他项权证贷款、担保贷款、农村土地收益保证贷款等，共为专业农场解决贷款资金3亿多元，有效地解决了专业农场的资金需求，促进了新型农业经营主体快速发展。

三　家庭农场发展的关键问题分析

（一）家庭农场的规模问题

家庭农场必须达到一定规模，才能实现规模效益，但绝不是越大越好。国内外的理论和实践表明，土地经营规模过大会影响土地产出率和农民就业，不利于农业增产、粮食安全和农民增收。因此，《农业部关于促进家庭农场发展的指导意见》中明确提出家庭农场经营规模要适度。对于如何把握好适度，《指导意见》还指出：一是与家庭成员的劳动生产能力和经营管理能力相适应，二是能实现较高的土地产出率、劳动生产率和资源利用率，三是能确保经营者获得与当地城镇居民相当的收入水平。

我国地域广阔，各地自然经济社会条件差别很大，很难提出一个在全国范围内普遍适用的具体面积标准。因此，目前我国没有出台相应的评定办法，只是鼓励有条件的地方探索并制定合理的适度规模标准。探讨家庭农场的适度规模标准具有重要的意义，因为家庭经营规模过小可能导致农业经营者不能完全投入精力，不能认真从事农业生产，将农业生产作为副业经营的农户理性选择会威胁到国家粮食安全。经营规模过大，一方面，家庭成员不能完全顾及农业生产，可能导致粗放经营，效率损失；另一方面，经营规模过大表明经营主体经济实力已经相当可观，如果继续获得农业补贴就背离了国家财政政策目标，并没有运用有限的财政资源缩小国家贫富差距，矫正收入不均。

以粮食生产为例，农业部调查测算数据显示，按目前生产条件，播种面积100—120亩是区分小农与家庭农场的规模标准。而据联合国粮农组织的研究显示，经济作物不低于170亩、粮食作物不低于300亩的农业经营规模才具有国际竞争力。目前，各省市按照自身的自然资源经济社会条件，对家庭农场土地规模标准进行了不同的规定。如辽宁省规定从事稻谷、小麦、玉米等粮食作物的土地经营规模应达到100亩以上，从事经济作物、养殖业或种养相结合的其经营规模按照当地农业等有关部门确定的规模标准掌握。天津市规定以粮食生产为主的土地规模应在100亩以上，以蔬菜生产为主的应在10亩以上，以果品生产为主的应在20亩以上。山西省则规定更为详细，从事粮食生产的，小麦种植面积在50亩以上，玉米、杂粮种植面积在100亩以上；从事露地蔬菜、瓜果、棉花、油料、甜菜、烟叶、药材生产的种植面积在50亩以上；从事设施农业的建筑面积达到10亩以上；从事水果业的种植面积达到20亩以上；从事干果业的种植面积达到50亩以上；从事养殖业的，生猪年出栏500头以上，羊年出栏300只以上，肉牛年出栏100头以上，奶牛年存栏100头以上，蛋禽年存栏1万只以上，肉禽年出栏5万只以上；从事种养结合的综合型家庭农场饲草、饲料作物种植面积达到50亩以上。也有很多省份如山东、浙江、安徽等省份没有对家庭农场土地规模标准做出具体的限制，其标准由其下面的市县自主决定，如山东省规定，家庭农场土地经营规模达到当地农业部门规定的种植、养殖要求。相应的，也有许多市（县、区）对家庭农场土地规模标准做出了类似山西省较为详细的规定。

那么，应如何确定我国家庭农场的适度规模呢？本研究认为，在讨论家庭农场适度规模的界定标准之前首先需要明确家庭农场的规模界定应该是一个动态标准，不同地区，从事不同类型农业生产的家庭农场应该具有不同的适度规模界定标准。明确家庭农场适度规模界定的前提条件之后，或许将家庭农场土地经营规模和经营收入挂钩是一种科学的适度规模核算办法，即将劳动者从事非农业获得的收入作为家庭农场土地规模的参考标准。首先，算出从事一种农业生产获得亩均净收益；然后，用参考标准比从事农业生产的亩均净收益，得出比较收益下的人均适度规模；最后，用人均适度规模乘以常年从事农业生产的人数，就能得出家庭农场在机会成本核算标准下的适度规模。

（二）家庭农场的租金问题

规范的土地流转是家庭农场产生的先决条件，家庭农场对土地特别是连片土地有着十分强烈的需求。我国目前已赋予农民对土地的长久承包权，组建家庭农场当然也不能违反这个规定，只能通过土地流转来实现家庭农场的土地规模化。然而，广大农民一方面恋地情结根深蒂固，另一方面缺乏对承包地的长期收益预期，他们往往不愿意长期出租土地。这种需求旺盛、供给不足的土地流转卖方市场导致土地租金快速上涨，农业生产成本显著上升，承包费如何消解成为了一个大问题。如果这些家庭农场还继续种植传统粮食，粮食单产不会随着承包面积的扩大而有大的提升，但粮食售价则是国家统一定价。

目前，大多数农民仍然把土地看作是“活命田”和就业“保险田”，所以宁愿粗放经营、撂荒，也不愿意流转出去。同时需要注意的是，现在流转需要长时间的合同，租地价格的预期上涨也是他们考虑问题的实际方面。如果把土地流转给农场，千元左右每亩，甚至更低，还不如自己种植划算，所以大多数农户不愿意出租。因此，家庭农场还要支付额外的租金，付少了，原来的出租农户不愿意；付多了，家庭农场承担不了。家庭农场如果继续种粮会面临种不下去的困局。虽然在初期发展阶段，可以通过政府补贴消解一部分承包租金，但毕竟不可能无限补下去。

所以，随着工商资本下乡和政府规模偏好以及农户土地财产性意识的苏醒，近年来土地租金不断上涨。一些地方两年内土地租金已经翻了一番，土地租金成为家庭农场生产经营的主要成本。从对种植业家庭农场的调查来看，土地租金占经营总成本的比重已超过一半。如果加上土地平整费用等，家庭农场的用地成本将进一步上升，家庭农场因此普遍面临着较大的土地租金压力。而对于工商资本而言，如果单纯种粮食，其产量并不能超过农户自种，加上企业的管理成本及租金支出，这些企业只能选择要么搞有机粮食，要么搞养殖加工。虽然家庭农场的经营规模并不大，但不可能因此而降低农资投入成本，机械运营的成本也很高，如果家庭农场继续维持传统的粮食种植，利润就很难支付租金。最后的发展方向只能走高效农业，也就是非粮的经济作物。这样的家庭农场如果数量太大，则会危及国家粮食安全。

（三）家庭农场的补贴问题

财政补贴是指国家财政为了实现特定的政治经济和社会目标，向企业或个人提供的一种资金补偿。财政补贴在一定时期内的适当运用有利于协调政治、经济和社会矛盾，起到稳定物价、保护生产经营者和消费者的利益、维护社会安定等作用。但是，财政资金对农业的补贴方式不适当也会带来弊端。它在增加财政负担的同时，导致农产品价格体系和农民行为的扭曲。

可以认为，家庭农场在经营水平既定的前提下，来自政府的补贴具有决定性作用。以松江模式为例，2013 年 3 月之前，松江区财政以土地流转费补贴的形式对家庭农场每亩土地每年给予 100 元补贴，对种粮型家庭农场每亩再每年增加 100 元补贴；从 2013 年 3 月份开始，松江区财政以奖代补的奖励范围包括家庭农场粮食秸秆还田、农机直播、新农艺新技术推广、高产竞赛等，下表为2010年松江区对家庭农场的具体补贴标准。据统计，2011年度各级财政向松江家庭农场提供农业补贴为2607万元，其中中央财政负担14%，上海市级财政负担40%，松江区财政负担46%，来自各级政府的财政补贴占家庭农场净收入的3/5。

表3－4 **上海松江区对家庭农场的补贴标准**

补贴种类		金额（亩）	补贴来源
现金补贴	农资综合直补	76元	中央补贴56元，市财政20元
	水稻种植直补	150元	市财政80元，区财政70元
	土地流转费补贴	100元	区财政全额补贴
	生产管理考核补贴	100元	区财政全额补贴
	绿肥种植补贴	200元	市财政150元，区财政50元
物化补贴	药剂补贴	22.5元	市财政11元，区财政11.5元
	常规稻良种补贴	16元	市财政全额补贴
	杂交水稻良种补贴	25元	市财政全额补贴
	二麦种子补贴	35元	市财政20元，其余由区财政补贴
保险补贴	水稻保险补贴	15元	市财政6元，区财政6元，农户自筹3元
	二麦保险补贴	7.5元	市财政25%，区财政75%

强大的支农财政补贴虽然在一定程度上刺激了家庭农场的快速发展，短期内保证了农场主可以获得较体面的收入。但是，在这种高额的财政补贴背后，家庭农场的发展也存在一些值得分析和思考的深层次问题。

其一，高额的财政补贴人为放大了农民的收入，在一定程度上掩盖了农业的经营风险。农产品是一种特殊的商品，需求弹性小，生产具有明显的季节性，农产品进入市场具有集中性，这些都可能引起供求失衡，导致农产品市场价格大幅波动，给农业经营者带来市场风险。但是，由于没有把家庭农场置于真正的市场经济之中，家庭农场更像是“温室里的花朵”无法接受市场竞争这一“风雨”的洗礼，不利于它的长远发展。我国不少地区由于土地严重抛荒，为了留住农民，保证土地的种植面积不减少，在推行家庭农场之初，高额的财政补贴确实可以起到一定的示范效应和对农民在家乡务农的吸引作用。但是，如果仅仅依赖政府的财政补贴，是无法从根本上解决农业经营风险的，也不利于农业的健康发展和农业的现代化。

其二，高额的财政补贴没有从根本上解决小农户与大市场的矛盾。农业是产业链条最长的产业，包括农产品集货、加工、包装、批发、配送、零售等众多环节。在这条长长的产业链条中，农民承担了大部分的市场风险，但是却没有从农产品加工流通环节的增值中受益。目前，我国绝大部分家庭农场所生产的基本上都是初级产品，不论是种粮型的家庭农场还是养殖型的家庭农场，其商品率均接近100%，然而，隐藏在背后的更重要信息是，家庭农场并没有对农产品进行深加工，没有提升农产品的附加值。家庭农场的收益仅仅是卖粮、卖猪的收入，并没有享受到农业产业链延伸即农产品深加工所带来的超额利润。

其三，高额的财政补贴没有从根本上解决当前农业人力资源匮乏问题。众所周知，一个国家或地区实现农业现代化，必须拥有大批具有实现农业现代化相关知识和技能的新型职业农民。培育这类新型职业农民不仅有助于解决“谁来种地”的现实问题，更是可以从根本上解决“怎样种地”的深层次问题。目前，大多数家庭农场的经营者其自身素质仍然不高，家庭农场劳动者整体的素质也偏低。

（四）家庭农场的规制问题

家庭农场在党的政策推动下取得了新型农业经营主体地位，但作为社会新兴事物，现有民商事法律和经济类法律还没有关于家庭农场本身法律主体地位的规定。如同当年的个体工商户和私营企业一样，都是先出现再规范，最终法律确认合法市场主体地位。目前，各省、市、自治区陆续出台了关于家庭农场的注册、认证和管理的规定或者办法等，制定这些文件的行政主体一般是省级工商行政管理部门。从《立法法》的角度来说，省级工商部门不是立法主体，其出台的文件不是法律法规。但这些文件设定了家庭农场的标准，通过登记的方式使家庭农场与法律规定的现有的市场经济法律主体建立了联系，从而间接赋予了家庭农场的法律主体资格。如这些文件规定，家庭农场可以登记为个体工商户、个人独资企业、合伙企业，如果符合公司的登记条件可以登记为公司。个体工商户由《民法通则》规定了法律主体资格，个人独资企业由《个人独资企业法》规定了法律主体资格，合伙企业由《合伙企业法》规定了法律主体资格，公司由《公司法》规定了其法律主体资格。

既然目前暂时不需要对家庭农场进行单独立法，那么是否需要严格履行工商注册？应该承认，家庭农场履行工商登记程序是有法律意义的，它可以确认家庭农场从事经营活动的权利以及承担义务和责任的基本能力；也可以公示家庭农场的基本信息，以便交易相对人了解其资信，从而保障交易安全；还可以使国家了解家庭农场的基本情况，以便进行相关数据统计，采取调控措施等。而且，需要指出的是，由于家庭农场进行工商登记的形式不同，其法律主体的性质不同，所包含的承担法律责任的方式不同。个体工商户、个人独资企业、合伙企业要承担无限连带责任，在经营过程中所承担的法律责任并非以所投入的资本为限，需要以个人全部财产和家庭财产对外承担法律责任，法律风险较大。如果以公司形式登记，则可以根据《公司法》的规定，对外承担有限责任，以其投资数额为限。这其中还包含了家庭农场经营规模方面的差异，一般说来，公司较之于个体工商户、个人独资企业和合伙企业来说规模较大，市场经营主体资格更加典型。

事实上，在设计家庭农场法律地位时我们应当保持适当理性。家庭农场的市场独立性是无疑的，但从各地实践看，确定家庭农场法律地位的意义不在于解决参与市场交易的主体资格问题，而在于支持实施政策时的主体资格甄别。前者属于私法的范畴，主要涉及家庭农场与其他市场主体之间的关系；后者属于公法的范畴，主要涉及政府主管部门与家庭农场之间的关系。就此而言，应当坚持公法与私法相区分的立场来对待家庭农场法律地位确定的法律需求。

家庭农场的设立与经营在本质上属市场活动。发挥市场决定性作用，维护并确保家庭农场自助经营应成为公共管理展开的逻辑起点。以促进发展为目的的管理行为本质上也应属诱导型的，其目的在于通过提供服务、资源投入，来鼓励和引导投资者成立和经营家庭农场。公共资源的有限性意味着，设立标准、资格认证、示范引导是管理措施的基本选项。导致界定家庭农场法律地位特殊制度需求产生的根本因素，是政府实施家庭农场支持政策的公共管理活动。

因此，无论是工商部门的登记，还是农业主管部门的认证或者筛选，其首要目的都在于帮助实施家庭农场发展支持政策的政府部门确定政策惠及的对象。可以认为，特定组织成为独立私法主体形态是立法者根据社会经济发展情况进行政策选择的结果。该选择过程一般要经过可能性和必要性的两重检验。在前者，考察组织事实状态以确定是否达到设置独立主体形态的法定标准。在后者，考察现有制度的涵盖性。以受惠主体为线索展开支持政策的做法本身是不合理的。只要建立以农业生产行为为基础的完备政策支持体系，即使不认定其特定的法律地位或者资格，对家庭农场的政策支持也可有效实施。

四　家庭农场发展的国际经验借鉴

在国外，特别是在一些欧美国家，以家庭为单位从事农业生产经营的现象非常普遍，其发展已有百余年，家庭农场已成为促进农业发展的主要方式之一。国外的家庭农场一般都拥有广阔的土地，与之配套的生产经营管理模式也日趋成熟，呈现出机械化程度高，规模化、集约化等特征。从家庭农场的存在形式来看，可以分大、中、小型家庭农场，其中，大型家庭农场以美国、加拿大为代表，中型家庭农场以德国、法国等欧洲国家为代表，而小型家庭农场则以日本、韩国以及我国台湾地区为代表。纵观这些国家的家庭农场发展可以发现如下经验借鉴：

（一）以土地流转促家庭农场发展

土地适度规模经营是家庭农场发展的基础，各国都采取措施促进土地向农业大户流转，实现适度规模经营。美国的人均土地经营规模很大，但仍有三分之一的农场租入土地，如 2007 年共租入土地 6200 万亩。美国鼓励农场规模经营的主要手段是差别化的农场补贴政策，补贴额度和补贴覆盖面随着农场规模的扩大而增加，30% 的大农场集中了 70% 的政府补贴，这大大提高了大农场的生产规模和竞争力。德国政府积极鼓励有流转意向或缺乏经营能力的所有者出租土地，设立土地出租奖励政策，对出租期限达 12—18 年的长期出租每公顷奖励 500 马克。这一政策使土地租赁市场异常活跃，1966—1975 年租地面积达到 25%，到 20 世纪 80 年代提高到 38%，目前德国有 53% 的农地用于租赁经营。为鼓励老人出让土地，1962 年法国设立了调整农业结构社会行动基金，对退出土地经营的 65 岁以上老人平均每人每年补助 1500 法郎。1960 年法国设置土地整治与农村安置公司，由它收购缺乏活力的小农户土地，经整治后转卖给有经营能力的农户，帮助扩大经营规模。

（二）构建完善的社会化服务体系

完善的社会化服务体系是家庭农场发展的有效保证。随着家庭农场向商品化转变，家庭农场不可能完成产前、产中和产后的所有活动，而是分解出来交由专业服务机构来承担。美国政府专门成立了农业部下属的农场服务局（Farm Service Agency）和对外农业服务局（Foreign Agricultural Service），对农业信息、农产品市场等给予有效支持。除公共服务体系外，美国还有集体服务体系和私人服务体系，前者主要有农场主合作社和合作农业信贷体系，后者由大量从事农用物资生产、销售和加工的工商企业组成。加拿大的家庭农场实现了高度组织化，协会等农民自律组织非常普遍，与农业相关的生产、流通、加工等各个领域都有协会存在，既有全国性组织也有地方性组织，既有综合性组织也有专业性组织。家庭农场依托各类协会代表农场主与供应商、加工商和运输商、零售商等进行谈判进入市场，并通过协会增加农场主的话语权，争取政府支持和出台相应政策。法国形成了由政府、农会、农民和私人企业共同组成的农业服务体系，为家庭农场提供全方位服务。

（三）依赖农业科技体系强大支撑

家庭农场和农业科技支撑相辅相成，不断提升科技水平是发展家庭农场的必要条件。美国一直致力于将先进科技转化为农业生产力，并建立了完善的农业科技、教育和推广体系。自1914年美国就出台了史密斯—利弗农业推广法，各级政府相继成立了农业推广站系统，不断推广先进农业技术。加拿大通过建立高效完善的科研推广体系，源源不断的获取科技成果和新技术，并通过面对面推广、示范性推广、项目式推广、传统手段推广、现代传播手段推广等方式向农民进行农业技术推广传播。法国建立了完善的农业科研和推广体系，以国家农业研究院为代表的科研机构提供大量的农业实用技术。积极推行教育、科研与推广相结合的体制，建立农业联合体和农业科技集团，融技术开发和科技推广为一体，有力促进了农业现代化发展。

（四）提供全方位的政府补贴支持

尽管各国家庭农场都有可观的收入，但总的来说农业仍是经济效益低的弱质产业，离不开政府的大量补贴支持。美国对农产品实行全过程、多环节补贴，包括休耕补贴、生产补贴、储备补贴和出口补贴等，有支持性补贴、差价补贴和直接补贴等形式。其中，大农场是农业生产性支持政策的最大受益者。政府转移支付在家庭农场收入中的比重越来越高，1990 年为 93 亿美元，占农业净收入的 21%，2001 年进一步提高到 27%。德国的农业支持政策主要有三部分：一是欧盟提供的直接补贴，平均每公顷 300 欧元左右；二是联邦政府提供的各项社会事业补贴，包括环境保护、农业保险、社会保障、基础设施建设等，其中环境保护补贴有生态农业、粗放使用草场和放弃对多年生作物使用除草剂三种。三是地方政府提供的科技推广、培训及支持农场合并等各种支出。法国的农业补贴项目繁多、金额巨大，是家庭农场的主要收入来源。2004 年，法国农户生产收入的 65% 来自各种补贴。同样法国家庭农场补贴向大型农场倾斜，中型农场平均每年获得 3 万欧元补贴，而大型农场每年获得 5—10 万欧元的补贴。

（五）形成全覆盖的保险保障机制

农业作为自然产业，面临的灾害风险很高，抵御风险的能力十分有限，需要构建完善的保险保障机制解决农场主的后顾之忧。从 1939 年开始，美国就实施农作物保险计划，形成了政府主导、商业保险公司经营的农作物保险制度，并对保费部分进行补贴，降低农作物种植风险，保障农场主利益。美国农业局下设风险管理机构，确保农场拥有应对风险的金融工具，联邦农作物保险公司为上百种农作物和牲畜提供保险，因自然灾害引发收成减少和损失都会得到相应补偿。2003 年，加拿大推出新的农业政策框架，其中农业收入稳定计划 CAIS 和农产品保险计划 PI 是其中主要内容。农业收入稳定计划集稳定农场收入和实施灾害保护于一体，以稳定农场经营收益、提高风险管理能力为目标，当农业生产经营主体当年净收益低于一定保障水平时，政府给予一定的补偿。农产品保险计划主要针对特定品种因事先明确的风险事故发生而导致损失而进行的收入补偿。德国全面推行农村社会保障制度，所有农场主、雇用农业工人、农机生产及农业技术服务企业职工都必须参加养老、医疗、工伤、意外死亡等社会保障制度，保费由政府补贴和农民个人共同承担。

（六）积极加强农场农民教育培训

农民是家庭农场发展的主体，有知识文化、技术能力的新型职业农民是农业现代化的前提。美国将新型职业农民界定为从事农业经营时间不超过 10 年的生产经营者，并着力培养他们作为农业接班人。资助和扩大大学涉农专业的招生规模，并为他们提供农业学徒和实习的机会，对提供实习机会的农场给予政府补贴。实施大规模的培训计划，2009—2012 年每年提供7500万美元给各类大学、农技推广中心和社会组织、公益性协会等，用于培训农业生产技能和经营管理能力，2013—2017年每年继续提供5000万用于新型职业农民培训。德国规定农民必须经过农业教育才能持证上岗，农业教育有大学培养专门人才和职业培训获得农业从业资格两种形式。德国职业教育举世闻名，有初级、中级和高级三类，初级学习为3年，合格后取得职业资格证书成为正式农民。毕业之后才可进入中级学校学习，主要内容为经营管理，目的是从农业生产向农业经营管理转变。高级学校则主要培养农业企业管理型人才。此外，德国还有种植、农机、园艺、花卉等五花八门的各类培训。法国建立了全方位、多层次的农业教育体系，由中等职业技术教育、高等教育和农民职业教育三部分组成。法国实行严格的资格证书制度，具有从农业培训证书直至博士学位等层次分明的晋升机制。颁发的行业标准文凭是从事各类农业工作的准入基础，取得职业能力证书可当农业工人，取得职业学习证书可当熟练农业工人，取得农业技术员证书可当农业经营者或加工企业技术员。

这些经验有的与我国的政策相同，还有一些如高科技化、社会化、专业化等还存在不少差距，需要下一步继续加大发展力度。看到这些经验的同时，还需要看到根本的差距，这就是国情的不同。国外的家庭农场具有地域、人口的特质，农村、农场往往人口少而耕地多，尤其是经过长期的城镇化发展，人口大幅减少，土地集中化程度较高，还有相当部分农场的耕地是祖传下来的，不需要土地流转。这与我国人口多、土地少的实际情况不同，尤其是家庭农场的土地需要流转其他农户的，在经营上类似于专业大户的升级版。

五　政策建议

（一）逐步规制家庭农场的法人地位

目前我国实践中虽然存在许多家庭农场，但关于家庭农场的一系列问题都没有明确的法律规定。比如认定标准是什么？它是的性质是个体工商户还是企业？用不用进行工商登记或缴税？这些问题都亟待法律做出明确规定。但是，由于我国是一个农业大国，各省市的情况千差万别。因此，在家庭农场发展的起始阶段，不适合作出全国统一性的立法规定，应根据各地的实际情况，出台相应的地方性法规或规章。在明确家庭农场的法律地位后，有条件的地方可探索（不可强制）建立家庭农场工商注册登记制度，明确认定标准、登记办法，扶持专业大户、家庭农场逐步成为具有法人资格的市场主体。

同时，为防止土地流转非农化、非粮化倾向，国家应实行最严格的节约用地制度，划定永久基本农田，建立保护补偿机制，确保基本农田总量不减少、用途不改变、质量有提高。加快修订土地流转的相关法规，改变目前土地流转承包期短、土地不固定、流转管理不规范等问题，建立更规范的土地流转制度，地方政府做好监督核查工作，严格控制土地的流向，切实确保农地农用。进一步研究完善土地承包权和经营权分离的法律和政策，在保障土地承包权的同时，强化对土地经营权的保护。

（二）加大针对性政策扶持引导力度

根据农业发展的新形势新特点，完善补贴激励机制，财政应进一步增加扶持以粮食种植业和粮牧结合为主的家庭农场的专项资金，今后农业补贴增量应向以种粮为主的家庭农场等新型经营主体倾斜。鼓励各地积极探索种粮补贴改革办法，给予实际种粮农民必要的补助，切实发挥种粮补贴效益。鼓励种养结合、机农结合等，在项目支持、贷款贴息、税收减免、用地用电等方面，加大对家庭农场的扶持力度，调动农民规模化生产的积极性。要做好政策协调工作，统筹考虑发展家庭农场与其他农业经营主体之间的关系，积极推动家庭农场在今后农模，通过提高科技应用和机械化水平降低生产成本，较大幅度提高规模效益，发展机农结合、种养结合等模式以及其他服务来增加收益。对土地流转中的非农化倾向，因涉及改变土地用途了，不是靠提高农业效益所能解决的，主要应强化政府的行政管理措施以及法律法规手段，各级政府必须旗帜鲜明地反对非农化，严格管理，坚决堵住各种流失的漏洞。

（三）实行应时性家庭农场动态管理

家庭农场是解决我国农户土地少、经营规模小的突出矛盾，发展适度规模经营的重要途径。要解决今后我国谁来种粮的问题，关键是要扩大粮食生产规模，使种粮者获得不低于从事其他产业的收益。因而从总的方向看，应通过家庭农场逐步扩大农业生产特别是粮食生产规模。考虑到全国南北方、东西部差异很大，农户经济及经营状况大不相同，家庭农场的土地经营规模应因地制宜，由各地根据实际情况确定。应以其总收益不低于从事其他产业和外出打工为基本原则，与家庭农场经营者的投资能力和经营管理水平以及本村的就业情况相适应，今后随着农业生产力的进一步提高、农业劳动力的进一步转移，可逐步扩大土地规模，实现动态管理。各地政府部门应按此原则进行引导，既不要操之过急、盲目扩大，又要积极推进，促进粮食生产的规模化。

（四）加快新型社会化服务体系建设

家庭农场以及适度规模经营的效率和效益与农业劳动力资源禀赋、社会化服务体系的健全程度、农民的技术和管理水平高低密切相关。要加快构建新型农业社会化服务体系，培育多元化、多形式、多层次的农业生产服务组织，做好产前的农资供应、市场信息服务，产中的农业技术指导、农机协作服务，产后的储藏、加工销售服务等，为家庭农场发展提供服务保障。完善农业技术开发和推广体系，大力扶持从事农业科技推广的市场服务组织，建立多渠道、多层次的市场信息服务网络。鼓励发展家庭农场协会、农业合作社联合社、现代农业产业联合体等，加强相互交流与协作。要把家庭农场经营者培训作为农业农村人才队伍建设的重要内容，利用和整合各类培训资源，开展新型职业农民、农民职业教育和职业培训，把家庭农场经营者率先培养成职业农民。

（五）构建家庭农场的金融扶持体系

充分发挥政府的基础推动作用，构建多元化、多功能的家庭农场融资体系。充分发挥财政资金对信贷资金流向的杠杆引导作用，通过税收优惠、财政补贴、提供担保、制定法规等，加大对金融机构的引导和支持，为家庭农场融资创造良好的政策环境。研究家庭农场金融需求的特征，在经济活力强、家庭农场集聚的农村，增设金融机构网点，提供高效便捷的现代金融服务。在经营理念、支持对象、营销手段、个性化需求等方面进行差异化服务创新，主动适应家庭农场的金融服务需求，最大限度进行对接，提高服务质量。建立健全家庭农场抵押担保体系，创新家庭农场抵押担保方式。创新扩大家庭农场可用于抵押担保的财产范围，开发满足家庭农场多层次需求的信贷产品。

四 政策文件

国务院关于开展农村承包土地的经营权和农民住房财产权抵押贷款试点的指导意见

国发〔2015〕45号

各省、自治区、直辖市人民政府，国务院各部委、各直属机构：

为进一步深化农村金融改革创新，加大对“三农”的金融支持力度，引导农村土地经营权有序流转，慎重稳妥推进农民住房财产权抵押、担保、转让试点，做好农村承包土地（指耕地）的经营权和农民住房财产权（以下统称“两权”）抵押贷款试点工作，现提出以下意见。

一　总体要求

（一）指导思想

全面贯彻党的十八大和十八届三中、四中全会精神，深入落实党中央、国务院决策部署，按照所有权、承包权、经营权三权分置和经营权流转有关要求，以落实农村土地的用益物权、赋予农民更多财产权利为出发点，深化农村金融改革创新，稳妥有序开展“两权”抵押贷款业务，有效盘活农村资源、资金、资产，增加农业生产中长期和规模化经营的资金投入，为稳步推进农村土地制度改革提供经验和模式，促进农民增收致富和农业现代化加快发展。

（二）基本原则

一是依法有序。“两权”抵押贷款试点要坚持于法有据，遵守土地管理法、城市房地产管理法等有关法律法规和政策要求，先在批准范围内开展，待试点积累经验后再稳步推广。涉及被突破的相关法律条款，应提请全国人大常委会授权在试点地区暂停执行。

二是自主自愿。切实尊重农民意愿，“两权”抵押贷款由农户等农业经营主体自愿申请，确保农民群众成为真正的知情者、参与者和受益者。流转土地的经营权抵押需经承包农户同意，抵押仅限于流转期内的收益。金融机构要在财务可持续基础上，按照有关规定自主开展“两权”抵押贷款业务。

三是稳妥推进。在维护农民合法权益前提下，妥善处理好农民、农村集体经济组织、金融机构、政府之间的关系，慎重稳妥推进农村承包土地的经营权抵押贷款试点和农民住房财产权抵押、担保、转让试点工作。

四是风险可控。坚守土地公有制性质不改变、耕地红线不突破、农民利益不受损的底线。完善试点地区确权登记颁证、流转平台搭建、风险补偿和抵押物处置机制等配套政策，防范、控制和化解风险，确保试点工作顺利平稳实施。

二 试点任务

（一）赋予“两权”抵押融资功能，维护农民土地权益

在防范风险、遵守有关法律法规和农村土地制度改革等政策基础上，稳妥有序开展“两权”抵押贷款试点。加强制度建设，引导和督促金融机构始终把维护好、实现好、发展好农民土地权益作为改革试点的出发点和落脚点，落实“两权”抵押融资功能，明确贷款对象、贷款用途、产品设计、抵押价值评估、抵押物处置等业务要点，盘活农民土地用益物权的财产属性，加大金融对“三农”的支持力度。

（二）推进农村金融产品和服务方式创新，加强农村金融服务

金融机构要结合“两权”的权能属性，在贷款利率、期限、额度、担保、风险控制等方面加大创新支持力度，简化贷款管理流程，扎实推进“两权”抵押贷款业务，切实满足农户等农业经营主体对金融服务的有效需求。鼓励金融机构在农村承包土地的经营权剩余使用期限内发放中长期贷款，有效增加农业生产的中长期信贷投入。鼓励对经营规模适度的农业经营主体发放贷款。

（三）建立抵押物处置机制，做好风险保障

因借款人不履行到期债务或者发生当事人约定的情形需要实现抵押权

时，允许金融机构在保证农户承包权和基本住房权利前提下，依法采取多种方式处置抵押物。完善抵押物处置措施，确保当借款人不履行到期债务或者发生当事人约定的情形时，承贷银行能顺利实现抵押权。农民住房财产权（含宅基地使用权）抵押贷款的抵押物处置应与商品住房制定差别化规定。探索农民住房财产权抵押担保中宅基地权益的实现方式和途径，保障抵押权人合法权益。对农民住房财产权抵押贷款的抵押物处置，受让人原则上应限制在相关法律法规和国务院规定的范围内。

（四）完善配套措施，提供基础支撑

试点地区要加快推进农村土地承包经营权、宅基地使用权和农民住房所有权确权登记颁证，探索对通过流转取得的农村承包土地的经营权进行确权登记颁证。农民住房财产权设立抵押的，需将宅基地使用权与住房所有权一并抵押。按照党中央、国务院确定的宅基地制度改革试点工作部署，探索建立宅基地使用权有偿转让机制。依托相关主管部门建立完善多级联网的农村土地产权交易平台，建立"两权"抵押、流转、评估的专业化服务机制，支持以各种合法方式流转的农村承包土地的经营权用于抵押。建立健全农村信用体系，有效调动和增强金融机构支农的积极性。

（五）加大扶持和协调配合力度，增强试点效果

人民银行要支持金融机构积极稳妥参与试点，对符合条件的农村金融机构加大支农再贷款支持力度。银行业监督管理机构要研究差异化监管政策，合理确定资本充足率、贷款分类等方面的计算规则和激励政策，支持金融机构开展"两权"抵押贷款业务。试点地区要结合实际，采取利息补贴、发展政府支持的担保公司、利用农村土地产权交易平台提供担保、设立风险补偿基金等方式，建立"两权"抵押贷款风险缓释及补偿机制。保险监督管理机构要进一步完善农业保险制度，大力推进农业保险和农民住房保险工作，扩大保险覆盖范围，充分发挥保险的风险保障作用。

三 组织实施

（一）加强组织领导

人民银行会同中央农办、发展改革委、财政部、国土资源部、住房城乡建设部、农业部、税务总局、林业局、法制办、银监会、保监会等单位，按职责分工成立农村承包土地的经营权抵押贷款试点工作指导小组和农民住房财产权抵押贷款试点工作指导小组（以下统称指导小组），切实落实党中央、国务院对“两权”抵押贷款试点工作的各项要求，按照本意见指导地方人民政府开展试点，并做好专项统计、跟踪指导、评估总结等相关工作。指导小组办公室设在人民银行。

（二）选择试点地区

“两权”抵押贷款试点以县（市、区）行政区域为单位。农村承包土地的经营权抵押贷款试点主要在农村改革试验区、现代农业示范区等农村土地经营权流转较好的地区开展；农民住房财产权抵押贷款试点原则上选择国土资源部牵头确定的宅基地制度改革试点地区开展。省级人民政府按照封闭运行、风险可控原则向指导小组办公室推荐试点县（市、区），经指导小组审定后开展试点。各省（区、市）可根据当地实际，分别或同时申请开展农村承包土地的经营权抵押贷款试点和农民住房财产权抵押贷款试点。

（三）严格试点条件

“两权”抵押贷款试点地区应满足以下条件：一是农村土地承包经营权、宅基地使用权和农民住房所有权确权登记颁证率高，农村产权流转交易市场健全，交易行为公开规范，具备较好基础和支撑条件；二是农户土地流转意愿较强，农业适度规模经营势头良好，具备规模经济效益；三是农村信用环境较好，配套政策较为健全。

（四）规范试点运行

人民银行、银监会会同相关单位，根据本意见出台农村承包土地的经营权抵押贷款试点管理办法和农民住房财产权抵押贷款试点管理办法。银行业金融机构根据本意见和金融管理部门制定的“两权”抵押贷款试点管理办法，建立相应的信贷管理制度并制定实施细则。试点地区成立试点工作小组，严格落实试点条件，制定具体实施意见、支持政策，经省级人民政府审核后，送指导小组备案。集体林地经营权抵押贷款和草地经营权抵押贷款业务可参照本意见执行。

（五）做好评估总结

认真总结试点经验，及时提出制定修改相关法律法规、政策的建议，加快推动修改完善相关法律法规。人民银行牵头负责对试点工作进行跟踪、监督和指导，开展年度评估。试点县（市、区）应提交总结报告和政策建议，由省级人民政府送指导小组。指导小组形成全国试点工作报告，提出相关政策建议。全部试点工作于2017年底前完成。

（六）取得法律授权

试点涉及突破《中华人民共和国物权法》第一百八十四条、《中华人民共和国担保法》第三十七条等相关法律条款，由国务院按程序提请全国人大常委会授权，允许试点地区在试点期间暂停执行相关法律条款。

国务院

2015年8月10日

财政部关于印发《农业综合开发推进农业适度规模经营的指导意见》的通知

财发〔2015〕12号

各省、自治区、直辖市、计划单列市财政厅（局）、农业综合开发办公室（局），新疆生产建设兵团财务局、农业综合开发办公室，国土资源部、水利部、农业部、林业局、供销总社农发机构：

现将《农业综合开发推进农业适度规模经营的指导意见》印发给你们，请遵照执行。执行中有何问题，请及时向财政部（国家农业综合开发办公室）反馈。

附件：农业综合开发推进农业适度规模经营的指导意见

财政部

2015年6月2日

附件

农业综合开发推进农业适度规模经营的指导意见

为了贯彻中央农村工作会议精神和《中共中央办公厅国务院办公厅关于引导农村土地经营权有序流转发展农业适度规模经营的意见》（中办发〔2014〕61 号），加快构建新型农业经营体系，推进现代农业发展，现就农业综合开发推进农业适度规模经营提出如下意见。

一 指导思想和基本原则

（一）指导思想

全面理解、准确把握中央关于发展农业适度规模经营的精神，按照加快构建现代农业经营体系、走中国特色新型农业现代化道路的要求，以保障国家粮食安全、促进农业增效和农民增收为目标，以连片治理土地为基础、扶持新型农业经营主体为抓手、提高社会化服务为支撑，发展多种形式的适度规模经营，引导农业集约化、专业化、组织化、社会化发展，推动一二三产业融合互动，不断提高劳动生产率、土地产出率和资源利用率，推动农业发展方式转变和农业现代化进程。

（二）基本原则

——因地制宜，试点探索。一切从实际出发，合理确定经营规模，不贪大求全。以家庭承包经营为基础，推进家庭经营、集体经营、合作经营、企业经营等多种经营方式共同发展，鼓励多种形式的试点探索。

——正确引导，农地农用。通过政策引导和项目约束，确保适度规模经营不改变土地用途、不损害农民权益、不破坏农业综合生产能力和农业生态环境，重点支持发展粮、棉、油、糖等重要农产品规模化生产。

——发挥优势，综合开发。立足农业综合开发职能，找准推进适度规模经营的着力点和结合点。发挥综合开发的优势，田水路林山综合治理，农工贸、产加销一体化经营，一二三产业联合开发，积极探索发展适度规模经营的有效途径。

——创新驱动、注重实效。破除体制机制障碍，发挥财政资金的引导和杠杆作用，通过贷款贴息、先建后补、股权投资等措施，带动金融和社会资本投入农业适度规模经营。创新项目扶持方式，探索民办公助等管理模式，调动项目主体建设、管护的积极性。

二　以建设高标准农田为载体推进适度规模经营

（三）集中连片规模推进高标准农田建设

在今后相当长时间内，家庭承包、分散经营仍将是我国农业生产的主要方式，要继续重视和扶持普通农户发展农业生产。以乡、村、组为单位，按照集中连片、规模开发和缺什么补什么的原则，合理规划高标准农田项目区，加强农业基础设施建设，显著改善农业生产条件，使地平整、田肥沃、渠相通、路相连，为促进土地经营权有序流转，实现统一农机化作业、推广良种良法、生产管理以及产品销售创造条件。

（四）加大对新型农业经营主体建设高标准农田的支持力度

农民合作社、家庭农场、专业大户、龙头企业等新型农业经营主体是引领适度规模经营、发展现代农业的有生力量，要充分发挥其在高标准农田建设中的作用。试点阶段，主要选择高标准农田建设年度项目区域范围内的新型农业经营主体进行扶持，对个别流转耕地面积较大的，也可以在项目区域范围以外单独立项扶持。降低合作社等申报主体成立时间和单个项目治理面积等“门槛”，简化项目申报程序；探索先建后补、以奖代补等多种扶持方式；对符合条件的新型农业经营主体，可按照谁申报、谁实施、谁管护的原则，将项目建设和管护权一并移交；扩大资金使用范围，财政资金除用于水电路等基础设施建设外，还可对育秧设施、粮食晾晒烘干设备、仓储物流、农机具库棚等配套设施进行适当补助；放宽具体措施投入比例限制，可以按照缺什么补什么原则，对农、林、水、电、路以及相关配套基础设施中的某些环节或单项措施进行扶持。

（五）建立财政补助形成资产交由新型农业经营主体持有管护新机制

继续开展高标准农田建设财政补助形成资产交由农民合作社特别是土地股份合作社等新型农业经营主体持有和管护试点，扩大试点范围，跟踪试点成效，及时总结经验。建立依托新型农业经营主体推进高标准农田建设、使用、管护一体化的新机制，保证农业综合开发建设成果长期发挥效益。

（六）吸引金融资本投入高标准农田建设

鼓励农垦集团、龙头企业等法人实体以及农民合作社、家庭农场、专业大户等新型农业经营主体，通过贷款、融资担保等方式获取资金开展高标准农田建设，发展生产技术先进、经营规模适度、市场竞争力强、生态环境可持续的现代农业。对用于高标准农田建设的贷款，中央财政予以贴息。拓宽融资渠道，除政策性银行外，把商业银行、农村信用社等金融机构贷款也纳入贴息范围。允许采取银行贷款、财政补助、自筹资金“三位一体”、贷补结合方式，吸引金融资金投入高标准农田建设，进一步加快建设进度。

（七）发挥部门项目行业优势和示范作用

把部门项目纳入到农业综合开发全局和各部门工作大局中统筹考虑，推进部门项目与地方组织实施项目有机结合，提高整体建设水平。加强中型灌区节水配套改造项目建设，力争实现与高标准农田建设同步规划设计、同步建设实施、同步发挥效益。进一步调整部门项目扶持重点，优化支出结构，更好地发挥示范引导作用。

三　以农业产业化经营为抓手推进适度规模经营

（八）延伸产业链条

农业产业化源头是农户、终端是市场，完整的产业链条能及时传导市场信息，带动农户规模化生产适销对路的农产品。继续完善产业化经营项目财政补助和贷款贴息政策，通过对农产品生产基地、产地初加工、精深加工、流通服务体系等环节的扶持，形成全产业链生产，让农民和新型农业经营主体放心发展规模化、标准化、专业化生产基地。支持龙头企业与合作社、农民建立紧密的利益联结机制，实现合理分工，让农民从产业链增值中获取更多利益。

（九）完善扶持政策

放宽立项门槛，将在工商部门注册登记的种养大户、家庭农场、农业社会化服务组织纳入扶持范围，实现对新型农业经营主体的全覆盖。合理引导工商企业到农村发展良种种苗繁育、高标准设施农业、规模化养殖等适合企业化经营的现代种养业。支持龙头企业采取订单农业、“企业＋合作社”“企业＋农户”等模式，带动农户发展规模化生产。引导加工、流通领域龙头企业向产业园区集中，以产业基地（园区）为平台，提高产业集中度和企业集聚度。

（十）探索产业化资金投入新机制

探索利用股权投资基金、股权引导基金等方式，引导社会资本投入农业综合开发，共同扶持壮大农业产业化龙头企业。加大贷款贴息扶持力度，撬动更多金融资本投入农业产业化发展。扩大产业化经营项目“先建后补”试点省份，探索财政资金扶持农业产业化发展的有效模式。

（十一）推进两类项目有机结合试点工作

按照“依托龙头建基地、围绕基地扶龙头”的要求，推动土地治理和产业化经营两类项目有机结合，将两类项目统筹规划、合理布局、组合实施，最大限度发挥农业综合开发资金的集成和示范效应，着力打造区域农业优势特色产业集群，提高农业竞争力，明显促进农业增效和农民增收。

四　以完善农业社会化服务为支撑推进适度规模经营

（十二）支持农民合作组织开展社会化服务

发挥农民合作社、专业技术协会、涉农企业等各类合作组织的作用，支持其为农业生产经营提供低成本、便利化、全方位的服务。鼓励项目区农户组建用水户协会，合理收取水费，为农田灌排用水、设施管护提供低成本、便利化服务。加强部门项目建设，以新型农业经营主体为载体，推动全程社会化服务体系建设，扩大新型农业社会化服务特别是土地托管服务试点项目建设。

（十三）搞好农业科技示范推广服务

支持采用政府购买社会服务方式，在项目区大面积集成推广高产高效、生态安全的品种技术，把科技推广与规模开发更加紧密结合起来，努力把项目区建成现代农业科技示范区。允许新型农业经营主体自主选择科技示范推广依托单位，推动其与大专院校、科研院所直接合作，实现供需对接、“研技推”有机融合的科技推广模式。

（十四）加强农产品市场流通服务体系建设

加大对农产品流通环节扶持力度，支持农业产业化龙头企业发展仓储及冷链物流设施，向乡镇和农村延伸生产营销网络。探索对农产品电子商务的支持政策，支持企业建立电子商务平台及信息化建设。发挥供销社扎根农村、联系农民、点多面广的优势，与农民开展合作式、订单式生产经营服务，搞好产销对接、农社对接，提高服务的规模化水平。

五　有关要求

（十五）加强组织落实

各地区、中央农口部门农发机构要按照本意见要求，结合本地区、本部门实际，研究制定具体工作方案，采取一种或多种形式推进农业适度规模经营。试点中需突破现行政策规定的，需报经国家农业综合开发办公室（以下简称国家农发办）同意后予以实施。

（十六）及时总结经验

要密切关注试点工作开展情况，认真归纳总结推进农业适度规模经营的做法、成效和存在的问题，形成专题报告及时报送国家农发办。国家农发办将通过建立《农业综合开发简报》专刊、《中国农业综合开发》杂志专栏等形式，定期发布各地区工作开展情况。

（十七）强化激励考核

发挥中央财政资金导向作用，把推进农业适度规模经营工作开展情况作为一项重要因素，资金分配向工作积极性高、试点成效明显的地区倾斜，建立正向激励机制；对工作成绩突出的省级农发机构，国家农发办将予以表彰。

财政部农业部银监会联合印发《关于财政支持建立农业信贷担保体系的指导意见》的通知

财农〔2015〕121号

各省、自治区、直辖市、计划单列市财政厅（局）、农业（农牧、农村经济）厅（局、委、办）、银监局：

为贯彻落实党的十八届三中全会和近年来中央1号文件精神，经国务院批准，财政部、农业部联合印发了《关于调整完善农业三项补贴政策的指导意见》（财农〔2015〕31号），明确提出，支持粮食适度规模经营资金重点要支持建立完善农业信贷担保体系。为了积极稳妥地推动财政支持建立农业信贷担保体系工作，财政部、农业部、银监会研究制定了《关于财政支持建立农业信贷担保体系的指导意见》，现印发给你们，请遵照执行。

财政部　农业部　银监会

2015年7月22日

附件

关于财政支持建立农业信贷担保体系的指导意见

现代农业需要现代金融的支撑。建立由财政支持的农业信贷担保体系，既是引导推动金融资本投入农业，解决农业“融资难”“融资贵”问题的重要手段，也是新常态下创新财政支农机制，放大财政支农政策效应，提高财政支农资金使用效益的重要举措，不仅有利于加快转变农业发展方式，促进现代农业发展，而且对于稳增长、促改革、调结构、惠民生也具有积极意义。党中央、国务院高度重视建立由政府支持的农业信贷担保体系，化解农业农村发展“融资难”“融资贵”问题。近期，经国务院同意，财政部、农业部联合印发了《关于调整完善农业三项补贴政策的指导意见》（财农〔2015〕31 号），明确将支持建立完善农业信贷担保体系作为促进粮食生产和农业适度规模经营的重点内容。为积极稳妥地推进财政支持建立农业信贷担保体系相关工作，现提出以下意见：

一　财政支持建立农业信贷担保体系的指导思想和目标原则

（一）指导思想

认真贯彻落实党的十八大和十八届三中、四中全会精神，按照党中央、国务院统一决策部署，发挥好资源配置中市场决定性作用和政府引导作用，创新财政和金融协同支农机制，建立健全政策性农业信贷担保体系，促进农业适度规模经营和转变农业发展方式，加快农业现代化建设。

（二）主要目标

以建立健全省（自治区、直辖市、计划单列市，以下简称省）级农业信贷担保体系为重点，逐步建成覆盖粮食主产区及主要农业大县的农业信贷担保网络，推动形成覆盖全国的政策性农业信贷担保体系，为农业尤其是粮食适度规模经营的新型经营主体提供信贷担保服务，切实解决农业发展中的“融资难”“融资贵”问题，支持新型经营主体做大做强，促进粮食稳定发展和现代农业建设。

（三）基本原则

财政支持建立农业信贷担保体系坚持以下原则：

地方先行。以省级为主，鼓励各地积极稳妥地建立健全农业信贷担保机构和分支机构，逐步形成省级以及省以下农业信贷担保体系。

中央支持。中央财政利用粮食适度规模经营资金对地方建立农业信贷担保体系提供资金支持，并在政策上给予指导，适时组建全国性的农业信贷担保机构。

专注农业。财政出资建立的农业信贷担保机构坚持政策性、专业性和独立性，必须专注于支持粮食生产经营和现代农业发展，对从事粮食生产和农业适度规模经营的新型经营主体的农业信贷担保余额不得低于总担保规模的70%。

市场运作。政策性农业信贷担保机构以可持续发展为运营目标，依法依规建立健全公司法人治理结构，组建专业化经营管理团队，实行市场化运作，承担市场经营的相应风险。

银担共赢。建立农业信贷担保机构和合作银行合理的风险分担机制和利益分享机制。通过政策支持，降低银行农业贷款成本和风险，在政策要求范围内放大农业信贷担保倍数，实现银担合作共赢、财政金融协同支持农业发展的良好局面。

二　建立健全全国农业信贷担保体系

（四）建立健全覆盖全国的政策性农业信贷担保体系框架

力争用3年时间建立健全具有中国特色、覆盖全国的农业信贷担保体系框架。主要包括全国性的农业信贷担保机构（暂名：全国农业信贷担保联盟）、省级农业信贷担保机构和市、县（市、区，以下简称市县）农业信贷担保机构。

（五）加快建立省级农业信贷担保机构

力争用2年时间建立健全省级农业信贷担保机构。2015年，各省要把中央财政安排的支持粮食适度规模经营资金投入重点和工作重点优先放在支持建立省级农业信贷担保机构，特别是粮食主产省和农业大省要在建立省级农业信贷担保机构方面实现突破，初步建立省级农业信贷担保机构。省级农业信贷担保机构也可以在市、县设立分支机构开展农业信贷担保业务。2016 年，省级农业信贷担保机构要建成并正式开始运营。省级农业信贷担保机构由省级财政部门、农业部门会同有关部门组建并独立运营。暂时不具备条件成立独立运营农业信贷担保机构的地方，可以采取有效方式提供农业信贷担保服务作为过渡形式。过渡期不得超过 2 年。

（六）适时筹建全国农业信贷担保联盟

在省级农业信贷担保机构建立健全的基础上，适时组建全国农业信贷担保联盟，重点为省级及省以下农业信贷担保机构提供政策和业务指导、行为规范和风险救助、再担保、人员培训和信贷政策对接等服务。

（七）稳妥建立市县农业信贷担保机构

有条件的市县可以建立市县级农业信贷担保机构，省级财政可以安排一定资金给予适当支持。省级担保机构要为省内市县农业信贷担保机构提供担保业务设计、业务指导、政策对接和监督管理等服务。

三　财政支持建立农业信贷担保体系的政策措施

（八）农业信贷担保机构的资本金注入

省级财政部门要利用中央财政支持粮食适度规模经营补贴资金，对省级、市县农业信贷担保机构进行资本金注入。除地方发起方投入资本金外，中央财政可以利用粮食适度规模经营资金对全国农业信贷担保联盟给予一定资本金注入支持。鼓励省级财政安排本级财政资金作为资本金注入省级农业信贷担保机构。允许银行机构等战略合作伙伴适当参股，但非财政性资金占农业信贷担保机构资本股份不得超过 20%。

（九）建立农业信贷担保经营风险补助机制

省级财政要会同有关部门明确对农业信贷担保机构经营风险的补助条件和补助标准，主要包括担保费补助和代偿补助等，鼓励农业信贷担保机构做大农业信贷担保业务，稳定经营预期，降低农业贷款者资金成本。担保费补助主要弥补农业信贷担保的业务费用，代偿补助主要弥补农业信贷担保的代偿风险。要明确农业信贷担保机构的市场主体责任，对担保费补助和代偿补助实行上限控制。

（十）建立农业信贷担保系统风险救助制度

中央财政和省级财政利用粮食适度规模经营资金支持建立农业信贷担保体系的风险准备金等救助制度，应对农业产业系统性风险导致政策性农业信贷担保机构出现资本流动性危机，建立农业信贷担保机构救助机制，帮助及时化解风险。

（十一）明确农业信贷担保体系客户和业务定位

农业信贷担保服务应优先满足从事粮食适度规模经营的各类新型经营主体的需要，对其开展粮食生产经营的信贷提供担保服务，包括基础设施、扩大和改进生产、引进新技术、市场开拓与品牌建设、土地长期租赁、流动资金等方面。农业信贷担保可以逐步向农业其他领域拓展，并向与农业直接相关的二三产业延伸，促进农村一二三产业融合发展。省级财政部门、农业部门要会同有关部门，根据当地实际确定纳入支持的新型经营主体和业务范围。

（十二）支持扩大信贷担保机构的杠杆倍数

发挥政策性农业信贷担保机构的信用优势，完善农业信贷担保机构的征信评级，支持在政策要求范围内适当放大担保倍数，增强服务农业能力。农业信贷担保体系战略合作银行要合理扩大分支机构业务授权，建立符合农业业务特点的决策审批流程，提高贷款审批和发放效率。

（十三）建立银担合作共赢机制

建立财政部门、农业部门、银监部门、战略合作银行的协商沟通制度，明确各自的责任、权利和义务，形成长期协同支农机制。农业信贷担保业务政策设计要明确合理的担保费率、贷款期限和代偿比例等，建立合理的风险分担机制。农业信贷担保机构和战略合作银行要加强协调，创新更多适合新型经营主体的担保和贷款产品、服务方式。

（十四）加强农业信贷担保机构经营风险管理

要增强政策性农业信贷担保机构的经营风险防范意识，对单笔和相关联信贷主体的信贷担保额度要有适当的上限控制。要根据农业生产经营特点，逐步建立和强化对借款者的信用甄别与约束机制。逐步建立和完善全国共享的农业信贷担保信用信息、业务信息、风险信息数据库，搭建服务农业发展的信用信息数据库、服务网和信贷对接平台。普及和强化金融法制意识，提升新型经营主体信用意识和信用水平。探索完善违信处罚制度，加大金融监管执法力度。农业信贷担保机构代偿率达到一定限度时，融资性担保机构监管部门要及时发出预警，要求农业信贷担保机构强化业务风险评估和管控，审慎开展新业务。

（十五）落实现有相关税收优惠政策

符合条件的农业信贷担保机构从农业中小企业担保或再担保业务取得的收入，执行现行中小企业信用担保机构免征营业税政策。符合条件的农业信贷担保机构的所得税税前扣除政策，按照《财政部国家税务总局关于中小企业信用担保机构有关准备金企业所得税税前扣除政策的通知》（财税〔2012〕25 号）有关规定执行。

（十六）完善对农业信贷担保机构的考核机制

政策性农业信贷担保机构在可持续经营的前提下，着力降低信贷担保业务收费标准，结合实际降低或弱化赢利考核要求，重点考核其农业信贷担保业务规模、项目个数、为农服务、风险控制等情况，建立持续性和政策性并重的业务绩效考核评价指标体系。

（十七）加强农业信贷担保人才队伍建设

省级农业信贷担保机构要重视引进专业管理人才和高层次金融人才，市县信贷担保机构要积极引进和大力培养既懂金融又懂农业的农业信贷担保专业人才。农业信贷担保机构要加大业务人员培训力度，尽快建立一支作风扎实、专业素质高、严守职业操守的专业人才队伍。

四 着力做好财政支持农业信贷担保体系的组建工作

（十八）切实加强组织领导

建立财政支持的农业信贷担保体系要按照经国务院同意的财农〔2015〕31 号文件要求，在省级人民政府统一领导下进行。省级财政部门、农业部门要会同融资性担保机构监管部门等有关部门高度重视农业信贷担保机构的组建和运营工作，组织专门力量负责省级农业信贷担保机构的组建工作，加强对农业信贷担保机构的指导和监督，并对市县工作给予指导。财政部、农业部、银监会将会同有关部门适时制定农业信贷担保业务运营及监督管理指南，指导各地农业信贷担保工作的开展。

（十九）明确职责任务分工

财政部门负责制定对农业信贷担保机构的财政支持政策和资金管理办法，会同农业部门、银监部门研究确定农业信贷担保业务范围界定、农业信贷担保的资格认定条件，梳理农业信贷担保公司设立的流程和组织结构，做好公司筹备设立的前期工作。农业部门会同财政部门提供农业信贷担保项目的设计指导与推介，在担保机构申请财政经营风险费用补助时确认担保业务是否属于支持范围；对于农业担保信贷支持的项目，农业部门在其后续发展中给予积极的支持和辅导，降低贷款的风险。银监部门负责农业信贷担保业务推动与指导。省级人民政府和融资性担保机构监管部门要加强对农业信贷担保机构的日常监管。

（二十）抓紧制定实施方案

省级财政部门、农业部门要会同融资性担保机构监管部门等有关部门及时与财政部、农业部、银监会沟通，抓紧制定切实可行的实施方案，细化具体政策措施并抓好落实。各地要在 2015 年 9 月底之前将实施方案报财政部、农业部、银监会备案。

组建全国农业信贷担保联盟工作由财政部、农业部、银监会在跟踪调研的基础上，经与各地协商后提出筹建方案，并按程序报批。

（二十一）建立考评机制

财政部、农业部、银监会将从组织领导、制定方案、具体组建、业务运营、指导监管等方面建立考评指标体系，并开展考评工作。考评结果将进行通报，并作为下年度中央财政安排支持资金的重要依据。

财政部农业部关于调整完善农业三项补贴政策的指导意见

财农〔2015〕31号

各省、自治区、直辖市、计划单列市人民政府：

近年来，党中央、国务院高度重视农业补贴政策的有效实施，明确要求在稳定加大农业补贴力度的同时，逐步完善农业补贴政策，改进农业补贴办法，提高农业补贴政策效能。遵照党的十八届三中全会和近年来中央1号文件关于完善农业补贴政策、改革农业补贴制度的要求和党中央、国务院统一决策部署，财政部、农业部针对农业补贴政策实施过程中出现的突出问题，深入开展调查研究，在充分征求和广泛听取各方面意见的基础上，提出了调整完善农业补贴政策的建议，经国务院同意，决定从2015年调整完善农作物良种补贴、种粮农民直接补贴和农资综合补贴等三项补贴政策（以下简称农业“三项补贴”）。为积极稳妥推进调整完善农业“三项补贴”政策工作，现提出如下指导意见：

一　在全国范围内调整20%的农资综合补贴资金用于支持粮食适度规模经营

（一）必要性

自2004年起，国家先后实施了农业“三项补贴”，对于促进粮食生产和农民增收、推动农业农村发展发挥了积极的作用，但随着农业农村发展形势发生深刻变化，农业“三项补贴”政策效应递减，政策效能逐步降低，迫切需要调整完善。

一是转变农业发展方式迫切需要调整完善农业“三项补贴”政策。我国农业生产成本较高，种粮比较效益低，主要原因就是农业发展方式粗放，经营规模小。受制于小规模经营，无论是先进科技成果的推广应用、金融服务的提供、与市场的有效对接，还是农业标准化生产的推进、农产品质量的提高、生产效益的增加、市场竞争力的提升，都遇到很大困难。因此，加快转变农业发展方式，强化粮食安全保障能力，建设国家粮食安全、农业生态安全保障体系，迫切需要调整完善农业"三项补贴"政策，加大对粮食适度规模经营的支持力度，促进农业可持续发展。

二是提高政策效能迫切需要调整完善农业"三项补贴"政策。在多数地方，农业"三项补贴"已经演变成为农民的收入补贴，一些农民即使不种粮或者不种地，也能得到补贴。而真正从事粮食生产的种粮大户、家庭农场、农民合作社等新型经营主体，却很难得到除自己承包耕地之外的补贴支持。农业"三项补贴"政策对调动种粮积极性、促进粮食生产的作用大大降低。因此，增强农业"三项补贴"的指向性、精准性和实效性，加大对粮食适度规模经营支持力度，提高农业"三项补贴"政策效能，迫切需要调整完善农业"三项补贴"政策。

（二）基本内容

根据当前化肥和柴油等农业生产资料价格下降的情况，各省、自治区、直辖市、计划单列市要从中央财政提前下达的农资综合补贴中调整20%的资金，加上种粮大户补贴试点资金和农业"三项补贴"增量资金，统筹用于支持粮食适度规模经营。支持对象为主要粮食作物的适度规模生产经营者，重点向种粮大户、家庭农场、农民合作社、农业社会化服务组织等新型经营主体倾斜，体现"谁多种粮食，就优先支持谁"。

支持发展多种形式的粮食适度规模经营，既可以支持以土地有序流转形成的土地适度规模经营，也可以支持土地股份合作和联合或土地托管方式、龙头企业与农民或合作社签订订单实现规模经营的方式、农业社会化服务组织提供专业的生产服务实现区域规模经营等其他形式的粮食适度规模经营。

各地要坚持因地制宜、简便易行、效率与公平兼顾的原则，采取积极有效的支持方式，促进粮食适度规模经营。重点支持建立完善农业信贷担保体系。通过农业信贷担保的方式为粮食适度规模经营主体贷款提供信用担保和风险补偿，着力解决新型经营主体在粮食适度规模经营中的"融资难""融资贵"问题。支持粮食适度规模经营补贴资金，主要用于支持各地尤其是粮食主产省建立农业信贷担保体系，推动形成全国性的农业信用担保体系，逐步建成覆盖粮食主产区及主要农业大县的农业信贷担保网络，强化银担合作机制，支持粮食适度规模经营。也可以采取贷款贴息、现金直补、重大技术推广与服务补助等方式支持粮食适度规模经营。对粮食适度规模经营主体贷款利息给予适当补助（不超过贷款利息的50%）。现金直补要与主要粮食作物的种植面积或技术推广服务面积挂钩，单户补贴要设置合理的补贴规模上限，防止“垒大户”。对重大技术推广与服务补助，可以采取“先服务后补助”、提供物化补助等方式。

二　选择部分地区开展农业“三项补贴”改革试点

（一）必要性

我国作为世界贸易组织成员，对农业的补贴受到世界贸易组织规则的约束。继续增加现有补贴种类的总量，将使我国在世界贸易组织规则总体范围内的支持空间进一步缩小，不利于我国充分利用规则调动种粮农民积极性、进一步提高种粮农民收入水平。因此，需要改革现有农业“三项补贴”制度，将一部分农业补贴转为在世界贸易组织规则中使用不受限制的补贴，如对耕地资源的保护等。同时，加大对粮食适度规模经营的支持力度。为积极稳妥推进改革，有必要选择一部分地区开展试点。

（二）试点内容

2015年，财政部、农业部选择安徽、山东、湖南、四川和浙江等5个省，由省里选择一部分县市开展农业“三项补贴”改革试点。试点的主要内容是将农业“三项补贴”合并为“农业支持保护补贴”，政策目标调整为支持耕地地力保护和粮食适度规模经营。一是将80%的农资综合补贴存量资金，加上种粮农民直接补贴和农作物良种补贴资金，用于耕地地力保护。补贴对象为所有拥有耕地承包权的种地农民，享受补贴的农民要做到耕地不撂荒，地力不降低。补贴资金要与耕地面积或播种面积挂钩，并严格掌握补贴政策界限。对已作为畜牧养殖场使用的耕地、林地、成片粮田转为设施农业用地、非农业征（占）用耕地等已改变用途的耕地，以及长年抛荒地、占补平衡中“补”的面积和质量达不到耕种条件的耕地等不再给予补贴。同时，要调动农民加强农业生态资源保护意识，主动保护地力，鼓励秸秆还田，不露天焚烧。用于耕地地力保护的补贴资金直接现金补贴到户。二是20%的农资综合补贴存量资金，加上种粮大户补贴试点资金和农业“三项补贴”增量资金，按照全国统一调整完善政策的要求支持粮食适度规模经营。

其他地区也可根据本地实际，比照试点地区的政策和要求自主选择一部分县市开展试点，但试点范围要适当控制。2016年，农业“三项补贴”改革将在总结试点经验、进一步完善政策措施的基础上在全国范围推开。

三　切实做好调整完善农业“三项补贴”政策的各项工作

调整完善农业“三项补贴”政策事关广大农民群众利益和农业农村发展大局，事关国家粮食安全和农业可持续发展大局。地方各级人民政府及财政部门、农业部门要充分认识调整完善农业“三项补贴”政策的重要意义，统一思想，高度重视，精心组织，明确责任，加强配合，扎实工作，确保完成调整完善农业“三项补贴”政策的各项任务。

（一）切实加强组织领导

调整完善农业“三项补贴”政策由省级人民政府负总责。地方各级财政部门、农业部门要在人民政府的统一领导下，加强对具体实施工作的组织领导，建立健全工作机制，明确工作责任，密切部门合作，确保工作任务和具体责任落实到位，确保调整完善农业“三项补贴”政策的各项工作落实到位。地方各级财政部门要安排相应的组织管理经费，保障各项工作的有序推进。

（二）认真制定具体实施方案

各省级财政部门、农业部门要结合本地实际，在充分听取各方面意见的基础上，认真制定调整完善农业“三项补贴”政策实施方案，因地制宜研究支持粮食适度规模经营的范围、支持方式，明确时间节点、任务分工和责任主体，明确政策实施的具体要求和组织保障措施。确定的具体实施方案要报请省级人民政府审定同意。各省在研究粮食适度规模经营支持方式过程中要与财政部、农业部进行沟通，省级人民政府审定的实施方案要报财政部、农业部备案。

（三）抓紧落实农业“三项补贴”政策

各地要抓紧制定2015年农业“三项补贴”政策落实方案，调整优化补贴方式，抓紧拨付80%的农资综合补贴资金和全部种粮农民直接补贴、农作物良种补贴资金，及时安全发放到农户，尽快兑付到农民手中。用于支持粮食适度规模经营的资金要抓紧研究制定具体措施，尽快落实到位。试点地区农作物良种推广可以根据需要从上级财政和本级财政安排的农业技术推广与服务补助资金中解决。

（四）切实加强农业“三项补贴”资金分配使用监管

明确部门管理职责，逐步建立管理责任体系。中央财政农业“三项补贴”资金按照耕地面积、粮食产量等因素测算切块到各省，由各省确定补贴方式和补贴标准。省级财政部门、农业部门负责项目的组织管理、任务落实、资金拨付和监督考核等管理工作，督促市县级财政部门、农业部门要做好相关基础数据采集审核、补贴资金发放等工作。对骗取、套取、贪污、挤占、挪用农业“三项补贴”资金的，或违规发放农业“三项补贴”资金的行为，将依法依规严肃处理。

（五）密切跟踪工作进展动态

中央和省级财政部门、农业部门要密切跟踪农业“三项补贴”政策调整完善工作进展动态，加强信息沟通交流，建立健全考核制度，对实施情况进行监督检查。财政部、农业部将深入有关省开展调查研究，及时了解情况，总结经验，解决问题。同时，财政部、农业部将研究制定相关制度，适时对各地农业“三项补贴”政策落实情况进行绩效考核，考核结果将作为以后年度农业补贴资金及补贴工作经费分配的重要因素。

（六）做好政策宣传解释工作

各地要切实做好舆论宣传工作，主动与社会各方面特别是基层干部群众进行沟通交流，赢得理解和支持，为政策调整完善和改革试点工作有序推进创造良好的舆论氛围和社会环境。

财政部　农业部
2015年5月13日